W0463209

© 2013 Fackelträger Verlag GmbH, Köln
Alle Rechte vorbehalten
Texte und Rezepte: Nina Engels
Fotos: TLC Fotostudio
Gesamtherstellung: Fackelträger Verlag GmbH, Köln
ISBN: 978-3-7716-4540-3
www.fackeltraeger-verlag.de

einfach, lecker
& typisch französisch

Quiches & Tartes

LIEBLINGSREZEPTE VON
PIKANT BIS SÜSS

Inhaltsverzeichnis

Vorwort

Ein Boden, ein Belag – Tartes und Quiches beweisen, dass weniger oft mehr ist. Gerade diese Einfachheit macht ihren Reiz aus, denn es gibt schier unendlich viele Möglichkeiten der Interpretation. Ob vegetarisch, mit Meeresfrüchten, mit Fleisch, mit oder ohne Guss oder auch süß: Tartes und Quiches sind in höchstem Maße variierbar und dabei bodenständig und raffiniert zugleich. Und dass sie ein Hauch Frankreich umweht, tut ihrer Beliebtheit sicher keinen Abbruch.
Die runden herzhaften oder süßen Kuchen sind gerade wieder einmal in aller Munde und das aus mehreren Gründen:

- Sie lassen sich leicht herstellen und wunderbar vorbereiten. Teig, Belag und Guss können schon am Vortag zubereitet werden, sodass, wenn es mal schnell gehen muss, die einzelnen Komponenten nur noch zusammengefügt werden müssen und dann in den Ofen geschoben werden können.
- Tartes und Quiches sind auch hervorragende Resteverwerter – bei ihrer Füllung kann nach Herzenslust experimentiert werden.
- Tartes und Quiches passen in alle Gänge eines Menüs und können auch solo oder mit einem schlichten Beilagensalat überzeugen. Sie eignen sich damit ebenso für einen Abend mit Freunden wie für den Familientisch und sind sowohl beim eleganten Dinner als auch beim Picknick im Freien genau das Richtige.

Vor allem anderen ist es aber ihr Geschmack, der sie so beliebt macht: zarter Teig, aromatischer Belag, wahre Geschmacksexplosionen im Mund – die Kuchen wissen immer zu überraschen und vor allem zu überzeugen.

Quiches und Tartes

Doch was ist eigentlich der Unterschied zwischen Quiches und Tartes? Ursprünglich wurde unter dem Begriff „Quiche" nur die Quiche Lorraine verstanden, also der weltweit bekannte Lothringer Speckkuchen. Alle anderen flachen Kuchen wurden als Tartes bezeichnet. Heutzutage werden die höheren herzhaften Kuchen mit einem üppigen Guss meist Quiche genannt, die flacheren Varianten, häufig mit einer Käsecreme direkt über dem Teig, Tartes. Im Süßbereich finden sich ausschließlich Tartes – hier gibt es sowohl Varianten mit Guss als auch ohne.

Teigsorten

Der gebräuchlichste und beliebteste Teig ist und bleibt der Mürbeteig. Daneben gibt es auch leichtere Varianten mit Quark-Öl-Teig und besonders schnelle Kreationen mit Blätter- oder Filoteig. Die beiden letzteren werden in der Regel fertig gekauft. Während der Blätterteig besonders zart daherkommt, ist der Filoteig extraknusprig und auch deutlich kalorienärmer. Er ist eine türkische Variante des Strudelteiges und wird fast ganz ohne Fett hergestellt. Der Nachteil: Er muss zügig verarbeitet und belegt werden, sonst trocknet er aus. Meist wird er deshalb mit einem Wasser-Öl-Gemisch bepinselt. Das hält ihn saftig und formbar.

Mürbeteig wird am besten selbst hergestellt. Bei der Zubereitung kann eigentlich nichts schiefgehen, zudem lässt er sich wunderbar vorbereiten und kann schon mehrere Tage vor dem eigentlichen Backen im Kühlschrank aufbewahrt werden. Bis auf wenige Ausnahmen wird dafür eiskalte Butter gewürfelt und dann zügig mit den anderen Teigzutaten verknetet – gerade so lange, bis eine gleichmäßige Konsistenz erreicht ist. Anschließend muss Mürbeteig im Kühlschrank ruhen, damit die Butter im Teig wieder fest wird und das Mehl Kleber entwickeln kann. Danach wird er ausgerollt und die Form damit ausgekleidet. Durch die feste Butter ist das Ausrollen des kalten Teiges oft mühsam. Leichter geht dies, wenn die Teigkugel vorher in Scheiben geschnitten wird. Ganz einfach macht man es sich, wenn der fertig geknetete Teig direkt in die Form gedrückt wird und erst dann in den Kühlschrank kommt. So entfällt das Ausrollen komplett.

Vorbacken, Blindbacken, Backen

Bei Filoteig, Blätterteig oder Quark-Öl-Teig gibt es nur das eigentliche Backen. Beim Mürbeteig wird häufig vor- oder blindgebacken. Unter Blindbacken versteht man das Vorbacken des Teiges, der vorher mit Hülsenfrüchten beschwert wurde. Dieser Belag dient ausschließlich dazu, den Teig glatt und in Form zu halten. Das Gewicht der Hülsenfrüchte verhindert unschöne Wellenbildung und sorgt gleichzeitig dafür, dass der Rand exakt an Ort und Stelle bleibt und nicht herunterrutscht. Wer keine Hülsenfrüchte hat, kann den Mürbeteig auch einfach ohne Belag vorbacken. Dann allerdings ist es umso wichtiger, den Teigboden mehrfach mit einer Gabel einzustechen, damit der Boden nicht wellt. Zudem sollte er in einem solchen Fall möglichst kalt in den möglichst heißen Ofen (200 °C) geschoben werden. Sobald der Teig trocken aussieht, ist er vorgebacken. Vor dem eigentlichen Backen sollte er nochmals vollständig auskühlen können.

Wann ist die Quiche fertig?

Allein von der appetitlichen Bräunung lässt sich der Gargrad der Quiche leider nicht ablesen. Die leichteste Art um festzustellen, ob der Guss gestockt ist, ist der Rütteltest. Einfach mit einem Küchenhandschuh behutsam an der Form rütteln. Wenn die Füllung nur ganz leicht mitwackelt, ist sie gestockt. Solange sich noch Wellen ausmachen lassen, braucht der Kuchen noch etwas. Damit die Oberfläche nicht zu dunkel wird, kann einfach etwas Alufolie lose darübergelegt werden. Dies verhindert zuverlässig weitere Bräunung. Ist der Kuchen gar, sollte er noch rund 10 Minuten in der Form ruhen, bevor er herausgelöst wird. Auf diese Weise wird der Teig wieder etwas fester und bricht nicht so schnell.

Viel Freude beim Backen
und vor allem guten Appetit!

Die Klassischen

Spargel-Ricotta-Quiche

Für 1 Quiche-Form von 26 cm Ø

Für den Teig:
125 g kalte Butter, 225 g Mehl
1 Prise Salz, 1 Ei
1 El geriebener Parmesan

Für den Belag:
350 g weißer Spargel
350 g grüner Spargel
Salz, 1 Prise Zucker
1 El Butter

Für den Guss:
3 Eier, 1 Eiweiß
250 g Ricotta (20%)
125 ml Sahne
Salz, Pfeffer

Außerdem:
Butter für die Form
Mehl für die Arbeitsfläche

Zubereitungszeit:
ca. 35 Minuten (plus ca.
1 Stunde zum Kühlen und ca.
50 Minuten zum Backen)

Zu dieser Quiche passt ein Grüner Veltliner besonders gut. Er ist frisch und hat, wie auch der Spargel, einen leicht herben Abgang.

1 Die Butter hacken und mit 2 Esslöffeln eiskaltem Wasser und den anderen Zutaten für den Teig zügig verkneten. Den Teig zur Kugel rollen, in Folie wickeln und für ca. 1 Stunden kühl stellen.

2 Die Quiche-Form mit Butter ausstreichen. Den Ofen auf 200 °C vorheizen. Für die Füllung den Spargel waschen. Bei beiden Sorten die trockenen Enden abschneiden, den weißen Spargel ganz schälen, den grünen Spargel im unteren Drittel. Beide Sorten in ca. 3 cm lange Stücke schneiden. In kochendem Salzwasser mit 1 Prise Zucker und einem Esslöffel Butter ca. 8 Minuten kochen. Abgießen und abtropfen lassen.

3 Den Teig auf einer bemehlten Arbeitsfläche ausrollen und die Form damit auskleiden. Mehrfach mit einer Gabel einstechen, dann auf der mittleren Schiene ca. 10 Minuten vorbacken. Herausnehmen und abkühlen lassen. Den Backofen auf 180 °C herunterschalten.

4 Den Spargel auf dem Teig verteilen. Für den Guss alle Zutaten miteinander verquirlen und mit Salz und Pfeffer würzen. Über den Spargel gießen und die Quiche auf der mittleren Schiene ca. 40 Minuten backen.

Kürbis-Tarte mit Feta

Zur sanften Süße des Butternusskürbis passt ein voluminöser, fruchtiger Grauburgunder ebenso wie ein frischer Roter, zum Beispiel ein Trollinger.

1 Den Backofen auf 200 °C vorheizen. Für den Teig den Parmesan reiben und die Butter würfeln. Beides mit den anderen Teigzutaten zügig verkneten. Den Teig zur Kugel rollen, in Folie wickeln und ca. 1 Stunde kalt stellen.

2 Den Kürbis schälen, die Kerne entfernen und das Fruchtfleisch würfeln (benötigt werden 700 g). Die Knoblauchzehen schälen und in Stifte schneiden. Ein Backblech mit Backpapier belegen, Kürbis und die Hälfte des Knoblauchs darauf verteilen. Salzen und alles mit 2 Esslöffeln Olivenöl beträufeln. Ca. 20 Minuten auf der mittleren Schiene garen. Dann abkühlen lassen und in eine Schüssel füllen.

3 Den Feta würfeln. Thymian waschen, trocken tupfen und die Blättchen abzupfen. Thymian, Feta und den restlichen Knoblauch unter den abkühlten Kürbis heben.

4 Die Tarte-Form mit Butter einfetten. Den Teig auf einer bemehlten Arbeitsfläche ausrollen und die Form damit auskleiden. Mit dem Senf bestreichen, dann die Kürbis-Feta-Füllung daraufgeben. Mit dem restlichen Olivenöl beträufeln und auf der unteren Schiene ca. 40 Minuten backen.

Tipp

ZUM KÜRBIS PASSEN IMMER AUCH EIN PAAR KÜRBISKERNE, DIE VOR DEM BACKEN AUF DIE TARTE GESTREUT WERDEN.

Für 1 Tarte-Form von 28 cm Ø

Für den Teig:
60 g Parmesan
100 g Butter, 200 g Mehl
1 Ei, 1 Prise Salz

Für die Füllung:
800 g Butternuss-Kürbis
4 Knoblauchzehen
Salz, 4 El Olivenöl
150 g Feta, 1 Bund Thymian
Pfeffer, 2 El Feigensenf

Außerdem:
Butter für die Form
Mehl für die Arbeitsfläche

Zubereitungszeit: ca. 30 Minuten (plus ca. 1 Stunde zum Kühlen und ca. 55 Minuten zum Backen)

Pilz-Tarte mit Petersilie

Ein herber Rucolasalat mit einer aromatischen, fruchtigen Zitronensaftvinaigrette passt hervorragend als Begleitung.

Tipp

ZUR WILDPILZSAISON KANN DIE TARTE SELBSTVERSTÄNDLICH AUCH MIT FRISCHEN WALDPILZEN, WIE Z.B. STEINPILZEN ODER PFIFFERLINGEN ZUBEREITET WERDEN. SIE SCHMECKT DANN NOCH AROMATISCHER.

Für 1 Tarte-Form von 26 cm Ø

Für den Teig:
125 g kalte Butter
225 g Mehl, 1 Prise Salz, 1 Ei

Für den Belag:
1 Bund glatte Petersilie
1 rote Zwiebel
4 Knoblauchzehen
500 g Kräuterseitlinge
250 g Shiitake
250 g braune Champignons
3 El Olivenöl, Salz, Pfeffer
10 g getrocknete Steinpilze
200 g Camembert

Außerdem:
Butter für die Form
Mehl für die Arbeitsfläche

Zubereitungszeit: ca. 30 Minuten (plus ca. 1 Stunde zum Kühlen und ca. 40 Minuten zum Backen)

1 Für den Teig die Butter hacken und mit den anderen Zutaten für den Teig zügig verkneten. Den Teig zur Kugel rollen, in Folie wickeln und für ca. 1 Stunden kühl stellen.

2 Den Ofen auf 200 °C vorheizen. Die Quiche-Form mit Butter einfetten. Den Teig auf einer bemehlten Arbeitsfläche ausrollen und die Form damit auskleiden, dabei einen kleinen Rand formen. Den Teig mit einer Gabel mehrfach einstechen und auf der mittleren Schiene ca. 10 Minuten backen. Herausnehmen und abkühlen lassen. Den Backofen auf 180 °C herunterschalten.

3 Für den Belag die Petersilie waschen, trocken schleudern und die Blättchen hacken. Zwiebel schälen und in dünne Ringe schneiden. Die Knoblauchzehen schälen und hacken. Die Pilze putzen, mit einem feuchten Tuch abreiben und in dickere Scheiben schneiden.

4 Das Olivenöl in einer großen Pfanne erhitzen und die Pilze darin bei starker Hitze anbraten. Dann die Zwiebel und den Knoblauch dazugeben, alles salzen und pfeffern und ca. 5 Minuten weiterbraten. In den entstandenen Pilzsud die getrockneten Steinpilze bröseln. Vom Herd nehmen und die Petersilie darunterheben.

5 Die Mischung auf dem Quiche-Boden verteilen und den Camembert in dünnen Scheiben darüberlegen. Auf der mittleren Schiene ca. 30 Minuten backen.

Haselnuss-Kräuter-Quiche

mit Frühlingszwiebeln

Diese cremige, frühlingsfrische Tarte ist eine tolle Vorspeise vor einem Spargelessen.

Für 1 Quiche-Form von 26 cm Ø

Für den Teig:
125 g Butter, 200 g Mehl
50 g gemahlene Haselnüsse
1 Ei, Salz

Für Guss und Belag:
70 g Haselnüsse
200 g Frühlingszwiebeln
1 El Butterschmalz
250 g gemischte Kräuter
(z.B. Petersilie, Kerbel, Schnittlauch, Basilikum)
100 g geräucherter Mozzarella
250 g Schmand
4 Eier, Salz, Pfeffer

Außerdem:
Butter für die Form
Mehl für die Arbeitsfläche

Zubereitungszeit:
ca. 35 Minuten (plus ca. 55 Minuten zum Backen)

1 Die Butter hacken und mit den anderen Teigzutaten zügig verkneten. Zur Kugel rollen, in Folie wickeln und für ca. 1 Stunde kühl stellen.

2 Den Ofen auf 200 °C vorheizen. Die Quiche-Form mit Butter einfetten. Den Teig auf einer bemehlten Arbeitsfläche ausrollen und die Form damit auskleiden. Den Teig mehrfach mit einer Gabel einstechen und auf der mittleren Schiene ca. 10 Minuten vorbacken. Herausnehmen, abkühlen lassen und die Backofentemperatur auf 180 °C reduzieren.

3 Für die Füllung die Haselnüsse grob hacken. Die Frühlingszwiebeln waschen, trocknen und putzen.

4 Das Butterschmalz in einer Pfanne stark erhitzen und die Frühlingszwiebeln im Ganzen darin stark anbraten. Dann vom Herd nehmen. Die Kräuter waschen, trocken schleudern und die Blätter hacken. Den Mozzarella reiben. Schmand mit Eiern verquirlen, mit Salz und Pfeffer abschmecken und den Mozzarella unterrühren. Dann mit den Kräutern mischen. Die Frühlingszwiebeln auf dem Teig verteilen. Die Schmandcreme darauf gießen. Die Haselnüsse daraufstreuen. Auf der mittleren Schiene ca. 45 Minuten backen.

Kräuter-Quiche
mit Schwarzwälder Schinken

Für 1 Quiche-Form von 26 cm Ø

Für den Teig:
100 g kalte Butter, 200 g Mehl
1 Prise Salz, 1 El Weißweinessig

Für den Belag:
150 g Schwarzwälder Schinken
200 g Greyerzer
1 Bund glatte Petersilie
1 Bund Rucola
1 Bund Schnittlauch

Für den Guss:
3 Eier, 200 g saure Sahne
Salz, Pfeffer, Paprikapulver

Außerdem:
Butter für die Form
Mehl für die Arbeitsplatte

Zubereitungszeit: ca. 35 Minuten
(plus ca. 1 Stunde Kühlzeit und
ca. 55 Minuten Backzeit)

Tipp

VORSICHT BEIM SALZ:
DER ANGERÖSTETE SCHINKEN
LIEFERT OFTMALS MEHR SALZ,
ALS MAN DENKT.

Ersetzen Sie im Frühjahr unbedingt einmal Schnittlauch und Rucola durch einen großen Bund Bärlauch. Schmeckt aromatisch und einfach nach Frühling.

1 Für den Teig die Butter hacken und mit 2 Esslöffeln eiskaltem Wasser und mit den anderen Zutaten zügig verkneten. Zur Kugel rollen, in Folie wickeln und für ca. 1 Stunde kühl stellen. Den Backofen auf 180 °C vorheizen, die Quiche-Form mit Butter einfetten.

2 Den Teig auf einer bemehlten Arbeitsfläche ausrollen, die Form damit auskleiden und den Boden mehrfach mit einer Gabel einstechen. Auf der mittleren Schiene ca. 10 Minuten vorbacken, dann herausnehmen und abkühlen lassen.

3 Für den Belag den Schwarzwälder Schinken in einer Pfanne ohne Fett anrösten, dann auf Küchenkrepp abtropfen lassen. Den Greyerzer reiben. Petersilie, Rucola und Schnittlauch waschen und trocken schleudern. Die Petersilienblättchen abzupfen und zusammen mit dem geputzten Rucola und dem Schnittlauch hacken.

4 Die Hälfte der Kräuter auf dem Quicheboden verteilen. Darauf die Hälfte der Speckscheiben und die Hälfte des Käses legen. Mit den restlichen Zutaten ebenso verfahren. Für den Guss die saure Sahne mit den Eiern verquirlen. Alles vorsichtig salzen, kräftig pfeffern und mit Paprikapulver abschmecken. Über die Füllung gießen und auf der mittleren Schiene ca. 45 Minuten backen. Eventuell mit Alufolie abdecken.

Räucherlachs-Wirsing-Quiche

Für 1 Quiche-Form von 26 cm Ø

Für den Teig:
100 g Butter, 200 g Mehl
100 g Magerquark
1 Ei, 1 Prise Salz

Für Belag und Guss:
700 g Wirsing, 1 El Öl
4 El Weißwein, Salz
Pfeffer, Muskatnuss
70 g getrocknete Tomaten
150 g Räucherlachs
100 ml Sahne
100 g Crème fraîche
3 Eier, 150 g Kirschtomaten

Außerdem:
Fett für die Form
Mehl für die Arbeitsfläche

Zubereitungszeit: ca. 40 Minuten
(plus ca. 1 Stunde zum Kühlen
und ca. 55 Minuten
zum Backen)

Achten Sie auch beim Räucherlachskauf auf das Bio-Siegel. Nur so wird sichergestellt, dass die Aufzuchtbedingungen der Lachse in Ordnung sind.

1 Für den Teig die Butter hacken und mit den anderen Teigzutaten verkneten. Zur Kugel rollen, in Folie wickeln und ca. 1 Stunde kühl stellen. Die Form mit Butter ausstreichen.

2 Den Ofen auf 200 °C vorheizen. Den Teig auf einer bemehlten Arbeitsfläche ausrollen und die Form damit auskleiden. Auf der mittleren Schiene ca. 10 Minuten vorbacken, dann herausnehmen und abkühlen lassen.

3 Für die Füllung den Wirsing putzen, waschen, trocken schleudern und in Stücke schneiden (man benötigt ca. 500 g). Das Öl in einem Topf erhitzen und den Wirsing darin anbraten. Den Weißwein dazugießen, alles salzen, pfeffern und mit Muskat abschmecken. Bissfest dünsten, dann vom Herd nehmen.

4 Die getrockneten Tomaten hacken und den geräucherten Lachs in mundgerechte Stücke teilen. Sahne mit Crème fraîche und Eiern verquirlen, salzen und pfeffern. Diese Mischung mit den getrockneten Tomaten zum Wirsing geben und unterheben. Die Kirschtomaten waschen, die Stielansätze entfernen, die Tomaten halbieren und grob entkernen.

5 Die Wirsing-Lachs-Füllung auf dem Teig verteilen, die Tomaten darauf verteilen und die Quiche auf der mittleren Schiene ca. 40 Minuten backen.

Tipp

LECKER SCHMECKEN AUF DER QUICHE MITGEBACKENE PINIENKERNE. EINFACH CA. 60 GRAMM VOR DEM BACKEN ÜBER DIE QUICHE STREUEN.

Spinat-Serrano-Quiche

Durch den Blätterteig macht die Quiche kaum Arbeit. Dazu passt sehr gut ein scharfer Kartoffelsalat mit Olivenöl-Dressing und frischen Chilischoten-Röllchen.

1 Den Ofen auf 180 °C vorheizen. Die Form mit Butter einfetten. Den Blätterteig auftauen lassen. Auf einer bemehlten Arbeitsfläche leicht ausrollen und die Form damit auskleiden. Bis zur weiteren Verwendung kühl stellen.

2 Den Spinat verlesen, putzen und gründlich waschen. Tropfnass in einen Topf geben, erhitzen und unter Rühren zusammenfallen lassen. Dann in ein Sieb geben und abtropfen lassen. Den Serrano-Schinken in einer Pfanne ohne Fett anrösten, dann abkühlen lassen.

3 Quark mit Grieß und 2 Eiern verquirlen. Knoblauch schälen und dazupressen. Majoran waschen, trocken tupfen und die Blättchen unterrühren.

4 Den Spinat kräftig ausdrücken, hacken und zum Quark rühren. Alles mit Salz und Pfeffer abschmecken.

5 Die Semmelbrösel auf dem Teigboden verteilen, darauf den angebratenen Schinken geben. Die Spinatmischung daraufgeben und glatt streichen. Mit einem Esslöffel 4 Mulden formen und die restlichen Eier behutsam hineingleiten lassen.

6 Auf der mittleren Schiene ca. 45 Minuten backen. Falls die Quiche zu dunkel wird, mit Alufolie abdecken.

Tipp

ETWAS GANZ BESONDERES WIRD DIE QUICHE MIT WACHTELEIERN. ERSETZEN SIE DIE 4 GANZEN EIER IN DEN MULDEN DURCH 20 WACHTELEIER.

Für 1 Springform
von 26 cm Ø

4 Platten TK-Blätterteig
1,2 kg frischer Spinat
12 Scheiben Serrano-Schinken
500 g Speisequark (20 %)
2 El Grieß, 6 Eier
4 Knoblauchzehen
1 Bund Majoran
Salz, Pfeffer
2 El Semmelbrösel

Außerdem:
Butter für die Form
Mehl für die Arbeitsfläche

Zubereitungszeit:
ca. 40 Minuten (plus
ca. 45 Minuten zum Backen)

Quiche au fromage

Trinken Sie zu dieser würzigen Quiche einen ebensolchen Grauburgunder und servieren Sie dazu einen frischen, grünen Salat.

Für 1 Quiche-Form von 26 cm Ø

Für den Teig:
80 g Butter, 200 g Mehl
100 g Schmand
1 Eigelb, ½ Tl Salz

Für die Füllung:
100 g Greyerzer
100 g Cheddar
1 Bund Schnittlauch
150 ml Sahne, 100 ml Milch
4 Eier, Salz, Pfeffer
Muskatnuss

Außerdem:
Butter für die Form
Mehl für die Arbeitsplatte

Zubereitungszeit: ca. 20 Minuten (plus ca. 10 Minuten zum Auskühlen und ca. 40 Minuten zum Backen)

1 Für den Teig die Butter würfeln und mit allen anderen Teigzutaten verkneten. In Folie wickeln und ca. 1 Stunde kühl stellen.

2 Den Backofen auf 200 °C vorheizen. Die Form mit Butter einfetten. Den Teig auf einer bemehlten Arbeitsplatte ausrollen und die Form damit auskleiden. Dabei einen kleinen Rand formen. Den Teig mit einer Gabel mehrfach einstechen und auf der zweiten Schiene von unten ca. 10 Minuten vorbacken. Herausnehmen und abkühlen lassen. Die Backofentemperatur auf 180 °C herunterschalten.

3 Beide Käsesorten raspeln und vermengen. Schnittlauch waschen, trocken tupfen und in Ringe schneiden. Die Sahne mit Milch und Eiern verquirlen. Mit Salz, Pfeffer und Muskat würzen. Den Schnittlauch zusammen mit beiden Käsesorten unter die Eiersahne rühren.

4 Die Füllung auf den Teig gießen und die Quiche auf der mittleren Schiene ca. 30 Minuten fertig backen, bis der Guss gestockt ist. Dazu passt besonders gut ein frischer Salat.

Tipp

BEI DIESER QUICHE KÖNNEN SEHR GUT KÄSERESTE AUFGEBRAUCHT WERDEN. BEHALTEN SIE DIE GESAMTMENGE BEI – ANSONSTEN KÖNNEN SIE BEI DER ZUSAMMENSTELLUNG EXPERIMENTIEREN.

Quiche Lorraine
Lothringer Speckkuchen

Für 1 Quiche-Form von 26 cm Ø

Für den Teig:
100 g Butter, 200 g Mehl
½ Tl Salz, 3 El Weißwein

Für die Füllung:
2 kleine Stangen Lauch
150 g Frühstückspeck
150 g gekochter Schinken
1 Bund glatte Petersilie
200 g Emmentaler
250 g saure Sahne
4 Eier, Salz
Pfeffer, Muskat

Außerdem:
Butter für die Form
Mehl für die Arbeitsfläche

Zubereitungszeit: ca. 35 Minuten (plus ca. 50 Minuten zum Backen)

Sie gilt als Mutter aller Quiches und ist der Klassiker schlechthin. Kein Wunder, denn sie ist ebenso einfach zuzubereiten wie perfekt in der Komposition.

1 Für den Teig die Butter würfeln und mit den anderen Zutaten zügig zu einem Teig verkneten. In Folie wickeln und ca. 1 Stunde kühl stellen.

2 Den Backofen auf 200 °C vorheizen. Die Form mit Butter einfetten. Den Teig auf einer bemehlten Arbeitsplatte ausrollen und die Form damit auskleiden. Dabei einen kleinen Rand formen. Den Teig mit einer Gabel mehrfach einstechen und auf der zweiten Schiene von unten ca. 10 Minuten vorbacken. Herausnehmen und abkühlen lassen. Die Backofentemperatur auf 180 °C herunterschalten.

3 Den Lauch waschen, putzen und trocknen. Nur das Weiße in dünne Ringe schneiden. Den Speck würfeln. In einer Pfanne im eigenen Fett knusprig braten. Den Speck auf Küchenkrepp abtropfen lassen. Im Speckfett die Lauchringe ca. 5 Minuten andünsten. Beiseitestellen. Den Schinken würfeln. Die Petersilie waschen, trocken schütteln und die Blättchen hacken. Den Emmentaler raspeln.

4 Lauch mit Speck, Schinken, Petersilie und Käse vermengen. Auf dem Teigboden verteilen. Für den Guss die saure Sahne mit den Eiern verquirlen. Behutsam salzen, denn der Speck enthält bereits viel Salz, kräftig pfeffern und mit Muskat würzen. Über die Füllung gießen und die Quiche auf der mittleren Schiene ca. 40 Minuten backen.

Tipp

ERSETZEN SIE DEN LAUCH AUCH EINMAL DURCH 2 BUND SCHNITTLAUCH ODER 1 BUND RUCOLA.

Lachs-Quiche

mit Spinat und Sauerampfer

Babyspinat ist nicht nur besonders zart - er macht auch kaum Arbeit. Die jungen Blättchen gibt es bereits fix und fertig geputzt und gewaschen im Handel.

Für 1 Quiche-Form von 26 cm Ø

Für den Teig:
125 g Butter, 250 g Mehl
1 Ei, ½ Tl Salz

Für die Füllung:
2 Knoblauchzehen
500 g Babyspinat
1 Bund Sauerampfer
2 Tl Rapsöl, Salz
Pfeffer, 300 g Lachsfilet
1 Tl abgeriebene Schale von
1 unbehandelten Zitrone
2 Tl Zitronensaft

Für den Guss:
1 Bund Dill
250 g Crème fraîche, 3 Eier

Außerdem:
Butter für die Form
Mehl für die Arbeitsfläche

Zubereitungszeit: ca. 40 Minuten (plus ca. 45 Minuten zum Backen)

1 Für den Teig die Butter würfeln und zusammen mit 1 Esslöffel eiskaltem Wasser und den anderen Zutaten zügig zu einem Teig verkneten. In Folie wickeln und ca. 1 Stunde kühl stellen.

2 Den Backofen auf 200 °C vorheizen. Die Form mit Butter einfetten. Den Teig auf einer bemehlten Arbeitsplatte ausrollen und die Form damit auskleiden. Dabei einen Rand formen. Den Teig mit einer Gabel mehrfach einstechen und auf der zweiten Schiene von unten ca. 10 Minuten vorbacken. Herausnehmen und abkühlen lassen. Die Backofentemperatur auf 180 °C herunterschalten.

3 Für die Füllung den Knoblauch schälen und hacken. Spinat verlesen, ggf. waschen und abtropfen lassen. Sauerampfer waschen und die Blättchen abzupfen. Das Rapsöl in einem Topf erhitzen, den Knoblauch darin unter Rühren ca. 3 Minuten andünsten, dann den Spinat dazugeben. Salzen, pfeffern und bei mittlerer Hitze zusammenfallen lassen. Spinat in ein Sieb geben und abtropfen lassen.

4 Den Lachs waschen, trocken tupfen und in mundgerechte Würfel schneiden. Mit Zitronenschale, -saft und den Sauerampferblättern vermengen.

5 Für den Guss den Dill waschen und trocken tupfen. Die feinen Dillzweige hacken. Crème fraîche mit den Eiern verquirlen, salzen, pfeffern und den Dill darunterrühren.

6 Den abgetropften Spinat auf dem Teigboden verteilen. Darauf die Lachsmischung geben. Alles mit dem Guss bedecken und auf der mittleren Schiene ca. 35 Minuten backen.

Zwiebeltarte mit Rotweinbirnen

Zu dieser aromatischen Quiche passt besonders gut ein herbstlicher Salat mit Maronen, Trauben und etwas untergemischtem Radicchio.

Tipp

SERVIEREN SIE DIESE TARTE MIT EINEM KLEINEN KLECKS PREISELBEERGELEE. DIE SÜSSE DES GELEES HARMONIERT PERFEKT MIT DEN ROTWEINBIRNEN.

Für 1 Tarte-Form von 28 cm Ø

Für die Rotweinbirne:
1 festfleischige, reife Birne
1 Tl Zucker, 100 ml Rotwein
50 ml Portwein
2 El Johannisbeergelee

Außerdem:
1 kg Gemüsezwiebeln
1 El Butterschmalz
Salz, Pfeffer, ½ Tl Kümmel
180 g Filoteig aus dem Kühlregal
2 El Rapsöl, 2 El Semmelbrösel
100 g Crème fraîche
200 g saure Sahne, 3 Eier,
Cayennepfeffer

Zubereitungszeit: ca. 40 Minuten (plus ca. 1 Stunde zum Ziehen und ca. 40 Minuten zum Backen)

1 Für die Rotweinbirnen die Birne schälen, achteln und das Kerngehäuse entfernen. Den Zucker in einer Pfanne karamellisieren, die Birnen dazugeben, kurz dünsten, dann mit Rotwein und Portwein ablöschen. Das Gelee darunterrühren und die Birnen in dem Sud mindestens 1 Stunde ziehen lassen.

2 Für die Füllung die Zwiebeln schälen und in dünne Ringe schneiden. Im heißen Butterschmalz andünsten, salzen, pfeffern und den Kümmel dazugeben. Bei geschlossenem Topf und milder Hitze ca. 40 Minuten garen. Dann den Deckel entfernen und bei hoher Hitze unter Rühren so lange weiterkochen, bis alle sichtbare Flüssigkeit verdampft ist.

3 Den Backofen auf 180 °C vorheizen. Die Tarte-Form mit 1 Esslöffel Rapsöl ausstreichen. Das restliche Rapsöl mit 1 Esslöffel Wasser verrühren und die einzelnen Filoteigblätter damit bepinseln. Überlappend in die Form legen. Auf den Teig die Semmelbrösel streuen.

4 Die Birnenspalten aus dem Sud nehmen, trocken tupfen und auf den Semmelbröseln verteilen. Darauf die Zwiebeln geben. Für den Guss die Crème fraîche mit saurer Sahne und Eiern verquirlen, salzen, pfeffern und pikant mit Cayennepfeffer abschmecken. Über die Füllung gießen und die Quiche auf der mittleren Schiene ca. 40 Minuten backen. Falls die überstehenden Teigblätter zu dunkel geraten, mit Alufolie abdecken.

Sauerkraut-Cabanossi-Quiche

Zu der Quiche passt besonders gut ein kräftiger Blanc de Noir – also ein Weißwein, der aus blauen Trauben gekeltert wurde.

Für 1 Quiche-Form von 26 cm Ø

Für den Teig:
125 g Butter, 250 g Mehl
1 Ei, 1 El Obstessig, ½ Tl Salz

Für Belag und Guss:
350 g Sauerkraut, 200 g Kartoffeln
1 Zwiebel, 1 El Butter
100 g Cabanossi, 1 kleine Birne
½ Bund Majoran, Salz, Pfeffer,
Paprikapulver, 1 Tl Kümmel
200 g Crème fraîche
100 ml Sahne, 3 Eier

Außerdem:
Butter für die Form
Mehl für die Arbeitsfläche

Zubereitungszeit: ca. 35 Minuten
(plus ca. 1 Stunde zum Kühlen und ca. 45 Minuten zum Backen)

1 Für den Teig die Butter klein würfeln und mit den anderen Teigzutaten zügig verkneten. In Folie wickeln und für ca. 1 Stunde kühl stellen.

2 Sauerkraut in ein Sieb geben und abtropfen lassen. Die Kartoffeln waschen, schälen und raspeln. Die Zwiebel schälen und hacken. Die Butter in einer Pfanne erhitzen und die Zwiebel darin 5 Minuten glasig dünsten. Dann die Kartoffeln mit dem Sauerkraut dazugeben und alles weitere 10 Minuten vorgaren.

3 Die Cabanossi klein würfeln, die Birne schälen, vierteln, das Kerngehäuse entfernen und das Fruchtfleisch würfeln. Majoran waschen, trocken schütteln und die Blättchen abzupfen. Zusammen mit der Birne und der Cabanossi unter die Krautmischung heben. Alles mit Salz, Pfeffer, Paprikapulver und dem grob gehackten Kümmel würzen. Für den Guss die Crème fraîche mit Sahne und Eiern verquirlen. Salzen und Pfeffern.

4 Den Backofen auf 200 °C vorheizen. Die Form mit Butter einfetten. Den Teig auf einer bemehlten Arbeitsfläche ausrollen und die Form damit auskleiden. Mehrfach mit einer Gabel einstechen und auf der unteren Schiene ca. 10 Minuten vorbacken. Herausnehmen und abkühlen lassen. Den Ofen auf 180 °C herunterschalten.

5 Die Krautmischung auf dem Teigboden verteilen, mit dem Guss bedecken und auf der mittleren Schiene ca. 35 Minuten backen.

Tipp

HABEN SIE KEINE CABANOSSI ZUR HAND, LÄSST SICH DIESE AUCH DURCH DIESELBE MENGE DURCHWACHSENEN SPECK ERSETZEN.

Kartoffel-Speck-Tarte

Die üppige Tarte wird durch den knusprigen, dünnen Filoteig besonders reizvoll.

Für 1 Tarte-Form von 28 cm Ø

200 g durchwachsener Speck
700 g festkochende Kartoffeln
2 Zwiebeln, Salz, Pfeffer
1 Bund Oregano
180 g Filoteig
1 El süßer Senf

Für den Guss:
150 ml Sahne
200 g saure Sahne
4 Eier, Salz, Pfeffer
Muskatnuss

Außerdem:
Butter für die Form
zerlassene Butter zum Bestreichen

Zubereitungszeit:
ca. 25 Minuten (plus ca. 10 Minuten Bratzeit und ca. 45 Minuten Backzeit)

1 Den Backofen auf 180 °C vorheizen. Den Speck würfeln. In einer Pfanne bei mittlerer Hitze auslassen, dann mit einer Schaumkelle herausheben. Die Kartoffeln waschen, schälen und auf der Gemüsereibe in dünne Scheiben hobeln. Die Zwiebeln schälen und würfeln. Beides im Speckfett ca. 10 Minuten goldgelb anbraten. Den Speck darunterrühren, alles salzen und kräftig pfeffern. Den Oregano waschen, trocken tupfen und die Blättchen unter die Kartoffelmasse heben.

2 Die Quiche-Form mit Butter einfetten. Den Filoteig lagenweise mit zerlassener Butter bepinseln und die Form damit auskleiden. Auf den Boden den süßen Senf streichen. Dann die Kartoffelmasse darauf verteilen.

3 Für den Guss Sahne, saure Sahne und Eier verquirlen. Salzen, pfeffern und mit Muskatnuss würzen. Über die Kartoffeln gießen. Auf der mittleren Schiene ca. 45 Minuten backen. Falls der Filoteig zu dunkel wird, mit Alufolie abdecken.

Tipp

DIE BESTE KARTOFFELSORTE FÜR DIESE TARTE SIND DIE SPECKIG-KOCHENDEN BAMBERGER HÖRNCHEN MIT IHREM FEIN-NUSSIGEN AROMA.

Champignontarte mit Rosmarin

Für 1 Tarte-Form von 28 cm Ø

Für den Teig:
125 g Butter, 30 g Parmesan
1 Zweig Rosmarin
250 g Mehl, 1 Ei, ½ Tl Salz

Für Guss und Belag:
400 g kleine Champignons
1 Zweig Rosmarin
2 Knoblauchzehen
2 El Butterschmalz
Salz, Pfeffer, 70 g Parmesan
150 g Crème fraîche
100 ml Sahne, 2 Eier, 1 Eigelb

Außerdem:
Butter für die Form
Mehl für die Arbeitsplatte

Zubereitungszeit: ca. 30 Minuten
(plus ca. 1 Stunde zum Ruhen und
ca. 50 Minuten zum Backen)

Aromatisch-mild schmeckt diese Tarte, die durch Rosmarin und Parmesan eine mediterrane Note erhält.

1 Für den Teig die Butter klein würfeln und den Parmesan reiben. Rosmarin waschen, trocken tupfen und die Nadeln sehr fein hacken. Mit Butter, Parmesan, Mehl, Ei und Salz zügig zu einem glatten Teig verkneten. In Folie wickeln und für ca. 1 Stunde im Kühlschrank ruhen lassen.

2 Den Backofen auf 200 °C vorheizen. Die Tarte-Form mit Butter einfetten. Den Teig auf einer bemehlten Arbeitsplatte ausrollen und die Form damit auskleiden. Dabei einen kleinen Rand formen. Den Boden mehrfach mit einer Gabel einstechen und den Teig auf der unteren Schiene ca. 10 Minuten vorbacken. Herausnehmen und abkühlen lassen.

3 Für den Belag die Champignons feucht abreiben und putzen. Möglichst im Ganzen belassen, größere Exemplare halbieren. Rosmarin waschen, trocken tupfen und die Nadeln hacken. Knoblauch schälen und hacken.

4 Das Butterschmalz in einer Pfanne hoch erhitzen und die Champignons von allen Seiten scharf anbraten. Die Hitze reduzieren, Knoblauch und Rosmarin dazugeben, alles salzen und pfeffern und dann vom Herd nehmen.

5 Für den Guss den Parmesan reiben. Mit Crème fraîche, Sahne, Eiern und Eigelb verquirlen. Salzen und pfeffern.

6 Die Champignons auf dem Tarte-Boden verteilen, die Eiersahne darübergießen und alles auf der mittleren Schiene ca. 40 Minuten backen.

Kohlrabi-Quiche mit Kräuterseitlingen

Die fein-würzigen Kräuterseitlinge sind zwar verwandt mit den Austernpilzen, liegen von ihrer Konsistenz her jedoch deutlich näher bei den Steinpilzen, was sie besonders reizvoll macht.

1 Für den Teig alle Zutaten zügig zu einem glatten Teig verkneten. In Folie wickeln und für ca. 1 Stunde im Kühlschrank ruhen lassen.

2 Den Backofen auf 200 °C vorheizen. Die Form mit Butter einfetten. Den Teig auf einer bemehlten Arbeitsfläche ausrollen, die Form damit auskleiden. Den Teigboden mehrfach mit einer Gabel einstechen, dann auf der unteren Schiene für ca. 10 Minuten vorbacken. Herausnehmen und abkühlen lassen. Den Backofen auf 180 °C herunterschalten.

3 Für die Füllung die Kohlrabi waschen, die Blätter trocken tupfen und in Streifen schneiden. Beiseitestellen. Die Knollen schälen und würfeln. Im Weißwein mit 1 Prise Salz ca. 8 Minuten bissfest dünsten. Dann abgießen, den Weißwein dabei auffangen.

4 Die Frühlingszwiebeln waschen, trocken tupfen, putzen und in Ringe schneiden. Die Kräuterseitlinge putzen, feucht abreiben und in mundgerechte Stücke schneiden. Beides in der Butter ca. 5 Minuten andünsten. Dann die Kohlrabiblätter darin zusammenfallen lassen. Zitronenabrieb und Kohlrabistücke darunterheben, alles salzen und pfeffern. Auf den Teigboden geben.

5 Für den Guss die Eier mit dem Weißweinsud und dem Schmand verquirlen. Salzen, pfeffern und mit Muskatnuss abschmecken. Über die Füllung gießen und die Quiche auf der mittleren Schiene ca. 40 Minuten fertig backen.

Für 1 Quiche-Form von 26 cm Ø

Für den Teig:
120 g Butter, 200 g Mehl, Salz
½ Tl gemahlener Kümmel

Für Belag und Guss:
500 g Kohlrabi mit Grün
100 ml Weißwein
4 Frühlingszwiebeln
200 g Kräuterseitlinge, 2 El Butter
1 Tl abgeriebene Schale von
1 unbehandelten Zitrone
Salz, Pfeffer, 4 Eier
250 g Schmand, Muskatnuss

Außerdem:
Butter für die Form
Mehl für die Arbeitsfläche

Zubereitungszeit: ca. 30 Minuten
(plus ca. 1 Stunde zum Kühlen,
ca. 10 Minuten zum Anbraten und
ca. 50 Minuten zum Backen)

Steinpilz-Quiche
mit Kartoffeln und Pinienkernen

Ab dem Spätsommer lockt es wegen der Steinpilze immer wieder Pilzsucher in die Walder - doch sammeln Sie nur, wenn Sie sich wirklich auskennen.

Tipp

SALBEI SCHMECKT SEHR UNTERSCHIEDLICH INTENSIV BITTER. PROBIEREN SIE EIN BLATT UND ENTSCHEIDEN SIE DANN, OB SIE DEN KOMPLETTEN HALBEN BUND VERWENDEN WOLLEN.

Für 1 Quiche-Form von 26 cm Ø

Für den Teig:
100 g Butter
200 g Mehl, 1 Ei
Salz, Pfeffer

Für Belag und Guss:
70 g Pinienkerne
200 g festkochende Kartoffeln
1 El Butterschmalz
1 El Olivenöl, Salz, Pfeffer
200 g Steinpilze, ½ Bund Salbei
200 ml Sahne, 50 g Crème fraîche
3 Eier, 1 Eigelb

Außerdem:
Butter für die Form
Mehl für die Arbeitsfläche

Zubereitungszeit: ca. 40 Minuten (plus ca. 1 Stunde zum Kühlstellen und ca. 50 Minuten zum Backen)

1 Für den Teig die Butter würfeln und mit den anderen Zutaten für den Teig verkneten, dabei mit Salz und Pfeffer würzen. Zur Kugel rollen, in Folie wickeln und für ca. 1 Stunde kühl stellen.

2 Den Backofen auf 200 °C vorheizen. Die Form mit Butter einfetten. Den Teig auf einer bemehlten Arbeitsfläche ausrollen. Die Form damit auskleiden, dabei einen kleinen Rand formen. Den Boden mehrfach mit einer Gabel einstechen, dann auf der unteren Schiene ca. 10 Minuten vorbacken. Herausnehmen und abkühlen lassen. Den Ofen auf 175 °C herunterschalten.

3 Die Pinienkerne in einer Pfanne ohne Fett goldgelb anrösten. Dann auf einen Teller geben und beiseitestellen. Kartoffeln waschen, schälen und in dünne Scheiben hobeln. Die Hälfte des Butterschmalzes und des Olivenöls in der Pfanne erhitzen und die Kartoffelscheiben darin ca. 10 Minuten goldgelb braten, dabei salzen und pfeffern. Herausnehmen. Die Steinpilze feucht abreiben, putzen und in Scheiben schneiden. Im restlichen Fett scharf anbraten, salzen, pfeffern und beiseitestellen. Salbei waschen, trocken tupfen und die Blättchen zu den Steinpilzen geben.

4 Die Kartoffeln auf den Teigboden geben, darüber die Steinpilze verteilen. Alles mit Pinienkernen bestreuen. Für den Guss Sahne, Crème fraîche, Eier und Eigelb miteinander verquirlen, salzen, pfeffern und über die Quiche verteilen. Auf der mittleren Schiene ca. 40 Minuten backen, bis der Guss gestockt ist.

Spitzkohl-Chorizo-Quiche

Für 1 Quiche-Form von 26 cm Ø

Für den Teig:
100 g Butter
3 Zweige glatte Petersilie
225 g Mehl, 1 Ei, ½ Tl Salz

Für den Belag:
150 g Chorizo
400 g Spitzkohl
2 Stangen Lauch
1 El Olivenöl
Salz, Pfeffer
250 g Crème fraîche
4 Eier, Muskat
200 g Tetilla (ersatzweise Fontina)

Außerdem:
Butter für die Form
Mehl für die Arbeitsfläche

Zubereitungszeit: ca. 40 Minuten (plus ca. 1 Stunde zum Kühlen, ca.18 Minuten zum Dünsten und ca. 55 Minuten zum Backen)

Der in dieser Quiche verwendete Tetilla ist ein halbfester, galizischer Kuhmilchkäse. Er ist mild im Geschmack und unterstützt den zarten Spitzkohl.

1 Für den Teig die Butter würfeln. Petersilie waschen, trocken tupfen und die Blättchen fein hacken. Zusammen mit der Butter und den anderen Teigzutaten glatt verkneten. In Folie wickeln und ca. 1 Stunde im Kühlschrank ruhen lassen.

2 Den Backofen auf 180 °C vorheizen. Die Quiche-Form mit Butter einfetten. Den Teig auf einer bemehlten Arbeitsfläche ausrollen, die Form damit auskleiden. Den Teigboden mehrfach mit einer Gabel einstechen und auf der unteren Schiene ca. 10 Minuten vorbacken. Herausnehmen und abkühlen lassen.

3 Für den Belag die Chorizo würfeln. Den Spitzkohl vierteln, den Strunk entfernen, den Kohl in Streifen schneiden und kalt abbrausen. Danach in der Salatschleuder trocken schleudern. Den Lauch waschen, putzen und das Weiße in Ringe schneiden.

4 Das Olivenöl erhitzen, die Chorizowürfel darin ca. 8 Minuten anbraten. Dann Lauch und Spitzkohl dazugeben. Salzen, pfeffern und ca. 10 Minuten dünsten. Beiseitestellen. Für den Guss Crème fraîche mit Eiern verquirlen. Salzen, pfeffern und mit Muskat würzen. Den Käse reiben.

5 Die Spitzkohl-Mischung auf dem Quiche-Boden verteilen. Den Guss darübergießen und alles mit Käse bestreuen. Auf der mittleren Schiene ca. 45 Minuten backen.

Cremige Kürbisquiche

Kürbiskernöl hat einen hocharomatischen, nussigen Geschmack. In Kombination mit dem Mohn erhält der Mürbeteig dieser Quiche viel Charakter.

Für eine Quiche-Form von 26 cm Ø

Für den Teig:
125 g Butter, 250 g Mehl
1 Ei, ½ Tl Salz
1 El Kürbiskernöl, 1 El Mohn

Für die Füllung:
600 g Kürbisfleisch (z.B. vom Muskat-Kürbis)
1 Zwiebel, 3 Knoblauchzehen
2 cm Ingwer, 1 rote Chilischote
2 El Olivenöl, Salz, Pfeffer
200 ml Hühnerbrühe
3 Zweige Oregano, 3 Eier
1 El Zitronensaft, 100 ml Sahne
75 g Schmand, 70 g Kürbiskerne

Außerdem:
Butter für die Form
Mehl für die Arbeitsfläche

Zubereitungszeit: ca. 30 Minuten (plus ca. 1 Stunde zum Kühlstellen, ca. 10 Minuten zum Vorgaren und ca. 50 Minuten zum Backen)

1 Für den Teig die Butter hacken und mit den anderen Zutaten für den Teig verkneten. In Folie wickeln und für ca. 1 Stunde kühl stellen.

2 Den Backofen auf 200 °C vorheizen. Die Form mit Butter einfetten. Den Teig auf einer bemehlten Arbeitsfläche ausrollen und die Form damit auskleiden. Den Boden mehrfach mit einer Gabel einstechen und auf der unteren Schiene ca. 10 Minuten backen. Herausnehmen und abkühlen lassen.

3 Für die Füllung das Kürbisfleisch würfeln. Zwiebel, Knoblauchzehen und Ingwer schälen und hacken. Die Chilischote putzen, waschen und hacken. Das Olivenöl erhitzen und den Kürbis mit der Zwiebel darin ca. 5 Minuten andünsten, salzen und pfeffern. Knoblauchzehen, Ingwer und Chilischote dazugeben, ebenfalls kurz andünsten, dann mit Brühe ablöschen. Ca. 10 Minuten köcheln lassen, bis der Kürbis weich ist. Vom Herd nehmen und fein pürieren.

4 Oregano waschen, trocken tupfen, die Blättchen abzupfen. Die Eier trennen. Eigelbe mit Oregano, Zitronensaft, Sahne und Schmand unter das Kürbispüree rühren. Eiweiße mit 1 Prise Salz steif schlagen, unter das Püree heben und alles auf dem Teig verteilen. Mit Kürbiskernen bestreuen und auf der mittleren Schiene ca. 40 Minuten backen. Wenn die Kürbiskerne zu dunkel werden sollten, mit Alufolie abdecken.

Tipp

DAS BESTE KÜRBISKERNÖL KOMMT AUS DER STEIERMARK UND IST KALT GEPRESST. MAN ERKENNT ES AN DER DUNKELGRÜNEN FARBE.

Die Kreativen

Linsen-Garnelen-Tarte

Für 1 Tarte-Form von 28 cm Ø

Für den Teig:
150 g Butter, 250 g Mehl
1 Prise Salz, 1 Ei
1 Prise Chilipulver

Für die Füllung:
1 Zwiebel, 2 Knoblauchzehen
2 cm Ingwer, ½ Lauch
1 rote Paprikaschote
1 rote Chilischote, 2 El Öl
100 g rote Linsen
1 El Tomatenmark
250 ml Gemüsebrühe
Salz, Pfeffer, 1 Prise Zimt
½ Tl Kreuzkümmel, ½ Tl Kurkuma
200 ml Kokosmilch, 4 Eier
250 g Garnelen
1 Tl abgeriebene Schale von
1 unbehandelten Zitrone
1 El Zitronensaft

Außerdem:
Butter für die Form
Mehl für die Arbeitsfläche

Zubereitungszeit: ca. 50 Minuten
(plus ca. 1 Stunde zum Kühlen und ca. 55 Minuten zum Backen)

1 Die Butter hacken und mit den übrigen Zutaten für den Teig zügig verkneten. Zur Kugel rollen, in Folie wickeln und ca. 1 Stunde kühl stellen.

2 Den Backofen auf 200 °C vorheizen. Die Form mit Butter einfetten. Den Teig auf einer bemehlten Arbeitsplatte ausrollen und die Form damit auskleiden. Mehrfach mit einer Gabel einstechen und auf der mittleren Schiene ca. 10 Minuten backen. Herausnehmen und abkühlen lassen.

3 Für die Füllung Zwiebel, Knoblauch und Inger schälen. Zwiebel fein würfeln, Ingwer und Knoblauch fein hacken. Den Lauch waschen, putzen, trocknen und in feine Ringe schneiden. Die Paprika- und die Chilischote putzen, innen und außen waschen. Paprika würfeln, Chili hacken.

4 Das Öl in einem Topf erhitzen. Die Zwiebel und den Lauch darin ca. 5 Minuten andünsten. Dann das restliche Gemüse samt gehackten Gewürzen dazugeben. Weitere 5 Minuten dünsten. Die Linsen, das Tomatenmark und die Gemüsebrühe dazugeben. Alles aufkochen und ca. 10 Minuten köcheln lassen. Vom Herd nehmen, salzen, pfeffern und die übrigen Gewürze hineinrühren. Den Topf vom Herd nehmen.

5 Mit einer Schaumkelle die Hälfte der Linsenmischung herausnehmen. Zur verbliebenen Mischung im Topf die Kokosmilch gießen und alles pürieren. Die Eier darunterquirlen.

6 Die Garnelen unter fließendem Wasser entdarmen, Köpfe, Schwänze und Schalen entfernen und die Garnelen mit Zitronensaft und Zitronenschale mischen. Zusammen mit den ganzen Linsen unter das Linsenpüree heben. Diese Mischung auf dem Teig verteilen und auf der unteren Schiene ca. 40 Minuten backen.

Feigen-Frischkäse-Quiche mit Zwiebelmarmelade

Die leckersten frischen Feigen erhält man von Juli bis September. Sie kommen dann aus dem Mittelmeerraum und konnten viele Monate in der Sonne reifen.

Für 1 Quiche-Form von 26 cm Ø

Für den Teig:
175 g Mehl, 1 Tl Backpulver
1 Prise Salz, 80 g Magerquark
3 El Sonnenblumenöl, 4 El Milch

Für die Füllung:
4 Feigen, 300 g Quark
300 g Ziegenfrischkäse
4 Eier, Salz, Pfeffer
Cayennepfeffer
75 g Kürbiskerne

Für die Zwiebelmarmelade:
500 g rote Zwiebeln
1 El Butterschmalz
1 El Zucker, 90 ml Portwein
1 Lorbeerblatt
40 ml Aceto balsamico
Salz, Pfeffer

Außerdem:
Butter für die Form

Zubereitungszeit: ca. 30 Minuten (plus ca. 30 Minuten zum Kochen und ca. 45 Minuten zum Backen)

1 Zuerst die Marmelade zubereiten. Dafür die Zwiebeln schälen und hacken. Das Butterschmalz erhitzen und die Zwiebeln darin unter Rühren 5 Minuten anbraten. Mit Zucker bestäuben und weitere 5 Minuten karamellisieren lassen. Mit Portwein ablöschen und das Lorbeerblatt dazugeben. Kurz einkochen lassen, dann die Hitze reduzieren und alles ca. 30 Minuten köcheln lassen. Den Aceto balsamico dazugießen und die Marmelade mit Salz und Pfeffer abschmecken. Vom Herd nehmen und abkühlen lassen.

2 Den Backofen auf 200 °C vorheizen. Die Form mit Butter ausstreichen. Für den Teig Mehl mit Backpulver und Salz mischen. Dann mit den restlichen Zutaten verkneten. Den Teig in die Form drücken und auf der mittleren Schiene ca. 10 Minuten vorbacken. Herausnehmen.

3 Für die Füllung die Feigen waschen, trocknen, putzen und achteln. Auf dem Teigboden verteilen. Quark mit Ziegenfrischkäse und Eiern verquirlen. Salzen und pfeffern und mit Cayennepfeffer pikant abschmecken. Auf den Feigen verteilen. Die Kürbiskerne darüberstreuen und die Quiche auf der mittleren Schiene ca. 35 Minuten backen. Mit der Zwiebelmarmelade servieren.

Spinat-Rosinen-Quiche mit Ziegenfrischkäse

Tipp

SIE KÖNNEN DIE QUICHE AUCH MIT MANGOLD ZUBEREITEN. DIE DICKEREN BLATTADERN SOLLTEN ALLERDINGS ETWAS LÄNGER GEDÜNSTET WERDEN.

Durch die Kombination von Rosinen und Spinat bekommt diese Quiche eine leicht orientalische Note.

Für 1 Quiche-Form von 26 cm Ø

Für den Teig:
100 g kalte Butter
200 g Mehl, 1 Prise Salz
1 Ei, 1 El Weißweinessig

Für die Füllung:
40 g Rosinen, 70 g Pinienkerne
1 Zwiebel, 2 Knoblauchzehen
500 g Spinat, 1 El Olivenöl
100 g Ziegenfrischkäse

Für den Guss:
3 Eier, 150 ml Sahne
100 ml Milch, Salz, Pfeffer

Außerdem:
Butter für die Form
Mehl für die Arbeitsfläche

Zubereitungszeit: ca. 35 Minuten (plus ca. 1 Stunde zum Kühlen, ca. 20 Minuten zum Abkühlen und ca. 55 Minuten zum Backen)

1 Für den Teig die Butter würfeln und mit allen anderen Zutaten zügig verkneten. Den Teig zur Kugel rollen, in Folie wickeln und ca. 1 Stunde kalt stellen. Den Backofen auf 180 °C vorheizen, die Quiche-Form mit Butter einfetten.

2 Den Teig auf einer bemehlten Arbeitsfläche ausrollen und die Form damit auskleiden. Mit einer Gabel mehrfach einstechen und auf der 2. Schiene von unten ca. 10 Minuten vorbacken. Herausnehmen und auskühlen lassen.

3 Die Rosinen mit heißem Wasser abspülen, dann in heißem Wasser einweichen. Die Pinienkerne in einer Pfanne ohne Fett goldgelb anrösten. Die Zwiebel schälen und würfeln, Knoblauchzehen schälen und fein hacken. Den Spinat putzen, grob zerteilen und gründlich waschen. In einem Sieb abtropfen lassen.

4 Das Olivenöl in einem großem Topf erhitzen. Die Zwiebel darin andünsten, dann Knoblauch und Spinat dazugeben. Salzen, pfeffern und bei mittlerer Hitze ca. 10 Minuten dünsten. Vom Herd nehmen und leicht abkühlen lassen. Die Rosinen abgießen.

5 Die Hälfte des Spinats auf dem Teig verteilen. Die Hälfte der Rosinen und Pinienkerne daraufstreuen. 50 g Ziegenfrischkäse in Nocken daraufsetzen. Mit dem restlichen Spinat bedecken und die anderen restlichen Zutaten wieder darauf verteilen.

5 Für den Guss alle Zutaten miteinander verquirlen, salzen und pfeffern und über den Spinat gießen. Auf der mittleren Schiene ca. 45 Minuten backen.

Blauschimmel-quiche mit Portweinpflaumen

Zu dieser äußerst aromatischen Quiche passt ein vollmundiger Rotwein, z.B. ein kräftiger, beeriger Merlot.

Für 1 Quiche-Form von 26 cm Ø

Für den Teig:
100 g kalte Butter, 200 g Mehl
1 Prise Salz, 1 Ei, 1 Eigelb

Für die Füllung:
150 ml Portwein
150 g Trockenpflaumen
200 g Blauschimmelkäse
2 Bund Schnittlauch
1 rote Chilischote

Für den Guss:
3 Eier, 200 ml Sahne
100 ml Milch, Salz, Pfeffer

Außerdem:
Butter für die Form
Mehl für die Arbeitsfläche

Zubereitungszeit: ca. 30 Minuten (plus ca. 1 Stunde zum Kühlen und Einweichen, ca. 20 Minuten zum Abkühlen und ca. ca. 50 Minuten zum Backen)

1 Für den Teig die Butter würfeln und mit allen anderen Zutaten zügig verkneten. Den Teig zur Kugel rollen, in Folie wickeln und ca. 1 Stunde kalt stellen. Den Portwein mit 50 ml Wasser aufkochen, dann vom Herd nehmen. Die Pflaumen vierteln, dazugeben und mindestens 1 Stunde ziehen lassen.

2 Den Backofen auf 180 °C vorheizen, die Quiche-Form mit Butter einfetten. Den Teig auf einer bemehlten Arbeitsfläche ausrollen, die Form damit auskleiden und den Boden mehrfach mit einer Gabel einstechen. Auf der 2. Schiene von unten ca. 10 Minuten vorbacken, dann den Boden herausnehmen und abkühlen lassen.

3 Den Blauschimmelkäse zerbröckeln, auf dem Tarte-Boden verteilen. Schnittlauch waschen, trocken tupfen und in Ringe schneiden. Ebenfalls darauf verteilen. Die Chilischote putzen, innen und außen waschen und fein hacken. Auf dem Tarte-Boden verteilen. Die Pflaumen abgießen und ebenfalls verteilen.

4 Für den Guss Eier, Sahne und Milch verquirlen. Salzen, pfeffern und über die Füllung gießen. Auf der mittleren Schiene ca. 40 Minuten backen.

Tipp

DIE QUICHE SCHMECKT AUCH SEHR GUT KALT UND IN GANZ KLEINEN HÄPPCHEN ZU EINEM GLAS PORTWEIN.

Süßkartoffel-Chorizo-Quiche

Für 1 Quiche-Form von 26 cm Ø

Für den Teig:
100 g kalte Butter
200 g Mehl, 1 Prise Salz
1 Msp. Cayennepfeffer, 1 Ei

Für die Creme:
125 g Cheddar
125 g Ricotta, 2 Eigelb
100 ml Sahne, Salz, Pfeffer

Für den Belag:
1 Zwiebel
2 Knoblauchzehen
800 g Süßkartoffel
1 rote Paprikaschote
150 g Chorizo, 10 Salbeiblätter
2 El Olivenöl

Außerdem:
Butter für die Form
Mehl für die Arbeitsfläche

Zubereitungszeit: ca. 35 Minuten (plus ca. 1 Stunde zum Kühlen und ca. 50 Minuten zum Backen)

Die Süßkartoffel oder auch Batate, vereint ihr süßliches Aroma mit einer cremigen Konsistenz. In Kombination mit der deftigen Chorizo wird die Quiche einfach unwiderstehlich.

1 Die Butter hacken und mit den anderen Zutaten für den Teig zügig verkneten. Den Teig zur Kugel rollen, in Folie wickeln und für ca. 1 Stunde kühl stellen.

2 Für die Creme den Cheddar reiben und mit Ricotta, Eigelb und Sahne pürieren. Salzen und pfeffern.

3 Für den Belag die Zwiebel schälen und in dünne Ringe schneiden. Die Knoblauchzehen schälen und hacken. Die Süßkartoffeln waschen, schälen, putzen und in Würfel (ca. 1 cm Kantenlänge) schneiden. Die Paprika putzen, innen und außen waschen, trocken tupfen und ebenfalls würfeln. Die Chorizo pellen und klein würfeln, die Salbeiblätter waschen und trocken tupfen.

4 Den Ofen auf 180 °C vorheizen. Das Olivenöl in einer großen Pfanne erhitzen und die Zwiebeln mit den Süßkartoffeln dazugeben. Salzen und pfeffern und ca. 10 Minuten andünsten. Danach alle anderen Zutaten, bis auf die Salbeiblätter, für den Belag dazugeben und weitere 10 Minuten dünsten, bis die Süßkartoffeln gar sind. Die Salbeiblätter unterrühren, dann die Pfanne vom Herd nehmen und den Belag erkalten lassen.

5 Die Tarte-Form mit Butter einfetten. Den Teig auf einer bemehlten Arbeitsfläche ausrollen und die Form damit auskleiden. Mit einer Gabel mehrfach einstechen, dann die Creme daraufstreichen. Den Belag darauf verteilen, dabei etwas festdrücken. Auf der 2. Schiene von unten ca. 50 Minuten backen. Falls der Belag zu dunkel wird, mit Alufolie abdecken.

Apfel-Speck-Quiche mit Oregano

Für 1 Quiche-Form von 26 cm Ø

Für den Teig:
100 g kalte Butter, 200 g Mehl
1 Prise Salz, 1 Ei

Für den Belag:
200 g rote Zwiebeln
150 g durchwachsener Speck
1 El Olivenöl
50 g Kürbiskerne
4 Zweige Oregano, 4 Äpfel
80 g Ziegenfrischkäse

Für den Guss:
3 Eier, 100 ml Sahne
150 ml Milch, Salz, Pfeffer

Außerdem:
Butter für die Form
Mehl für die Arbeitsplatte

Zubereitungszeit: ca. 35 Minuten
(plus ca. 1 Stunde zum Kühlen
und ca. 55 Minuten zum Backen)

Tipp

ERSETZEN SIE DIE KÜRBISKERNE EINMAL DURCH GROB GEHACKTE ESSKASTANIEN.

Die besten Äpfel zum Kochen und Backen sind die säuerlichen Boskoops. Sie reifen hierzulande erst ab Ende September und können über 200 g schwer werden.

1 Für den Teig die Butter hacken und mit den anderen Zutaten zügig verkneten. Zur Kugel rollen, in Folie wickeln und für ca. 1 Stunde kühl stellen. Den Backofen auf 180 °C vorheizen, die Quicheform mit Butter einfetten.

2 Den Teig auf einer bemehlten Arbeitsfläche ausrollen, die Form damit auskleiden und den Boden mehrfach mit einer Gabel einstechen. Auf der mittleren Schiene ca. 10 Minuten vorbacken, dann herausnehmen und abkühlen lassen.

3 Für den Belag die Zwiebeln schälen und in dünne Scheiben hobeln, den Speck fein würfeln. Das Olivenöl erhitzen und den Speck darin anbraten, die Zwiebeln dazugeben, salzen und pfeffern und bei mittlerer Hitze ca. 15 Minuten weich dünsten. Vom Herd nehmen. Die Kürbiskerne in einer Pfanne ohne Fett anrösten. Dann unter die Zwiebelmischung heben.

4 Oregano waschen, trocken tupfen und die Blättchen grob hacken. Die Äpfel waschen, schälen, putzen und würfeln. Mit dem Oregano unter die Zwiebelmischung heben. Auf den Teigboden verteilen, den Ziegenfrischkäse in Nocken daraufsetzen.

5 Für den Guss alle Zutaten miteinander verquirlen, salzen, pfeffern und über den Belag gießen. Auf der mittleren Schiene ca. 45 Minuten backen.

Rosenkohl-Maronen-Quiche mit Salsiccia

Salsiccia ist die italienische Version der deutschen Bratwurst. Je nach Region ist sie unterschiedlich gewürzt. Besonders beliebt ist die Variante mit Fenchelsamen.

Für 1 Quiche-Form von 26 cm Ø

Für den Teig:
100 g kalte Butter, 200 g Mehl
50 g gemahlene Haselnüsse
1 Prise Salz, 1 El Weißweinessig

Für Belag und Guss:
500 g Rosenkohl, Salz
Muskatnuss, 1 El Bratöl
3 italienische Fenchel-Salsiccia
(ersatzweise 4 Nürnberger
Rostbratwürstchen)
300 g vorgegarte,
geschälte Maronen
1 El Butter, Pfeffer
200 ml Sahne
60 g Roccolo (ersatzweise Feta)
3 Eier, Pfeffer

Außerdem:
Butter für die Form
Mehl für die Arbeitsplatte

Zubereitungszeit: ca. 35 Minuten
(plus ca. 1 Stunde zum Kühlen
und ca. 55 Minuten zum Backen)

1 Für den Teig die Butter hacken und mit 2 Esslöffeln eiskaltem Wasser und den anderen Zutaten zügig verkneten. Zur Kugel rollen, in Folie wickeln und für ca. 1 Stunde kühl stellen. Den Backofen auf 200 °C vorheizen, die Quiche-Form mit Butter einfetten.

2 Den Teig auf einer bemehlten Arbeitsfläche ausrollen, die Form damit auskleiden. Den Boden mehrfach mit einer Gabel einstechen, dann auf der mittleren Schiene ca. 10 Minuten vorbacken. Herausnehmen und abkühlen lassen. Den Backofen auf 180 °C herunterschalten.

3 Den Rosenkohl waschen, putzen und halbieren. In wenig Salzwasser ca. 10 Minuten vorgaren. Abgießen, abtropfen lassen und in eine Schüssel füllen. Mit Muskatnuss würfen.

4 Das Bratöl erhitzen und die Würste ca. 10 Minuten von allen Seiten scharf anbraten. Herausnehmen und in mundgerechte Stücke teilen. Zum Rosenkohl geben. Die Butter in einer Pfanne erhitzen und die grob gehackten Maronen darin ca. 5 Minuten anschwitzen. Ebenfalls zum Rosenkohl geben. Diese Mischung auf dem Quicheboden verteilen.

5 Für den Guss die Sahne mit dem gehackten Käse pürieren. Die Eier darunterquirlen und alles mit Salz und Pfeffer abschmecken. Über die Rosenkohlmischung gießen und auf der mittleren Schiene ca. 30 Minuten backen.

Herbstgemüse-Quiche mit Schwarzwurzeln, Steckrüben und Walnüssen

Diese einmalig leckere Quiche besticht durch den zarten Geschmack der Schwarzwurzel in Kombination mit dem süßlichen Aroma der Steckrübe.

1 Den Backofen auf 200 °C vorheizen, die Form mit Backpapier auslegen. Die Kartoffeln und die Möhren waschen, schälen, putzen und fein raspeln. In einer Schüssel mit dem Hartweizengrieß, dem Parmesan und dem Ei vermengen. 1 Teelöffel Salz und etwas Pfeffer unterrühren. Dann den Teig in die Form drücken, dabei einen kleinen Rand formen. Ca. 20 Minuten vorbacken. Dann den Backofen auf 180 °C zurückschalten.

2 Für die Füllung die Steckrübe waschen, schälen, putzen und würfeln. Die Schwarzwurzeln unter fließendem, kaltem Wasser mit Küchenhandschuhen schälen, in ca. 3 cm lange Stücke schneiden und sofort in kaltes Essigwasser legen, damit sie sich nicht verfärben. Beide Gemüsesorten in einem Topf mit Salzwasser bedecken und ca. 10 Minuten dünsten. Dann abgießen. Den Lauch waschen, putzen und das Weiße in dünne Ringe schneiden. Die Lauchringe mit den Walnüssen unter das vorgegarte Gemüse heben. Auf dem Quiche-Boden verteilen. Den Ziegenfrischkäse in kleinen Nocken daraufsetzen.

3 Für den Guss den Käse raspeln und mit den anderen Zutaten verquirlen. Salzen, pfeffern, mit Muskat würzen und über den Kuchen gießen. Auf der mittleren Schiene ca. 40 Minuten backen.

Für 1 Quiche-Form von 26 cm Ø

Für den Teig:
250 g mehlig kochende Kartoffeln
50 g Möhren
50 g Hartweizengrieß
2 El geriebener Parmesan
1 Ei, Salz, Pfeffer

Für den Belag:
400 g Steckrübe
500 g Schwarzwurzeln
1 Stange Lauch
70 g Walnüsse
100 g Ziegenfrischkäse

Für den Guss:
150 g Cheddar, 4 Eier
150 ml Sahne, 150 ml Milch
Muskat

Außerdem:
Essigwasser

Zubereitungszeit: ca. 30 Minuten
(plus ca. 10 Minuten zum Dünsten
und ca. 1 Stunde zum Backen)

Tarte Tatin

mit Schalotten, Chicorée und Maronen

Für 1 Tarte-Form vom 28 cm Ø

Für den Teig:
120 g Butter, 200 g Mehl
1 El Honigsenf, 1 Eigelb
1 El Obstessig, Salz

Für den Belag:
500 g Schalotten
2 Chicoréestauden
100 g vorgegarte Maronen
2 El Butter, 1 El Zucker
2 El Aceto balsamico
Pfeffer, 4 Zweige Thymian

Außerdem:
Butter für die Form
Mehl für die Arbeitsplatte
2 El flüssige Butter für den Teig

Zubereitungszeit: ca. 45 Minuten
(plus ca. 20 Minuten zum Garen
und ca. 25 Minuten zum Backen)

Diese Tarte ist einfach raffiniert: Der herb-bittere Chicorée wird dezent karamellisiert, die Schalotten durch den Aceto balsamico aufgepeppt.

1 Für den Teig die Butter würfeln und mit den übrigen Teigzutaten zügig verkneten. In Folie wickeln und ca. 1 Stunde kühl stellen.

2 Die Schalotten schälen und längs halbieren. Chicorée waschen, vierteln und den Strunk entfernen. Die Maronen grob hacken.

3 Butter mit Zucker in einer Pfanne zerlassen. Den Chicorée darin ca. 10 Minuten von allen Seiten anbraten. Dann herausnehmen. Die Schalotten in die Pfanne geben. Im verbliebenen Fett anbraten, dann den Aceto balsamico und dieselbe Menge Wasser dazugeben und ca. 20 Minuten bei geschlossenem Topf und milder Hitze garen. Thymian waschen, trocken tupfen und die Blättchen abzupfen.

4 Eine Tarte-Form mit Butter einfetten. Die Schalotten mit dem Chicorée und den Maronen darin verteilen. Alles salzen, pfeffern und mit Thymianblättchen bestreuen.

5 Den Teig auf einer bemehlten Arbeitsfläche rund und ca. 1 cm größer als die Form ausrollen. Über die Füllung legen, die Ränder gut festdrücken und die Teigdecke mit einer Gabel mehrere Male einstechen, damit der Dampf entweichen kann. Mit flüssiger Butter bepinseln und für ca. 25 Minuten auf der mittleren Schiene backen. Nach Ende der Garzeit kurz in der Form ruhen lassen, dann auf eine Kuchenplatte stürzen.

Tipp

SIE KÖNNEN DIESE TARTE AUCH SEHR GUT MIT BLÄTTERTEIG ZUBEREITEN. EINFACH EINEN RUNDEN BLÄTTERTEIG ÜBER DIE TARTE LEGEN UND DIE RÄNDER GUT FESTDRÜCKEN.

Geflügelleber-Tarte mit Calvados

Tipp

STATT DES CALVADOS KÖNNEN SIE AUCH EINEN ANDEREN BRANNTWEIN VERWENDEN, ZUM BEISPIEL WODKA.

Diese Tarte kann einen exklusiven Start für ein herbstliches Menü bilden. Servieren Sie dazu dann am besten ein Glas Rosé-Champagner. Doch auch ein Glas Cidre passt hervorragend.

Für 1 Tarte-Form von 28 cm Ø

2 rote Zwiebeln
400 g Hühnerleber
2 El Butter, 2 El Calvados
3 Zweige glatte Petersilie
3 Zweige Oregano
1 großer, säuerlicher Apfel
1 Tl Zitronensaft
1 Tl abgeriebene Schale von
1 unbehandelten Orange
Salz, Pfeffer
3 Platten TK-Blätterteig, 1 El Senf
2 El Preiselbeeren aus dem Glas
100 ml Sahne
100 g Crème fraîche
2 Eier, 1 Eigelb

Außerdem:
Butter für die Form
Mehl für die Arbeitsplatte

Zubereitungszeit: ca. 30 Minuten
(plus ca. 40 Minuten zum Backen)

1 Den Backofen auf 200 °C vorheizen, die Tarte-Form mit Butter einfetten. Die Zwiebeln schälen und hacken. Die Leber kalt abspülen, trocken tupfen und parieren. Die Butter zerlassen und die Zwiebel darin unter Rühren ca. 8 Minuten dünsten, dann die Leber dazugeben und von allen Seiten anschmoren. Mit Calvados ablöschen, kurz aufkochen lassen, dann vom Herd nehmen.

2 Die Kräuter waschen, trocken schütteln und die Blättchen hacken. Den Apfel schälen, das Kerngehäuse entfernen und das Fruchtfleisch würfeln. Sofort in eine Schüssel geben und mit dem Zitronensaft mischen. Nun die Zwiebel-Leber-Mischung mit den gehackten Kräutern und dem Orangenabrieb dazugeben. Alles salzen und pfeffern.

3 Den Blätterteig auftauen lassen, dann auf einer bemehlten Arbeitsplatte leicht ausrollen.Die Form damit auskleiden. Den Boden mit dem Senf bestreichen, dann die Füllung daraufgeben. Die Preiselbeeren in kleinen Nocken darauf verteilen.

4 Für den Guss die restlichen Zutaten miteinander verquirlen, über die Füllung gießen und die Tarte auf der mittleren Schiene ca. 40 Minuten backen. Dazu passt ein Rucola-Salat.

Bärlauchcreme-Quiche

Tipp

STATT DER ROTEN PAPRIKASCHOTE KÖNNEN SIE AUCH KLEINE DATTELTOMATEN UNTER DIE FÜLLUNG MISCHEN.

Bärlauch steht unter Naturschutz – sammeln Sie also nicht selbst. So laufen Sie auch nicht Gefahr, Bärlauchblätter mit den giftigen Blättern von Herbstzeitlosen oder Waldmaiglöckchen zu verwechseln.

Für 1 Quiche-Form von 26 cm Ø

Für den Teig:
100 g Butter
30 g Parmesan
200 g Mehl
1 Ei, Salz, Pfeffer

Für den Belag:
3 Schalotten, 1 El Butter
2 Bund Bärlauch
1 rote Paprikaschote
4 Eier, 200 ml Sahne
100 g Crème fraîche

Außerdem:
Butter für die Form
Mehl für die Arbeitsplatte

Zubereitungszeit: ca. 35 Minuten (plus ca. 1 Stunde zum Kühlstellen und ca. 45 Minuten zum Backen)

1 Für den Teig die Butter würfeln. Den Parmesan reiben. Beides mit Mehl und Ei, etwas Salz und Pfeffer zu einem Teig verkneten. In Folie wickeln und ca. 1 Stunde kühl stellen.

2 Den Backofen auf 200 °C vorheizen. Die Form mit Butter einfetten. Den Teig auf einer bemehlten Arbeitsplatte ausrollen, die Form damit auskleiden, dabei einen kleinen Rand formen. Den Boden mehrfach mit einer Gabel einstechen und den Teig auf der unteren Schiene ca. 10 Minuten vorbacken, bis er trocken aussieht. Herausnehmen und abkühlen lassen. Den Backofen auf 180 °C herunterschalten.

3 Für den Belag die Schalotten schälen und hacken. In der zerlassenen Butter ca. 5 Minuten andünsten. Beiseitestellen. Bärlauch waschen, trocken schleudern, putzen und in eine hohe Schüssel füllen. Die Paprikaschote putzen, innen und außen waschen, trocken tupfen und in dünne Streifen schneiden. Beiseitestellen.

4 Eier, Sahne und Crème fraîche zum Bärlauch geben. Alles glatt pürieren, salzen und pfeffern und auf den Teigboden streichen. Die Paprikastreifen und die Schalotten daraufgeben und die Quiche auf der mittleren Schiene ca. 35 Minuten fertig backen.

Wasabi-Lachs-Quiche

Wasabi ist als Pulver oder Paste erhältlich. Seine Schärfe ist deutlich stärker als die des europäischen Meerrettichs. Dosieren Sie also behutsam.

Für 1 Quiche-Form von 26 cm Ø

Für den Teig:
200 g Mehl, 125 g Butter
1 El Weißweinessig, Salz

Für Belag und Guss:
150 g TK-Erbsen
½ Bund Bohnenkraut
2 Tl abgeriebene Schale von 1 unbehandelten Zitrone
400 g Lachsfilet
1 El Wasabi-Pulver
250 ml Sahne
2 Eier, 2 Eigelb
Salz, Pfeffer

Außerdem:
Butter für die Form
Mehl für die Arbeitsfläche

Zubereitungszeit: ca. 25 Minuten (plus ca. 30 Minuten zum Kühlstellen und ca. 50 Minuten zum Backen)

1 Für den Teig alle Zutaten miteinander glatt verkneten. In Folie wickeln und ca. 30 Minuten kühl stellen. Den Backofen auf 200 °C vorheizen. Die Form mit Butter einfetten. Den Teig auf einer bemehlten Arbeitsfläche ausrollen, die Form damit auskleiden, dabei einen kleinen Rand formen. Den Boden mehrfach mit einer Gabel einstechen und den Teig auf der unteren Schiene ca. 10 Minuten vorbacken, bis er trocken aussieht. Herausnehmen und abkühlen lassen. Den Backofen auf 180 °C zurückschalten.

2 Für den Belag die Erbsen auftauen lassen und in eine Schüssel geben. Das Bohnenkraut waschen, trocken tupfen und die Blättchen hacken. Zusammen mit dem Zitronenabrieb den Erbsen geben. Das Lachsfilet waschen, trocken tupfen und in mundgerechte Stücke schneiden. Mit dem Wasabi-Pulver bestäuben. Für den Guss die restlichen Zutaten verquirlen, salzen und pfeffern.

3 Den Lachs auf dem Teigboden verteilen. Darüber die Erbsenmischung geben und alles mit dem Guss bedecken. Auf der mittleren Schiene ca. 40 Minuten backen.

Schwarzwurzel-Quiche mit Parmaschinken

Die Schwarzwurzel wird in Österreich auch „Winterspargel" genannt, denn sie ist äußerst zart und sahnig-nussig im Geschmack. Anders als Spargel enthält sie keine Bitteraromen.

Für 1 Quiche-Form von 26 cm Ø

Für den Teig:
125 g Butter, 250 g Mehl
1 Eigelb, 1 El Weißweinessig
1 Prise Salz

Für Belag und Guss:
750 g Schwarzwurzeln
70 g Parmaschinken
1/2 Bund glatte Petersilie
125 ml Sahne
125 g Ricotta
3 Eier, 1 Eigelb, Salz
Pfeffer, Muskatnuss

Außerdem:
Butter für die Form
Mehl für die Arbeitsfläche
Essigwasser für die Schwarzwurzeln

Zubereitungszeit: ca. 30 Minuten (plus ca. 1 Stunde zum Ruhen, ca. 10 Minuten zum Vorgaren und ca. 50 Minuten zum Backen)

1 Für den Teig die Butter hacken und mit den anderen Zutaten verkneten. Zur Kugel rollen, in Folie wickeln und ca. 1 Stunde ruhen lassen.

2 Den Backofen auf 200 °C vorheizen. Die Form mit Butter einfetten. Den Teig auf einer bemehlten Arbeitsfläche ausrollen, die Form damit auskleiden. Den Teigboden mehrfach mit einer Gabel einstechen, dann auf der unteren Schiene ca. 10 Minuten vorbacken, bis der Boden trocken aussieht. Herausnehmen und abkühlen lassen. Den Ofen auf 180 °C herunterschalten.

3 Für den Belag die Schwarzwurzeln unter fließendem, kaltem Wasser mit Küchenhandschuhe schälen, in ca. 3 cm lange Stücke schneiden und sofort in kaltes Essigwasser legen, damit sie sich nicht verfärben. Mit Salzwasser bedecken und ca. 10 Minuten dünsten. Dann abgießen. Den Parmaschinken in kleinere Stücke zupfen, die Petersilie waschen, trocken schütteln und die Blättchen hacken.

4 Den Boden der Quiche mit Parmaschinken und Petersilie bedecken. Darauf die Schwarzwurzeln verteilen. Für den Guss Sahne mit Ricotta, Eiern und Eigelb verquirlen. Salzen, pfeffern und mit Muskatnuss abschmecken. Über die Schwarzwurzeln gießen und die Quiche auf der mittleren Schiene ca. 40 Minuten backen.

Rote-Bete-Quiche

mit Walnuss-Schafskäse-Streuseln

Für 1 Quiche-Form von 26 cm Ø

Für den Teig:
125 g Butter, 250 g Mehl, 1 Ei
1 Tl abgeriebene Schale von
1 unbehandelten Zitrone
½ Tl Salz

Für Belag und Guss:
700 g Rote Bete
2 Bund Schnittlauch
1 Tl abgeriebene Schale von
1 unbehandelten Zitrone
Salz, Pfeffer, Kümmel
100 g Walnüsse, 100 g Schmand
100 g saure Sahne, 3 Eier
125 g Schafskäse

Außerdem:
Mehl für die Arbeitsfläche
Butter für die Form

Zubereitungszeit: ca. 30 Minuten
(plus ca. 1 Stunde zum Kühlstellen
und ca. 50 Minuten zum Backen)

Servieren Sie zu dieser herbstlichen Quiche am besten einen aromatisch-nussigen Berglinsen-Salat, der mit einem Schuss Kürbiskernöl verfeinert wurde und mischen Sie die in Streifen geschnittenen Blätter der Roten Bete unter.

1 Für den Teig alle Zutaten zügig miteinander verkneten und in Folie gewickelt ca. 1 Stunde im Kühlschrank ruhen lassen. Den Backofen auf 180 °C vorheizen.

2 Die Rote Bete waschen, mit Küchenhandschuhen schälen und auf der Gemüsereibe raspeln. Schnittlauch waschen, trocken tupfen und in Ringe schneiden. Beides in einer Schüssel mit Zitronenschale, Salz, Pfeffer, etwas Kümmel und der Hälfte der grob gehackten Walnüsse vermengen.

3 Für den Guss Schmand mit saurer Sahne und Eiern verquirlen, salzen und pfeffern. Für die Streusel die restlichen Walnüsse fein hacken und mit dem Schafskäse zu Krümeln verarbeiten.

4 Den Teig auf einer bemehlten Arbeitsplatte ausrollen, die Quiche-Form mit Butter einfetten. Den Teig in die Form drücken, den Boden mit einer Gabel mehrfach einstechen. Die Rote-Bete-Mischung darauf verteilen, dann den Guss darübergießen und die Schafskäse-Streusel daraufstreuen. Auf der mittleren Schiene ca. 50 Minuten backen. Nach ungefähr 35 Minuten die Quiche lose mit Alufolie abdecken, damit die Streusel nicht zu dunkel werden.

Tipp

ROTE BETE IST SO GESUND, DASS MAN SIE RUHIG ÖFTERS ESSEN KANN – ZUM BEISPIEL ROH GERASPELT IM SALAT.

Forellenmousse-Pumpernickel-Tarte

Zart-würziges Forellenfilet auf herzhaftem Pumpernickel: Diese Tarte ist ein perfekter Einstieg für ein sommerliches Menü und lässt sich hervorragend vorbereiten.

Für 1 Tarte von 28 cm Ø

Für den Boden:
250 g Pumpernickel
125 g weiche Butter
Salz, Pfeffer
1 Tl abgeriebene Schale von
1 unbehandelten Zitrone
2 Tl Paprikapulver

Für den Belag:
2 geräucherte Forellen
2 El Zitronensaft
2 El Sahnemeerrettich
300 ml Sahne
3 Blatt Gelatine
1 Bund Dill, Salz, Pfeffer

Außerdem:
Butter zum Einfetten
Kaviar und Dillzweige
zum Verzieren

Zubereitungszeit: ca. 30 Minuten (plus ca. 10 Minuten zum Tiefkühlen, ca. 10 Minuten zum Einweichen und ca. 3 Stunden zum Kühlen)

1 Den Pumpernickel im Mixer zerkleinern. Mit der weichen Butter, etwas Salz, Pfeffer, dem Zitronenabrieb und dem Paprikapulver verkneten. Einen Tortenring passend auf eine Tortenplatte stellen. Das Innere mit Butter einfetten. Die Krümelmischung daraufgeben und gut festdrücken. Bis zur weiteren Verwendung kühl stellen.

2 Für den Belag die Forellen filetieren, dabei alle Gräten sorgfältig entfernen. Mit Zitronensaft, Sahnemeerrettich und 50 ml Sahne für ca. 10 Minuten ins Gefrierfach stellen. Die restliche Sahne ebenfalls kalt stellen. Die Gelatine nach Packungsanweisung in kaltem Wasser einweichen. Den Dill waschen, trocken schütteln und die Zweige hacken.

3 Die Forellenmischung glatt pürieren. Salzen, pfeffern und den fein gehackten Dill unterrühren. Die Gelatine tropfnass in einen kleinen Topf geben und so lange erhitzen, bis sie sich aufgelöst hat. Vom Herd nehmen und 2 Esslöffel Forellenpüree dazurühren. Diese Mischung unter das restliche Forellenpüree rühren.

4 Die Sahne steif schlagen, unter das Mousse heben und alles auf dem Pumpernickelboden verteilen. Mindestens 3 Stunden kühl stellen. Vor dem Servieren den Tortenring entfernen und die Tarte mit Kaviar und Dill garnieren.

Tipp

STATT DES FORELLENFILETS KÖNNEN SIE AUCH 150 G GERÄUCHERTEN LACHS VERWENDEN. SERVIEREN SIE ZU DER TARTE AM BESTEN EINEN AROMATISCHEN WILDKRÄUTERSALAT.

Rheinische Tarte Himmel und Ääd

Tipp

REICHEN SIE ZU DER TARTE EINEN KLECKS APFELMUS UND ALS GETRÄNK EIN GLAS BIER.

Blutwurst kombiniert mit Äpfeln - was sich für viele Menschen gewagt anhört, hat im gesamten Rheinland eine lange Tradition. Zu recht, denn die Äpfel machen die Blutwurst frischer und bekömmlicher.

Für 1 Tarte-Form von 28 cm Ø

Für den Teig:
125 g Butter, 250 g Mehl
½ Tl Salz, 5 El Weißwein

Für den Belag:
300 g Blutwurst, 300 g Lauch
2 Bund Frühlingszwiebeln
1 El Rapsöl
300 g säuerliche Äpfel
3 Zweige Majoran
1 Bund Schnittlauch
200 g Crème fraîche, 2 Eier
je 1 Prise Muskatnuss
und gem. Kümmel

Außerdem:
Butter für die Form
Mehl für die Arbeitsfläche

Zubereitungszeit: ca. 40 Minuten
(plus ca. 10 Minuten zum Dünsten
und ca. 45 Minuten zum Backen)

1 Alle Zutaten für den Teig miteinander verkneten. In Folie wickeln und ca. 30 Minuten kühl stellen.

2 Den Backofen auf 180 °C vorheizen. Die Form mit Butter einfetten. Die Blutwurst in Scheiben schneiden. Den Lauch waschen, putzen, das Weiße in Ringe schneiden. Die Frühlingszwiebeln waschen, putzen und ebenfalls in Ringe schneiden. Das Öl in einer Pfanne erhitzen und den Lauch mit Frühlingszwiebeln darin bei mittlerer Hitze ca. 10 Minuten dünsten. Salzen, pfeffern und beiseitestellen. Die Äpfel schälen. Kerngehäuse entfernen und das Fruchtfleisch würfeln. Sofort unter die Lauchmischung heben. Majoran waschen, trocken tupfen und die Blättchen abzupfen.

3 Für die Creme Schnittlauch waschen, trocken tupfen und in Ringe schneiden. Crème fraîche mit Eiern verquirlen. Den Schnittlauch darunterrühren, alles salzen, pfeffern und mit Muskatnuss und Kümmel abschmecken.

4 Den Teig auf einer bemehlten Arbeitsfläche ausrollen. Die Form damit auskleiden, den Boden mehrfach mit einer Gabel einstechen. Die Creme daraufstreichen. Dann die Blutwurstscheiben darauf verteilen, darüber die Majoranblättchen streuen. Nun die Lauch-Apfelmischung darübergeben. Auf der mittleren Schiene ca. 45 Minuten backen. Gegen Ende der Backzeit eventuell mit Alufolie abdecken.

Brathähnchen-Quiche mit Teltower Rübchen und Quitte

Für 1 Quiche-Form von 26 cm Ø

Für den Teig:
100 g Butter, 200 g Mehl
½ Tl Salz, 1 Ei

Für den Belag:
1 Quitte, 1 El Zucker
150 ml Weißwein
1 Tl abgeriebene Schale von
1 unbehandelten Zitrone
300 g Teltower Rübchen (ersatzweise
weiße Rübchen)
1 El Butter, Salz, Pfeffer
2 fertig gegarte Brathähnchenschenkel
½ Bund glatte Petersilie
200 ml Sahne
100 g saure Sahne
3 Eier, 1 Eigelb

Außerdem:
Butter für die Form
Mehl für die Arbeitsfläche

Zubereitungszeit: ca. 30 Minuten (plus ca. 1 Stunde zum Kühlen, ca. 30 Minuten zum Dünsten und ca. 55 Minuten zum Backen)

1 Für den Teig die Butter würfeln. Mit 1 Esslöffel Eiswasser und den anderen Teigzutaten glatt verkneten. In Folie wickeln und ca. 1 Stunde im Kühlschrank ruhen lassen.

2 Den Backofen auf 200 °C vorheizen. Die Quiche-Form mit Butter einfetten. Den Teig auf einer bemehlten Arbeitsfläche ausrollen, die Form damit auskleiden. Den Teigboden mehrfach mit einer Gabel einstechen und auf der unteren Schiene ca. 10 Minuten vorbacken. Herausnehmen und abkühlen lassen.

3 Für den Belag die Quitte schälen, das Kerngehäuse entfernen und das Fruchtfleisch würfeln. Zusammen mit Zucker, Weißwein und Zitronenabrieb ca. 30 Minuten weich dünsten. Dann in ein Sieb geben und abtropfen lassen.

4 Die Teltower Rübchen waschen, putzen, schälen und würfeln. In der Butter ca. 5 Minuten andünsten. Salzen, pfeffern und die Quitten unterheben. Beiseitestellen.

5 Von den Hähnchenschenkeln die Haut entfernen, das Fleisch vom Knochen lösen und würfeln. Ebenfalls unter die Rüben-Mischung geben. Die Petersilie waschen, trocken schütteln und die Blättchen hacken. Unter die Füllung heben und alles nochmals mit Salz und Pfeffer abschmecken. Dann auf dem Quiche-Boden verteilen.

6 Die restlichen Zutaten für den Guss miteinander verquirlen. Salzen, pfeffern und über die Füllung gießen. Die Quiche auf der mittleren Schiene ca. 45 Minuten backen.

Grüne Seeteufel-Quiche

Seeteufel oder Lotte ist ein sehr festfleischiger Seefisch. Lassen Sie sich vom Händler auf jeden Fall die dünne Silberhaut entfernen.

Für 1 Quiche-Form von 26 cm Ø

Für den Teig:
125 g Butter, 200 g Mehl
50 g Sesamsaat, ½ Tl Salz

Für den Belag:
200 g Seeteufelfilet
Salz, 1 El Bratöl
200 g Zuckerschoten
1 unbehandelte Limette
2 Knoblauchzehen
2 cm Galgant
3 Stängel Zitronengras
2 Kaffirlimettenblätter
1 grüne Chilischote
½ Bund Thai-Basilikum
1 Bund Koriander
1 Bund Thai-Schnittknoblauch
250 ml Kokosmilch, 3 Eier

Außerdem:
Butter für die Form
Mehl für die Arbeitsfläche

Zubereitungszeit: ca. 50 Minuten (plus ca. 1 Stunde zum Kühlen und ca. 50 Minuten zum Backen)

1 Für den Teig die Butter würfeln. Mit 2 Esslöffeln Eiswasser und den anderen Teigzutaten glatt verkneten. In Folie wickeln und ca. 1 Stunde im Kühlschrank ruhen lassen.

2 Den Backofen auf 200 °C vorheizen. Die Quiche-Form mit Butter einfetten. Den Teig auf einer bemehlten Arbeitsfläche ausrollen, die Form damit auskleiden. Den Teigboden mehrfach mit einer Gabel einstechen und auf der unteren Schiene ca. 10 Minuten vorbacken. Herausnehmen und abkühlen lassen.

3 Den Seeteufel waschen, trocken tupfen, in mundgerechte Stücke schneiden und salzen. Das Bratöl in einer Pfanne hoch erhitzen und den Seeteufel darin kurz von beiden Seiten scharf anbraten, sodass er etwas Farbe annimmt. Sofort aus der Pfanne nehmen und beiseitestellen.

4 Die Zuckerschoten waschen, putzen und in wenig Salzwasser bissfest dünsten. In ein Sieb schütten und abtropfen lassen. Die Limette heiß waschen, trocknen und die Schale abreiben. Den Saft auspressen. Beides in ein hohes Püriergefäß geben. Knoblauchzehen und Galgant schälen und hacken. Zur Limette geben. Zitronengras waschen, nur den inneren weißen Kern hacken und ebenfalls dazugeben. Die Chilischote putzen, waschen und mit den gewaschenen und trocken geschüttelten Kräuterblättern ebenfalls dazugeben. Nun die Kokosmilch dazugießen und alles glatt pürieren. Die Eier darunterquirlen und alles mit Salz abschmecken.

5 Die Zuckerschoten auf dem Quiche-Boden verteilen. Darauf die Seeteufelstücke geben. Alles mit Guss bedecken und ca. 40 Minuten im Ofen backen.

Vegane Tofu-Tarte

Diese Tarte kommt völlig ohne tierische Produkte aus – und wer weiß? Vielleicht kommen Sie damit ja auf den Geschmack, öfter mal vegan zu kochen.

Tipp

STATT DES SPINATS SCHMECKT AUCH MANGOLD SEHR GUT, AUSSERDEM KÖNNEN SIE NOCH GEGARTE KIDNEYBOHNEN ODER KICHERERBSEN UNTERMISCHEN.

Für 1 Tarte-Form von 28 cm Ø

Für den Teig:
250 g Mehl
125 g Margarine
½ Tl Salz

Für den Belag:
500 g Spinat
2 Knoblauchzehen
1 rote Chilischote
1 El Rapsöl, Salz, Pfeffer
500 g Tofu, 80 ml Sojamilch
1 Spritzer Zitronensaft

Außerdem:
Mehl für die Arbeitsfläche
Margarine für die Form

Zubereitungszeit: ca. 40 Minuten
(plus ca. 45 Minuten zum Backen)

1 Für den Teig alle Zutaten miteinander glatt verkneten. Auf einer bemehlten Arbeitsfläche ausrollen und in die gefettete Form legen. Mehrfach mit einer Gabel einstechen und bis zur weiteren Verwendung abgedeckt kühl stellen.

2 Den Backofen auf 180 °C vorheizen. Den Spinat putzen und waschen. Knoblauch schälen und hacken. Chilischote putzen, waschen und hacken. Das Rapsöl erhitzen. Knoblauch darin bei mittlerer Hitze andünsten, dann die Chilischote und den Spinat dazugeben. Alles salzen und pfeffern und den Spinat zusammenfallen lassen. In ein Sieb geben und abtropfen lassen.

3 Den Tofu zerkrümeln und mit der Sojamilch und dem Zitronensaft pürieren. Mit Salz und Pfeffer abschmecken. Den Spinat auf dem Teigboden verteilen, die Tofumischung darüberverteilen und alles auf der mittleren Schiene ca. 45 Minuten backen. Falls die Quiche zu dunkel wird, mit Alufolie abdecken.

Marinierte Räuchertofu-Quiche

Räuchertofu ist aromatischer und vor allem fester als unbehandelter Tofu. Das macht ihn in der Küche besonders interessant, denn er bleibt in Form und zerfällt auch nicht bei einer längeren Marinierzeit.

Für 1 Quiche-Form von 26 cm Ø

Für den Teig:
175 g Mehl, 125 g Magerquark
4 El Rapsöl, ½ Tl Salz

Für den marinierten Tofu:
250 g Räuchertofu
2 Knoblauchzehen
1 rote Chilischote
1 El abgeriebene Schale von
1 unbehandelten Zitrone
Salz, Pfeffer, 3 El Walnussöl

Für die restliche Füllung
und den Guss:
70 g ungesalzene Erdnüsse
2 Stangen Lauch, 1 El Rapsöl
200 g Crème fraîche
150 ml Milch, 4 Eier

Außerdem:
Butter für die Form
Mehl für die Arbeitsfläche

Zubereitungszeit: ca. 40 Minuten
(plus ca. 1 Stunde zum Marinieren
und ca. 50 Minuten zum Backen)

1 Zuerst den Tofu marinieren. Dafür Tofu würfeln. Die Knoblauchzehen schälen und hacken. Die Chilischote putzen, waschen und hacken. Beides mit der Zitronenschale zum Tofu geben. Salzen, pfeffern und mit dem Öl verrühren. Abgedeckt mindestens 1 Stunde im Kühlschrank marinieren lassen.

2 Für den Teig alle Zutaten zusammen mit 2 El Wasser glatt verkneten. Den Teig in Folie wickeln und ca. 30 Minuten kühl stellen. Den Backofen auf 200 °C vorheizen. Die Form mit Butter einfetten. Den Teig auf einer bemehlten Arbeitsfläche ausrollen, die Form damit auskleiden und den Boden mehrfach mit einer Gabel einstechen. Auf der mittleren Schiene ca. 10 Minuten backen. Herausnehmen und abkühlen lassen. Den Backofen auf 180 °C herunterschalten.

3 Die Erdnüsse in einer Pfanne ohne Fett goldgelb rösten, dann abkühlen lassen. Den Lauch waschen, putzen und das Weiße in Ringe schneiden. Im erhitzten Rapsöl ca. 10 Minuten düsten, dabei salzen und pfeffern. Die Erdnüsse grob hacken und darunterrühren. Den Tofu auf Küchenkrepp trocken tupfen und ebenfalls unter den Lauch heben.

4 Für den Guss Crème fraîche mit Milch und Eiern verquirlen. Salzen und pfeffern. Die Lauch-Tofu-Mischung auf dem Quiche-Boden verteilen, die Eiermilch darübergießen und alles auf der mittleren Schiene ca. 40 Minuten backen.

Marokkanische Linsen-Mandel-Tarte mit Spinat

Für 1 Quiche-Form von 26 cm Ø

Für den Teig:
250 g Mehl, 125 g Butter
1 Ei, ½ Tl Salz
1 El Weißweinessig

Für die Füllung:
600 g Blattspinat, 1 große Möhre
4 Schalotten, 2 Knoblauchzehen
3 El Olivenöl, Salz
Pfeffer, 1 rote Zwiebel
200 g rote Linsen
400 ml Gemüsebrühe
2 Tl gemahlener Kreuzkümmel
1 Tl Zimtpulver, 4 El gem. Mandeln
50 g frisch geriebener Parmesan

Außerdem:
Butter für die Form
Mehl für die Arbeitsfläche
gemahlene Mandeln zum Bestreuen

Zubereitungszeit: ca. 40 Minuten
(plus ca. 1 Stunde zum Kühlstellen
und ca. 40 Minuten zum Backen)

Durch Kreuzkümmel, Zimt und Mandeln erhält diese Tarte ein ganz besonderes Aroma. Die Mandeln verleihen zusätzlich Bindung.

1 Für den Teig alle Zutaten miteinander verkneten. In Folie wickeln und für ca. 1 Stunde im Kühlschrank ruhen lassen. Den Backofen auf 200 °C vorheizen, die Form mit Butter einfetten. Den Teig auf einer bemehlten Arbeitsfläche ausrollen, die Form damit auskleiden. Auf der unteren Schiene ca. 10 Minuten backen. Herausnehmen und abkühlen lassen. Den Backofen auf 180 °C herunterstellen.

2 Für die Füllung Spinat putzen und waschen. Die Möhre waschen, putzen, schälen und in dünne Streifen hobeln. Die Schalotten und die Knoblauchzehen schälen und hacken. 1 Esslöffel Olivenöl erhitzen, Schalotten und Möhre darin ca. 5 Minuten anschwitzen. Dann Knoblauch und Spinat dazugeben. Salzen, pfeffern und bei geschlossenem Deckel zusammenfallen lassen. In ein Sieb geben und abtropfen lassen.

3 Die rote Zwiebel schälen und hacken. Die Linsen abspülen. Das restliche Olivenöl erhitzen, die Zwiebel darin andünsten. Die Linsen dazugeben und alles mit Gemüsebrühe ablöschen. Ca. 5 Minuten bissfest kochen lassen, dann abgießen und die Brühe auffangen. 150 ml Brühe mit Kreuzkümmel, Salz, Pfeffer und Zimt pikant abschmecken, dann die gemahlenen Mandeln darunterrühren und alles mit dem Parmesan verquirlen.

4 Den Tarte-Boden mit gemahlenen Mandeln bestreuen. Die Linsen unter den Spinat heben und darauf verteilen. Alles mit der Mandelbrühe begießen und im Ofen ca. 30 Minuten backen.

Tipp

DIESE TARTE SCHMECKT AUCH VEGAN VORZÜGLICH. ERSETZEN SIE DIE BUTTER DES TEIGES DURCH MARGARINE UND LASSEN SIE DEN PARMESAN EINFACH WEG.

Die Extraschnellen

Auberginen-Feta-Tarte

Für 1 Tarte-Form von 28 cm Ø

3 Platten TK-Blätterteig
1 Bund Basilikum
2 mittelgroße Auberginen
4 Knoblauchzehen
3-5 El Olivenöl
200 g Feta
100 ml Sahne
2 Eier
Salz
Pfeffer

Außerdem:
Butter für die Form
Mehl für die Arbeitsplatte

Zubereitungszeit:
ca. 20 Minuten (plus ca. 35 Minuten zum Backen)

Servieren Sie zu dieser Tarte Tabbouleh, einen frischen, herb-aromatischen Salat aus glatter Petersilie und Couscous, oder einen kräftigen Tomatensalat.

1 Den Ofen auf 180 °C vorheizen. Die Form mit Butter einfetten. Den Blätterteig auftauen lassen. Auf einer bemehlten Arbeitsfläche leicht ausrollen und die Form damit auskleiden. Bis zur weiteren Verwendung kühl stellen.

2 Basilikum waschen, trocken schleudern und die Blättchen abzupfen. Die Auberginen waschen, trocknen und die Stielansätze entfernen. Auberginen in Scheiben schneiden. Knoblauch schälen und hacken.

3 Das Olivenöl in einer Pfanne erhitzen und die Auberginenscheiben darin portionsweise von beiden Seiten goldgelb braten. Herausnehmen und auf Küchenkrepp abtropfen lassen.

4 Den Feta mit der Sahne pürieren. Die Eier und das Basilikum darunterrühren und alles mit Salz und Pfeffer abschmecken. Auf den Blätterteig streichen. Dachziegelartig die Auberginen daraufschichten und mit dem Knoblauch bestreuen. Alles salzen und pfeffern und auf der 2. Schiene von unten ca. 30 Minuten backen.

Tipp

GANZ WICHTIG IST TATSÄCHLICH, DASS DIE AUBERGINEN AUF KÜCHENKREPP ABTROPFEN KÖNNEN. SONST SCHMECKT DIE TARTE ZU ÖLIG.

Auberginen-Merguez-Tarte
mit Pinienkernen

Diese Tarte ist herrlich aromatisch und schmeckt nach Urlaub. Trinken Sie dazu ein Glas vollmundigen Grauburgunder.

1 Den Backofen auf 180 °C vorheizen. Die Tarteform mit Butter einfetten. Die Zwiebel schälen und in dünne Scheiben schneiden. Die Auberginen waschen, trocknen, putzen und würfeln. Knoblauch schälen und hacken. Die Merguez in Stücke schneiden.

2 Das Olivenöl in einer Pfanne erhitzen. Zuerst die Zwiebel, dann die Auberginen dazugeben. Salzen, pfeffern und ca. 15 Minuten gar braten. Erst kurz vor Ende der Garzeit den Knoblauch und die Merguez dazugeben.

3 Die Petersilie waschen, trocken schleudern und die Blättchen hacken. Die Zitrone waschen, trocknen und 1 Teelöffel Schale abreiben. Mit der Petersilie unter die Auberginen heben. Die Pinienkerne in einer zweiten Pfanne ohne Fett anrösten, dann unter die Auberginen heben. Alles abkühlen lassen.

4 Den Blätterteig antauen lassen, auf einer bemehlten Arbeitsfläche leicht ausrollen und die Form damit auskleiden. Die Füllung daraufgeben und auf der mittleren Schiene ca. 30 Minuten backen.

Tipp

STATT DER MAROKKANISCHEN MERGUEZ KÖNNEN SIE AUCH ITALIENISCHE SALSICCIA VERWENDEN. AUSSERDEM SCHMECKT DIE TARTE AUCH MIT 3 VORGEGARTEN GEWÜRFELTEN ARTISCHOCKENHERZEN.

Für 1 Tarte-Form mit 28 cm Ø

- 1 rote Zwiebel
- 2 Auberginen
- 3 Knoblauchzehen
- 200 g Merguez
- 3 El Olivenöl
- Salz
- Pfeffer
- 1 Bund glatte Petersilie
- 1 unbehandelte Zitrone
- 70 g Pinienkerne
- 3 Platten TK-Blätterteig

Außerdem:
- Butter für die Form
- Mehl für die Arbeitsplatte

Zubereitungszeit: ca. 20 Minuten (plus ca. 15 Minuten zum Braten und ca. 30 Minuten zum Backen)

Orientalische Lamm-Quiche mit Koriander

Für 1 Quiche-Form von 26 cm Ø

1 Zwiebel
3 Knoblauchzehen
1 rote Paprikaschote
1 rote Chilischote, 1 Zucchini
1 Handvoll Dattelltomaten
2 El Olivenöl
400 g Lammhackfleisch
1 El Tomatenmark
100 ml Gemüsebrühe
Salz, Pfeffer
1 Tl Raz-El-Hanout
½ Tl Kreuzkümmel
1 Bund Koriander
½ Bund glatte Petersilie
150 g Filoteig aus dem Kühlregal (FP)

Für den Guss:
200 ml Milch
100 g Schafskäse
3 Eier, Salz, Pfeffer
Paprikapulver

Außerdem:
Olivenöl für die Form und den Teig

Zubereitungszeit: ca. 25 Minuten
(plus ca. 10 Minuten zum Dünsten
und ca. 40 Minuten Backen)

Koriandergrün ist in Nordafrika und in Asien ebenso beliebt wie hierzulande Petersilie. Da das zarte Kraut schnell welkt, wird es am besten am Tag des Einkaufs verarbeitet.

1 Den Backofen auf 200 °C, die Form mit Olivenöl ausstreichen. Zwiebel schälen und hacken. Knoblauch schälen und ebenfalls hacken. Paprikaschote und Chilischote putzen, innen und außen waschen. Die Paprika würfeln, die Chilischote hacken. Die Zucchini waschen, putzen und würfeln. Die Tomaten waschen und trocknen.

2 Das Olivenöl in einer Pfanne erhitzen, die Zwiebel darin andünsten. Das Hackfleisch mit dem Knoblauch dazugeben und krümelig braten. Dann die Paprika- und Chilischote dazugeben, ca. 5 Minuten dünsten, dann das Tomatenmark unterrühren. Alles salzen, pfeffern und Raz-El-Hanout mit Kreuzkümmel darunterrühren. Die Kräuter waschen, trocken schleudern und die Blättchen hacken. Zusammen mit der Zucchini und den Tomaten unter die Hackfleischmasse heben.

3 Den Filoteig in die Form legen, die obere Lage dünn mit Olivenöl bepinseln. Darauf die Hackfleischmasse verteilen. Für den Guss die Milch mit Schafskäse und Eiern pürieren, pikant mit Salz, Pfeffer und Paprikapulver abschmecken und darübergießen. Auf der mittleren Schiene ca. 40 Minuten backen.

Birnen-Ziegenkäse-Tarte

mit karamellisierten Walnüssen

Diese einfache und zugleich raffinierte Tarte steht und fällt mit der Qualität der Zutaten. Wählen Sie bei den Birnen nicht allzu süße Sorten, zum Beispiel Gellerts Butterbirne.

Tipp

DAZU SCHMECKT EIN AROMATISCHER, GRÜNER SALAT. AM BESTEN ANGEREICHERT MIT TRAUBEN UND MARONEN.

1 Den Ofen auf 200 °C vorheizen. Die Tarte-Form mit Butter einfetten. Den Blätterteig auf einer bemehlten Arbeitsplatte auftauen lassen, dann leicht ausrollen und die Form damit auskleiden.

2 Die Birnen waschen, schälen und vierteln. Die Kerngehäuse entfernen und das Fruchtfleisch in dünne Spalten schneiden. Den Ziegenkäse in dünne Scheiben schneiden. Abwechselnd mit den Birnen dachziegelartig auf den Blätterteig schichten. Alles salzen und pfeffern.

3 Die Walnüsse grob hacken und mit dem Honig vermengen. Dann über die Ziegenkäse-Birnen-Füllung streuen. Auf der mittleren Schiene ca. 20 Minuten backen. Rosmarin waschen, die Nadeln ganz fein hacken und mit dem Olivenöl verrühren. Die Tarte vor dem Servieren mit dem Kräuteröl beträufeln.

Für 1 Tarte-Form von 26 cm Ø

3 Platten TK-Blätterteig
400 g Birnen
400 g Ziegenkäserolle
Salz
Pfeffer
100 g Walnüsse
2 El Honig
2 Zweige Rosmarin
2 El Olivenöl

Außerdem:
Butter für die Form
Mehl für die Arbeitsfläche

Zubereitungszeit: ca. 20 Minuten
(plus ca. 20 Minuten zum Backen)

Steckrüben-Birnen-Quiche mit Camembert

Tipp

DIESE LEICHTE QUICHE HAT EIN MILDES AROMA. SERVIEREN SIE DAZU EINEN EBENSO LEICHTEN GRÜNEN BLATTSALAT UND TRINKEN SIE DAZU AM BESTEN EINEN FRUCHTIGEN ROSÉ-CHAMPAGNER.

Lange Zeit galt die Steckrübe als Arme-Leute-Nahrung. Heutzutage ist sie längst auch in der ambitionierten Gastronomie angekommen.

Für 1 Quiche-Form von 26 cm Ø

Für Teig und Belag:
3 Platten TK-Blätterteig
1 kleine Steckrübe
2 Birnen
2 Tl Zitronensaft
½ Bund Oregano
250 g Camembert

Für den Guss:
4 Eier
100 ml Sahne
100 g Crème fraîche
Salz
Pfeffer

Außerdem:
Butter für die Form
Mehl für die Arbeitsplatte

Zubereitungszeit: ca. 20 Minuten (plus ca. 45 Minuten zum Backen)

1 Den Backofen auf 180 °C vorheizen. Die Quiche-Form mit Butter einfetten. Den Blätterteig auftauen lassen, dann auf einer bemehlten Arbeitsplatte leicht ausrollen und die Form damit auskleiden. Bis zur weiteren Verwendung kühl stellen.

2 Die Steckrübe schälen und würfeln. Die Birnen schälen, vierteln, das Kerngehäuse entfernen und die Stücke nochmals längs halbieren. Die Birnenstücke mit dem Zitronensaft mischen.

3 Den Oregano waschen, trocken tupfen und die Blättchen abzupfen. Den Camembert würfeln und mit der Steckrübe und dem Oregano mischen. Zuerst die Obstspalten auf dem Teigboden verteilen, darauf die Steckrüben-Camembert-Mischung geben.

4 Eier mit Sahne und Crème fraîche verquirlen, salzen und pfeffern und diesen Guss über Füllung gießen. Auf der mittleren Schiene ca. 45 Minuten lang backen. Wenn die Oberfläche zu dunkel wird, mit Alufolie abdecken.

Schnelle Tomaten-Schafskäse-Tarte

Diese Tarte schmeckt sowohl heiß als auch kalt – und eignet sich somit auch fürs Partybuffet. Einige mitgebackene Pinienkerne verleihen der Tarte noch mehr Biss.

Für 1 Quiche-Form von 26 cm Ø

2 Knoblauchzehen
2 El Olivenöl
3 Zweige Thymian
6 Flaschentomaten
70 g schwarze Oliven ohne Stein
300 g Schafskäse
3 Platten TK-Blätterteig
1 El scharfer Senf
Salz
Pfeffer

Außerdem:
Mehl für die Arbeitsfläche
Butter für die Form

Zubereitungszeit:
ca. 20 Minuten (plus ca. 40 Minuten zum Backen)

1 Den Ofen auf 200 °C vorheizen. Die Blätterteigplatten auf einer bemehlten Arbeitsfläche auftauen lassen. Die Quiche-Form mit Butter einfetten.

2 Den Knoblauch schälen und fein hacken. Mit dem Olivenöl mischen. Thymian waschen, trocken tupfen und die Blättchen abzupfen. Die Tomaten waschen, putzen und in ca. 0,5 cm dicke Scheiben schneiden. Die Oliven grob hacken. Den Schafskäse zerkrümeln.

3 Den Blätterteig leicht ausrollen und die Form damit auskleiden. Mit dem Senf bestreichen. Dann den Schafskäse darüberstreuen. Die Tomatenscheiben auflegen, salzen und pfeffern, dann die Oliven und die Thymianblättchen daraufstreuen. Mit der Olivenöl-Knoblauch-Mischung beträufeln und auf der mittleren Schiene ca. 40 Minuten backen.

Tipp

FÜR EIN GANZES BLECH VERDOPPELN SIE EINFACH DIE MENGE DER ZUTATEN. EIN BACKRAHMEN IST NICHT NÖTIG, DA DIE TARTE GANZ OHNE GUSS AUSKOMMT.

Oliven-Quiche

Servieren Sie zu dieser Quiche einen aromatischen Tomatensalat – am besten aus sonnengereiften Früchten mit viel Basilikum und fruchtigem Olivenöl. Als Getränk passt ein frischer Riesling.

Für 1 Quiche-Form
von 26 cm Ø

1 Paket frischer Strudelteig
1 Olivenöl
1 El scharfer Senf
2 El Tapenade
100 g schwarze Oliven ohne Stein
100 g grüne Oliven ohne Stein
½ Bund Thymian
200 g Ziegenfrischkäse
200 g Crème fraîche
100 ml Milch
4 Eier
Salz
Pfeffer
Paprikapulver

Außerdem:
Butter für die Form

Zubereitungszeit: ca. 15 Minuten
(plus ca. 40 Minuten zum Backen)

1 Den Backofen auf 180 °C vorheizen. Die Form mit Butter einfetten. Das Olivenöl mit 1 Esslöffel Wasser verquirlen und die Teigblätter damit bepinseln. Den Teig in die Form legen und erst mit dem Senf, dann mit der Tapenade bestreichen.

2 Die Oliven grob hacken und daraufstreuen. Thymian waschen, trocken tupfen und die Blättchen zu den Oliven streuen. Frischkäse mit Crème fraîche, Milch und Eiern verquirlen. Salzen, pfeffern und mit Paprikapulver abschmecken. Über die Oliven gießen. Die Quiche auf der mittleren Schiene ca. 40 Minuten backen.

Tipp

FÜRS PARTYBUFFET KÖNNEN SIE DIE QUICHE AUCH IN KLEINEN TARTELETTE-FÖRMCHEN ZUBEREITEN UND LAUWARM ODER KALT VERZEHREN. DIE BACKZEIT VERKÜRZT SICH DABEI AUF CA. 20 MINUTEN.

Paprika-Oliven-Quiche mit Knuspermantel

Für 1 Quiche-Form von 26 cm ø

4 Platten TK-Blätterteig
1 El Paprikapaste
6 rote Spitzpaprika
4 gelbe Spitzpaprika
70 g schwarze Oliven ohne Stein
2 El Kapern
125 g Mozzarella
1 Bund Thymian, Salz, Pfeffer
200 ml Sahne, 3 El Ajvar
3 Knoblauchzehen, 4 Eier

Außerdem:
Butter für die Form
Mehl für die Arbeitsfläche
4 El gemischte Kerne (z.B. Kürbiskerne, Sonnenblumenkerne, Pinienkerne, Sesamkerne) zum Bestreuen
1 Eigelb und 1 El Sahne zum Bepinseln

Zubereitungszeit:
ca. 25 Minuten
(plus ca. 45 Minuten Backzeit)

Ajvar ist eine würzige Paprikapaste, die dem Guss eine leichte Schärfe verleiht. Je nach Geschmack kann auch mehr Paste unter die Sahne gerührt werden.

1 Den Backofen auf 200 °C vorheizen. Den Blätterteig auftauen lassen. Die Quiche-Form mit Butter einfetten. 3 Blätterteigplatten auf einer bemehlten Arbeitsfläche leicht ausrollen und die Form damit auskleiden. Die Paprikapaste daraufstreichen. Die 4. Platte ebenfalls leicht ausrollen und in ca. 1 cm breite Streifen schneiden. Bis zur weiteren Verwendung kühl stellen.

2 Beide Paprikasorten putzen, innen und außen waschen, trocken tupfen und würfeln. In eine Schüssel geben. Die Oliven grob hacken. Zusammen mit den Kapern ebenfalls zu den Paprikastücken geben. Den Mozzarella würfeln, Thymian waschen, trocken tupfen und die Blättchen abzupfen. Ebenfalls in die Schüssel geben und mit den anderen Zutaten vermengen. Auf dem Teigboden verteilen und alles salzen und pfeffern.

3 Für den Guss die Sahne mit dem Ajvar verquirlen. Die Knoblauchzehen schälen und dazupressen, die Eier darunterquirlen und alles mit Salz und Pfeffer pikant abschmecken. Über den Belag gießen. Nun die Kerne darüberstreuen und die kühl gestellten Teigstreifen gitterartig darüberlegen. Eigelb mit Sahne verquirlen und den Teig damit bepinseln. Auf der unteren Schiene ca. 40 Minuten backen. Falls die Kerne oder der Blätterteig zu dunkel wird, mit Alufolie abdecken.

Tipp

DIESE QUICHE SCHMECKT AUCH MIT ZUCCHINI, AUBERGINEN ODER TOMATEN, DIE TEILWEISE DIE PAPRIKASCHOTEN ERSETZEN KÖNNEN.

Möhren-Ingwer-Tarte mit Sesam

Tipp

PROBIEREN SIE DIESE QUICHE AUCH EINMAL MIT ROTE BETE STATT MIT MÖHREN. VERWENDEN SIE DANN ALLERDINGS 1 TEELÖFFEL KREUZKÜMMEL UND ZUSÄTZLICH ETWAS ABGERIEBENE ZITRONENSCHALE.

Zu dieser Tarte schmeckt besonders gut ein Glas trockener Cidre oder auch ein portugiesischer Vinho verde. Als Salatbegleitung eignet sich ein zarter, grüner Blattsalat.

Für 1 Tarte-Form von 28 cm Ø

700 g Möhren
1 Bund Frühlingszwiebeln
2 cm Ingwer
½ rote Chilischote
1 El Olivenöl
Salz
Pfeffer
1 Msp. gemahlener Kreuzkümmel
3 Platten TK-Blätterteig
3 Eier
100 ml Sahne
100 g Schmand
2 El Sesamsaat

Außerdem:
Mehl für die Arbeitsfläche
Butter für die Form
Koriandergrün nach Belieben zum Bestreuen

Zubereitungszeit: ca. 30 Minuten
(plus ca. 35 Minuten zum Backen)

1 Den Backofen auf 200 °C vorheizen. Die Möhren waschen, putzen, schälen und in dünne Scheiben schneiden. Die Frühlingszwiebeln waschen, trocknen, putzen und in Ringe schneiden. Den Ingwer schälen und sehr fein hacken. Die Chilischote waschen und in sehr dünne Ringe schneiden.

2 Das Olivenöl in einer Pfanne erhitzen. Möhren und Frühlingszwiebeln darin ca. 3 Minuten anbraten, dann Ingwer, Knoblauch und Chilischote dazugeben. Salzen, pfeffern und bei mittlerer Hitze ca. 5 Minuten weiterdünsten. Den Kreuzkümmel dazurühren.

3 Die Blätterteigplatten auf einer bemehlten Arbeitsfläche leicht ausrollen, die Tarte-Form mit Butter einfetten und mit dem Teig auskleiden. Für den Guss die Eier mit Sahne und Schmand verquirlen, salzen und pfeffern. Die Gemüsemischung auf dem Teigboden verteilen, alles mit der Eiersahne übergießen und mit Sesamsaat bestreuen. Auf der mittleren Schiene ca. 35 Minuten backen. Herausnehmen und nach Belieben mit Korianderblättchen bestreut servieren.

Pfifferling-Schnittlauch-Quiche ohne Boden

Für 1 Quiche-Form von 26 cm Ø

250 g Pfifferlinge
2 Schalotten
2 El Butter
Salz
Pfeffer
2 Bund Schnittlauch
4 Eier
500 g Magerquark
4 El Hartweizengrieß
100 g Bergkäse

Außerdem:
Butter für die Form
Semmelbrösel zum Bestreuen

Zubereitungszeit:
ca. 30 Minuten
(plus ca. 45 Minuten zum Backen)

Diese Quiche ist herrlich leicht und eignet sich damit besonders für den kleinen Hunger oder als elegante, leichte Vorspeise eines Sommermenüs.

1 Den Backofen auf 180 °C vorheizen. Die Form mit Butter einfetten und mit Semmelbröseln bestreuen. Die Pfifferlinge putzen, feucht abreiben und je nach Größe so belassen wie sie sind oder halbieren. Die Schalotten schälen und hacken.

2 Die Butter in einer Pfanne zerlassen, Schalotten mit Pilzen darin unter Rühren ca. 8 Minuten dünsten, salzen und pfeffern. Die Pfanne vom Herd nehmen. Schnittlauch waschen, trocken tupfen und in Ringe schneiden. Unter die Pilze heben.

3 Die Eier trennen. Eiweiß mit 1 Prise Salz steif schlagen. Eigelb mit Magerquark verquirlen. Den Hartweizengrieß darunterrühren. Bergkäse raspeln und ebenfalls darunterrühren. Zum Schluss die Pilze unter die Quarkmischung heben, dann den Eischnee. In die Form füllen und auf der mittleren Schiene ca. 45 Minuten goldgelb backen. Dazu passt ein frischer Salat.

Tipp

AUSSERHALB DER PFIFFERLING-SAISON SCHMECKT DIE QUICHE AUCH MIT CHAMPIGNONS ODER ANDEREN ZUCHTPILZEN, Z.B. KRÄUTERSEITLINGEN.

Oliven-Kapern-Tarte mit Minz-Pesto

Das Pesto verleiht der Tarte Raffinesse. Wer es gerne frisch und fruchtig mag, kann noch 1 Esslöffel Zitronensaft unterrühren.

Für 1 Tarte-Form von 28 cm Ø

400 g Kirschtomaten
1 Tl Puderzucker
Salz
Pfeffer
3 Knoblauchzehen
2 Zweige Thymian
2 El Olivenöl
3 kleine Zucchini
3 Platten TK-Blätterteig
100 g schwarze Oliven ohne Kern
2 El Kapern
200 g Schafskäse

Für das Pesto:
80 g Pinienkerne
1 Bund Minze
2 Knoblauchzehen
60 g Parmesan
70 ml Olivenöl

Außerdem:
Mehl für die Arbeitsfläche
Butter für die Form

Zubereitungszeit: ca. 20 Minuten (plus ca. 70 Minuten zum Backen)

1 Den Backofen auf 180 °C vorheizen. 2 Backbleche mit Backpapier auslegen. Die Kirschtomaten waschen, trocknen, die Stielansätze entfernen und die Früchte halbieren. Sanft ausdrücken. Auf dem Backblech verteilen. Mit Puderzucker bestäuben, salzen, pfeffern und die angedrückten Knoblauchzehen darüber verteilen. Thymian waschen, trocken schütteln und über die Tomaten legen. Alles mit 1 El Olivenöl beträufeln und für ca. 30 Minuten im Ofen backen. Herausnehmen, Knoblauch und Thymian entfernen und die Tomaten abkühlen lassen. Den Backofen auf 220 °C hochstellen.

2 Die Zucchini waschen, trocknen, putzen und längs in Scheiben hobeln. Auf dem zweiten Backblech verteilen, salzen, pfeffern und mit dem restlichen Olivenöl beträufeln. Auf der mittleren Schiene ca. 8 Minuten backen. Nach ca. 4 Minuten vorsichtig wenden. Herausnehmen und abkühlen lassen. Den Backofen auf 200 °C herunterschalten.

3 Für das Pesto die Pinienkerne in einer Pfanne ohne Fett goldgelb rösten. Dann beiseitestellen. Minze waschen, trocken schütteln und die Blättchen abzupfen. Die Knoblauchzehen schälen und hacken. Den Parmesan reiben. Alle Pesto-Zutaten mit dem Olivenöl pürieren und mit Salz und Pfeffer abschmecken.

4 Den Blätterteig auftauen lassen, auf einer bemehlten Arbeitsfläche leicht ausrollen und die mit Butter eingefettete Tarte-Form damit auskleiden. Das Pesto auf den Boden streichen. Darüber die Zucchini-Streifen legen. Die Tomatenhälften mit den Oliven und Kapern darauf verteilen. Den Schafskäse darüberstreuen. Auf der mittleren Schiene ca. 30 Minuten backen.

Brokkoli-Gorgonzola-Quiche

Die aromatische Quiche verträgt aromatische Beilagen, zum Beispiel einen kraftigen Tomatensalat mit viel Basilikum oder einen Blattsalat mit Babyspinat, Rucola und Löwenzahn.

Für 1 Quiche-Form
vom 26 cm Ø

Für den Teig:
125 g Butter
200 g Mehl
50 g gemahlene Mandeln
½ Tl Salz
1 Ei
1 Eigelb

Für Belag und Guss:
700 g Brokkoli
Salz
200 g Gorgonzola
300 ml Sahne
3 Eier
Pfeffer
3 El Mandelblättchen

Außerdem:
Butter für die Form
Mehl für die Arbeitsfläche

Zubereitungszeit: ca. 25 Minuten
(plus ca. 1 Stunde zum Kühlstellen
und ca. 50 Minuten zum Backen)

1 Für den Teig alle Zutaten miteinander glatt verkneten. In Folie wickeln und ca. 1 Stunde kühl stellen. Den Backofen auf 200 °C vorheizen, die Form mit Butter einfetten. Den Teig auf einer bemehlten Arbeitsfläche ausrollen, die Form damit auskleiden, den Boden mehrfach mit einer Gabel einstechen. Den Teig auf der unteren Schiene ca. 10 Minuten vorbacken. Herausnehmen und abkühlen lassen. Den Backofen auf 180 °C herunterschalten.

2 Den Brokkoli waschen, putzen und in Röschen teilen. In kochendem Salzwasser ca. 5 Minuten vorgaren. Abgießen und sofort mit eiskaltem Wasser abschrecken. Dann abtropfen lassen. Den Gorgonzola würfeln.

3 Brokkoli auf dem Quiche-Boden verteilen, den Gorgonzola darüberstreuen. Für den Guss die Sahne mit den Eiern verquirlen, salzen, pfeffern und darübergießen. Mit den Mandelblättchen bestreuen und auf der mittleren Schiene ca. 40 Minuten backen. Bei Bedarf lose mit Alufolie abdecken.

Tipp

NATÜRLICH KANN BEIM KÄSE VARIIERT WERDEN. STATT DES BLAUSCHIMMELS EIGNET SICH AUCH EIN CAMEMBERT – ABER AUCH EIN GANZ JUNGER PECORINO SCHMECKT VORZÜGLICH.

Kirschtomaten-Tarte mit Salsa verde

Salsa verde ist die italienische Antwort auf die deutsche grüne Sauce oder die kanarische Mojo verde. Es gibt sie in vielen Varianten – am besten schmeckt sie immer, wenn die Kräuter fein gehackt und nicht püriert werden.

Für 1 Tarte-Form von 28 cm Ø

750 g Kirschtomaten
1 El Puderzucker
Salz, Pfeffer
3 Knoblauchzehen
1 Bund Thymian
3 El Olivenöl
150 g Schafskäse
3 Platten Blätterteig

Für die Salsa verde:
½ Bund glatte Petersilie
5 Zweige Minze
5 Zweige Basilikum
1 Knoblauchzehe
2 El Kapern, 4 Sardellen
2 El Zitronensaft
2 El Rotweinessig
4 El Olivenöl
Salz, Pfeffer

Außerdem:
Butter für die Form
Mehl für die Arbeitsfläche

Zubereitungszeit: ca. 30 Minuten
(plus ca. 65 Minuten zum Backen)

1 Den Backofen auf 180 °C vorheizen. Die Kirschtomaten waschen, trocknen, die Stielansätze entfernen und die Früchte halbieren. Leicht ausdrücken, dann mit der Schnittfläche nach oben auf ein Backblech setzen. Mit Puderzucker bestäuben, salzen, pfeffern. Die Knoblauchzehen andrücken und zusammen mit dem gewaschenen Thymian auf dem Blech verteilen. Das Olivenöl darüberträufeln und alles auf der mittleren Schiene ca. 30 Minuten backen. Knoblauch und Thymian entfernen, die Tomaten in ein Sieb geben und abtropfen lassen.

2 Den Backofen auf 200 °C hochschalten. Den Blätterteig auf einer bemehlten Arbeitsfläche leicht ausrollen und die gebutterte Form damit auslegen. Den Schafskäse würfeln, zusammen mit den Tomaten auf dem Teig verteilen. Auf der mittleren Schiene ca. 35 Minuten backen.

3 Für die Salsa verde alle Kräuter waschen, trocken schütteln und die Blättchen fein hacken. Knoblauchzehen schälen und hacken. Die Kapern und Sardellen abspülen und trocken tupfen. Mit dem Knoblauch im Mörser zerstoßen. Die Kräuter dazugeben und alles mit dem Zitronensaft zu einer Paste vermengen. Dann Essig und Öl darunterrühren und alles mit Salz und Pfeffer abschmecken. Die Tarte mit der Salsa verde beträufelt servieren.

Sojabohnen-Tarte

Längst ist bekannt, dass die Sojabohne und ihre Produkte wie beispielsweise Tofu äußerst gesund sind. Diese Tarte beweist, dass sie zudem auch gut schmecken.

Tipp

SIE KÖNNEN DIE SOJABOHNEN AUCH DURCH DIESELBE MENGE KLEIN GEWÜRFELTEN RÄUCHERTOFUS ERSETZEN UND STATT DES CHEDDARS AUCH FETA VERWENDEN. SERVIEREN SIE DAZU EINEN ZARTEN BLATTSALAT.

1 Den Backofen auf 200 °C vorheizen. Die Tarte-Form mit Butter einfetten. Die Zwiebeln und die Knoblauchzehen schälen und hacken. Die Butter erhitzen und beides darin andünsten. Dann in eine Schüssel umfüllen. Die Sojabohnen unterrühren.

2 Thymian waschen, trocken tupfen, die Blätter abzupfen und zu den Bohnen geben. Milch mit Sahne und Eiern verquirlen, zu den Bohnen gießen. Den Käse reiben und die Hälfte ebenfalls darunterrühren. Salzen und pfeffern.

3 Den Filoteig lagenweise in die gebutterte Form legen, jede Lage dünn mit zerlassener Butter bepinseln. Dann die Füllung daraufgeben. Mit dem restlichen Käse bestreuen und auf der mittleren Schiene ca. 30 Minuten backen.

Für 1 Tarte-Form vom 28 cm Ø

2 Zwiebeln
2 Knoblauchzehen
2 El Butter
650 g gekochte Sojabohnen
1 Bund Thymian
100 ml Milch
100 ml Sahne
2 Eier
150 g Cheddar
Salz
Pfeffer
180 g Filoteig

Außerdem:
zerlassene Butter für die Form und zum Bepinseln

Zubereitungszeit: ca. 20 Minuten (plus ca. 30 Minuten zum Backen)

Artischocken-Tarte mit Prosciutto

Tipp

STATT DER ARTISCHOCKEN KÖNNEN SIE AUCH FLEISCHTOMATEN VERWENDEN. DANN ALLERDINGS VERTRÄGT DER GUSS AUCH GUT 2 HINEINGEPRESSTE KNOBLAUCHZEHEN.

Diese leichte Tarte schmeckt nach Urlaub. Trinken Sie dazu am besten einen frischen Weißen Burgunder oder einen Silvaner.

Für 1 Tarte-Form von 28 cm Ø

500 g eingelegte Artischockenböden
100 g Feta
180 g Filoteig
100 g schwarze Oliven ohne Stein
100 g Ricotta
100 ml Sahne
3 Eier
Salz
Pfeffer
200 g Prosciutto
100 g Rucola

Außerdem:
zerlassene Butter für die Form und zum Bepinseln

Zubereitungszeit: ca. 20 Minuten (plus ca. 40 Minuten zum Backen)

1 Den Backofen auf 180 °C vorheizen. Die Form mit Butter einfetten. Die Artischocken abspülen, trocken tupfen und in mundgerechte Stücke teilen. Den Schafskäse würfeln.

2 Den Filoteig lagenweise in die Form schichten. Dabei jede Lage mit Butter bepinseln. Artischocken, Feta und Oliven auf dem Boden verteilen. Ricotta mit Sahne und Eiern verquirlen. Salzen und pfeffern und über den Belag gießen. Auf der mittleren Schiene ca. 40 Minuten backen.

3 Die letzte Viertelstunde den in Stücke gezupften Prosciutto auf der Tarte verteilen und mitbacken, bis er knusprig ist. Rucola waschen, putzen und trocken schleudern. Auf der Tarte verteilen und sofort servieren.

Sardellen-Käse-Quiche

Diese Quiche ist eine Abwandlung der Quiche au fromage und eignet sich besonders gut als hocharomatischer Snack zu einem Glas vollmundigem Grauburgunder oder Chardonnay.

Für 1 Quiche-Form von 26 cm Ø

Für den Teig:
125 g Butter
250 g Mehl
1 Eigelb
2 El Weißwein

Für den Belag:
12 Sardellen
300 g Greyerzer
150 ml Sahne
150 ml Milch
4 Eier
Salz
Pfeffer

Außerdem:
Butter für die Form
Mehl für die Arbeitsfläche

Zubereitungszeit: ca. 25 Minuten (plus ca. 1 Stunde zum Kühlen und ca. 45 Minuten zum Backen)

1 Für den Teig die Butter hacken und mit den anderen Zutaten für den Teig verkneten. Zur Kugel rollen, in Folie wickeln und für ca. 1 Stunde kühl stellen.

2 Den Backofen auf 180 °C vorheizen, die Form mit Butter einfetten. Den Teig auf einer bemehlten Arbeitsfläche ausrollen, die Form damit auskleiden. Den Boden mehrfach mit einer Gabel einstechen, dann auf der unteren Schiene ca. 10 Minuten vorbacken. Herausnehmen und abkühlen lassen.

3 Für den Belag die Sardellen mit kaltem Wasser gründlich abspülen und trocken tupfen. Den Käse reiben. Sahne, Milch und Eier verquirlen. Behutsam salzen, da die Sardellen salzig sind, kräftig pfeffern. Den Käse auf dem Boden verteilen, die Eiersahne darübergießen. Auf der mittleren Schiene ca. 20 Minuten backen. Nun die Sardellenfilets darauf verteilen. Ca. 15 Minuten weiterbacken, bis der Guss gestockt ist.

Tipp

BEIM KÄSE KÖNNEN SIE VARIIEREN UND VOM APPENZELLER BIS ZUM PECORINO ALLES VERSUCHEN, WAS KRÄFTIG UND AROMATISCH IST. MILDE KÄSESORTEN KOMMEN GEGEN DIE SARDELLEN NICHT AN.

Die Süßen und Cremigen

Brombeer-Crémant-Tarte

Zu dieser eleganten, leichten Tarte trinken Sie am besten ein Glas des Crémants, den Sie auch im Belag verarbeitet haben.

Für 1 Tarte-Form von 28 cm Ø

Für den Mürbeteig:
120 g Butter, 225 g Mehl
2 Eigelbe, 1 Prise Salz
100 g Zucker

Für den Belag:
1 Blatt Gelatine, 100 ml Crémant
2 Eiweiß, 200 ml Sahne
75 g Puderzucker
40 g gemahlene Mandeln
500 g Brombeeren

Für den Guss:
1 Päckchen Tortenguss
3 El Zucker
250 ml Crémant

Außerdem:
Butter für die Form
Mehl für die Arbeitsfläche
Hülsenfrüchte zum Blindbacken

Zubereitungszeit: ca. 40 Minuten (plus ca. 1 Stunde zum Ruhen, ca. 20 Minuten zum Backen, ca. 10 Minuten zum Einweichen und ca. 1 Stunde zum Kühlstellen)

1 Für den Teig alle Zutaten miteinander verkneten. In Folie wickeln und für ca. 1 Stunde im Kühlschrank ruhen lassen. Dann den Backofen auf 200 °C vorheizen und die Tarte-Form mit Butter einfetten. Den Teig auf einer bemehlten Arbeitsfläche ausrollen und die Form damit auslegen. Den Boden mehrfach mit einer Gabel einstechen, dann mit Backpapier belegen und mit Hülsenfrüchten beschweren. Auf der unteren Schiene ca. 15 Minuten blindbacken. Herausnehmen, das Backpapier und die Hülsenfrüchte entfernen und den Boden weitere 7 Minuten fertig backen. Herausnehmen und abkühlen lassen.

2 Für die Mousse die Gelatine nach Packungsanweisung in kaltem Wasser einweichen. Dann ausdrücken und in einem kleinen Schuss Crémant erhitzen, bis sie sich aufgelöst hat. Den Topf vom Herd nehmen und den restlichen Crémant unterrühren. Eiweiß steif schlagen und unterheben. Ca. 30 Minuten kühl stellen. Die Sahne steif schlagen, den Puderzucker dazuquirlen, dann unter die Crémant-Mischung heben.

3 Die gemahlenen Mandeln auf den Boden streuen, das Crémant-Mousse daraufgeben. Die Tarte bis zur weiteren Verwendung kalt stellen.

4 Die Brombeeren waschen und trocken tupfen. Auf der Tarte verteilen. Den Tortenguss mit dem Zucker in einem Topf mit etwas Crémant mischen. Einmal aufwallen lassen, dann den restlichen Crémant unterrühren. Esslöffelweise über die Brombeeren träufeln. Bis zum Verzehr mindestens 3 Stunden kühl stellen.

Weiße Schokoladentarte ohne Boden mit parfümierter Pfirsichsauce

Für 1 Quiche-Form von 26 cm Ø

250 g weiße Schokolade
125 g Butter
100 g Zucker
1 Päckchen Vanillezucker
1 Prise Salz
3 Eier
150 g Mehl
150 g gehackte Pistazien
2 El Pfirsichlikör

Für die Sauce:
400 g Pfirsiche
2 El Pfirsichlikör
1 El Zucker
1 Päckchen Vanillezucker

Außerdem:
Butter für die Form
Pistazien und Puderzucker zum Bestreuen

Zubereitungszeit: ca. 30 Minuten (plus ca. 20 Minuten zum Backen)

Die Sauce gibt der Tarte den besonderen Pfiff. Am aromatischsten schmecken Weinbergpfirsiche. Halten Sie im Sommer auf dem Markt danach Ausschau.

1 Den Backofen auf 200 °C vorheizen. Die Quiche-Form mit Butter einfetten. Die weiße Schokolade und die Butter hacken. Beides im heißen Wasserbad zerlassen.

2 Zucker mit Vanillezucker, Salz und Eiern dick-schaumig aufschlagen. Das Mehl darübersieben, dann die Schokoladen-Butter-Mischung dazugießen und alles glatt verquirlen. Zum Schluss die Pistazien und den Pfirsichlikör darunterrühren.

3 Den Teig in die Form füllen und alles auf der mittleren Schiene ca. 20 Minuten backen. Die Tarte sollte innen noch feucht sein. Dann herausnehmen und abkühlen lassen.

4 Für die Pfirsichsauce die Früchte waschen, trocken tupfen, putzen und mit Pfirsichlikör, Zucker und Vanillezucker glatt pürieren.

5 Die Tarte nach Belieben dick mit Puderzucker bestäuben, dann mit Pistazien bestreuen und mit der Sauce servieren.

Tipp

STATT DER PFIRSICHSAUCE SCHMECKEN AUCH DIE BALSAMICO-KIRSCHEN VON S. 138, STATT DER PISTAZIEN KÖNNEN MANDELN VERWENDET WERDEN.

Tarte Tatin

mit frischem Ingwer und Vanillesauce

Der frische Ingwer verleiht der ansonsten klassischen Tarte ein ganz besonderes, scharf-würziges Aroma. Statt der Vanillesauce kann auch die Champagner-Sabayon von S. 137 dazu gereicht werden.

Für 1 Tarte-Form von 28 cm Ø

Für den Mürbeteig:
125 g Butter, 250 g Mehl
60 g Zucker, 1 Ei
1 Prise Salz

Für den Belag:
2 cm Ingwer
ca. 6 kleinere, säuerliche Äpfel
(z.B. Berlepsch)
1 Tl Zitronensaft
1 Tl abgeriebene Schale von
1 unbehandelten Zitrone
125 g Zucker, 75 g Butter

Für die Vanillesauce:
1 Vanilleschote, 50 g Zucker
1 Prise Salz, 250 ml Sahne
2 Eigelbe

Außerdem:
Mehl für die Arbeitsfläche

Zubereitungszeit: ca. 50 Minuten
(plus ca. 1 Stunde zum Kühlen und
ca. 35 Minuten zum Backen)

1 Für den Teig alle Zutaten miteinander verkneten. Zur Kugel rollen, in Folie wickeln und ca. 1 Stunde kühl stellen.

2 Den Backofen auf 180 °C vorheizen. Für die Füllung den Ingwer schälen und sehr fein hacken. Die Äpfel schälen, das Kerngehäuse entfernen und die Früchte in nicht zu dünne Spalten schneiden. Sofort mit Zitronensaft und Zitronenschale mischen.

3 Den Zucker mit 100 ml Wasser in eine geeignete Tarte-Form geben und auf der Herdplatte erhitzen. Goldgelb karamellisieren lassen, dann Butter und Ingwer dazugeben. Ca. 3 Minuten erhitzen, dann die Apfelspalten darauf verteilen. Die Form vom Herd nehmen.

4 Den Teig auf einer bemehlten Arbeitsplatte rund in Größe der Form ausrollen. Auf das Nudelholz aufrollen, dann über der Form abrollen. Die Ränder gut festdrücken. Auf der mittleren Schiene ca. 35 Minuten backen. Dann kurz in der Form ruhen lassen, eine Kuchenplatte auflegen und die Tarte vorsichtig umdrehen.

5 Während der Backzeit die Vanillesauce zubereiten. Hierfür die Schote aufschneiden. Das Mark herauskratzen. Beides zusammen mit dem Zucker und dem Salz in die Sahne geben und erhitzen. 10 Minuten ziehen lassen, dann die Schote entfernen. Die Eigelbe verquirlen, dann in die Sahnemischung quirlen und im Wasserbad stark erhitzen. Dabei immer weiterquirlen, bis die Sauce andickt. Vom Herd nehmen und im Eiswasserbad kalt rühren. Bis zum Servieren kalt stellen.

6 Die Tarte am besten lauwarm mit der kalten Vanillesauce servieren.

Fruchtige Quitten-Tarte mit Champagner-Sabayon

Wenn von September bis November Quittensaison ist, sollte diese Tarte unbedingt ausprobiert werden. Der feine Quittengeschmack in Kombination mit Schokolade und Sabayon ist einfach unwiderstehlich gut.

Für 1 Tarte-Form von 28 cm Ø

Für den Teig:
100 g Butter, 200 g Mehl
1 Ei, 60 g Zucker, 1 Prise Salz

Für den Belag:
80 g weiße Schokolade
1 kg Quitten, 300 ml Weißwein
100 g Zucker
2 Tl abgeriebene Schale von
1 unbehandelten Zitrone
5 Blatt weiße Gelatine

Für die Sabayon:
200 ml Champagner
60 g Zucker, 4 Eigelbe
1 Tl Zitronensaft

Außerdem:
Mehl für die Arbeitsfläche
Butter für die Form
Hülsenfrüchte zum Blindbacken
12 Walnusshälften zum Verzieren
3 El Quittengelee zum Bepinseln

Zubereitungszeit: ca. 50 Minuten (plus ca. 1 Stunde zum Kühlstellen, ca. 20 Minuten zum Backen, ca. 40 Minuten zum Dünsten und ca. 3 Stunden zum Festwerden)

1 Für den Teig alle Zutaten zügig miteinander verkneten. Zur Kugel rollen, in Folie wickeln und ca. 1 Stunde kühl stellen.

2 Den Backofen auf 200 °C vorheizen. Den Teig auf einer bemehlten Arbeitsfläche ausrollen und die gebutterte Tarte-Form damit auslegen. Den Boden mehrere Male mit einer Gabel einstechen. Backpapier auf den Teig legen und alles mit Hülsenfrüchten beschweren. Den Teig auf der mittleren Schiene ca. 15 Minuten backen. Herausnehmen, Hülsenfrüchte und das Backpapier entfernen und den Teig ca. 5 Minuten fertig backen. Herausnehmen und abkühlen lassen.

3 Für den Belag die weiße Schokolade hacken. Im heißen Wasserbad schmelzen und den Teigboden damit bepinseln. Die Quitten waschen, trocknen, schälen und die Kerngehäuse entfernen. Das Fruchtfleisch würfeln. Mit dem Weißwein, dem Zucker und der Zitronenschale in einen Topf geben und ca. 40 Minuten weich dünsten. Dann in der Flüssigkeit pürieren. Die Gelatine nach Packungsanweisung in kaltem Wasser einweichen. Ausdrücken und in dem noch heißen Quittenpüree auflösen. Das Püree abkühlen lassen, dann auf den Boden streichen. Die 12 Walnusshälften im Kreis auf die Tarte legen. Das Quittengelee erhitzen, bis es flüssig ist und die Tarte damit glasieren. Abdecken und für mindestens 3 Stunden im Kühlschrank erstarren lassen.

4 Für die Sabayon kurz vor dem Servieren alle Zutaten im heißen Wasserbad dick-schaumig aufschlagen. Zusammen mit der Quitten-Tarte servieren.

Dunkle Schokoladen-Maronen-Tarte

mit Balsamico-Kirschen

Für 1 Tarte-Form von 28 cm Ø

Für den Teig:
125 g Butter, 200 g Mehl
1 Ei, 50 g Zucker
2 Päckchen Vanillezucker
1 Prise Salz

Für die Füllung:
100 g Zartbitterschokolade
80 g Butter
250 g gekochte Maronen
200 g Maronenpüree (gesüßt)
2 El Kirschwasser
125 ml Sahne

Für die Kirschen:
500 g Kirschen
50 ml Aceto balsamico
80 ml Rotwein, 50 g Zucker
Schale und Saft von
1 unbehandelten Orange

Außerdem:
Mehl für die Arbeitsfläche
Butter für die Form
Hülsenfrüchte zum Blindbacken
Puderzucker zum Bestäuben

Zubereitungszeit: ca. 40 Minuten (plus ca. 1 Stunde zum Ruhen, ca. 20 Minuten zum Backen und ca. 3 Stunden zum Kühlstellen)

Diese Tarte schmeckt ebenso zum Nachmittagskaffee als auch zum Abschluss eines winterlichen Dinners.

1 Für den Teig alle Zutaten miteinander verkneten. In Folie wickeln und im Kühlschrank ca. 1 Stunde ruhen lassen.

2 Den Backofen auf 200 °C vorheizen. Den Teig auf einer bemehlten Arbeitsfläche ausrollen. Die Form mit Butter einfetten und mit dem Teig auslegen. Den Boden mehrfach mit einer Gabel einstechen. Mit Backpapier belegen und mit Hülsenfrüchten beschweren. Ca. 15 Minuten blindbacken. Dann Backpapier und Hülsenfrüchte entfernen und den Boden weitere 5 Minuten fertig backen. Herausnehmen und abkühlen lassen.

3 Für den Belag die Schokolade hacken. Mit der Butter im heißen Wasserbad zerlassen. Die Maronen hacken. 1 Drittel beiseitelegen, den Rest mit dem Maronenpüree und dem Kirschwasser pürieren. Die Schokoladenmischung unterrühren. Die Sahne steif schlagen. Zusammen mit den gehackten Maronen unterheben. Auf dem Boden verteilen. Für ca. 3 Stunden kühl stellen.

4 Für die Balsamico-Kirschen die Früchte waschen, trocknen und entsteinen. Aceto balsamico, Rotwein, Zucker und Orangenschale aufkochen. Die Kirschen hinzugeben, einmal aufwallen lassen, dann vom Herd nehmen. Abkühlen lassen. In ein Sieb geben und abtropfen lassen, die Flüssigkeit auffangen. Kirschsud bei hoher Hitze einkochen lassen, dann vom Herd nehmen. Die Kirschen hinzugeben.

5 Vor dem Servieren die Tarte dick mit Puderzucker bestäuben und mit den Balsamico-Kirschen servieren.

Dunkle Schoko-ladentarte

Bei dieser Tarte ist sogar der Teig extra-schokoladig. Je nach Kakaoanteil der verwendeten Zartbitterschokolade schmeckt die Tarte süßer oder herber.

Für 1 Tarte-Form von 28 cm Ø

Für den Mürbeteig:
100 g Butter, 200 g Mehl
70 g Kakaopulver
1 Prise Backpulver
1 Ei, 75 g Zucker

Für den Belag:
350 g Zartbitterschokolade
50 g Butter
300 ml Sahne
100 g Crème fraîche
60 g Zucker
1 Ei, 1 Eiweiß, Salz
1 Päckchen Vanillezucker

Außerdem:
Mehl für die Arbeitsfläche
Butter für die Form
Sahne und Vanillezucker
nach Belieben

Zubereitungszeit: ca. 30 Minuten
(plus ca. 1 Stunde zum Ruhen und
ca. 40 Minuten zum Backen)

1 Für den Teig alle Zutaten miteinander verkneten und in Folie gewickelt ca. 1 Stunde im Kühlschrank ruhen lassen.

2 Den Backofen auf 180 °C vorheizen. Die Form mit Butter einfetten. Für den Belag die Schokolade hacken. Mit Butter, Sahne, Crème fraîche und Zucker in einem Topf sanft erhitzen. Immer wieder umrühren, bis alles eine homogene Masse ist. Dann vom Herd nehmen.

3 Das Ei trennen. Beide Eiweiße mit 1 Prise Salz steif schlagen. Dann das Eigelb mit dem Vanillezucker schaumig schlagen.

4 Den Teig auf einer bemehlten Arbeitsfläche ausrollen und die Form damit auskleiden. Den Boden mehrfach mit einer Gabel einstechen. Die Eigelbmasse unter die Schokoladenmasse heben, dann den Eischnee. Die Schokomasse auf den Teigboden streichen und auf der mittleren Schiene ca. 40 Minuten backen. Herausnehmen, leicht abkühlen lassen und am besten lauwarm mit geschlagener Vanillesahne servieren.

Tipp

WENN KEINE KINDER MITESSEN, KÖNNEN SIE AUCH 50 ML SAHNE DURCH WEINBRAND ERSETZEN.

Fruchtige Tarte mit Mangokompott auf Kokoscreme

Für 1 Tarte-Form von 28 cm Ø

Für den Teig:
150 g Butter, 250 g Mehl
50 g gem. Pistazien
1 Ei, 1 Eigelb
100 g Zucker, 1 Prise Salz

Für den Belag:
300 g Mangofruchtfleisch
2 Päckchen Vanillezucker
1 Bund Minze
2 Blatt Gelatine
374 ml Kokosmilch
100 g Zucker, 2 Eier, 1 Eigelb

Außerdem:
Butter für die Form
Mehl für die Arbeitsfläche
Hülsenfrüchte zum Blindbacken

Zubereitungszeit: ca. 45 Minuten
(plus ca. 20 Minuten zum Backen
und ca. 6 Stunden zum Kühlstellen)

Diese Tarte schmeckt herrlich nach Sommer und Südsee. Wer mag, bestreut die Tarte zusätzlich mit Kokoschips.

1 Für den Teig alle Zutaten miteinander verkneten. Zur Kugel rollen, in Folie wickeln und ca. 1 Stunde kühl stellen. Den Backofen auf 200 °C vorheizen. Die Form mit Butter einfetten. Den Teig auf einer bemehlten Arbeitsfläche ausrollen, die Form damit auskleiden. Den Boden mehrfach mit einer Gabel einstechen. Mit Backpapier belegen und mit Hülsenfrüchten beschweren. Ca. 15 Minuten blindbacken. Backpapier und Hülsenfrüchte entfernen und die Tarte ca. 5 weitere Minuten fertig backen. Herausnehmen und abkühlen lassen.

2 Für den Belag das Mangofruchtfleisch würfeln. Mit 1 Päckchen Vanillezucker und ca. 50 ml Wasser aufkochen. Ca. 10 Minuten dünsten, dann vom Herd nehmen. Die Minze waschen und trocken tupfen. Die Hälfte der Minze zur Mango geben. Abgedeckt ca. 1 Stunde ziehen lassen. Dann herausnehmen.

3 Für die Creme die Gelatine nach Packungsanweisung einweichen. Die Kokosmilch mit Zucker in einem Topf aufkochen. Die Eier und das Eigelb mit dem restlichen Vanillezucker im heißen Wasserbad schaumig aufschlagen. Die Kokosmilch in dünnem Strahl dazuquirlen und so lange weiterschlagen, bis die Masse andickt. Dann herausnehmen, die ausgedrückte Gelatine darin auflösen und alles abkühlen lassen. Die Creme auf den Boden streichen und die Tarte für ca. 6 Stunden kühl stellen.

4 Das Mango-Kompott darüber verteilen. Von der restlichen Minze die Blätter abzupfen und hacken. Über die Tarte streuen. Bis zum Servieren abgedeckt kühl stellen.

Tipp

STATT DER PISTAZIEN KÖNNEN AUCH KOKOSRASPELN IM TEIG VERARBEITET WERDEN. AUCH KANN DIE TARTE MIT GERÖSTETEN KOKOSCHIPS GARNIERT WERDEN.

Zwetschgenröster-Streusel-Tarte

mit Rosmarinduft

Rosmarin und Zwetschgen? Was sich erst einmal gewagt anhört, geht eine äußerst aromatische Verbindung ein. Die kräftigen Zwetschgen erhalten durch den Rosmarin noch mehr Tiefe.

1 Für den Teig alle Zutaten bis auf den Zimt und die gehackten Walnüsse miteinander verkneten. 2/3 des Teiges zur Kugel rollen, in Folie wickeln und ca. 1 Stunde kalt stellen. Das restliche Drittel mit dem Zimt und den gehackten Nüssen verkneten. Ebenfalls zur Kugel rollen, in Folie wickeln und kalt stellen.

2 Für den Zwetschgenröster die Früchte waschen, trocknen, halbieren und die Steine entfernen. Den Zucker in einen Topf geben und goldbraun karamellisieren lassen. Dann die Butter dazugeben. Mit Rotwein ablöschen und so lange rühren, bis sich der Zucker wieder aufgelöst hat.

3 Zitronenabrieb, Rosmarin, Zimtstange und Zwetschgen hinzugeben. Bei sanfter Hitze ohne Deckel ca. 40 Minuten lang zu einer dicken Paste einkochen lassen. Dabei immer mal wieder umrühren. Vom Herd nehmen und vollständig abkühlen lassen. Das Zwetschgenwasser unterrühren.

4 Die Form mit Butter einfetten. Die größere Teigkugel auf einer bemehlten Arbeitsfläche ausrollen und die Form damit auslegen. Den Boden mehrere Male mit einer Gabel einstechen, dann alles abdecken und 1 weitere Stunde kühl stellen.

5 Den Backofen auf 180 °C vorheizen. Den Zwetschengenröster auf dem Teig verstreichen. Den restlichen Teig zu Streuseln krümeln und darüber verteilen. Auf der mittleren Schiene ca. 50 Minuten backen. Falls die Streusel zu viel Farbe annehmen, mit Alufolie lose abdecken. Diese Tarte schmeckt sehr gut mit etwas Zimtsahne.

Für 1 Tarte-Form von 28 cm Ø

Für den Teig:
175 g Butter, 250 g Mehl
100 g gem. Walnüsse
100 g Zucker, 1 Ei
1 Prise Salz, ½ Tl Zimt
50 g gehackte Walnüsse

Für den Zwetschgenröster:
1 kg Zwetschgen, 150 g Zucker
60 g Butter, 150 ml Rotwein
1 Tl abgeriebene Schale von
1 unbehandelte Zitrone
1 Tl getr. Rosmarin, 1 Zimtstange
1 El Zwetschgenwasser

Außerdem:
Butter für die Form
Mehl zum Ausrollen
gem. Walnüsse zum Bestreuen

Zubereitungszeit: ca. 40 Minuten
(plus ca. 2 Stunden zum Kühlen
und ca. 50 Minuten zum Backen)

Federleichte Biskuit-Tarte mit doppelter Erdbeere

Für 1 Quiche-Form von 26 cm Ø

Für den Biskuit:
50 g Butter
2 Eier
1 Prise Salz
50 g Zucker
30 g Mehl
30 g Speisestärke
2 El Krokant

Für den Belag:
500 g Erdbeeren
180 g Zucker
1 El Zitronensaft
3 Blatt weiße Gelatine
250 ml Sahne
1 Päckchen roter Tortenguss
50 ml Holunderblütensirup

Außerdem:
Butter für die Form

Zubereitungszeit: ca. 40 Minuten (plus ca. 12 Minuten zum Backen und ca. 4 Stunden zum Kühlen)

Tipp

DIE TARTE SCHMECKT AUCH MIT ANDEREN BEEREN UND AUCH MIT APRIKOSEN. DIE APRIKOSEN SOLLTEN VORHER BLANCHIERT UND GEHÄUTET WERDEN.

Ganz frisch und frühsommerlich kommt diese fruchtig-feine Tarte daher. Ungewöhnlich an ihr ist der Biskuit, der sie so federleicht macht.

1 Den Backofen auf 200 °C vorheizen. Die Form mit Butter einstreichen. Für den Biskuit die Butter in einem Topf zerlassen, dann vom Herd nehmen. Die Eier trennen. Eiweiß mit Salz steif schlagen. Eigelb mit Zucker schaumig schlagen. Mehl mit Speisestärke mischen, dann darübersieben, aber nicht unterheben. Die gerade noch flüssige Butter dazugießen. Nun den Eischnee mit dem Krokant unterheben. Den Teig in die Form füllen, glatt streichen und auf der mittleren Schiene ca. 12 Minuten backen. Herausnehmen, auf ein Kuchengitter stürzen und abkühlen lassen.

2 Für den Belag die Erdbeeren waschen, trocknen und putzen. 300 g Erdbeeren abwiegen. Zusammen mit Zucker und Zitronensaft pürieren. Dann durch ein Sieb streichen.

3 Die Gelatine nach Packungsanweisung in kaltem Wasser einweichen. Tropfnass in einen Topf geben und unter milder Hitze auflösen lassen. Den Topf vom Herd nehmen und 2 Esslöffel Erdbeerpüree unterrühren. Dann diese Mischung zum restlichen Erdbeerpüree rühren und ca. 1 Stunde kalt stellen. Wenn die Masse beginnt zu gelieren, die Sahne steif schlagen und unterheben.

4 Den Biskuit auf einen Kuchenteller legen und einen Tortenring darumstellen. Dann die Mousse auf den Teig streichen. Abdecken und für mindestens 3 Stunden kühl stellen. Die restlichen Erdbeeren in dünne Scheiben schneiden und dachziegelartig auf der Tarte anordnen. Den Tortenguss nach Packungsanweisung mit 200 ml Wasser, dem restlichen Zucker und Holunderblütensirup aufkochen. Esslöffelweise über die Erdbeeren träufeln.

Karamellisierte Aprikosen-Tarte mit weißer Schokoladensauce

Am besten schmeckt die Tarte mit festen Aprikosen, die noch nicht voll durchgereift sind und noch viel Säure aufweisen. Zu dieser Tarte schmeckt übrigens auch der Prosecco-Schaum von S. 151.

Für 1 Tarte-Form von 28 cm Ø

3 Platten TK-Blätterteig
600 g Aprikosen
100 g Zucker
100 ml Orangensaft
1 Tl abgeriebene Schale von 1 unbehandelten Orangen
1 Tl abgeriebene Schale von 1 unbehandelten Zitrone
2 El Butter

Für die Schokoladensauce:
200 ml Sahne
125 g weiße Schokolade
1 Prise Salz

Außerdem:
Mehl für die Arbeitsfläche
geröstete Mandelblättchen zum Bestreuen

Zubereitungszeit: ca. 30 Minuten (plus ca. 30 Minuten zum Backen)

1 Die Aprikosen waschen. In kochendem Wasser kurz blanchieren, dann in ein Sieb schütten, abtropfen lassen und die Früchte häuten. Anschließend halbieren und die Steine entfernen.

2 Den Backofen auf 180 °C vorheizen. Den Blätterteig auftauen lassen. Den Zucker in einer herdtauglichen Tarte-Form oder einer ofenfesten passenden Pfanne goldgelb karamellisieren lassen. Dann mit Orangensaft ablösen und die abgeriebenen Schalen von Orange und Zitrone sowie die Butter dazurühren. Alles sirupartig einkochen lassen.

3 Die Aprikosenhälften mit der gewölbten Seite nach unten in die Pfanne legen. Den Blätterteig auf einer bemehlten Arbeitsfläche leicht ausrollen und über die Aprikosen legen. Die Ränder gut festdrücken.

4 Im vorgeheizten Ofen ca. 30 Minuten backen. Dann eine Kuchenplatte auflegen und die Tarte vorsichtig stürzen.

5 Während der Backzeit die Schokoladensauce zubereiten. Hierfür die Sahne erhitzen und die Schokolade hacken. Mit der Prise Salz in die Sahne geben und schmelzen lassen. Leicht abkühlen lassen und mit dem Quirl schaumig aufschlagen. Zusammen mit der Tarte auf Tellern anrichten.

Holunderblüten-Tarte mit Prosecco-Schaum

Das fein-blumige Holunderblütenaroma ist spätestens durch Hugo – das Modegetränk aus Prosecco, Limette, Minze und Holunderblütensirup – überaus bekannt und beliebt.

Tipp

AM BESTEN FÜLLEN SIE DIE LÖFFELBISKUITS, BEVOR SIE MIT DER KÜCHENROLLE DARÜBERROLLEN, IN EINEN GEFRIERBEUTEL. SO KÖNNEN DIE BRÖSEL NICHT WEGSPRINGEN UND SCHÖN FEIN ZERRIEBEN WERDEN.

Für 1 Tarte von 28 cm Ø

100 g Butter
200 g Löffelbiskuits
5 Blatt weiße Gelatine
300 ml Holunderblütensirup
250 ml Sahne

Für den Prosecco-Schaum
3 Eigelb
60 g Zucker
150 ml Prosecco

Außerdem:
Holunderblüten zum Garnieren

Zubereitungszeit: ca. 30 Minuten (plus ca. 3 Stunden, 40 Minuten zum Kaltstellen)

1 Die Butter in einer Pfanne zerlassen. Die Löffelbiskuits mit der Küchenrolle zerbröseln. In eine Schüssel füllen und mit der Butter verkneten. Einen Tortenring passend einstellen. Die Bröselmischung als Boden hineindrücken. Bis zur weiteren Verwendung abdecken und kalt stellen.

2 Die Gelatine nach Packungsanweisung in kaltem Wasser einweichen. 100 ml Holunderblütensirup erwärmen und die ausgedrückte Gelatine darin unter Rühren auflösen. Vom Herd nehmen und den restlichen Holunderblütensirup dazurühren. Kalt stellen. Wenn der Sirup nach ca. 40 Minuten beginnt zu gelieren, die Sahne steif schlagen und gleichmäßig unterheben. Die Masse auf den Boden streichen. Abdecken und mindestens 3 Stunden kalt stellen.

3 Kurz vor dem Servieren Eigelb mit Zucker schaumig aufschlagen. Dann den Prosecco dazugießen und alles im heißen Wasserbad zu einem luftigen lauwarmem Schaum schlagen. Zur Tarte reichen.

Zitronen-Tarte

mit Marzipanteig und kandierten Zitronenscheiben

Diese Tarte ist ein echter Klassiker. Durch die selbst kandierten Zitronenscheiben bekommt sie einen besonderen Pfiff.

Für 1 Tarte-Form von 28 cm Ø

Für den Teig:
100 g Butter, 30 g Marzipan
225 g Mehl, 70 g Zucker, 1 Ei
2 Tropfen Bittermandelaroma

Für den Belag:
5 Eier, 4 Eigelb
300 g Zucker
250 ml Sahne
350 ml Zitronensaft
2 El abgeriebene Schale von unbehandelten Zitronen
150 g Zucker

Zum Kandieren:
2 kleine unbehandelte Zitronen

Außerdem:
Butter für die Form
Mehl für die Arbeitsfläche
Hülsenfrüchte zum Blindbacken

Zubereitungszeit: ca. 50 Minuten
(plus ca. 1 Stunde zum Kühlstellen und ca. 55 Minuten zum Backen)

1 Für den Teig die Butter und das Marzipan hacken und zügig mit den anderen Zutaten verkneten. Zur Kugel rollen, in Folie wickeln und für ca. 1 Stunde kühl stellen.

2 Den Backofen auf 200 °C vorheizen. Die Form mit Butter einfetten. Den Teig auf einer bemehlten Arbeitsfläche ausrollen, die Form damit auskleiden. Den Boden mehrfach mit einer Gabel einstechen. Mit Backpapier abdecken, mit Hülsenfrüchten beschweren und auf der unteren Schiene ca. 15 Minuten blindbacken. Dann herausnehmen, das Backpapier und die Hülsenfrüchte entfernen und den Boden abkühlen lassen. Den Backofen auf 150 °C zurückschalten.

3 Eier, Eigelb und 300 g Zucker dick-schaumig aufschlagen. Die Sahne und den Zitronensaft dazurühren. Dann den Zitronenabrieb dazurühren. Die Masse auf den Teigboden gießen und auf der mittleren Schiene ca. 40 Minuten backen. Die Creme sollte gestockt sein, aber beim sanften Rütteln an der Form noch leicht wackeln. Herausnehmen und abkühlen lassen.

4 Für die kandierten Zitronen die Früchte heiß waschen, trocken reiben und in dünne Scheiben schneiden. Den restlichen Zucker mit 200 ml Wasser unter Rühren erhitzen, bis sich er Zucker aufgelöst hat. Die Zitronenscheiben hinzugeben und alles bei sanfter Hitze ca. 40 Minuten köcheln lassen. Dann herausnehmen, abtropfen lassen und trocken tupfen. Jedes Tarte-Stück mit einer Scheibe kandierter Zitrone garnieren.

Mandelcreme-Orangen-Tarte

Für viele kommen die besten Orangen von Dezember bis März aus Sizilien. Bei den Übersee-Orangen kann die Qualität sehr unterschiedlich sei.

Für 1 Tarte-Form von 28 cm Ø

Für den Teig:
125 g Butter, 225 g Mehl
30 g Mandeln, 70 g Zucker
1 Prise Salz, 1 Ei

Für den Belag:
4 unbehandelte Orangen
75 g weiche Butter
75 g Zucker, 3 Eier
75 g gem. Mandeln
150 g Crème double
3 El gehackte Mandeln

Außerdem:
Mehl für die Arbeitsfläche
Butter für die Form
Hülsenfrüchte zum Blindbacken

Zubereitungszeit: ca. 40 Minuten (plus ca. 1 Stunde zum Kaltstellen und ca. 50 Minuten zum Backen)

1 Für den Teig alle Zutaten miteinander verkneten. In Folie wickeln und ca. 1 Stunde kalt stellen. Dann den Backofen auf 180 °C vorheizen. Den Teig auf einer bemehlten Arbeitsfläche ausrollen, die Form mit Butter einfetten, dann mit dem Teig auskleiden. Den Boden mehrfach mit einer Gabel einstechen. Mit Backpapier belegen und mit Hülsenfrüchten beschweren. Auf der unteren Schiene ca. 15 Minuten blindbacken. Herausnehmen und abkühlen lassen. Den Backofen auf 160 °C herunterschalten.

2 Für den Belag die Orangen heiß waschen, trocknen und 1 Esslöffel Schale fein abreiben. Die restlichen Schalen entfernen und die Früchte filetieren. Die Orangenfilets in ein Sieb geben und abtropfen lassen.

3 Die Butter mit dem Zucker ca. 15 Minuten schaumig schlagen. 2 Eier nach und nach darunterquirlen. Dann die Mandeln und die Crème double darunterrühren. Zum Schluss das letzte Ei und die Orangenschale darunterrühren.

4 Die Mandelcreme auf den Tarte-Boden streichen, die Orangenfilets darauf verteilen und alles mit den gehackten Mandeln bestreuen. Auf der mittleren Schiene ca. 35 Minuten backen.

Tipp

FÜR NOCH MEHR HERB-SÜSSES AROMA KÖNNEN ZUSÄTZLICH 2 ESSLÖFFEL ORANGENMARMELADE AUF DEM TEIGBODEN VERSTRICHEN WERDEN.

Süßkirschen-Marzipan-Tarte mit Maronen

Fast alle Kirschkuchen werden mittlerweile reflexartig mit Sauerkirschen zubereitet. Nach dem Genuss dieser Süßkirschen-Tarte kann man das nicht mehr verstehen.

Für 1 Tarte-Form
von 28 cm Ø

Für den Teig:
150 g Butter, 225 g Mehl
60 g Zucker
1 Ei, 1 Prise Salz

Für den Belag:
650 g Süßkirschen
100 g Marzipan
150 g gekochte Maronen
100 ml Milch, 200 ml Sahne
100 g Crème fraîche
3 Eier, 70 g Zucker

Außerdem:
Butter für die Form
Mehl für die Arbeitsfläche
Hülsenfrüchte zum Blindbacken
Puderzucker zum Bestäuben

Zubereitungszeit: ca.
40 Minuten (plus ca.
1 Stunde zum Kühlen und ca.
55 Minuten zum Backen)

1 Für den Teig alle Zutaten miteinander verkneten. Zur Kugel rollen, in Folie wickeln und für ca. 1 Stunde kühl stellen. Dann den Backofen auf 180 °C vorheizen. Die Form mit Butter einfetten und den Teig auf einer bemehlten Arbeitsfläche ausrollen. Die Form damit auskleiden. Den Boden mehrere Male mit einer Gabel einstechen. Dann mit Backpapier belegen und mit Hülsenfrüchten beschweren. Auf der unteren Schiene ca. 15 Minuten vorbacken. Herausnehmen, Backpapier und Hülsenfrüchte entfernen und den Boden abkühlen lassen. Den Backofen auf 160 °C herunterschalten.

2 Für den Belag die Kirschen waschen, trocken tupfen, die Stiele abzupfen und die Früchte entsteinen. Marzipan und gekochte Maronen hacken. Dann beides mit Milch und Sahne pürieren. Die Crème fraîche dazuquirlen, dann die Eier und den Zucker.

3 Die Kirschen auf der Tarte verteilen, den Guss darübergießen. Auf der mittleren Schiene ca. 40 Minuten backen. Herausnehmen, abkühlen lassen und mit Puderzucker bestäubt servieren.

Tipp

MISCHEN SIE IN DEN TEIG AUCH EINMAL 50 G GEMAHLENE MANDELN. SIE PASSEN BESONDERS GUT ZUM MARZIPAN DER FÜLLUNG.

Rezeptverzeichnis

A

B

C

F

G

H

K

L

M

O

P

Q

R

S

T

W

Z

Dr. Gabriele Reinert-Schneider

Korrespondenz heute

Band 2
Anleitungen und Musterbriefe für geschäftliche Anlässe

Weltbild Verlag

Inhalt

Cui bono?

Ist es nicht viel einfacher, statt zur Feder lieber zum Funktelefon zu greifen? Es ist in der Tat so. Manchmal. Also: cui bono? Wem nützt ein „Handbuch der modernen Korrespondenz"?

Es gibt immer noch viele Anlässe, bei denen im Geschäftsleben die Briefform vorgeschrieben oder doch zumindest sinnvoll ist. Denken Sie zum Beispiel an Bewerbungs- und Werbebriefe, an Protokolle – und an heikle Angelegenheiten, bei denen man gut daran tut, wenn man „im Ernstfall" etwas Schriftliches in den Händen hat!

Vielleicht finden Sie – trotz des Buchumfangs – einmal gerade nicht das „Briefbonbon", auf das Sie gerade Lust verspüren. Bestimmt aber haben Sie bis dahin so viele Anregungen gelesen und sich so sehr mit dem direkten und unbürokratischen Stil moderner Briefe vertraut gemacht, dass Sie den Brief jetzt quasi aus dem Stegreif formulieren können.

Genau damit spreche ich jetzt die eigentlichen Absichten des Buches an: Es will Ihnen helfen sich auf den eigentlichen Anlass Ihres Briefes zu konzentrieren; es will Ihnen dabei helfen über unterschiedliche Formulierungen nachzudenken und die Gedanken zu sortieren. Vor allem aber schaffen Sie mit jedem persönlichen Brief ein unvergängliches Dokument. Sie zeigen damit dem Empfänger, dass und wie Sie zu dem Inhalt Ihrer Schreiben stehen. Es ist eben etwas anderes, unverbindlich ins Telefon zu plaudern oder dem Empfänger einen Beleg der eigenen Gedanken in die Hand zu geben.

Cui bono? Wem nützt es? Ihnen!

Peter J. Worsch

Kaufmännische Korrespondenz

Alle Briefe dieses Kapitels bieten Ihnen – unabhängig vom Gegenstand – Anregungen zu einem offenen, direkten und unbürokratischen Briefstil. In den Briefen dieses Buches werden nicht Sachen nüchtern und unpersönlich ver- und gehandelt. In meinen Briefen handeln und verhandeln Menschen mit Menschen über Sachen und Sachverhalte. „Ärmelschonerdeutsch" – die Sprache der Bürokraten – können Sie getrost zu den Akten legen, auch in der kaufmännischen Korrespondenz.

Bei diesem Kapitel wie auch bei allen anderen (Personalbriefe, private Korrespondenz) war es mein Ziel, einem – wo immer möglich und sinnvoll – logischen Aufbau zu folgen. So schreibe ich zuallererst über Firmennachweise, dann über Anfragen und schließlich über Angebote. Zu jedem Abschnitt werden Sie immer eine kleine Einführung finden. Dann folgen die Beispiele. Natürlich habe ich die Beispiele recht unterschiedlich gewählt um eine gewisse Bandbreite abzudecken. Wenn Sie ein Angebot über die Ausstattung eines Büros schreiben möchten, können Sie durchaus einem völlig anderen Angebot die Zahlungs- oder Lieferbedingungen als Anregung entnehmen.

Den Angeboten folgen die Ablehnungen und Angebotsannahmen oder Bestellungen, diesen wiederum die Gegenangebote und Aufträge. Nachdem ein Auftrag erfüllt wurde, wird die Rechnung gestellt; und der Rechnung folgt die Zahlung oder die Mahnung; der Mahnung das Mahnverfahren und die Vollstreckung. Doch da nicht nur auf der Käuferseite Säumnisse auftreten können, schließen sich den Aufträgen auch Beispiele zu Beschwerden und Mängelrügen an. Nach den ergänzenden Themen „Antrag", „Briefwechsel mit der Berufsgenossenschaft" und „Teilnahme an einer Ausschreibung", „Empfehlungsschreiben", „Ankündigungen und Einladungen" sowie „Absagen und Zusagen" schließen die Werbebriefe das Kapitel ab.

Die Muster in diesem Buch beginnen immer mit der Betreffzeile, in der ja das Thema des Briefes steht. Dabei setze ich voraus, dass jeder Brief grundsätzlich einen Absender hat, richtig adressiert und korrekt datiert wird.

Firmennachweise

Kennen Sie die Situation? Sie möchten eine bestimmte Ware und suchen den günstigsten Anbieter. Wenn Sie privater Kunde sind und zum Beispiel den leistungsfähigsten Elektroherd für den geringsten Preis suchen, dann ist die Sache einfach. Sie schauen ins Branchentelefonbuch (Gelbe Seiten) der Telekom und bemühen sich um die dort angegebenen Firmen. Schnell haben Sie herausgefunden, wer Ihr Favorit werden könnte.

Nicht mehr so einfach ist es, wenn Sie überregional Anbieter suchen. Sie wollen sich zum Beispiel selbständig machen und brauchen eine Büroausstattung. Da kann es sich schon lohnen im weiteren Umkreis nach dem Anbieter mit den günstigsten, praktischsten und haltbarsten Möbeln zu suchen. Doch auch für die Lösung dieses Problems gibt es bereits Verbraucherorganisationen, die sich gegen Provision der Suche annehmen.

Wenn Sie aber Mitarbeiter eines Unternehmens sind und zum Beispiel den richtigen EDV-Anbieter oder die günstigste Einkaufsmöglichkeit für Stahl suchen oder ausländische Anbieter für Fertighäuser, dann hilft zuallererst der Firmennachweis. Das heißt, Sie fragen die richtigen Stellen nach Namen und Anschriften der Firmen, die Sie brauchen. Der Firmennachweis ist also eine Art Unterstützung für Kauf und Verkauf. Zum Teil wird dies – und das ist durch die elektronische Datenverarbeitung möglich geworden – bereits als Service von Adressverlagen mit angeboten.

Der klassische Weg ist der zur Handelskammer. Für Firmen innerhalb der Bundesrepublik sind die Industrie- und Handelskammern zuständig; des Weiteren die Fachverbände (zum Beispiel der Fachverband „Sanitär – Heizung – Klima", der in jedem Bundesland Niederlassungen hat), die Innungen (zum Beispiel die Bäckerinnung) und die Banken. Für Firmen im Ausland stehen als geeignete Ansprechpartner die diplomatischen und konsularischen Vertretungen zur Verfügung sowie die ausländischen Handelskammern und andere Wirtschaftsvertretungen. Der moderne Weg führt zur Datenbank. Eine Datenbankrecherche können Sie entweder von den Handelskammern durchführen lassen oder es selbst tun, sofern Ihre elektronische Büroausrüstung dies zulässt.

Nachweis griechischer Textilfabriken

Der folgende Brief ist an die griechische Handelskammer in der Bundesrepublik Deutschland gerichtet.

Firmennachweis Ihrer Textilhersteller

Sehr geehrte Damen und Herren,

Sie vertreten die Wirtschafts- und Handelsinteressen Ihres Landes. Wir sind Hersteller von Herrenanzügen und haben laufend Bedarf an Wollstoffen unterschiedlicher Qualitäten.

Vor kurzem lasen wir in der Beilage einer deutschen Zeitung einen Artikel über die umfangreiche Schafzucht im Norden Ihres Landes. Wir vermuten, dass die Schafwolle im Inland verarbeitet wird. Wir suchen also Unternehmen in Griechenland, die uns Wollstoffe anbieten könnten. Bitte nennen Sie uns die Firmennamen, die vollständigen Anschriften und wenn möglich auch die Ansprechpartner von Textilfabriken in Ihrem Lande. Vielen Dank im Voraus.

Mit freundlichen Grüßen

Nachweis schwedischer Holzbearbeiter

Firmennachweis Holzbearbeitung

Sehr geehrte Damen und Herren,

als Handelsvertretung Ihres Landes sind Sie sicher im Stande uns folgenden Wunsch zu erfüllen. Wir möchten gerne mit Firmen in Schweden in Verbindung treten, die möglicherweise einen Bedarf an Spezialmaschinen für die Holzverarbeitung haben.

Warum möchten wir das? Wir sind Hersteller der Spezialmaschinen. Als solche wissen wir natürlich, dass zur Zeit der weltweite Bedarf an Holzbearbeitungsmaschinen an einem vorläufigen Tiefpunkt angelangt ist. Trotzdem suchen wir zukünftige Partner. Denn wir haben uns soeben ein völlig neues Bearbeitungsverfahren patentieren lassen, das durch den speziellen Umgang mit der Restfeuchte im Holz eine um 20 % schnellere Bearbeitung ermöglicht. Bitte nennen Sie uns die schwedischen Ansprechpartner so bald wie möglich. Wir werden uns dann direkt an die Firmen wenden.

Mit freundlichen Grüßen

Anfragen

Was zu beachten ist

In der Anfrage fordert der private wie auch der gewerbliche Käufer Kataloge, Prospekte, Preislisten und Muster an. Oder er bittet einen Lieferanten oder Verkäufer um ein ausführliches Angebot. Die Anfrage bleibt für den Anfragenden stets unverbindlich. Wer klug und umsichtig handelt, richtet seine Anfrage an mehrere Firmen gleichzeitig, um auf diese Weise die günstigste Bezugsquelle zu ermitteln.

Etwas anfragen können wir in ganz unterschiedlichen Phasen des Kaufprozesses. Bauen wir ein Haus, sind unsere Anfragen vielleicht darauf gerichtet zu erfahren, „was es alles gibt" an Haustechnik oder Raumausstattung oder Ähnlichem. Entsteht ein Bürohaus, sind ganze Abteilungen wie die Betriebsorganisation damit beschäftigt die preisgünstigste und beste Ausstattung mit Büromöbeln und technischem Gerät zu beschaffen.

Was kann eine Anfrage alles enthalten? Im umfangreichsten Falle fragt der Einkäufer hier bereits nach fast allen Punkten, die später das Angebot eines Verkäufers enthalten muss. Das sind:

- Art, Beschaffenheit und Qualität der Ware
- Liefermenge
- Preis
- Lieferbedingungen
- Lieferzeit
- Zahlungsbedingungen

Beim Angebot später kämen noch „Erfüllungsort und Gerichtsstand" hinzu. Beides wird oft nicht im Angebot selbst genannt, sondern in den „Allgemeinen Geschäftsbedingungen" oder „Allgemeinen Verkaufs- und Lieferbedingungen". Doch dazu später. Hier die erste Anfrage.

Anfrage: Neuausstattung mit einer EDV-Anlage

Das mittlere Unternehmen unserer Wahl befasst sich vor allem mit dem Umschlag von Waren, also Einkauf und Verkauf. Das erfordert einen umfangreichen Umgang mit Dokumenten unterschiedlichster Art. Dieses Handelshaus wird eine neue Hauptverwaltung bauen. Bei dieser Gelegenheit will sich die Geschäftsleitung der veralteten EDV entledigen. Die Betriebsorganisation hat die Aufgabe den günstigsten Anbieter herauszufinden, der das Unternehmen rundum versorgen kann.

Bitte um ein kostenfreies Angebot

Sehr geehrte Damen und Herren,

Sie bieten sich in umfangreichen und ausführlichen Anzeigen als Rund-um-Service für die elektronische Datenverarbeitung an. Dabei nennen Sie die Auswahl der richtigen Verarbeitungskapazitäten pro Arbeitsplatz ebenso Ihr Geschäft wie die Vernetzung und Parallelverarbeitung großer Datenmengen. Das alles macht Sie für uns als Anbieter sehr interessant.

Da wir noch nicht zusammengearbeitet haben, kurz auch ein paar Worte zu uns. Wir sind ein altes, traditionsreiches Handelshaus, das seit vielen Kaufmannsgenerationen Import und Export betreibt. Bitte vergleichen Sie dazu unseren Firmenprospekt, den wir dieser Anfrage beigelegt haben. Im Jahre 19.. erreichte unser Umsatz knapp eine Milliarde und unsere Ziele für die nächsten Jahre liegen noch deutlich höher.

Wir bauen gerade eine neue Hauptverwaltung, und zwar in ... Im Oktober nächsten Jahres soll das Gebäude fertig sein und 180 Mitarbeitern Arbeitsplätze modernsten Zuschnitts bieten. Dabei spielen wir heftig mit dem Gedanken die gesamte EDV, die wir zur Zeit fahren, vollkommen abzulösen. Wir haben das Pech, dass das uns versorgende Unternehmen kurz vor dem Konkurs steht. Alle Entwicklungen, zum Beispiel solche in Richtung Textverarbeitung und Grafik, die uns bei Installation der Anlage versprochen wurden, sind nicht eingehalten worden. Gerne hätten wir uns schon lange dieser Anlagen entledigt. Doch sind wir an Leasing-Verträge gebunden. Diese laufen glücklicherweise zum ... aus, sodass wir von Grund auf neu beginnen können.

Anfrage: Neuausstattung mit einer EDV-Anlage

Warum schildern wir Ihnen dies? Nun, Sie werden es sich schon denken. Wir brauchen für eine gewisse Übergangszeit eine Art Softwarebridge; denn niemand wird erwarten, dass wir alle unsere Standarddaten noch einmal eingeben, nur weil wir eine neue Anlage anschaffen.

Bitte bieten Sie uns das Passende an. Damit meinen wir: Kennzeichnen Sie deutlich in Ihrem Angebot, was Standard- und was individuelle Lösungen bei Hard- und Software sein werden. Vermeiden Sie Überdimensionierungen. Nur die Zentraleinheit sollte die Möglichkeit bieten, dass zusätzliche Arbeitsplätze angeschlossen werden.

Wir benötigen voraussichtlich:

Position 1 Eine Zentraleinheit mit Datenbank, ausgelegt für ...

Position 2 Eine Vernetzung für 78 Arbeitsplätze.

Position 3 78 Arbeitsplätze, von denen aus folgende Aufgaben bewältigt werden müssen ...

Position 4 Eine Softwarebridge, mit der die Daten von unserer Anlage ... zur neuen vernetzten Datenverarbeitung konvertiert werden können. Wir wissen, dass Sie diese Verbindung individuell programmieren müssen. Bitte geben Sie uns deshalb nur Ihren Stundensatz an.

Position 5 Standardsoftware für unsere Zwecke, als da sind ...

Position 7 Installation und Inbetriebnahme.

Position 8 Schulung der Mitarbeiter (geben Sie uns hier bitte Ihren Tagessatz pro Trainer an und die Zahl der Mitarbeiter, die intern oder extern in einem Kurs geschult werden können.)

Beschreibung der Anlage. Bitte nennen Sie uns für die Zentraleinheit, das Netz und jeden Arbeitsplatz alle technischen Daten. Nur so können wir die Angebote vergleichen. Das bedeutet auch, dass wir nur mit den Anbietern ins Gespräch kommen werden, die uns sehr ausführliche Unterlagen zur Verfügung stellen.

Anfrage: Neuausstattung mit einer EDV-Anlage

Preise/Mengen. Bitte nennen Sie uns Nettopreise (ohne Mehrwertsteuer). Berücksichtigen Sie bei Ihrer Preiskalkulation, dass wir möglicherweise noch in diesem Jahr einen Zweig ... hinzunehmen werden. Das bedeutet zusätzlich acht EDV-Arbeitsplätze.

Lieferung und Aufstellung. Wir gehen davon aus, dass Sie im Auftragsfalle alle Geräte frachtfrei und versichert zu uns ins Haus liefern werden.

Liefertermin. Der Termin der Lieferung und Installation wird voraussichtlich September sein, die Inbetriebnahme spätestens im Oktober. Im Auftragsfalle werden wir alle Einzelschritte genauestens abstimmen.

Zahlungsbedingungen. Rechnungen bezahlen wir durch Banküberweisung 30 Tage nach Eingang. Die Rechnung muss ordnungsgemäß und prüffähig, Lieferung und Installation müssen einwandfrei sein. Bei Qualitäts-, Liefer- oder Installationsmängeln behalten wir uns das Recht vor, den Rechnungsbetrag für das mangelhafte Gerät oder die mangelhafte Funktion eines Gerätes sofort nach Behebung des Mangels zu überweisen.

Nachlieferung/Modernisierung/Updates. Sehr wichtig für unsere interne Kalkulation ist schließlich noch die Lebensdauer. Wann rechnen Sie mit den ersten Softwareupdates? Wann mit der ersten Nachrüstung der Hardware? Bitte geben Sie realistische Zeiträume an. Wie lange können Sie garantieren baugleiche Geräte nachzuliefern?

Garantieleistungen. Können Sie Garentieleistungen anbieten, die über die gesetzliche Gewährleistung hinausgehen?

Bindung an Ihr Angebot. Sollten Sie uns ein Angebot schicken, so schreiben Sie uns bitte dazu, bis wann es gültig ist.

Wir würden uns freuen, wenn wir von Ihnen ein Angebot in der gewünschten Form und ausführliche Informationen über Ihr Unternehmen erhielten. Bitte nennen Sie uns auch einige Referenzen. Wenn Ihr Angebot unseren Vorstellungen entspricht und wir Ihr Unternehmen in die engere Wahl ziehen sollten, werden wir Sie bitten, zu einem Gespräch über alle Einzelheiten zu uns zu kommen.

Sollten Sie noch Fragen haben, steht Ihnen unsere Frau Endriss, Telefon ..., gerne für alle Auskünfte zur Verfügung.

Mit freundlichen Grüßen

Anlage
Broschüre zum 150-jährigen Bestehen unseres Handelshauses

Gasanschluss für unsere Niederlassung in Krumhörn

Anfrage: Erdgasanschluss

Sehr geehrte Damen und Herren,

in Ihren Anzeigenkampagnen bieten Sie Erdgas als kostengünstige und umweltfreundliche Energie an und das nicht nur für den privaten Kunden, sondern auch und besonders für industrielle Abnehmer.

Wir bitten Sie um ein Angebot zum Anschluss an Ihr Erdgasnetz und zur Versorgung mit Erdgas für unseren Zweigbetrieb in Krumhörn. Folgende Daten hat unser Techniker, Herr Pech, für Sie ermittelt:

Prozesswärme/Raumheizung:
2 Dampfkessel je 6 t/h (180 Grad Sattdampf)
Produktionszeit Montag bis Freitag im Zweischichtbetrieb
maximale Leistung 700 m^3/h
jährlicher Energiebedarf: 10 Mio. kWh (1995-1996)
13 Mio. kWh (1997-1998)
22 Mio. kWh (1999-2000)

Zum 31. Dezember ... wird unsere Betriebserlaubnis aus Gründen des Umweltschutzes erlöschen. Eine Verlängerung über diesen Termin hinaus ist nicht zu erwarten. Daran wird auch das umweltfreundliche Erdgas nichts ändern.

Bitte lassen Sie uns umgehend ein Angebot über die Hausanschlusskosten und den Leistungs- oder Arbeitspreis zukommen. Wir würden uns freuen.

Mit freundlichen Grüßen

ERG Eduard Rostfrei Galvanik KG

Antwort des Energieversorgers

Erdgasanschluss für Ihre Niederlassung in Krumhörn
Ihre Anfrage vom ...

Sehr geehrter Herr Rostfrei,

Sie suchen eine wirtschaftliche und umweltfreundliche Energieversorgung und haben uns um die Abgabe eines Angebotes gebeten. Für Ihr Vertrauen danken wir Ihnen.

Unsere Mitarbeiter aus der Technik haben Ihre Zahlen sorgfältig geprüft. Eine wirtschaftlich vertretbare Lösung wird durch das Auslaufen Ihrer Betriebsgenehmigung zum 31. Dezember ... erschwert. Wir wären jedoch in der Lage Sie mit Erdgas zu versorgen, wenn Sie von Ihrer Seite bereit wären einen einmaligen Baukostenzuschuss von ... DM zu zahlen. Ihr Energiepreis würde dann 3,8 Pfg/kWh betragen.

Andere Alternativen könnten wir in einem persönlichen Gespräch klären. Unsere Energieberaterin, Frau Mendel, wird Ihnen unsere Vorschläge gerne präsentieren. Sie ruft Sie in der nächsten Woche an.

Mit freundlichen Grüßen

Bitte um ein Angebot

Anfrage an ein Kreditinstitut

Sehr geehrte Damen und Herren,

Sie kennen uns nicht, denn noch sind wir nicht Kunde bei Ihnen. Das hoffen wir aber aufgrund Ihres günstigen Kreditangebotes zu werden.

Es geht um Folgendes: Wir suchen Kontakt zu Kreditinstituten, mit denen wir noch nicht zusammenarbeiten. Wir möchten nämlich eine neue Druckmaschine, eine Fünf-Farben-Schön-und-Widerdruckmaschine, kaufen. Den Preis für die Druckanlage und die exakten Daten entnehmen Sie bitte dem Angebot der Firma ..., das wir diesem Brief in Kopie beigelegt haben.

Für uns geht es dabei keinesfalls um „Peanuts". Bei einer Kreditsumme von rund einer halben Million Mark würden wir gerne der günstigsten Bank den Zuschlag geben. Dabei bleibt für uns nicht ausgeschlossen, dass wir auch alle übrigen Geschäfte über diesen alten oder neuen Partner abwickeln werden.

Bitte unterbreiten Sie uns Ihr mündliches oder schriftliches Angebot bis zum ... Vielen Dank.

Mit freundlichen Grüßen

Kredit für eine Druckmaschine
Ihre Anfrage vom ...

Antwort einer Bank

Sehr geehrter Herr Hänseler,

Sie suchen einen zuverlässigen und günstigen Partner für Ihr Unternehmen. Mit Sicherheit würden wir Ihnen ein solcher Partner sein können, wenn die Kreditsumme größer wäre. Als Privatbank sind wir gezwungen, mit den Personalressourcen zurückhaltender zu agieren als manch anderes Kreditinstitut. Deshalb vergeben und bearbeiten wir Kredite ab der Summe von 1 Million Mark.

Bitte prüfen Sie, ob Ihre Gesamtkreditlinie diese Summe überschreitet. Sollte dies der Fall sein, rufen Sie bitte unseren Herrn Gerhard, Telefon ... an. Danke sehr.

Mit freundlichen Grüßen

Anfrage an einen Autohändler

Es geht um acht neue Firmenwagen der Mittelklasse,

sehr geehrter Herr Mittler,

und darum, von Ihnen ein günstiges Angebot zu erhalten. Fairerweise müssen wir hinzufügen, dass der Vorstand der ... in der letzten Woche beschlossen hat die Herstellerbindung der Firmenwagen aufzuheben. Wir sind also nicht mehr an Ihr Haus gebunden, ja darüber hinaus sogar gehalten dem günstigsten Händler den Zuschlag zu geben. Gerne würden wir weiterhin mit Ihnen zusammenarbeiten, da wir mit Ihrer Werkstatt bislang sehr gute Erfahrungen gemacht haben.

Ihr Angebot sollte folgende Alternativen enthalten:

a) Kauf der acht Mittelklassewagen
   Bitte vergessen Sie hier die Rücknahmegarantie nicht; das könnte ein erheblicher Wettbewerbsvorteil für Sie sein.
b) Leasingkonditionen für die acht Mittelklassewagen
   Bitte zeigen Sie sich hier flexibel und bieten Sie die Konditionen mehrerer Leasingfirmen an, auch wenn Ihr Mutterhaus das nicht gerne sieht.

Wir hoffen sehr bald von Ihnen zu hören und aufgrund Ihres attraktiven Angebots mit Ihnen im Geschäft bleiben zu können.

Mit freundlichen Grüßen

Wollstoffe

Anfrage an griechische Textilhersteller

Sehr geehrte Damen und Herren,

Sie stellen Wollstoffe in unterschiedlichen Qualitäten her. Das erfuhren wir von Ihrer Handelsvertretung in der Bundesrepublik, die uns freundlicherweise Ihren Firmennamen und Ihre Adresse zur Verfügung stellte.

Wir sind industriell fertigende Hersteller von Herrenanzügen und arbeiten für folgende Ketten: ... Auf dieser Grundlage haben wir ständig Bedarf an Wollstoffen in folgenden Qualitäten ... Bitte senden Sie uns so bald wie möglich ein Angebot mit Mustern Ihrer Stoffe und ausführlichen Angaben über Lieferzeiten, Preise, Liefer- und Zahlungsbedingungen.

Auskünfte über uns erhalten Sie vom Bankhaus ... in München.

Mit freundlichen Grüßen

Bootsrümpfe aus Stahl

Anfrage an einen tschechischen Stahlbauer

Sehr geehrter Herr Direktor Kareviç,

Sie leiten einen Stahlbaukonzern, der in der Herstellung recht unterschiedlicher Maschinen und Geräte langjährige, solide Erfahrungen besitzt. Ihren Bevollmächtigten in der Bundesrepublik Deutschland, Herrn Dr. Zlotec, haben wir auf der INTERBOOT kennen gelernt. Er schilderte uns sehr anschaulich die Erfahrungen und verfügbaren Kapazitäten Ihres Stammhauses.

Unsere Mitarbeiter bauen seit 17 Jahren Yachten mit Stahlrümpfen, ausschließlich für die gehobene Klasse. Wir legen jeden Monat zwischen zwei und vier – das ist größenabhängig – Schiffe auf Kiel. Seit langem fertigen wir nach Maßgaben der jetzt modern gewordenen „lean production“ mit einer auf wenige hochqualifizierte Zulieferer gesplitteten Fertigungstiefe.

Für den Produktionszeitraum bis ... planen wir die Vergabe geschweißter Stahlrümpfe, die alle die geforderten Qualitätsnormen erfüllen müssen. Vergleichen Sie dazu bitte die Anlage 1. Wir denken dabei an einen Abrufauftrag, der die monatliche Montagestundenzahl festschreibt. Je nach Auftragseingang werden wir die gewünschte Rumpfausführung bei Ihnen bestellen und innerhalb der vereinbarten Lieferzeiten frei Hof geliefert bekommen. Unser Unternehmen verfügt über einen Gleisanschluss, der den An- und Abtransport erleichtert.

Anfrage an einen tschechischen Stahlbauer

Die Rümpfe brauchen wir sandgestrahlt und vorgrundiert. Die Fertigungsunterlagen gehen Ihnen mit dem jeweiligen Abrufauftrag von unserem Konstruktionsbüro einmal per Telefax und einmal per Normalpost zu. Die Lieferbestätigung mit verbindlichem Termin erwarten wir am dritten Werktag nach Eingang unseres Bestellfaxes bei Ihnen in Ostrava.

Für Ihren Herrn Dr. Zlotec stellte dies alles eine „reizvolle Herausforderung" dar. Wir bitten Sie auf der Grundlage der beigefügten Konstruktionsbeispiele um ein verbindliches Preis- und Lieferangebot. Bitte bewahren Sie über diese Kontaktaufnahme vorübergehend Stillschweigen.

Antworten Sie uns bitte bis zum 15. des folgenden Monats. In unserem Hause steht Ihnen für alle weiteren Fragen Frau Dunja Hraskova zur Verfügung. Sie beherrscht Ihre Sprache in Wort und Schrift und wird, falls es zu Verhandlungen kommen sollte, Ihre Gesprächspartnerin sein.

Mit freundlichen Grüßen   Anlagen

Anfrage an ein Maschinenbauunternehmen

Sonderanfertigung Bohr- und Gewindeschneidmaschine

Sehr geehrte Damen und Herren,

in der letzten Woche stellten Sie Ihre eindrucksvollen Maschinen auf der Hannover-Messe aus. Dort sprachen wir mit Ihrem Verkaufsleiter, Herrn Dunker. Herr Dunker versicherte uns, dass Sie Spezialanfertigungen übernehmen.

Bis zum 31. März ... benötigen wir eine vollautomatische Bohr- und Gewindeschneidmaschine, wie auf den beiliegenden Zeichnungen für einen Spezialhersteller entworfen. Könnten Sie uns diese Maschine bis Ende März ... liefern? Welche Änderungen sind nötig, damit Sie die Maschine fertigen können? Welchen Preis kalkulieren Sie und welche Verkaufsbedingungen haben Sie für Ihr Unternehmen festgeschrieben?

Wenn eben möglich, dann beantworten Sie uns diese Fragen doch bitte bis zum 15. August ...

Mit freundlichen Grüßen

Anlagen
Referenz der Deutschen Bank in ...
Zeichnungen

Anfrage: Chinesische Spielwaren

per Telefax

Ihre Spielwaren

Sehr geehrte Damen und Herren,

von den chinesischen Firmen, die wir bislang kennen gelernt haben, vertreiben Sie das originellste Spielzeug. Das stellten wir sowohl durch Ihre Anzeigen in „International Toys" als auch auf der letzten Spielwarenmesse in ... fest. Wir möchten deshalb Ihr gesamtes Angebot kennen lernen. Bitte schicken Sie uns einen Katalog oder andere Dokumente, die einen Gesamtüberblick Ihres Angebotes ermöglichen. Ferner möchten wir natürlich umfassende Informationen über Ihre Exportpreise, Ihre Lieferzeiten und die Verkaufsbedingungen.

Könnten Sie diese Anfrage schnell beantworten? Wir suchen einen zuverlässigen Partner für das in wenigen Wochen anlaufende Weihnachtsgeschäft. Vielleicht sind Sie es.

Mit freundlichen Grüßen

Anfrage: Aufnahme einer Vertriebspartnerschaft

Vertriebspartnerschaft

Sehr geehrter Herr ...,

besitzen Sie ein wenig Pioniergeist? Und suchen Sie darüber hinaus vielleicht eine Neuorientierung? Wenn Sie beide Fragen mit „Ja" beantworten sollten, könnten wir ins Geschäft kommen.

Wir suchen selbständige, erfolgsorientierte Vertriebspartner aus dem Baunebengewerbe und dem Sanitärbereich. Als unser Wunschpartner vertreiben Sie auf eigene Rechnung eine Weltneuheit: ein attraktives, platzsparendes Heizungssystem „zum Dazustellen" überall da, wo temporär auf gesunde Strahlungswärme Wert gelegt wird.

Natürlich unterstützen wir Sie kräftig und sachkundig, denn wir sind eine traditionsreiche bayerische Firmengruppe in Familienbesitz. Einige Beispiele: Sie erhalten Gebietsschutz und Sie können sich durch attraktive Verdienstspannen und ein leistungsorientiertes Bonussystem ein hohes Einkommen sichern.

Bitte nehmen Sie umgehend über ... Kontakt mit uns auf.

Mit freundlichen Grüßen

Anfrage: Interesse an einer Teilhaberschaft

Teilhaberschaft an unserem Unternehmen

Sehr geehrter Herr Görges,

Sie suchen, so teilte uns Herr Schwinger von der X-Bank mit, bereits seit einiger Zeit eine Teilhaberschaft an einem gesunden Unternehmen der Holzbranche. Wir könnten dieses Unternehmen sein, denn wir brauchen einen investitionsfreudigen Teilhaber, der uns auch mit seinem persönlichen Engagement und seiner Erfahrung unterstützt.

Wir sind ein traditionsreiches Familienunternehmen, das seit 120 Jahren Holzverarbeitung betreibt. Wir produzieren in drei Werken Einrichtungen für den hochwertigen Innenausbau, fertigen Fenster und Türen, betreiben ein Leimholzwerk und handeln mit Bauelementen. Die gesunde, expansive Geschäftsentwicklung der letzten Jahre fordert nun Verstärkung. Wir brauchen Managementkapazität und Kapital. Der aktive Teilhaber, den wir uns wünschen, sollte Erfahrungen aus unseren Geschäftsfeldern mitbringen.

Die Höhe der Beteiligung kann bis zu 49 % (circa fünf bis sechs Millionen) im ersten Schritt betragen. Eine Übernahme weiterer Anteile in der Zukunft ist möglich, denn meine Frau und ich werden bald aus Altersgründen aus der Geschäftsleitung ausscheiden.

Bitte rufen Sie uns an.

Mit freundlichen Grüßen

Gelände zur industriellen Ansiedlung gesucht

Anfrage an das Amt für Wirtschaftsförderung

Sehr geehrte Damen und Herren,

wie die meisten Städte in Deutschland weisen Sie Gewerbeparks und Gelände zur Neuansiedlung von Industriebetrieben aus. Wir, ein Pharmaunternehmen, möchten ein Zweigwerk errichten. Zu folgenden Punkten hätten wir gerne Auskünfte:

1. Welche Lagen bieten Sie für ein Zweigwerk unserer Branche an und wie hoch ist der voraussichtliche Preis pro qm?

2. Nennen Sie uns bitte den Baukostenindex Ihrer Region.

3. Welche unterstützende Technologie (Großlabors, Forschungseinrichtungen, universitäre Einrichtungen) bietet Ihre Stadt (und Umgebung)?

Anfrage an das Amt für Wirtschaftsförderung

4. Welche Zulieferer pharmakologischer Stoffe gibt es vor Ort?

5. Wie beurteilen Sie die Verkehrsanbindungen (Straße, Luft, Wasser)?

6. Welches Umfeld bieten Sie einem Neuansiedler (Erholungs- und Freizeitmöglichkeiten, Wohnraum, Hotels)?

7. Welche Einrichtungen bilden Fachpersonal für unsere Branche aus?

8. Welche Auflagen sind für Pharmaunternehmen vorgesehen?

9. Was würde es aus Ihrer Sicht für uns attraktiv machen sich in X anzusiedeln?

Antworten Sie uns bitte so ausführlich wie möglich. Alle Angaben sollten wir direkt und ohne großen Aufwand prüfen können. Vielen Dank.

Mit freundlichen Grüßen

Angebote

Was zu beachten ist

Unterbreitet ein Unternehmen ein Angebot, erklärt es damit, bestimmte Waren zu bestimmten Bedingungen liefern zu können und zu wollen. Wir unterscheiden zwischen verlangten und unverlangten Angeboten. Den verlangten Angeboten geht eine mündliche oder schriftliche Anfrage des Interessenten voraus. Sie richten sich dann speziell am Bedarf des Anfragenden aus.

Ein Angebot ist nach deutschem Recht grundsätzlich verbindlich. Der Anbietende ist so lange an sein Angebot gebunden, wie er unter normalen Umständen mit dem Eingang einer Antwort auf sein Angebot rechnen kann. Wird das Angebot also prompt, ohne Verzögerung und ohne Änderungen angenommen, muss er die angebotenen Waren oder Dienstleistungen zu den genannten Bedingungen liefern. Selbstverständlich kann der Anbieter sein Angebot befristen. Dann nennt er im Angebotstext einen Termin; etwa: gültig bis zum 15. April ...

Ein unverbindliches Angebot (auch freibleibendes Angebot genannt) enthält eine Klausel, durch die der Anbietende seine Bindung an das Angebot einschränkt oder ausschließt. Formulierungen solcher Klauseln sind: „solange Vorrat reicht", „Preisänderungen vorbehalten", „ohne Verbindlichkeit".

Kurz wiederholt (vergleichen Sie bitte die Auflistung unter „Anfrage") enthält ein vollständiges Angebot Angaben zu folgenden Punkten: Art, Beschaffenheit und Qualität der Ware oder Dienstleistung; Liefermenge; Preis; Lieferbedingungen; Lieferzeit; Zahlungsbedingungen; Erfüllungsort und Gerichtsstand.

Was zu beachten ist

Was bedeutet Erfüllungsort? Erfüllungsorte gibt es jeweils zwei, einen auf der Käuferseite – der nennt sich auch genauer Zahlungsort – und einen auf der Verkäuferseite – der nennt sich Leistungsort. In einem Kaufvertrag wird also festgelegt, wohin Waren zu liefern sind oder wo sich der Ort der zu erbringenden Dienstleistung befindet. Dies ist besonders für die Preiskalkulation oder die Kalkulation der Nebenkosten wichtig. Festlegungen zum Zahlungsort sind vor allem dann von Belang, wenn an verschiedenen Orten in unterschiedlichen Währungen gezahlt werden kann. Vergleichen Sie zu diesem Punkt die Paragraphen 269 und 270 des BGB.

Was bedeutet Gerichtsstand? Der Gerichtsstand ist der Ort einer gerichtlichen Auseinandersetzung. Der Gerichtsstand kann vereinbart werden. Bei einem Vertrag zwischen Kaufleuten und Nichtkaufleuten ist der Gerichtsstand üblicherweise am Ort des Nichtkaufmanns. Ansonsten gilt unter Kaufleuten: Ein jeder muss dort klagen, wo der Vertragspartner seinen Sitz hat.

Viele Firmen haben feststehende Bedingungen, die als „Allgemeine Geschäftsbedingungen" auf Angebots-, Auftragsbestätigungs- und Rechnungsformularen oder auf einem besonderen Blatt abgedruckt werden. Solche Bedingungen werden oft einheitlich für einen ganzen Geschäftszweig (zum Beispiel Maschinenbau oder Textilindustrie) aufgestellt. Sie gelten jedoch nur, wenn sich Verkäufer und Käufer bei Vertragsabschluss darauf einigen.

Das unverlangte Angebot und der Werbebrief sind oft nicht zu unterscheiden. **Grundsätzlich ist jedes Angebot ein Werbebrief.** Bitte bewegen Sie diesen Grundsatz tief in Ihrem Herzen, wenn Sie ein Angebot schreiben. Es reicht nicht – besonders wenn Wettbewerber auch Angebote abgeben – auf Formularen nackte Zahlen einzutragen und dies zusammen mit ein paar Formeln als Angebot zu deklarieren. Schon lange nicht mehr spricht die Qualität der Ware oder der Preis für sich. Ein Entscheider will wie jeder andere Mensch persönlich angesprochen werden. Er will im Angebot seine Wünsche wiederfinden.

Selbstverständlich gibt es auch Werbebriefe, die keine Angebote sind, da sie entweder keine oder nur unvollständige Angaben über Preise und Verkaufsbedingungen enthalten. Sie haben nur den Zweck, Interesse des Empfängers für ein bestimmtes Erzeugnis zu wecken. Werbebriefe müssen auch nicht unbedingt sofort zu einer Bestellung führen; oft soll nur erreicht werden, dass der Empfänger Prospekte anfordert oder um ein ausführliches Angebot bittet.

Welche Lieferbedingungen gibt es?

Kostet es nun etwas, wenn der Verkäufer die Möbel ins Haus bringt, oder kostet es nichts? Das ist die zentrale Frage der Lieferbedingungen. Da aber nicht nur Möbel von der Innenstadt an den Stadtrand zu bringen sind, sondern auch Autos von Japan in die Bundesrepublik oder Porzellan von der Tschechischen Republik nach Hamburg, können die Lieferbedingungen eine erhebliche Rolle in der Preiskalkulation und damit für die Annahme eines Angebots spielen. Folgende Lieferbedingungen werden unterschieden:

- ab Werk/ab Fabrik/ab Lager (auch: EXW Ex Works)
- frei Waggon (auch: FCA Free Carrier)
- FAS (Free Alongside Ship = frei Längsseite Schiff im Verschiffungshafen)
- FOB (Free on Board = frei an Bord)
- CFR (Coast and Freight = Kosten und Fracht)
- CIF (Cost, Insurance, Freight = Kosten, Versicherung, Fracht)
- CIP (Carriage and Insurance Paid to = Fracht und Versicherung bezahlt bis)
- CPT (Carriage Paid To = Fracht bezahlt bis)
- frachtfrei/Fracht bezahlt (auch: FCA Free Carrier)
- unfrei/Fracht zu Lasten des Empfängers
- frei Grenze/geliefert bis zur xy Grenze (auch: DAF Delivered at Frontier)
- frei Haus (auch: FCA Free Carrier)
- geliefert bis X verzollt (auch: DDP Delivered Duty Paid)
- Zoll zu Lasten des Käufers (auch: DDU Delivered Duty Unpaid)

Welche Zahlungsbedingungen gibt es?

Auch Zahlungsbedingungen können abhängig von der Größe der Bestellung und somit der Geldbeträge wie auch abhängig vom Weg der Ware sehr unterschiedlich sein. Ein Handelshaus zum Beispiel sieht die Ware oft gar nicht. Es kauft sie in China ein und verkauft sie in Kanada. Gezahlt wird dann gegen die Vorlage der Warenaus- und -eingangs- sowie der Zolldokumente. Zahlungsbedingungen können auch einen wichtigen Wettbewerbsvorteil darstellen, besonders bei größeren Geldbeträgen.

Gezahlt werden kann in folgenden Weisen:

- Vorauszahlung/Vorauskasse/Akontozahlung
- Kasse bei Auftragserteilung
- Bereitstellungskosten: 1/3 Anzahlung bei Auftragserteilung, 1/3 bei Lieferung, 1/3 innerhalb von 30 Tagen nach Lieferung
- Zahlung bei Erhalt der Ware/netto Kasse bei Erhalt der Ware
- gegen Nachnahme
- Zahlungsziel 30 Tage/30 Tage netto
- Zahlung innerhalb von 60 Tagen nach Rechnungsdatum
- Zahlung innerhalb von 10 Tagen mit 2 % Skonto oder innerhalb von 30 Tagen netto
- gegen Dreimonatsakzept/gegen Bankakzept
- Zahlung durch Akzept nur nach besonderer Vereinbarung
- Kasse gegen Dokumente
- Dokumente gegen Akzept
- Zahlung durch unwiderrufliches und bestätigtes (unbestätigtes) Dokumentenakkreditiv zu unseren Gunsten, auszahlbar bei einer Bank in X

Lesen Sie im Folgenden einige Angebote. Hier zuallererst ein unverlangtes Angebot.

Angebot: Festplattenerweiterung für PCs

Unverlangtes Angebot: Aufrüstung der PC-Festplatte

Sehr geehrter Herr Süper,

seit ... benutzen Sie für Ihre elektronische Datenverarbeitung eine Anlage der Firma ... sowie einen PC. Wie steht es mit der Kapazität der PC-Festplatte? Können Sie ohne Probleme Updates Ihrer Software oder gar jede neue, interessante Software einsetzen? Steht Ihnen noch ausreichend Platz zur Verfügung oder wäre unser Erweiterungs- und Tauschservice für Sie interessant?

So sieht unser Angebot zur Festplattenerweiterung oder zum Festplattentausch aus:

1 40 MB Festplatte 28 msec.
AT-BUS oder MFM Schnittstellen ... DM

Unverlangtes Angebot: Aufrüstung der PC-Festplatte

1 89 MB Festplatte 21 msec.
AT-BUS oder MFM Schnittstelle ... DM

1 105 MB Festplatte 19 msec.
AT-BUS oder MFM Schnittstelle ... DM

Ihre gebrauchte Festplatte nehmen wir in Zahlung: 20 MB für 100,00 DM und 40 MB für 200,00 DM.

In unseren Preisen sind der Aus- und Einbau, das Formatieren der neuen Platte und das Wiederaufspielen der Systemsoftware enthalten. Den Festplattentausch führen wir in unseren Räumen durch. Sie sichern nur zuvor Ihre Daten und spielen die Anwendersoftware selbst wieder auf. Unsere Preise gelten ab Lager in ... zuzüglich der gesetzlich gültigen Mehrwertsteuer. Unser Angebot bleibt bis zum 31. August ... gültig.

Mit freundlichen Grüßen

Ihr Büro Service

Verlangtes Angebot: Neuausstattung mit PCs

Unser Gespräch vom ...

Sehr geehrter Herr Dr. Schneider,

zunächst einmal vielen Dank für die freundliche Aufnahme in Ihrem Hause. Dort erläuterten Sie uns, dass Sie Ihre Anlage ... durch vernetzte PCs ablösen möchten, weil die PC-Software die Leistungsfähigkeit der Anlagen-Software bei weitem überrundet hat. Wie besprochen bieten wir Ihnen deshalb Folgendes an:

1. Zing PC 486/DX 32 bit 33 Mhz, 200 MB Festplatte, Co-Processor 4 MB, 1,44 MB Diskettenlaufwerk, 14 Zoll VGA-Monitor, VGA-Karte, Schnittstellen: 2 x seriell, 1 x parallel, 1 x PS 72 Maus

   Preis pro PC: ... DM

2. Zing PC 386/DX 32 bit 40 Mhz, 80 MB Festplatte, 14 Zoll VGA-Monitor, VGA-Karte, Maus Logitech seriell, Schnittstellen: 2 x seriell, 1 x parallel

   Preis pro PC: ... DM

An dieses Angebot halten wir uns bis zum 30. September ... gebunden.

Als Voraussetzung für den Erwerb der PCs nannten Sie die Ablösung Ihrer Anlage ... Wir haben uns mit der Leasingfirma in Verbindung gesetzt. Die Ablösesummen für den bestehenden Vertrag lauten:
- bei Beendigung per 31. August ... ... DM
- bei Beendigung per 30. September ... ... DM
- bei Beendigung per 31. Oktober ... ... DM und so fort.

Trotz aller Bemühungen konnten wir mit der Leasingfirma keine günstigere Lösung erzielen. Deshalb haben wir einen anderen Vorschlag: Wir werden uns um einen Käufer für Ihre Anlage bemühen. Die Kaufsumme würde die Ablösesumme erheblich verringern. Vielleicht rechnet sich der Erwerb der PCs dann wieder für Sie. Was halten Sie davon?

Mit freundlichen Grüßen

Angebot für maßgeschreinerte Möbel

Ein tabellarisches Angebot verleiht den angebotenen Gegenständen ein hohes Maß an Nüchternheit und Sachlichkeit. Eine solche Atmosphäre ist aber in vielen Fällen gar nicht angebracht. In manchen der angebotenen Gegenstände will der Käufer sich ja nachher wohl fühlen oder sie genießen. Darauf darf ein Angebot einen leichten Vorgeschmack geben.

Angebot: Eckbank für Ihr Haus in Salbach

Sehr geehrte Frau Schürger, sehr geehrter Herr Schürger,

Sie begeistern sich für maßgeschreinerte und solide Möbelstücke. Herzlichen Glückwunsch zu dieser klugen Entscheidung, durch die Sie sicher noch viel Freude haben werden. Wie besprochen bieten wir Ihnen an:

Eine maßgefertigte Eckbank aus massiver Fichte mit Sitzflächen zum Aufklappen und Ablagekästen darunter. Die Eckbank hat oben ein 20 cm tiefes und 25 cm hohes Bord. Die Sitzflächen und die Rückenlehnen erhalten eine lose Polsterung, die Holzfläche wird fein geschliffen und bleibt roh. Die Außenmaße betragen 179 cm x 230 cm. Bitte vergleichen Sie die beiliegende Zeichnung.

Angebot für maßgeschreinerte Möbel

Dazu passend erhalten Sie einen runden Tisch mit Säulenfuß. Der Durchmesser der Tischplatte beträgt 120 cm. Die Tischplatte kann durch eine lose Platte, die im Normalzustand unterhalb der Tischplatte gelagert wird, um 50 cm verlängert werden. Zusätzlich bieten wir Ihnen eine Platte an, mit der Sie die Tischplatte insgesamt um einen Meter verlängern können. Weil sie zu schwer ist, kann diese große Platte jedoch nicht im Tisch gelagert werden. Der Säulenfuß wird in Fichte gewachst ausgeführt, die Tischplatte in Ahorn roh.

Zur Eckbank und zum Tisch passend erhalten Sie drei Stühle in Fichte roh mit Rücklehne und „halber" Armstütze.

Ein maßgefertigtes Regal in Fichte rundet die Palette ab. Die Breite beträgt 35 cm, Tiefe 29,5 cm und Höhe 177,5 cm. Es erhält fünf in der Höhe verstellbare Fächer.

Der Komplettpreis beträgt	... DM
Der Aufpreis für die Auszugslänge 100 cm beträgt	... DM

Die Preise enthalten die fix und fertige Montage. Hinzu kommt die gesetzlich gültige Mehrwertsteuer.

Wenn Sie uns Ihren Auftrag bis zum ... erteilen, werden Sie sich schon zu Ostern in Ihrem neuen Eßzimmer wohl fühlen können.

Mit freundlichen Grüßen   Anlage

Verlangtes Angebot: Ausstattung eines Büros mit Leuchten

Grundlage dieses Angebots sind umfangreiche Messarbeiten und Berechnungen. Schließlich soll jeder Raum ja optimal und zweckdienlich mit Licht ausgestattet werden. Ist der Käufer erst einmal im Besitz der Pläne, muss er nicht mehr beim Anbieter kaufen; denn damit verfügt er über genaueste Unterlagen, um möglicherweise beim Billiganbieter ähnliche Leuchten selbst zusammenzustellen. In diesem Dilemma befinden sich heute viele Einzelhändler. Erstellen Sie ein Angebot, liefern sie damit die Grundlage für den Heimwerker. Hier gilt es sich zu schützen. Gute Arbeit hat Ihren Preis und den soll sie auch bekommen. Jedoch mit einer Formulierung wie „Bitte haben Sie Verständnis dafür, dass ich Ihnen die Entwurfspläne erst nach Auftragserteilung überlassen kann“ stoßen wir den Käufer erst so richtig mit der Nase auf das Dilemma. Das wollen wir ja gar nicht. Ein empfindlicher Kunde hört da möglicherweise sogar heraus, dass wir ihm Missbrauchsabsichten unterstellen. Auch das wollen wir nicht.

Die Frage ist: Wie sag ich's meinem Kunden? Hier hilft der „Dreh ins Positive“ weiter. Die Lösung des Dilemmas können wir nach folgendem Muster formulieren: „Sobald Sie ..., werde ich ...“.

Noch ein Wort zu den Zahlungsbedingungen. Das Angebot zählt drei Alternativen auf. Die für den Kunden attraktivste der Alternativen bringt am schnellsten Geld in die Kasse, und das ist ja auch beabsichtigt; schließlich muß der Anbieter vorleisten.

Beleuchtung Ihrer Büroräume
Unser Gespräch vom ...

Sehr geehrter Herr Kreisler,

heute erhalten Sie mein Angebot, das ich nach Ihren Ideen und Wünschen und auf der Grundlage der Objekte in den gemeinsam angeschauten Katalogen erstellt habe.

Büro 1

1 Leuchtstofflampen-Rohranlage
Durchmesser 50 mm, weiß RAL 9002
inklusive Leuchtmittel und allem notwendigen Zubehör ... DM

1 Stehleuchte in Messing poliert und Glas inklusive Leuchtmittel und Dimmer	... DM
Alternative: 1 Stehleuchte in weißem Lack	... DM
1 Pendelleuchte über dem ovalen Tisch in Messing und Chrom, höhenverstellbar, 2lampig, inklusive Leuchtmittel und Trafo	... DM

Verlangtes Angebot: Ausstattung eines Büros mit Leuchten

<u>Büro 2</u>

1 Leuchtstofflampen-Rohranlage wie für Büro 1	... DM

<u>Büro 3</u>

1 Stehleuchte indirekt und direkt mit verstellbarem Direktlichtanteil inklusive Zündzeitüberbrückung und 2 Leuchtmitteln	... DM
1 Deckenleuchte in Weiß inklusive Leuchtmittel	... DM

<u>Büro 4</u>

1 Leuchtstofflampen-Rohranlage wie in Büro 1, jedoch gemischt mit einem Stromschienenrohr inklusive 3 Strahlern	... DM

Je nach Wahl der Strahler ist der Preis dieser Anlage
um ... DM bis ... DM reduzierbar!

<u>Erschließungsflur</u>

2 Deckenleuchten mit kaschiellen Fassungen in Weiß zu ... DM/Stück	... DM
2 Globe-Leuchtstofflampen, 11 Watt E 27 opalin zu ... DM/Stück	... DM

<u>Treppenhaus</u>

6 Wandleuchten Viertelkugel in Weiß mit prismierter Acrylabdeckung inklusive Leuchtmittel zu ... DM/Stück	... DM
Auftragswert netto	... DM

Die Lichtrohranlage ist gegen einen Aufpreis in Höhe von ... DM auch in Cadmiumgelb RAL 1021 lieferbar.

Verlangtes Angebot: Ausstattung eines Büros mit Leuchten

Die Preise enthalten das gesamte notwendige Zubehör, die zum System gehörigen Montageteile (außer Dübel und Schrauben), eine Erstausstattung mit Glüh- oder Leuchtstofflampen sowie eventuell notwendiger Transformatoren und Dimmer. Zu den Preisen kommt Mehrwertsteuer in der Höhe hinzu, die am Tag der Rechnungstellung gesetzlich gültig ist.

In den Preisen nicht enhalten ist die örtliche Montage. Auf Wunsch aber montieren wir Ihnen gerne alle Leuchten. Unseren Aufwand rechnen wir dann im Stundenlohn zu ... DM/Stunde netto ab.

Folgende Zahlungsbedingungen bieten wir Ihnen an:

A Ohne Anzahlung: sofort bei Waren- und Rechnungserhalt netto Kasse.

B Anzahlung 20 % des Auftragswerts bei Auftragserteilung; Rest innerhalb von acht Tagen nach Waren- und Rechnungserhalt abzüglich 3 % Skonto.

C Anzahlung 50 % des Auftragswerts bei Auftragserteilung; Rest innerhalb von 14 Tagen nach Waren- und Rechnungserhalt abzüglich 3 % Skonto und 3 % Vorkassenskonto.

Die Lieferzeit beträgt sechs bis acht Wochen nach Auftragseingang; für die Lichtrohranlage in Gelb circa zehn bis zwölf Wochen.

Wenn Ihnen mein Entwurf gefällt, bitte ich Sie um Ihren Auftrag. Ich würde mich sehr darüber freuen. Sofort nach Auftragserteilung erhalten Sie die vollständigen Entwurfspläne.

Schon heute kann ich Ihnen eine korrekte und einwandfreie Abwicklung zusichern.

Mit freundlichem Gruß

Verlangtes Angebot: Renovierung von Geschäftsräumen

Malerarbeiten in Ihren Geschäftsräumen

Sehr geehrte Herr Arpet,

Sie haben sich entschlossen Ihren Räumen ein neues Gesicht zu geben. Frisch, freundlich und haltbar soll der neue Anstrich sein. Gerne folgen wir in unserem Angebot Ihren Wünschen:

Anstrich mit waschfester Dispersion (481,02 qm)
Decken und Wandflächen in vier Räumen vorarbeiten, verspachteln und zweimal mit waschbeständiger Dispersionsfarbe weiß tünchen; inklusive aller Nebenleistungen ... DM

Anstrich mit scheuerbeständiger Farbe (184,50 qm)
Decken- und Wandflächen im Gang vorarbeiten, verspachteln und mit scheuerbeständiger Farbe seidenglänzend in hellem Ton streichen; inklusive aller Nebenleistungen ... DM

Anstrich der Holzdecken im Gang
Deckenflächen schleifen und zweimal mit Reinacryl seidenglänzend in hellem Ton streichen; inklusive aller Nebenarbeiten ... DM

Rigipsdecken abmontieren und entsorgen	... DM
Kippgebühr für Bauschutt	... DM
Verputzarbeiten der Decken unter Rigips	... DM
Gardinenstangen abmontieren und entsorgen	... DM
Klingelschacht mit Rigips schließen	... DM
Gesamtauftragswert netto	... DM

zuzüglich der gesetzlich gültigen Mehrwertsteuer.
Zahlungsbedingungen: Zahlungsziel 30 Tage netto nach Rechnungsdatum.
An dieses Angebot halten wir uns bis zum 30. September ... gebunden.
Sofern Ihr Auftrag in den Monaten Mai bis September eingeht, können wir binnen zehn bis vierzehn Tagen mit den Arbeiten in Ihrem Hause beginnen. Wir freuen uns auf Ihren Auftrag.

Mit freundlichen Grüßen

Verlangtes Angebot: Gartenanlage für ein Bürohaus

Anlegen eines Teiches

Sehr geehrter Herr Dunker,

Sie haben ein elegantes, geräumiges und gediegen ausgestattetes Bürohaus in ländlicher Umgebung erbaut. Herzlichen Glückwunsch zu Ihrem guten Geschmack. Ein Arbeitsplatz, von dem manch einer träumt! Nun möchten Sie eine Gartenanlage, die des Hauses würdig ist.

Heute biete ich Ihnen die Anlage eines Teiches auf dem Gelände Ihres Bürohauses in Grinzing an. An Arbeiten und Material benötigen Sie dazu folgendes:

Ausschachtungsarbeiten für einen Teich Länge circa 12 m, Breite circa 4,50 m, Tiefe bis zu 1,70 m; circa 30 cm im Seichtwasserteil; Nierenform	... DM
Teichfolie ... m^2	... DM
Steine circa ... m^3	... DM
Bepflanzung einschließlich ...	... DM
	... DM

Hinzu kommt die gesetzlich gültige Mehrwertsteuer. Anfangen können wir mit den Grabungsarbeiten Mitte Juni, so das Wetter mitspielt. Fertig sein wird der Teich – je nach witterungsabhängigem Vorankommen der Arbeiten – circa Mitte August.

Bitte teilen Sie uns bald mit, ob Sie sich zu dem angebotenen Teich entschließen wollen, da wir spätestens im April meistens für das ganze restliche Jahr ausgebucht sind. Unser Angebot gilt nur für die diesjährige Saison.

Mit den besten Grüßen

Verlangtes Angebot: Fräsmaschine

Ihr Besuch in unserem Hause vom ...

Sehr geehrter Herr Dr. Dreyer,

Sie haben sich beim Besuch unseres Unternehmens die Fräsmaschinen genau angesehen und Präzision und Ausführung sehr gelobt. Deshalb bieten wir Ihnen heute mit Freude folgende Maschine an:

eine programmgesteuerte Fräsmaschine, Typ X-518
für 3 Programme zum Preis von ... DM ab Werk.

Für die problemlos zu entsorgende, umweltgerechte Verpackung berechnen wir ... DM Die Lieferzeit beträgt vier Monate ab Auftragserteilung. Zahlungsbedingungen: $\frac{1}{3}$ bei Auftragserteilung, $\frac{1}{3}$ bei Lieferung und $\frac{1}{3}$ innerhalb von 30 Tagen nach Lieferung. Alle Mängel, die innerhalb eines Jahres auftreten und auf Material- oder Arbeitsfehler zurückzuführen sind, werden wir kostenlos beseitigen; vergleichen Sie dazu bitte unsere Garantiebedingungen. Für alles Weitere gelten unsere „Allgemeinen Lieferbedingungen“, von denen wir ein Exemplar beifügen. Gerne stellen wir Ihnen auf Wunsch für die Aufstellung und Inbetriebnahme der Maschine unsere Fachleute zur Verfügung.

Mit freundlichen Grüßen

Anlage

Verlangtes Angebot: Werkzeuge für eine Maschine

Angebote für
a) 20/30-l-Kanisterform 1fach nach Euroformat
b) 10-l-Kanisterform 2fach nach Euroformat

Sehr geehrter Herr Dr. Lobreich,
sehr geehrter Herr Munker,

nach unserem ausführlichen Gespräch auf der XY-Messe in ... baten Sie um detaillierte Angebote für zwei verschiedene Kanisterformen.

Verlangtes Angebot: Werkzeuge für eine Maschine

Gerne bieten wir Ihnen heute – unter Berücksichtigung unseres beiliegenden Maschinenangebotes Nr. 83490/0 – Folgendes freibleibend an:

a) Eine 1fache 20/30-l-Kanister-Kombiform in der Ausführung nach Ihrem Muster. Das Nettoeinsatzgewicht beträgt 1 300 Gramm. Die Form umfasst komplett:

1 Kombiwerkzeug 20/30-l-Grundkörper, ausgelegt für 20 l	112 000,00 DM
1 zweites Mittelteil für 30-l-Kanister	20 600,00 DM
1 Zweitbemusterung für 30-l-Kanister	8 300,00 DM
1 Satz Kopfwerkzeuge für Kopf XY 200	3 200,00 DM
1 Satz Einschießdorn, Haltedorn und Brücke	3 280,00 DM
1 Maske mit Luftdusche	4 100,00 DM
artikelabhängiges Stanzzubehör ohne Griffbutzenklaue	4 900,00 DM
(Die Griffbutzenklaue ist im Maschinenangebot enthalten.)	
Innenkühldorne und Bodenstempel	3 900,00 DM
Preis der kompletten Form	160 280,00 DM

b) Eine 2fache 10-l-Kanisterform in der Ausführung nach Ihrem Muster. Das Nettoeinsatzgewicht beträgt 430 Gramm. Die Form umfasst komplett:

1 Zweifach-Blasformwerkzeug 10 l nach Euroformat	139 000,00 DM
2 Satz Kopfwerkzeuge für Köpfe XY 140	3 300,00 DM
2 Satz Einschießdorne, Haltedorne und Brücke	5 240,00 DM
1 Maske mit Luftdusche 2fach	14 000,00 DM
artikelabhängiges Stanzzubehör ohne Griffbutzenklaue	7 900,00 DM
(Griffbutzenklaue ist im Maschinenangebot enthalten.)	
Innenkühldorne und Bodenstempel	6 300,00 DM
Preis der kompletten Form	175 740,00 DM

Was die Maschine angeht, so wird für beide Formen einmal eine Zylinderhubeinheit und eine Andrückeinheit („unten“ inklusive Steuerung) benötigt (Preis: 22 900,00 DM).

Es gelten die Konditionen des Maschinenangebots Nr. 83490/0. Für Ihre Fragen steht Ihnen unser Herr Bittner gerne zur Verfügung. Bitte erteilen Sie uns Ihren Auftrag.

Mit freundlichen Grüßen Anlage

Exportangebot von optischen Geräten

Unsere Ferngläser und andere optische Geräte
Ihr Schreiben vom ...

Sehr geehrter Herr Gonzalez,

Sie interessieren sich für unsere optischen Geräte, besonders aber für unsere Präzisionsferngläser. Vielen Dank dafür. Wir sind seit 1856 auf die Herstellung von optischen Geräten spezialisiert. Unsere Geräte werden im In- und Ausland wegen ihrer soliden Ausführung und ihrer bequemen und zuverlässigen Handhabung sehr geschätzt.

Mit diesem Brief senden wir Ihnen Prospektmaterial über alle Geräte, die wir zur Zeit liefern. Die Prospekte enthalten Abbildungen und Beschreibungen sowie die Maße und Gewichte der einzelnen Geräte.

Die Preise sind in der beiliegenden Exportpreisliste enthalten. Sie verstehen sich fob deutscher Hafen oder Flughafen, einschließlich Verpackung. Preisänderungen behalten wir uns vor. Gegenwärtig benötigen wir für alle unsere Geräte eine Lieferzeit von sechs bis acht Wochen.

Unsere Zahlungsbedingungen lauten: Bei Erstaufträgen Eröffnung eines unwiderruflichen Akkreditivs zu unseren Gunsten, auszahlbar bei der ... Bank Nürnberg; bei Nachbestellungen und Angabe von Referenzen Kasse gegen Dokumente durch eine Bank an Ihrem Wohnort. Mit Auskünften über Verschiffungsmöglichkeiten, Frachtsätzen und mit Proformarechnungen zur Einholung von Importlizenzen stehen wir Ihnen gerne zur Verfügung. Bitte geben Sie uns bald einen Probeauftrag. Wir werden ihn prompt und sorgfältig erledigen.

Mit freundlichen Grüßen Anlagen

Angebot: Fluktuationseindämmung im Außendienst

Nicht alle Waren oder Leistungen, die angeboten und verkauft werden, stehen im Katalog. Manche müssen erst konstruiert oder sogar erst erdacht werden. Sie sind und bleiben dann als Waren oder Leistungen einmalig. Erst speziell für die Kundenbedürfnisse erdacht und konstruiert werden müssen zum Beispiel ein Sauerstoffverdichter, ein Walzwerk oder eine Roboterstraße zur automatischen Fertigung von Personenkraftwagen. Diese Angebote umfassen am Ende mehrere hundert Seiten und die Kaufverhandlungen ziehen sich über Jahre hin.

Doch auch geistige Produkte können Leistungen sein, die Kunden angeboten werden. Hier wie bei anspruchsvollem technischen Gerät empfiehlt es sich im Angebot zunächst intensiv auf Kundenwünsche einzugehen.

Eindämmung der Fluktuation im Außendienst

Sehr geehrter Herr Dr. Schrappig,

Sie sind als Vertriebschef, so denken wir, in Bezug auf die Chancen zur Fluktuationseindämmung in einer besonders glücklichen Lage. Ihre Gebietsdirektoren haben ein eindrucksvolles Votum für die Eindämmung der Fluktuation abgegeben.

Unserer Erfahrung nach ist dies eine seltene Chance, die wir nicht oft antreffen. Denn häufig müssen Gebietsdirektoren erst mühsam gewonnen werden, weil sie zuweilen hinter einer Fluktuationsanalyse eine heimliche Maßregelung durch das Unternehmen vermuten. Da der Wunsch nach Eindämmung der Fluktuation aber von Ihren Führungskräften selbst kommt, sind – ausnahmsweise – die optimalen Voraussetzungen gegeben um schnell zu Umsetzungserfolgen zu gelangen.

Und diese Erfolge bedeuten kurzfristig Ergebnisverbesserungen. Sie selbst wissen es am besten, wie viel Geschäft nötig ist um „nur“ einige Hunderttausend Mark Ergebnis zu erreichen. Wollen Sie sich diese Chance entgehen lassen?

Mit freundlichen Grüßen Anlage

Angebot: Fluktuationseindämmung im Außendienst

Angebot Datum

Vernetzte Strategie zur Eindämmung der Fluktuation im Außendienst

Sie haben die Struktur Ihres Vertriebs bereits in wesentlichen Punkten geändert. Das wird die Fluktuation unter den Außendienstmitarbeitern senken. Ergänzend dazu möchten Sie weitere – dieses Mal analytische – Maßnahmen ergreifen, die die „hard facts“ durch „soft controls“ vervollständigen werden. Sie verfolgen dabei das Ziel einer betriebswirtschaftlich erstrebenswerten Kosten-Nutzen-Relation in Ausbildung, Betreuung, Einsatz und Produktivität Ihrer Außendienstmitarbeiter. Auf analytischem Wege erhalten Sie eine Reihe weiterer Möglichkeiten für eine Fluktuation vom Zuschnitt: „So wenig wie möglich, so viel wie nötig.“

Die Fluktuationsanalyse soll im September ... beginnen.

Auf dieser Seite finden Sie die Gesamtstruktur der Untersuchung; auf den nachstehenden Seiten die drei ersten Teilschritte.

TEIL 1
Ermittlung der Fluktuationsschwerpunkte
Analyse mit FERAS (Fluktuationserfassungs- und -analysesystem)

TEIL 2
Nachanalyse – Intensivinterviews mit Ausgeschiedenen

TEIL 3
Unternehmensorientierte Wege der Fluktuationseindämmung – Intensivinterviews mit Führungskräften

TEIL 4
Unternehmensspezifische Maßnahmen

Zu TEIL 1 – Ermittlung der Fluktuationsschwerpunkte mit FERAS

Woraus besteht das Instrument?

FERAS ist ein EDV-gestütztes System für die Nachanalyse, die Ursachenanalyse und für Prognosen der Fluktuationsgefährdung des Vertriebs.
Es besteht aus einem Erfassungsteil und einem Auswertungsteil (Häufigkeiten, Cross-Tabellen, Grafiken). Die Voraussetzung für die Arbeit mit FERAS sind ausgefüllte Erhebungsbögen (vgl. Seite 7).

Ablauf:
Sie erwarten eine Fluktuation von circa ... Mitarbeitern binnen eines Jahres. Diese Jahresgesamtzahl ist die Erhebungsgrundlage. Die Erhebungsbögen senden Sie bitte Ihren Gebietsdirektoren, die die Bögen zum Zwecke des Ausfüllens an die direkt verantwortlichen Führungskräfte weiterleiten.

Was wir tun:
- Ihnen die Erhebungsbögen zur Verfügung stellen,
- die ausgefüllten Bögen erfassen und auswerten,
- die Analyse mit FERAS dokumentieren (Grafiken und Text).

Angebot: Fluktuationseindämmung im Außendienst

Was Sie tun:
- Die Erhebungsbögen für alle Mitarbeiter, die zwischen dem ... und dem ... ausgeschieden sind, von den direkt verantwortlichen Führungskräften ausfüllen lassen.

Zeitlinie:
09/...; circa drei Wochen später kann mit TEIL 2 – der Nachanalyse – begonnen werden.

Zu TEIL 2 – Nachanalyse
...

Angebot: Fluktuationseindämmung im Außendienst

Kosten:

... DM pauschal sowie Nebenkosten von ... DM pauschal zuzüglich der gesetzlich gültigen Mehrwertsteuer. Nacharbeiten sind bis zu 10 % des Auftragswertes kostenfrei. Kosten, die entstehen, weil der Auftraggeber Termine, Absprachen oder Vereinbarungen ohne rechtzeitige Information der Auftragnehmer nicht einhält, gehen zu Lasten dieser 10 %.

Mengengerüst für das vorliegende Angebot:
... zu erfassende Datenbögen – Analyse mit FERAS
... Telefoninterviews mit ausgeschiedenen Mitarbeitern
... Intensivinterviews mit Ihren Führungskräften

Bereitstellungskosten:
- erstes Drittel des Auftragswertes sowie ein Drittel der Nebenkosten bei Auftragserteilung;
- zweites Drittel des Auftragswertes und der Nebenkosten nach Dokumentation der Ergebnisse des TEILs 1 und 2 oder 3;
- drittes Drittel des Auftragswertes und der Nebenkosten nach Dokumentation der Ergebnisse des noch ausstehenden TEILs 2 oder 3.

Alle über dieses Angebot hinausgehenden Leistungen berechnen wir gesondert.

Im Falle der Stornierung eines uns erteilten Auftrags entstehen für Sie folgende Kosten: Es verfällt die geleistete Anzahlung inklusive der Nebenkosten sowie die Hälfte der nächsten Folgezahlung, allerdings ohne die Nebenkosten.

Gerichtsstand ist München.

An dieses Angebot halten wir uns bis zum ... gebunden.

Begleitbrief zu einem Maschinenangebot

Ihre Anfrage zur Fertigung von Certorex-Flaschen

Sehr geehrter Herr Simon,

Sie erhalten mit diesem Brief unser Angebot Nr. 498102 über fünf Blasformanlagen XYZ 3.01 S 78 zur Fertigung der Certorex-Flaschen, deren Muster Sie uns übergeben haben.

Die Flaschen können Sie, wenn Sie PE einsetzen und das Artikelnettogewicht circa 23 Gramm betragen soll, mit einer Stückleistung von 900 St/h je Maschine fertigen lassen. Diese Leistung setzt voraus:

- blasfähiges Rohmaterial
- Kühlwasser mit sechs bis acht Grad Celsius im Vorlauf und circa drei bar Druckdifferenz
- Druckluft mit circa acht bar.

Die Flaschen kommen vollkommen entbutzt aus der Blasmaschine und können mit einem Sammeltransportband, das vor den Blasanlagen steht, zentral weggeführt werden. Für die weiteren Zusatzgeräte wie zum Beispiel solche für die automatische Materialversorgung sowie Druckluft- und Kühlwasserversorgung werden Sie selbst sorgen.

Wenn wir etwas unklar gelassen haben, dann rufen Sie uns bitte an. Gerne stehen wir Ihnen für alle Fragen zur Verfügung. Wir bitten Sie um Ihren Auftrag.

Mit freundlichen Grüßen

Anlage

Annahme und Ablehnung eines Angebots – Bestellung

Die Bestellung oder der Auftrag ist die Anweisung des Käufers an den Verkäufer, eine bestimmte Ware zu liefern oder eine Dienstleistung auszuführen. Wir können auf der Grundlage eines Angebots oder auch ohne Angebot bestellen. Wenn wir mit unserer Bestellung ein bindendes Angebot rechtzeitig und ohne Änderungen annehmen, so ist nach deutschem Recht ein Kaufvertrag zu Stande gekommen. Wenn wir aber später bestellen oder in unserer Bestellung von Einzelheiten des Angebots abweichen, muss der Verkäufer erst die Bedingungen bestätigen, bevor es zu einem Kaufvertrag kommt.

Vorkommen kann es, dass wir durch plötzlich eintretende Umstände gezwungen sind eine Bestellung zu widerrufen. Nach deutschem Recht muss der Widerruf spätestens gleichzeitig mit der Bestellung eintreffen. Trifft er später ein, ist das Zurücknehmen der Bestellung nur mit Zustimmung des Auftragnehmers möglich. Es ist daher üblich geworden briefliche Bestellungen per Fax zu widerrufen. Doch schicken Sie bitte wegen der Rechtswirksamkeit den Originalbrief mit der Post hinterher.

Ablehnung eines unverlangten Angebots (Festplatten-Aufrüstung)

Ihr Angebot vom ... Aufrüstung unserer Festplatten

Sehr geehrter Herr Schreiber,

vielen Dank, dass Sie uns immer wieder über Ihre Angebote informieren. So behalten wir den Überblick über den Stand der Entwicklung in der Bürotechnik. Wir betrachten also Ihre immer wiederkehrenden Angebote als Service.

Von Ihrem Angebot, unsere Festplattenkapazität zu erweitern, möchten wir keinen Gebrauch machen. Die Speicherkapazitäten sind sehr hoch ausgelegt und wir benötigen auch zur Zeit keine neuen Programme. In einem Jahr kann dies natürlich wieder ganz anders aussehen. Bitte halten Sie uns auf dem Laufenden. Danke sehr.

Wir grüßen Sie

Ablehnung eines verlangten Angebots (PC-Neuausstattung)

Ausstattung mit PCs
Ihr Angebot vom ...

Sehr geehrter Herr Semperich,

Ihr Angebot entspricht ganz unseren Wünschen. Sie haben alles aufgenommen, was wir in unserer gemeinsamen Sitzung besprachen. Eine gute Entscheidungsgrundlage. Vielen Dank dafür.

Was nicht unseren Wünschen entspricht, ist natürlich, dass unsere ... Anlage noch immer nicht verkauft ist. So können wir Ihr verlockendes Angebot, für das in diesen Tagen die Bindefrist abläuft, nicht annehmen. Denn dann würden wir für Dinge bezahlen, die wir nicht nutzen.

Bitte bemühen Sie sich weiterhin um einen Käufer. Sicher kommen wir dann auf neuer Grundlage wieder zusammen.

Mit freundlichen Grüßen

Ablehnung eines verlangten Angebots (Teichanlage)

Ihr Angebot vom ...

Sehr geehrter Herr Kämmerer,

Sie haben uns ein anschauliches und detailliertes Angebot erstellt. Vielen Dank dafür, doch wollen wir es trotz dieser Vorzüge nicht annehmen. Warum? Ein Wettbewerber hat uns ein günstigeres und umfangreicheres Angebot unterbreitet. Auch sieht er sich in der Lage die gewünschten Trauerweiden zu beschaffen. Ihr Argument, die Bäume seien nicht modern, hat uns nicht überzeugt. Da dies der normale Gang der Geschäfte ist, sind wir davon überzeugt, dass Sie unsere Handlungsweise verstehen.

Mit freundlichen Grüßen

Annahme eines Angebots mit veränderten Konditionen

Neue Beleuchtung – Ihr Angebot vom ...

Sehr geehrte Frau Michel,

in Ihrem Angebot haben Sie wirklich alle unsere Wünsche berücksichtigt. Vielen Dank für die gründliche Arbeit! Gerne wollen wir Ihr Angebot annehmen, allerdings zu anderen Zeiten als vorgesehen.

Büro 1 und Büro 2 sollen sofort ausgestattet werden. Hierfür nehmen wir die unter C angebotenen Zahlungsbedingungen in Anspruch. Büro 3 und Büro 4 wollen wir nach Weihnachten ausstatten und den Erschließungsflur und das Treppenhaus in circa zwölf Monaten. Hierfür gelten dann jeweils die unter A aufgeführten Zahlungsbedingungen. Bitte teilen Sie uns mit, ob die Konditionen ansonsten gleich bleiben. Wenn nicht, was ändert sich? Vielen Dank im Voraus für Ihre rasche Antwort.

Mit freundlichen Grüßen

Bestellung einer Fräsmaschine mit Zahlungsanzeige

Ihr Angebot vom ... für eine Fräsmaschine Typ X-518

Sehr geehrter Herr Dr. Kannel,

wie es die begrüßenswerte Art Ihres Hauses ist, sandten Sie uns sogleich nach meinem Besuch bei Ihnen ein knappes und vollständiges Angebot. Dieses Angebot nehmen wir heute in allen Punkten an und bestellen eine Fräsmaschinen Typ X-518 für drei Programme zum Preis von ... DM ab Werk. Das erste Drittel des Auftragswertes haben wir heute überwiesen.

Gerne wollen wir die Maschine zusammen mit Ihren Fachleuten aufstellen und in Betrieb nehmen. Bitte unterrichten Sie uns dazu umgehend über Ihre Konditionen. Vielen Dank.

Mit freundlichen Grüßen

Bestellung bei einem griechischen Textilhersteller

Nachdem wir von der griechischen Handelsvertretung den Firmennachweis über griechische Textilhersteller erhalten hatten, versandten wir Anfragen. Von 80 Prozent der Firmen erhielten wir Angebote mit Mustern. Nach sorgfältiger Prüfung und genauem Vergleich der Konditionen haben wir uns zur Bestellung bei einer Firma entschlossen.

Ihr Angebot vom ...

Sehr geehrter Herr Demiopoulos,

Sie bieten uns hochwertige Wollstoffe zu, wie Sie schreiben, sehr günstigen Preisen an. Heute bestellen wir nach den Mustern, die uns vorliegen, folgende Sommerqualitäten:

15 Ballen Nr. 7483902 beige, Preis je Ballen ... US $
15 Ballen Nr. 4378930 burgunderrot, Preis je Ballen ... US $
10 Ballen Nr. 7453890 königsblau, Preis je Ballen ... US $
10 Ballen Nr. 5478920 grasgrün, Preis je Ballen ... US $

Lieferbedingungen: frei deutsche Grenze einschließlich Verpackung.

Lieferzeit: zwei Monate ab Auftragseingang.

Zahlungsbedingungen: 10 Tage 2 % Skonto oder 60 Tage netto.

Die Ware nimmt unsere Spedition Ladegut in München in der ...straße entgegen. Von der einwandfreien Qualität Ihrer Ware und einer langen, erfreulichen Zusammenarbeit sind wir überzeugt.

Mit freundlichen Grüßen aus Köln

Gegenangebot an einen griechischen Textilhersteller

Ihr Angebot vom ...

Sehr geehrter Herr Konstantinos,

Sie stellen ausgezeichnete Wollstoffqualitäten her. Davon konnten uns Ihre Muster überzeugen.

Besonders gut gefallen uns Ihre Farben, die ein wenig kräftiger sind als die Ihrer Mitbewerber und damit besser in die Modelandschaft des kommenden Jahres passen würden. Allerdings erscheint uns der Preis pro Meter oder Ballen zu 30 Metern sehr hoch. Wenn Sie uns die folgenden Winterqualitäten für ... US $ pro Meter überlassen könnten, würden wir gerne Folgendes bestellen:

10 Ballen Dragon Nr. 8390
10 Ballen Lydia Nr. 8439
15 Ballen Styx Nr. 4389
15 Ballen Odysseus Nr. 2738

Bitte teilen Sie uns bis zum ... mit, ob Sie unseren Vorschlag annehmen können und wollen. Wir gehen davon aus, dass Sie die Qualität liefern, die Ihren Mustern entspricht. Vielen Dank.

Mit freundlichen Grüßen

Auftrag: Fluktuationseindämmung

Ihr Angebot vom ...: Fluktuationseindämmung

Sehr geehrter Herr Dr. Nagel,

in aller Ausführlichkeit boten Sie uns die Eindämmung der Fluktuation in unserem Außendienst an. Sie beschreiben realistisch und zutreffend den Zustand unserer Organisation. Davon beeindruckt erteilen wir Ihnen heute mit großem Wohlwollen, aber auch mit großen Erwartungen den

Auftrag, TEIL 1 durchzuführen. Wir gehen davon aus, dass TEIL 1 – Ermittlung der Fluktuationsschwerpunkte, Analyse mit FERAS – ein Viertel der Gesamtkosten ausmacht.

Bitte haben Sie Verständnis dafür, dass wir nicht die gesamte Untersuchung sogleich pauschal in Auftrag geben. Wir haben noch nie zusammengearbeitet und möchten zunächst Ihre Arbeitsweise kennen lernen. Wir gehen jedoch zuversichtlich davon aus, dass wir hervorragend zusammenarbeiten werden. Sobald sich unsere Erwartungen erfüllen, werden wir sukzessive die nächsten drei Teile in Auftrag geben.

Mit allen übrigen Konditionen sind wir einverstanden. Bitte geben Sie uns eine schriftliche Auftragsbestätigung.

Mit freundlichen Grüßen

Auftragsbestätigungen

Was zu beachten ist

Es ist üblich, dass der Lieferer nach Eingang einer Bestellung dem Besteller eine Auftragsbestätigung sendet oder dass – im Falle einer Beratungsleistung – der Auftragnehmer dem Auftraggeber nach Eingang des Auftrags diesen bestätigt. Wenn der Kaufvertrag bereits durch die Bestellung oder den Auftrag (rechtzeitig und unverändert) abgeschlossen wurde, dann hat die Auftragsbestätigung vor allem den Zweck dem Kunden für den Auftrag zu danken.

Macht der Käufer ein Gegenangebot oder stellt sein Auftrag nur ein Vertragsangebot dar, ist die Auftragsbestätigung die förmliche Annahme der Bestellung durch den Verkäufer. Erst jetzt, mit der Auftragsbestätigung, wird der Kaufvertrag abgeschlossen. Es kann hierbei nie schaden Missverständnisse auszuschließen. Deshalb ist es von Vorteil, wichtige Einzelheiten in der Auftragsbestätigung noch einmal zu wiederholen. Wird eine bestellte Ware sofort geliefert, können wir die Auftragsbestätigung mit der Versandanzeige verbinden.

Kurze Auftragsbestätigung: Ferngläser

Ihr Auftrag vom ...

Sehr geehrte Frau Dohr,

herzlichen Dank für Ihre Bestellung weiterer drei Ferngläser Typ .... Gleich Ende nächster Woche werden wir die gewünschten Geräte zu den bekannten Bedingungen liefern.

Wir werden auch diesen Auftrag zu Ihrer Zufriedenheit erledigen.

Mit freundlichen Grüßen

Kurze Auftragsbestätigung: Inhalationsgeräte

Ihr Abrufauftrag von Inhalationsgeräten ...

Sehr geehrte Frau Sinding,

Sie bestellen zum Ende des Monats weitere 200 Geräte des Typs ... Wir bedanken uns für den vertragstreuen und termingerechten Eingang Ihres Abrufauftrags. Gerne werden wir Ihnen bis zum 30. April ... die Geräte in gewünschter Zahl und bewährter Qualität liefern.

Mit freundlichen Grüßen

**Auftrags-
bestätigung
mit Versand-
anzeige**

Ihre Bestellung vom ...

Sehr geehrte Damen und Herren,

in den nächsten Tagen erhalten Sie die bestellten Bücher. Sie wurden heute mit der Lufthansa als Luftfrachtgut an Ihre Anschrift versandt. Sie sind in fünf Kartons verpackt, die folgende Beschriftung tragen:

Johannes Link Inc. Ltd.
8, Drury Lane
Parumph, Nevada, USA 8930248

Unserem Schreiben legen wir die Rechnung Nr. 4789 vom 7. August ... dreifach und die Packliste Nr. 809 bei. Der Luftfrachtbrief trägt die Nummer 083 920 198.

Wir wünschen Ihnen einen erfolgreichen Verkauf und Ihren Lesern viel Spaß.

Mit freundlichen Grüßen

Anlagen

**Auftrags-
bestätigung
(Fräsmaschine)**

Ihr Auftrag vom ...: Fräsmaschine X-518

Sehr geehrter Herr Dr. Dreyer,

Sie loben uns ja in den höchsten Tönen. Herzlichen Dank. Gerne nehmen wir heute Ihren Auftrag entgegen.

Selbstverständlich können wir Ihnen auch mit Aufstellung und Inbetriebnahme der Fräsmaschine weiterhelfen. Seit Ihrem Auftrag für eine Metallpresse vor vier Jahren haben unsere Preise nur unwesentlich angezogen. Wir berechnen ... DM pro Mann und Stunde. Bei einem geschätzten Aufwand von vier Manntagen zu 7,5 Stunden sind An- und Abreise in der Kalkulation enthalten. Unser Herr Gripan von der Abteilung After Sales Service wird Sie in den nächsten Tagen anrufen um die Einzelheiten mit Ihnen zu besprechen. Sie erhalten dann ein verbindliches Angebot.

Wir freuen uns auf eine zufriedenstellende Fortsetzung unserer langjährigen Geschäftsbeziehung.

Mit freundlichen Grüßen

Auftragsbestätigung (Bürobeleuchtung)

Ihr Auftrag vom ...

Sehr geehrter Herr Kreisler,

Sie haben sich zu einer schrittweisen Ausstattung Ihrer Büroräume entschlossen. Ihren Auftrag nehme ich gerne an. Die Konditionen innerhalb Jahresfrist bleiben die gleichen. Um Missverständnisse zu vermeiden, wiederhole ich noch einmal die wesentlichen Punkte:

Sie haben mir am ... den Auftrag erteilt, Ihre Büros 1 und 2 sofort mit der angebotenen Beleuchtung (Angebot vom ...) auszustatten. Bis zum ... werden wir die Büros 3 und 4 wie angeboten ausstatten und bis zum ... den Erschließungsflur und das Treppenhaus.

50 % der Teilsumme für Büro 1 und 2 abzüglich 3 % Skonto und 3 % Vorkassenskonto haben Sie bereits überwiesen; die zweite Hälfte abzüglich der gleichen Prozente werden Sie 14 Tage nach Waren- und Rechnungserhalt begleichen. Für die übrigen beiden Teillieferungen leisten Sie keine Anzahlung; Sie zahlen sofort bei Waren- und Rechnungserhalt netto Kasse.

Ich bedanke mich für Ihren Auftrag, lege diesem Brief die vollständigen Entwurfspläne bei und freue mich sehr darauf zwei Ihrer Büroräume bald in neuem Glanz erstrahlen zu lassen.

Mit den besten Grüßen

Bestätigung einer telefonischen Nachbestellung

Blasformanlage XYZ 3.02 – S 50, Maschinennummer 84930
Bestätigung Ihrer telefonischen Nachbestellung vom ...

Sehr geehrter Herr Appeldorn,

Sie wünschen eine Bestätigung Ihrer telefonischen Nachbestellung. Gerne geben wir Ihnen diese heute für:

3 Blasdorne mit Durchmesser 18 mm, laufende
Nummer 5849320 zu 444,00 DM pro Stück = 1 332,00 DM

Wir liefern die Blasdorne zusammen mit der Blasformanlage. Für diese Nachbestellung gelten die Bedingungen des Hauptauftrags.

Vielen Dank für Ihre Bestellung.

Mit freundlichen Grüßen

Ablehnung oder Auftragsbestätigung nach Gegenangebot

Manchmal gehen Aufträge oder Bestellungen ein, die Vertragsangebote oder Gegenangebote des Käufers enthalten. Plötzlich hat sich der Käufer nämlich überlegt, dass er zunächst einmal eine geringere Menge einer Ware haben will. Oder er möchte die Zusammenarbeit mit einer neuen Firma erst einmal ausprobieren. Der Anbieter der Ware gerät dadurch zuweilen in eine nicht ganz leicht zu meisternde Situation. Er möchte den Interessenten als Käufer gewinnen, versteht möglicherweise auch dessen Vorbehalte, kann die Situation, die durch das Gegenangebot entsteht aber aus unterschiedlichen Gründen nicht akzeptieren: Die Herstellung einer kleinen Partie ist zu teuer oder die Verpackung und der Vertrieb kleiner Mengen wird zu aufwendig. Der Lieferer muss das Gegenangebot also begründet ablehnen oder wiederum ein Gegenangebot machen. Er wird dann möglicherweise eine andere Ware anbieten oder seinerseits andere Konditionen vorschlagen.

Ablehnung eines Auftrags (Fluktuationseindämmung)

Ihr Auftrag vom ...
Teil I unseres Angebots vom ...

Sehr geehrter Herr Dr. Schrappig,

Sie wollen Vertrauen in uns und unsere Arbeit setzen, aber mit gebremstem Schaum. Sie folgen dabei dem Dichterwort, dass sich erst einmal prüfe, was sich – zwar nicht ewig, aber doch auf eine gewisse Dauer – bindet. Dafür haben wir volles Verständnis.

In unserem Angebot vom ... beschreiben wir zwar vier Teile; doch wäre der erste Teil, sollten Sie uns die weiteren drei nicht mehr in Auftrag geben, für Sie nicht sehr wertvoll. Sie könnten ähnliche Erkenntnisse aus Ihren Daten gewinnen, nur anders aufbereitet.

Die Daten, die wir mit der Hilfe Ihrer Führungskräfte aus Ihrer Organisation gewinnen, bilden – bearbeitet mit unserem FERAS – nur die Grundlage für unsere Vorgehensweise, die nun einmal ein geschlossenes, sinnvolles und erprobtes System darstellt. Mehr noch als die reine Datengewinnung hat der erste Teil unseres Angebots den Zweck, die Führungskräfte und Mitarbeiter draußen vor Ort in das Projekt einzubinden. Hier muss später ja auch daran gearbeitet werden die Fluktuationsrate zu senken. Bearbeiten wir den ersten Teil, und dann folgt nichts mehr, machen Sie und wir nur unnötig Pferde scheu. Die enttäuschten Erwartungen der Mitarbeiter folgten uns auf dem Fuße. Mit anderen Worten: Es wäre nicht reell, wenn wir Ihr Angebot annähmen.

Selbstverständlich aber würden wir von Ihnen nach einem weiteren Gespräch den vollständigen Auftrag annehmen. Um darüber zu verhandeln kommen wir gerne noch einmal zu Ihnen ins Haus. Was halten Sie von einem Termin in der ... Woche? Wir rufen Sie an.

Mit freundlichen Grüßen

Ihr Gegenangebot vom ...

Gegenangebot zum Gegenangebot (griechischer Textilhersteller)

Sehr geehrter Herr Daimel,

Sie loben unsere Wollstoffqualitäten und würden gerne Ihre Winterkollektion durch unsere Stoffe bereichern. Sie bieten uns einen Preis von ... US $ pro Meter für insgesamt 50 Ballen à 30 Metern.

Mit Recht erwähnen Sie als besonders herausragend die Intensität unserer Farben. Die Naturfarben unserer Stoffe sind deshalb kräftiger, weil wir soeben ein weltweit patentiertes neues Einfärbungsverfahren entwickelt haben und nun industriell anwenden. Das Verfahren ist in kleinen und mittleren Auflagen sehr aufwendig. Bei Bestellungen ab einem Umfang von 30 Ballen pro Farbe könnten wir den genannten Preis akzeptieren.

Da wir sehr am Zustandekommen einer Geschäftsbeziehung mit Ihnen interessiert sind, lautet ein anderer Vorschlag: Lassen Sie uns in der Mitte treffen. Sie erhalten die bestellten Mengen für einen Preis von ... US $ pro Meter. Wäre das für Sie akzeptabel? Bitte bedenken Sie, dass wir mit diesem Angebot unsere Margen empfindlich beschneiden.

Bitte teilen Sie uns Ihre Entscheidung bis zum ... mit. Vielen Dank.

Mit freundlichen Grüßen

Bestellung
Ihr Schreiben vom ...

Auftrag für den Textilhersteller

Sehr geehrter Herr Konstantinos,

Sie zeigen sich sehr an einer Geschäftsbeziehung mit uns interessiert. Danke für Ihr Vertrauen. Wir schätzen Ihre Bemühungen und bestellen deshalb die in unserem Gegenangebot vom ... genannten Qualitäten und

Mengen zum Meterpreis von ... US $. Vielen Dank für Ihr Entgegenkommen, das wir zu würdigen wissen.

Des Weiteren wären wir – gerade auf dem Hintergrund Ihres sensationellen Einfärbeverfahrens – an einer Alleinvertretung Ihrer Wollstoffe auf dem deutschen Markt interessiert. Wenn Sie nicht schon Bindungen in der Bundesrepublik Deutschland aufgebaut haben, die Sie nicht aufgeben möchten, wären Sie dann an einem Gespräch über dieses Thema mit uns interessiert? Wenn ja, rufen Sie mich bitte an, damit wir einen Termin für ein persönliches Gespräch ausmachen können.

Mit freundlichen Grüßen

Auftragsbestätigung

Ihre Bestellung vom ...

Sehr geehrter Herr Daimel,

haben Sie herzlichen Dank für Ihre Bestellung. Wir werden sie zuverlässig ausführen. Hier noch einmal Ihre Konditionen, die wir akzeptieren:

Lieferbedingungen: frei deutsche Grenze einschließlich Verpackung.
Lieferzeit: 2 bis 3 Monate

Zahlungsbedingungen: 10 Tage 2 % Skonto oder 60 Tage netto.

Die Ware nimmt Ihre Spedition Ladegut in München entgegen.

Über Ihr großes Interesse an unseren Wollstoffen und dem neuen Verfahren zur Einfärbung freuen wir uns sehr. Da wir auf dem deutschen Markt noch nicht sehr intensiv vertreten sind, würden wir gerne mit Ihnen über eine Alleinvertretung sprechen. Unser Geschäftsführer, Herr Konstantinos, der sich zur Zeit auf Geschäftsreise befindet, wird Sie in der nächsten Woche anrufen.

Mit freundlichen Grüßen

Lieferantenerklärung für ...

Lieferanten-erklärung

Sehr geehrte Frau Siebenring,

Ihre Firma ist Zulieferer unseres Unternehmens. Deshalb brauchen wir von Ihnen bis zum ... eine Lieferantenerklärung nach der EG-Verordnung 4892/94 um sie unserem Zollamt vorzulegen.

Bitte füllen Sie die beigelegte Erklärung aus, versehen Sie sie mit Ihrem Firmenstempel, dem aktuellen Datum und Ihrer rechtsverbindlichen Unterschrift und schicken Sie sie uns zurück. Wenn Ihnen das lieber ist, dann können Sie selbstverständlich diese Erklärung auf Ihren Firmenbriefbogen übertragen. Wir wollten Ihnen nur die Arbeit erleichtern.

Könnten Sie uns zukünftig für jedes neue Kalenderjahr (also jeweils bis zum 1. Januar) unaufgefordert eine Lieferantenerklärung zusenden? Vielen Dank.

Mit freundlichen Grüßen

Anlage

Änderung der Verkaufsvereinbarungen

Änderung wegen verbesserter Konstruktion

Unsere Bestellung Nr. A 845920

Sehr geehrter Herr Siffert,

sicher arbeiten Ihre Mitarbeiter in der Produktion schon an unserem Auftrag. Wir hoffen jedoch, dass sie noch nicht bis zur Position 8 vorgedrungen sind. Unseren Ingenieuren ist es nämlich gelungen die Konstruktion der Anlage für ... so zu verbessern, dass wir ein Zwischengehäuse weniger benötigen.

Unter Position 8 beträgt die neue Stückzahl für das Zwischengehäuse 8 756 1B nur noch 4 Stück statt vorher 5 Stück.

Bitte bestätigen Sie uns die Änderung. Danke sehr.

Mit freundlichen Grüßen

Änderung wegen krisenhafter Entwicklung

Im nächsten Brief geht es um Folgendes: Ein Maschinenbauunternehmen hat Zulieferer. Diese Zulieferer geben Kostenerhöhungen von zum Beispiel 3,5 % in einem bestimmten Jahr an das Maschinenbauunternehmen weiter. Viele Rahmenverträge lassen das zu. Die Maschinenbauer wiederum belasten ihre Kunden, die Endverbraucher (zum Beispiel ein Stahlwerk oder ein Chemieunternehmen), mit diesen Kostensteigerungen. In Krisenzeiten allerdings wird diese Spirale jäh unterbrochen. Die Maschinenbauer schreiben nun ihren Zulieferern, dass sie die gewünschten Preiserhöhungen nicht zahlen werden.

Preissituation

Änderung wegen krisenhafter Entwicklung

Sehr geehrter Herr Söderboom,

sicher erwarten Sie in diesem Jahr nicht, dass wir uns verhalten wie immer; als könne uns die krisenhafte Entwicklung nichts anhaben. Wir würden das zwar begrüßen; es entspricht aber nicht der realen Situation. Dennoch: Es geht uns wesentlich besser als dem Durchschnitt der Unternehmen in unserer Branche. Und deshalb sind die Nachrichten nicht ganz so bitter, wie sie nach unseren schlimmsten Befürchtungen hätten sein können. Das bedeutet für Sie konkret: Für das nächste Jahr sichern wir Ihnen Preiskontinuität zu.

Bisher haben wir die Kostensteigerungen für Sie immer auffangen und weitergeben können. Der Umfang, in dem wir die Preise für Sie erhöhen konnten, entsprach den Lohnerhöhungen und sonstigen Kostensteigerungen durch erhöhte Rohstoffpreise etc. Diesen Zustand streben wir auch wieder an, sobald es die wirtschaftliche Lage zulässt.

Zur Zeit aber ist es so gut wie nicht durchsetzbar, Kostensteigerungen weiterzugeben. Ja sogar das Gegenteil ist der Fall. In immer härter umkämpften Marktsegmenten müssen wir zum Teil erhebliche Preiszugeständnisse machen und Sonderkonditionen einräumen. Manche Aufträge nehmen wir überhaupt nur deshalb noch an, weil wir die Beschäftigung unserer Mitarbeiter und damit auch die unserer Zulieferer sichern wollen.

Sie werden es verstehen – da sind wir ganz sicher –, dass wir in diesem Jahr Preisanhebungen wie in dem bisher akzeptierten Rahmen nicht zulassen können. Bitte schöpfen Sie alle Möglichkeiten aus und halten Sie Ihre Preise konstant.

Mit freundlichen Grüßen

Änderungen wegen Umstellungen in der Produktion von Anlagen

Bereitstellung von Material

Sehr geehrter Herr Hämmerling,

für alle Arbeiten, die Ihre Mitarbeiter an den Anlagen für unsere Kunden durchführten, erhielten Sie bisher das Material von uns. Dieses Verfahren erfordert je nachdem, wo zugeschnitten wird, doppelte Transportwege. Deshalb halten wir es nicht mehr für wirtschaftlich und zeitgemäß und wir wollen es daher stufenweise ändern.

Wir stellen uns vor, dass Sie zukünftig nicht nur die Stähle nach unseren Wünschen zuschneiden, sondern dass Sie auch das erforderliche Material bereitstellen. Dies kann nach unserer Meinung ein erheblicher Beitrag zur Rationalisierung sein. In Ausnahmefällen können Sie (zum Beispiel bei Sonderstählen, die Sie nicht wirtschaftlich und termingerecht beschaffen können) natürlich weiterhin auf unsere Vorräte zurückgreifen. Bitte stimmen Sie das in Einzelfällen mit uns ab.

Nichts ändert sich daran, dass wir Ihnen die Teile – wie zum Beispiel Brennteile –, die von uns angearbeitet und von Ihnen fertig gearbeitet werden, weiterhin zur Verfügung stellen. Wir wissen: Sie müssen sich auf diese neue Situation erst einstellen. Dazu wollen wir Ihnen gerne ausreichend Zeit und Gelegenheit geben. Teilen Sie uns bitte bis zum ... mit, ob Sie bereit und in der Lage sind das Material selbst zu beschaffen. Wir sind Ihnen in der Anfangsphase gerne dabei behilflich.

Wenn Sie das Verfahren bereits von Ihren anderen Kunden kennen und Sie sich ohne Probleme auf die Situation einstellen können, dann sckicken Sie uns doch bitte bis zum ... Ihr Angebot. Weisen Sie darin unbedingt die Bearbeitungskosten und den Preis für das Material, das Sie in Zukunft bereitstellen werden, getrennt aus. Nehmen Sie als Basis Ihres Angebotes bitte alle Arbeiten des Jahres ..., die Sie für uns ausgeführt haben.

Die Umstellung wird uns helfen unsere Produkte weiterhin erfolgreich am Markt zu verkaufen. Damit sichern wir auch Ihre Tätigkeit für uns.

Mit freundlichen Grüßen

Änderung wegen Terminverschiebung

Terminverschiebung für Workshop:
Reduzierung verhaltensbedingter Arbeitsunfälle
Ihr Telefonat mit unserer Frau Beireuther vom ...

Sehr geehrter Herr Simoneit,

Sie haben den Workshop zur „Reduzierung verhaltensbedingter Arbeitsunfälle" nun erneut verschoben. Er sollte am 14. und 15. März stattfinden und war zu diesem Termin bereits zweimal verschoben. Auch ist es noch unbestimmt, wann er nun endgültig stattfinden wird. Im zweiten Halbjahr, sagen Sie, wissen aber noch keinen genauen Termin.

Die neuerliche Verschiebung ist schlicht schade, denn wir sind sicher, dass sich die Maßnahme letztendlich selbst bezahlt. Die Kostenentwicklung – eine deutliche Reduzierung der Ausfalltage nach bislang allen Veranstaltungen – weist nach unten. Auch unsere übrigen Kunden, für die wir in diesem Bereich tätig sind, verzeichnen eine spürbare Abnahme der unfallbedingten Fehlzeiten und damit eine Kostensenkung.

Wir legen stets großen Wert darauf, dass sich unsere Maßnahmen rechnen. Der Workshop stellt nach unserer Erfahrung eine flankierende Maßnahme zum Thema „Gruppen- und Einzelverantwortung im Produktionsprozess" dar, lässt sie doch für die betroffenen Beteiligten ihren Handlungsanteil und ihre Verantwortlichkeit am Geschehen deutlich werden. Die Teilnahme am Workshop und die selbstbestimmte Gestaltung der Aktionspläne haben immer zu einem motivierenden Schub bei den Mitarbeitern geführt.

Dieser Brief soll unser Verständnis von Kundenorientierung dokumentieren. Die schweigende Kenntnisnahme Ihrer Terminverschiebung bildet nach unserer Auffassung keine Vertrauensbasis, weil dann einiges Wichtige ungesagt bliebe. Wir haben Verständnis für Ihre Situation, wollen aber andererseits den Nutzen, den unsere Maßnahmen für Sie erzielen, nicht unter den Tisch kehren. Wir fühlen uns verpflichtet diesen Nutzen noch einmal deutlich und nachvollziehbar herauszustellen, weshalb wir diesem Brief die konzernweiten Ergebnisverbesserungen der letzten zwei Jahre beigelegt haben.

Eine zehnjährige Geschäftsbeziehung ist sicher ein solides Fundament, auf dem eine positive Auseinandersetzung aller Interessen stattfinden kann. Deshalb schlagen wir Folgendes vor: Wir verzichten auf die Stornogebühr, weil der Workshop definitiv in der ... oder ... Kalenderwoche stattfinden wird.

Bitte richten Sie Ihrer Mannschaft unsere besten Grüße aus.

Mit freundlichen Grüßen

Anlage

Aufforderung zur Senkung der Tagewerkspreise

Aufforderung zur Preissenkung

Sehr geehrte Frau Rübsam,

Sie gehören zum Kreis von freiberuflich tätigen Ausbildern und Ausbilderinnen, die seit vielen Jahren für unser Unternehmen tätig sind. Bisher haben wir jede Preiserhöhung akzeptiert, die unsere Ausbilder uns angetragen haben; sicher auch dann und wann eine von Ihnen.

In den letzten Jahren war der Bereich, in dem Sie tätig sind, ein Dorado. Freiberuflich tätig und gefragt zu sein war gleichbedeutend mit hohen Bezügen, was sicherlich an den Pkws zu messen ist, die unsere Ausbilder fahren. Schätzungsweise haben sich alle für uns tätigen Freiberufler in diesen Zeiten ein Polster angelegt; für die schlechten Zeiten, die nun eingetroffen sind.

Inzwischen hat sich aber der Markt erheblich verändert. Viele, viele qualifizierte Ausbilder/innen sind „ins Geschäft eingestiegen“ und bieten ihre Leistungen zu günstigeren Konditionen an. Die Zahl der Aufträge aber, die wir vergeben können, wird mit einigen Anstrengungen vielleicht gleich bleiben, eher aber sinken, da wir erheblich Personal und damit Teilnehmer/innen an Fortbildungen abbauen.

Selbstverständlich legen wir Wert darauf, uns unsere bewährten und erfahrenen Ausbilder/innen zu erhalten. Bitte nennen Sie uns einen Tagewerkspreis für Ihre freiberufliche Tätigkeit, der die veränderte Marktlage berücksichtigt und der für uns akzeptabel ist. Wir denken da an einen Preis um ... DM. Ist das für Sie auch akzeptabel?

Bitte antworten Sie uns bis zum ...

Wir grüßen Sie

Antwort auf die Aufforderung zur Preissenkung

Preis für ein Tagewerk
Ihr Schreiben vom ...

Sehr geehrter Herr Selig,

Sie fordern mich unmissverständlich auf, bedingungslos den Preis pro Tagewerk zu senken. Das verstehe ich, da auch für Ihr Unternehmen die sieben mageren Jahre angebrochen sind.

Darf ich zunächst auf Ihre Argumentation eingehen, mit der Sie den Preisvorschlag begründen?

Da ist zum einen das Argument: Es gibt Jüngere und Billigere. Richtig. Das ist so. Und es gibt Ältere und Erfahrenere. Sie selbst wissen doch am besten, wie es sich mit den Newcomern und den Altgedienten verhält. Für unsere Ausbildungstätigkeit bei Ihnen ist weit mehr nötig als eine gute und solide Ausbildung. Die Erfahrungen machen einen großen Teil der Qualität unserer Arbeit für Sie aus. Muss ich Ihnen sagen, dass, wenn eine Ausbildung „in die Hose geht", dies weit mehr kostet als nur die Preisdifferenz zwischen einem unerfahrenen und einem erfahrenen Ausbilder? Ausbilder/innen sind eben nicht nach dem Bananenprinzip einzukaufen: „Kaufen und beim Kunden reifen lassen."

Dann das Argument: Große Autos sind Zeichen des Reichtums, den wir in den letzten Jahren durch Sie erworben haben. Schön, wenn das so wäre! Aber haben Sie schon einmal daran gedacht, was wir alles transportieren müssen, wenn wir zu Ihnen kommen? Wissen Sie, wie viele Kilometer wir

Antwort auf die Aufforderung zur Preissenkung

jährlich auf bundesdeutschen Autobahnen zurücklegen müssen? Richtig, zwischen fünfzig- und sechzigtausend Kilometern pro Jahr. Erheblich, nicht wahr? So erheblich wie die Unfallgefährdung, die mit jedem zusätzlichen Kilometer erfahren wird. Sollen wir uns vielleicht in einem Goggomobil umbringen lassen? Am liebsten – glauben Sie mir – käme ich in einem Panzer zu Ihnen gefahren!

Langer Rede kurzer Sinn: Nein, der Preis, den Sie vorschlagen, ist für mich nicht akzeptabel. Das würde bedeuten, dass ich damit kaum noch einen Kostendeckungsbeitrag erwirtschaften würde. Deshalb habe ich einen anderen Vorschlag: Wenn Sie mir ... Tage pro Jahr garantieren, bin ich bereit, den Tagewerkspreis in einer Art Rabatt auf ... DM zu senken.

Was halten Sie davon?

Ich grüße Sie freundlich aus dem sonnigen Berlin

Die Rechnung – Anforderungen an die kaufmännische Rechnungslegung

Rechnungen richtig auszustellen ist keine große Kunst. Wie wir dies richtig machen, ist in Paragraph 14 des Umsatzsteuergesetzes geregelt. Grundsätzlich können wir Rechnungen auf zwei verschiedene Arten ausstellen:

1. als Rechnung, die der Leistende an den Leistungsempfänger stellt oder der Verkäufer an den Käufer

und

2. als Gutschriften, mit denen der Leistungsempfänger an den Leistenden abrechnet oder der Käufer an den Verkäufer.

Den zweiten Fall können wir schnell abhandeln. Er gilt nur für Kaufleute untereinander. Denn um mit Gutschriften zu arbeiten muss der Empfänger umsatzsteuerabzugsberechtigt sein.

Wenden wir uns also Punkt 1. zu. Eine Rechnung muss folgende Angaben enthalten:

a) Name und Anschrift des leistenden Unternehmens
b) Name und Anschrift des Leistungsempfängers

c) Menge und handelsübliche Bezeichnung des Gegenstands der Lieferung; Art und Umfang der sonstigen Leistung
d) Zeitpunkt der Lieferung oder sonstigen Leistung
e) das Entgelt als Nettobetrag
f) den Umsatzsteuerbetrag, der auf das Entgelt entfällt.

Was bedeutet „handelsüblich"? Handelsüblich ist jede Bezeichnung, die im Geschäftsverkehr für einen Gegenstand allgemein verwendet wird. Hierunter fallen auch Sammelbezeichnungen wie „Büromöbel", „Spirituosen" oder „Waschmittel". Diese Sammelbezeichnungen sind auch für steuerliche Zwecke zulässig; sie müssen nur eindeutig die Bestimmung des Steuersatzes zulassen.

Auf einer Rechnung muss nicht ausdrücklich das Wort „Rechnung" stehen. Es genügt, wenn erkennbar wird, dass es sich um die Abrechnung eines Unternehmers über eine Leistung handelt. Auch ein Vertrag kann als Rechnung angesehen werden. Er muss nur die geforderten Angaben nach Paragraph 14 des Umsatzsteuergesetzes enthalten. Schließen wir also einen Miet-, Leasing- oder Wartungsvertrag ab, so warten wir in den meisten Fällen völlig vergebens auf eine gesonderte Rechnung.

Jetzt wundern Sie sich sicher, warum der Kassenzettel Ihres Kaufmanns um die Ecke nicht auch allen diesen Bestimmungen a) bis f) nachkommt. Nun, das muss er nicht. Es gelten nämlich Sonderregelungen für Rechnungen über Kleinstbeträge. Für Rechnungen, deren Gesamtbetrag 200,00 DM nicht übersteigt, gilt folgender Mindestinhalt (nach Paragraph 33 der Umsatzsteuer-Durchführungsverordnung):

- Name (Anschrift) des leistenden Unternehmers
- Menge und handelsübliche Bezeichnung des Gegenstands der Lieferung oder Leistung
- Entgelt und Steuerbetrag in einer Summe; das heißt, dass auf der Rechnung nur der Bruttobetrag steht
- Steuersatz (zum Beispiel: „Im Gesamtbetrag sind 15 % Umsatzsteuer enthalten.").

Rechnung über eine Weinlieferung

Heinrich Schluck
Am Schulberg 11

(PLZ) Trinkhausen

Rechnung

Kundennr.	Rechnungsnr.	Rechnungsdatum	Auftragsdatum
121390	1460062	19. Mai ...	17. Mai ...

Menge	Art-Nr.	Bezeichnung	Einzelpreis	Gesamtpreis
12	7554	1988er Quinta do Carmo Garrafeira, Vinho Tinto – Quinta do Carmo	29,00	348,00
6	7980	Fonseca Bin 27 Vintage Character Port	29,00	174,00
12	4560	1985er Conde de Valdemar, Seleccion Esp. Grand Reserva, Bodegas Bujanda, Rioja	33,00	396,00
12	6868	1982er Casa de la Vina Reserva Bodegas Casa de la Vina, Valdepenas	14,80	177,60
6	6593	1990er Taja Denominacion de Origen Jumilla	14,50	87,00
6	6849	1986er Vina Ardanza – Rioja Bodegas La Rioja Alta	26,80	160,80
6	7675	Champagne Maxim's Brut Prestige	29,00	174,00
2	9670	Pimentos del Piquillo	5,00	10,00
MwSt.-satz	Zwischen-summe	Gesamtsumme	MwSt.	zu zahlender Betrag
15 %	1527,40	1550,31	202,21	1550,31

Berechnung falscher Teile

Unsere Bestellung Nr. F 084590/4u290 vom 14. Juli ...
Ihre Rechnung Nr. 90840 vom 30. August ...

Sehr geehrte Frau Rüttgers,

Sie haben uns zwar eine Rechnung geschickt, aber die Teile unserer Bestellung noch nicht komplett geliefert. Folgendes ist der Hintergrund:

Unser Herr Lindemann unterrichtete Ihren Herrn Müngers am 25. Juli telefonisch, dass die Angaben auf Ihrem Lieferschein zwar unserer Bestellung, sieben der beigefügten Teile aber nicht diesen Angaben entsprechen. Es wurde vereinbart, dass wir Ihnen die falschen Teile zurückschicken, was noch am gleichen Tage geschehen ist, und Sie uns diese Teile gutschreiben. Die benötigten, für uns richtigen Teile wollten Sie so bald wie möglich nachliefern. Bis heute aber sind sie nicht eingetroffen.

Berechnung falscher Teile

Sie erhalten mit diesem Brief Ihre Originalrechnung zurück. Eine Kopie davon haben wir ungebucht zu unseren Akten genommen. Bitte senden Sie uns entweder eine korrigierte Rechnung oder eine Rechnung mit Gutschriften. Am liebsten aber wäre uns, wenn Sie uns eine Gesamtrechnung zusammen mit den noch ausstehenden Teilen zusenden würden. Die brauchen wir nämlich dringend. Wir zahlen dann umgehend.

Mit freundlichen Grüßen

Anlage

Ihre Rechnung Nummer 89048

Falsch adressierte Rechnung

Sehr geehrter Herr Christian,

Sie haben uns eine Rechnung für ... geschickt. Wir sind jedoch – als Tochter unserer Mutter – für die Begleichung Ihrer Forderung nicht zuständig. Bitte halten Sie uns nicht für übertrieben bürokratisch. In einer Familie ist es ja auch nicht unerheblich, wer das Gehalt des Familienvorstands erhält: Vater, Mutter, Sohn oder Tochter.

Wir schicken Ihnen Ihre Originalrechnung mit diesem Brief zurück. Bitte adressieren Sie sie an: ... Sie wird dann sogleich beglichen werden.

Mit freundlichen Grüßen

Anlage

Getrennt bestellen, liefern, buchen und begleichen

Unsere Bestellungen A, B, C und D
Ihre Rechnung Nr. 89014

Sehr geehrter Herr Ommer,

mit diesem Brief erhalten Sie Ihre Rechnung im Original zurück. Sie berechnen uns darauf mehrere Bestellungen gleichzeitig. Intern aber müssen wir die Bestellungen verschiedenen Kundenaufträgen und Abteilungen zuordnen. Das bringt bei einer Sammelrechnung die größten denkbaren Schwierigkeiten mit sich.

Bitte seien Sie also so freundlich und berechnen Sie uns jede Bestellung separat. Vielen Dank.

Mit freundlichen Grüßen Anlage

Fehlender Liefernachweis

Unsere Bestellung 489043 U345
Ihre Rechnung Nummer 5439280

Sehr geehrte Frau Döner,

Sie kennen das Verfahren ja bereits: Ohne Liefernachweis können wir Ihre Rechnung nicht begleichen. In unserem Hause ist ein Liefernachweis aber nicht vorhanden.

Anbei senden wir Ihnen die Originalrechnung mit der Bitte zurück, uns diese zusammen mit einer Kopie des Liefernachweises erneut zuzuschicken. Wir danken Ihnen für Ihr Entgegenkommen.

Mit freundlichen Grüßen Anlage

Erinnerungen und Mahnungen

Rechtlich gesehen gibt es nur die Mahnung, nicht aber die Erinnerung. Dass dennoch mehr „Erinnerungen“ als „Mahnungen“ geschrieben werden, das hat weniger mit geltendem Recht als mit Kundenpflege zu tun. Wir benutzen ein freundliches Wort für einen weniger freundlichen Tatbestand. Eine Mahnung ist eine Mahnung, auch wenn sie Erinnerung oder Zahlungserinnerung genannt wird. Für den Juristen sind die Wege eindeutig: mahnen, klagen, vollstrecken. Bevor es aber zu Letzterem kommt, ist doch einiges zu beachten und zu erfüllen.

Zuallererst einmal muss eine Forderung fällig sein. Fällig wird sie zum Beispiel beim Kauf einer Stereoanlage „Zug um Zug“, das heißt: bei Übergabe; hier Stereoanlage, dort Geld. Fälligkeiten können sich aber auch nach anders lautenden Vereinbarungen in einem Kaufvertrag richten, zum Beispiel nach einem Datum, das in dem Vertrag genannt wird. Wenn eine Forderung fällig ist, können wir sie geltend machen. Wenn der Käufer bis zum 1. Juli zahlen sollte, ist er am 2. Juli bereits in Verzug.

Bezahlt ein Käufer die fällige Rechnung nicht, mahnen wir die Zahlung an. Den Käufer durch den Zugang eines Mahnschreibens in Verzug zu setzen ist vor allem dann nötig, wenn der Kaufvertrag zwar „berechenbare“, aber nicht „bestimmbare“ Festlegungen enthält wie: „10 Tage nach Rechungsstellung“ usw. Ist der Schuldner im Verzug, so kann er mit allerlei Kosten belastet werden, die der Gläubiger für die Beitreibung der Forderung aufwenden muss. Zu diesem Thema empfehle ich Ihnen die einschlägige juristische Fachliteratur.

Viele Menschen nehmen an, man müsse dreimal mahnen, bevor weitere Schritte eingeleitet werden können. Das ist falsch. Der Gläubiger kann bereits, und zwar ohne weitere Vorwarnung, gerichtliche Schritte einleiten, sobald seine Mahnung ohne Erfolg geblieben ist. Wenn wir zu viele Mahnungen schreiben, handeln wir uns nur einen unnötigen Zeitverlust ein, haben zu viel Arbeit mit all den Briefen, die zu schreiben sind, und lassen dadurch wiederum zu hohe Kosten entstehen. Damit wir den Zahlungseingang besser überwachen können, nennen wir in den Mahnungen Zahlungstermine.

Folgendes Vorgehen wird allgemein empfohlen: Zahlt der Schuldner nach der ersten Mahnung nicht, sollten wir ihm nach kurzer Zeit eine zweite Mahnung schicken, in der wir deutlich darauf hinweisen, dass wir nunmehr gerichtliche Schritte einleiten werden, falls der Schuldner nicht zahlt. Der Ton unserer Mahnungen sollte in der ersten Erinnerung vielleicht freundlich und sachlich sein; in der zweiten Erinnerung höflich und sachlich, nicht aber drohend oder erpresserisch. Auf jeden Fall dürfen wir es nicht an unmissverständlicher Deutlichkeit fehlen lassen, denn es gibt durchaus Menschen, die müssen erst einmal ausprobieren, wie weit sie gehen können, bevor sie zahlen. Außerdem ist es eine Sache der Fairness, gerichtliche Schritte anzukündigen. **Bedenken Sie auch bitte unbedingt, dass es das Ziel einer Mahnung ist den Schuldner zum Zahlen zu bewegen, und nicht ihn zu verärgern.** Je nachdem wie nahe oder wie fern Sie einem Schuldner stehen oder wie gut Sie ihn persönlich oder telefonisch kennen: Treten Sie so nahe und so persönlich an ihn heran wie möglich. Bewegen Sie ihn zu zahlen.

Für den Schuldner sei angemerkt: Immer wenn wir eine Zahlung aus welchen Gründen auch immer gerade nicht begleichen können, empfiehlt es sich dringend, spätestens nach Erhalt der ersten Mahnung Kontakt mit dem Gläubiger aufzunehmen um eine Ratenzahlungsvereinbarung zu erreichen.

Freundliche erste Erinnerung

Erinnerung: Unsere Rechnungen vom ... für ...

Sehr geehrter Herr Hasselbeck,

haben Sie uns vergessen? Die Beträge für ... und ... sind bis heute noch nicht bei uns eingegangen. Sie erhalten die Rechnungen mit diesem Brief noch einmal in Kopie. Bitte erledigen Sie unsere Forderungen umgehend.

Mit freundlichen Grüßen Anlagen

Erste Erinnerung an einen persönlich bekannten Käufer

Erste Mahnbriefe schreiben zu müssen,

sehr geehrter Herr Draties,

macht überhaupt keinen Spaß! Mahnbriefe schreiben zu müssen, das kostet nur Geld. Und wenn es noch Heinzelmännchen gäbe, dann würden wir die bitten diese unangenehme Sache für uns aus der Welt zu schaffen.

Unser Forderung über ... für ... ist seit dem ... fällig. Bitte begleichen Sie sie bis zum ..., und ersparen Sie uns weitere Schritte. Danke!

Mit freundlichen Grüßen

Erste Erinnerung an einen Käufer, der schon mehrfach vertröstet hat

Unsere Rechnung vom ... für ...

Sehr geehrter Herr Raab,

ohne Umschweife und falsche Scham: Sie haben unsere Forderung noch immer nicht beglichen, obwohl Sie dies bereits mehrfach telefonisch zugesagt haben. Bitte nennen Sie uns wahrheitsgemäß die Gründe, die Sie an der Zahlung hindern. Vielleicht können wir ja ein Arrangement treffen.

Wir erwarten Ihren Anruf bis zum ...

Mit freundlichen Grüßen

Erste Erinnerung an einen sonst zuverlässigen Käufer

Unsere Forderung vom ... für ...

Sehr geehrter Herr Tintius,

Sie sind mit unseren Leistungen immer zufrieden gewesen. Und wir waren auch mit Ihnen immer sehr zufrieden, weil wir pünktlich die Gegenleistungen von Ihnen erhielten. Was hindert Sie dieses Mal ebenso zu verfahren?

Bitte rufen Sie uns sogleich an um die Sache zu klären.

Mit freundlichen Grüßen

Erinnerung an einen Käufer, der vorübergehend in Schwierigkeiten ist

Zahlungsrückstand
Ihr Schreiben vom ...

Sehr geehrter Herr Müller,

Sie haben uns Umstände dargelegt, die uns davon überzeugen, dass Zahlungsunfähigkeit nur vorübergehend eingetreten ist. Deshalb verlängern wir das Zahlungsziel für Sie noch einmal bis zum ...

Bitte halten Sie diesen Termin unbedingt ein. Wenn Sie ihn nicht einhalten, werden wir das gerichtliche Mahnverfahren einleiten. Ganz abgesehen von den Unannehmlichkeiten, würde dieser Schritt für Sie mit zusätzlichen Kosten verbunden sein.

Mit freundlichen Grüßen

Erste Erinnerung an einen gut bekannten Käufer und Geschäftspartner

Mahnungen zu schreiben gehört nicht zu den sonnigsten Verpflichtungen eines Unternehmers,

sehr geehrter Herr Gryphius.

Weil unsere Geschäftsverbindung bisher immer so gut war, verstehen wir nicht, warum Sie dieses Mal unsere Forderung vom ... für ... nicht begleichen, obwohl uns dies Ihre Sekretärin schon mehrfach zugesagt hat.

Bitte erläutern Sie uns bis zum ... Ihre Vorschläge, wann und wie Sie die Sache regeln wollen.

Mit freundlichen Grüßen

Antwort des Geschäftspartners

Ihre Forderung vom ...

Sehr geehrter Herr Greif,

Sie haben völlig recht, wenn Sie uns nicht mehr verstehen. Seit meine bewährte Frau Hiller in Mutterschaftsurlaub gegangen ist, geht hier einiges drunter und drüber. Ich erfahre nur noch die Hälfte von dem, was meine Kunden möchten.

Mittlerweile kann ich nicht mehr feststellen, wieso Ihre Rechnung nicht beglichen wurde. Und ich bedauere es sehr, dass Sie uns eine Mahnung schreiben mussten. Möglicherweise hat die Buchungsabteilung die Begleichung Ihrer Rechnung verzögert, weil wir selbst sehr hohe Außenstände hatten. Die sind aber in diesen Tagen eingegangen und ich habe sogleich den Betrag Ihrer Rechnung anweisen lassen.

Bitte kündigen Sie uns nicht die Freundschaft und auch nicht die wirklich bisher so gute Geschäftsverbindung.

Mit freundlichen Grüßen

Inkasso bei Versicherungen

Inkassofragen Versicherungen betreffend könnten ein eigenes Buch füllen. Jede Versicherung handhabt ihre Rechte ein wenig anders. Die meisten Unternehmen mahnen jedoch mindestens zweimal, bevor sie den Versicherungsschutz entziehen oder das gerichtliche Mahnverfahren in Gang setzen. Deshalb sind die folgenden Beispiele nicht immer in allen Einzelheiten für jede Gesellschaft zutreffend.

Nachweis des Vertragsabschlusses

Lebensversicherung 84923104819248
Telefonat vom ...

Sehr geehrte Frau Dürer,

Sie riefen uns an, weil Sie Ihres Wissens keine Lebensversicherung bei uns abgeschlossen haben.

Als Nachweis schicken wir Ihnen eine Kopie des Antrags, den Sie am 8. September ... unterschrieben haben. Auch legen wir Ihnen eine Kopie Ihres Briefes vom 15. Juli ... bei, in dem Sie uns Ihren neuen Nachnamen mitteilen. Wenn Sie noch weitere Informationen benötigen, schreiben Sie uns bitte oder rufen Sie uns an.

Bitte gleichen Sie Ihr Beitragskonto umgehend aus.

Mit freundlichen Grüßen Anlagen

Erinnerung an den fälligen Erstbeitrag

Kraftfahrtversicherung Nr. 89038910 Kennzeichen ...

Sehr geehrter Herr Täubling,

nach unseren Unterlagen haben Sie noch keinen Beitrag gezahlt. Das kann für Sie unangenehme Folgen haben. Beachten Sie bitte die Hinweise über den Vordrucken. Ohne Beitragszahlung besteht kein Versicherungsschutz, was für Sie im Schadenfall mit erheblichen Nachteilen verbunden sein kann.

Überweisen Sie bitte den fälligen Betrag von ... DM mit dem beiliegenden Vordruck bis zum ...

Mit freundlichen Grüßen

Kraftfahrtversicherung Nr. 38291093 Kennzeichen ...

Vergeblicher Versuch eines Bankeinzugs

Sehr geehrte Frau Siegers,

Sie haben uns eine Einzugsermächtigung erteilt. Wir haben versucht den Beitrag von Ihrem Konto abzubuchen. Ihr Geldinstitut hat dies jedoch abgelehnt, weil Ihr Konto nicht ausreichend gedeckt war. Deshalb treten wir gemäß § 38 des Versicherungsvertragsgesetzes (VVG) von Beginn an vom Vertrag zurück. Die vorläufig erteilte Deckungszusage ist rückwirkend außer Kraft getreten. Für Schäden, die bereits eingetreten sind, haben Sie keinen Versicherungsschutz.

Wenn Sie innerhalb einer Woche den rückständigen Beitrag bezahlen, werden wir den Vertrag wieder in Kraft setzen. Versicherungsschutz besteht jedoch erst vom Zeitpunkt der Zahlung an.

Bleibt es bei dem Rücktritt, so wird eine Geschäftsgebühr fällig, die bis zu 40 % des Jahresbeitrags betragen kann.

Mit freundlichen Grüßen

Familienversicherung 84390178349
Ihre Schreiben vom 23. September ...

Antwort auf die Bitte um Ratenzahlung

Sehr geehrte Frau Sommer,

Sie bitten uns um Ratenzahlung. Wie Sie uns glaubhaft darlegen, können Sie den gesamten rückständigen Betrag nicht in einer Summe zahlen. Deshalb sind wir mit Teilzahlungen einverstanden.

Ihr Beitragskonto weist derzeit einen Rückstand von insgesamt 219,18 DM auf. Bitte zahlen Sie zu folgenden Terminen:

am 20. Oktober ... 50,00 DM, am 20. November ... 50,00 DM,
am 20. Dezember ... 50,00 DM und am 20. Januar ... 68,18 DM.

Bleiben Sie mit einer Rate im Verzug, werden wir das Mahnverfahren über die gesamte Restforderung einleiten.

Mit freundlichen Grüßen

Entschuldigung für eine unberechtigte Erinnerung (I)

Unser Mahnschreiben vom ...
Ihre Information vom ...

Sehr geehrte Frau Dumfries,

Sie beschwerten sich völlig zu Recht über unsere ungerechtfertigte Mahnung vom .... Durch einen Fehler in unserem Hause wurde der Betrag von 107,00 DM, den Sie uns am ... überwiesen haben, einem anderen Vertrag zugeordnet. Deshalb kam es bedauerlicherweise zu einem Mahnschreiben. Wir bitten Sie um Entschuldigung.

Betrachten Sie das Mahnschreiben als gegenstandslos und tragen Sie uns den Fehler bitte nicht nach.

Mit freundlichen Grüßen

Entschuldigung für eine unberechtigte Erinnerung (II)

Ihr Schreiben vom ...

Sehr geehrte Frau Saucr,

Sie nennen unser Erinnerungsschreiben eine Unverschämtheit, da Sie unsere Lieferung vom ... nachweislich bezahlt haben. Wir verstehen Ihre Erregung und bitten Sie um Entschuldigung.

Der Grund unserer Erinnerung war nicht die letzte Lieferung, sondern eine Belastung Ihres Kontos vom Mai vorigen Jahres. Sie erinnern sich sicherlich, dass damals ein Overall fehlgeleitet wurde. Er ist bei Ihnen nie angekommen und wir haben ihn dann Ihrem Konto gutgeschrieben.

Da aber die Ware nie an uns zurückgelangt ist, wurde die Gutschrift im Januar automatisch storniert. Doch: Wenn Sie den Overall nie erhalten haben, können Sie ihn natürlich auch nicht zurückschicken. Wir hätten ihn gleich als Verlust ausbuchen sollen. Dies ist aber nicht geschehen. Dafür entschuldigen wir uns.

Wir haben Ihr Konto ausgeglichen. Bitte bleiben Sie – trotz der Unstimmigkeiten – unsere Kundin.

Mit freundlichen Grüßen

Zweite Mahnung

Zweite Erinnerung
Teilnahme von Herrn Süper am Workshop ... 20./21. September ...

Sehr geehrter Herr Grotjens,

Sie haben gute Leistungen erhalten und nun lassen Sie uns teure Mahnbriefe schreiben. Trotz der Versicherungen Ihres Büros seit Oktober, die Gebühr sei überwiesen, ist bei uns noch immer keine Zahlung für die Teilnahme von Herrn Süper am Workshop ... im September eingegangen.

Dies ist der Stand der Dinge:
- Teilnehmer Herr Meier, Zahlungseingang 513 DM am 21. Juli ...
- Teilnehmer Herr Schür, Zahlungseingang 513 DM am 7. November ...

Es fehlt die Teilnahmegebühr für Herrn Johann Süper, der an Stelle von Herrn Leopold am Workshop teilgenommen hat. Ich bitte Sie um die Überweisung der Teilnahmegebühr von 513 DM bis zum 15. Januar ...

Mit freundlichen Grüßen

Mahnverfahren

Mahnbescheid

Das Mahnverfahren wird durch einen Antrag auf Erlass eines Mahnbescheids beim Amtsgericht am Wohnsitz des Gläubigers eingeleitet. Der Antrag muss auf einem amtlich vorgeschriebenen Formular gestellt werden, das im Schreibwarenhandel erhältlich ist. Im Mahnverfahren ist ein Kostenvorschuss zu zahlen; die Gerichtsgebühr richtet sich nach dem Streitwert. Hinzu kommt außerdem noch eine Gebühr für die Zustellung des Mahnbescheids durch einen Postbeamten.

Widerspruch gegen den Mahnbescheid

Wenn der Schuldner die Forderung nicht bestreiten will, sollte er sogleich nach der Zustellung des Mahnbescheids zahlen. Er zahlt an den Gläubiger, nicht ans Gericht. Auch wenn er eine Ratenzahlungsvereinbarung treffen will, muss der Schuldner sich an den Gläubiger wenden.

Will der Schuldner jedoch nicht zahlen, weil er gute Gründe ins Feld führen kann, dann legt er Widerspruch ein. Dazu muss er lediglich ein Formular unterzeichnen, das dem Mahnbescheid beigefügt ist, und ans Gericht zurückschicken. Das Gericht unterrichtet den Gläubiger und fordert ihn auf, einen weiteren Gerichtskostenvorschuss zu zahlen.

Jetzt erst muss der Gläubiger seine Forderung begründen. Zugleich bestimmt das Gericht einen Termin für die mündliche Verhandlung. Reicht nun der Gläubiger eine Klage ein, weil der Schuldner sachliche Einwände gegen seine Forderung geltend macht, und kommt der Fall ans Landgericht, muss der Gläubiger und auch der Schuldner, wenn er weitermachen will, einen Anwalt einschalten.

Der Vollstreckungsbescheid

Falls der Schuldner keinen Widerspruch gegen den Mahnbescheid einlegt, kann der Gläubiger spätestens zwei Wochen nach Zustellung des Mahnbescheids einen Vollstreckungsbescheid beantragen. Wenn der Schuldner jetzt keinen Einspruch einlegt, hat der Gläubiger nach weiteren zwei Wochen einen rechtskräftigen Titel in Händen, aus dem er dann in vollem Umfang 30 Jahre lang die Zwangsvollstreckung betreiben kann.

Antwort einer Versicherung auf die Bitte um Ratenzahlung

Kraftfahrtversicherung 5789075489
Ihr Telefonat mit Frau Meier vom ...

Sehr geehrte Frau Dräger,

Sie haben 200,00 DM auf unsere Forderung an Sie angezahlt; die Überweisung haben wir erhalten. Vielen Dank. Nun bitten Sie uns, die restliche Forderung in Raten an uns überweisen zu können. Damit sind wir einverstanden.

Der Beitragsrückstand beträgt zur Zeit 471,60 DM. Durch das Mahnverfahren sind zusätzliche Kosten von 10,00 DM entstanden. Die Gesamtforderung beträgt also 481,60 DM.

Bitte zahlen Sie spätestens am 20. Oktober ... die erste monatliche Rate von 200,00 DM; am 20. November ... die zweite monatliche Rate von 200,00 DM und am 20. Dezember ... die Restrate von 81,60 DM.

Diese Vereinbarung bleibt nur gültig, wenn Sie die erste Rate pünktlich entrichten und jede Folgerate stets bis zum Fünften des darauf folgenden Monats bei uns eingeht. Bleiben Sie mit einer Rate im Verzug, setzen wir das Mahnverfahren über die gesamte Restforderung fort.

Die Folgen des Zahlungsverzugs, die bereits eingetreten sind, bleiben bis zum Ausgleich des Beitragskontos in vollem Umfang wirksam. Auch werden wir den Vollstreckungsbescheid für unsere Forderung an Sie beantragen. Er wird Ihnen zugestellt werden. Solange Sie sich pünktlich an die vereinbarten Ratenzahlungen halten, werden wir keine Zwangsvollstreckungsmaßnahmen einleiten.

Mit freundlichen Grüßen

Androhen einer Vorladung zur eidesstattlichen Versicherung

Gebäudeversicherung Nr. 7483920
Unser Telefonat vom ...

Sehr geehrter Herr Hämel,

Sie haben den rückständigen Betrag noch immer nicht bezahlt. Darüber ärgern wir uns sehr, sind wir Ihnen doch sehr entgegengekommen. Nunmehr werden wir alle Rechtsmittel ausschöpfen.

Wenn Sie die Gesamtforderung von 107,11 DM nicht innerhalb von 14 Tagen begleichen, werden wir Sie zur Abgabe der eidesstattlichen Versicherung beim Amtsgericht vorladen lassen. Sofern Sie den Betrag nicht in einer Summe zahlen können, räumen wir Ihnen Ratenzahlungen ein.

Bitte unterbreiten Sie uns Ihre Vorschläge.

Mit freundlichen Grüßen

Abschlägiger Bescheid auf eine Bitte um Ratenzahlung

Familienversicherung 547893
Ihr Schreiben vom ...

Sehr geehrte Frau Würges,

nachdem Sie unseren Mahnbescheid erhalten haben und Sie daraus für sich erkennen können, dass wir es „ernst meinen“ mit unserer Forderung, bitten Sie uns um Ratenzahlung. Sie begründen Ihre Bitte mit Ihrer vorübergehend engen finanziellen Situation. Gerne sind wir bereit, Ihnen entgegenzukommen.

Unsere Forderung an Sie beträgt 495,30 DM. Vergleichen Sie dazu bitte den Mahnbescheid vom 13. September ... Hinzu kommen Kosten in Höhe von 29,90 DM, die durch das Mahnverfahren entstanden sind. Der Gesamtrückstand beträgt also 525,20 DM. Wir schlagen Ihnen vor:

1. Außerkraftsetzung des Vertrages für ein Jahr ab 1. Oktober ...
2. Ratenzahlung des Beitragsrückstands von 525,20 DM in elf Raten zu 45,00 DM und einer Restrate von 30,20 DM.

Auf diese Weise würden Sie den Rückstand bis zur Wiederinkraftsetzung Ihres Vertrags ausgleichen. Für die Außerkraftsetzung des Vertrags benötigen wir aber unbedingt Ihre schriftliche Einwilligung. Die Versicherungsdauer verlängert sich um die Ruhezeit des Vertrags (Ablauf wäre dann der 14. Oktober ...). Wenn Sie einverstanden sind, bestätigen wir Ihnen die Ratenzahlung und die Ruhestellung des Vertrags.

Bitte antworten Sie uns bis zum 25. Oktober ... Ein Freiumschlag liegt bei.

Mit freundlichen Grüßen

Antwort auf einen Widerspruch nach Mahnbescheid

Familienversicherung 8493209
Unser Mahnbescheid vom 21. September ...

Sehr geehrter Herr Grün,

Sie haben gegen unseren Mahnbescheid Widerspruch eingelegt. Dürfen wir Sie an folgende Sachverhalte erinnern?

Der Beitrag zu Ihrer Familienversicherung 8493209 war bereits zum 26. April ... fällig. Sie erhielten eine ordnungsgemäße Beitragsrechnung. Schließlich erinnerten wir Sie dreimal in Abständen von vier Wochen an die Zahlung. Erst zum 1. Juni ... erfuhren wir Ihre neue Anschrift, weil Sie bei Ihrer Haftpflichtversicherung in unserem Hause einen Schaden geltend machten.

Bitte überweisen Sie uns umgehend unsere Forderung von 114,75 DM. Sollten Sie innerhalb von vier Wochen Ihr Beitragskonto nicht ausgleichen, werden wir unsere Forderung vor Gericht begründen.

Mit freundlichen Grüßen

Brief nach unzureichend ausgeglichener Vollstreckungsforderung

Vollstreckungsforderung

Sehr geehrte Frau Müller,

bitte zahlen Sie zum Ausgleich Ihres Kontos spätestens innerhalb einer Woche

73,65 DM.

Mit Ihrer letzten Zahlung haben Sie Ihr Konto noch nicht vollständig ausgeglichen. Dieser Restbetrag ist durch die Kosten und Zinsen entstanden. Bitte versäumen Sie die Frist nicht und vermeiden Sie weitere Maßnahmen. Eine Zahlkarte haben wir Ihnen beigelegt.

Mit freundlichen Grüßen

Anlage

Beschwerden

Wann beschweren wir uns? Zum Beispiel, wenn wir uns benachteiligt, ungerecht behandelt oder irgendwie beeinträchtigt fühlen. Welchen Zweck verfolgen wir mit einer Beschwerde? Die Antwort ist einfach: Mit einer Beschwerde möchten wir etwas verändern, vielleicht einen Zustand, den wir als unerträglich empfinden. Oder wir möchten mit der Beschwerde ein Ergebnis einfordern, das uns versprochen wurde, aber nicht eingetroffen ist.

Eine Beschwerde sollten wir in jedem Fall gut begründen. Unsere Argumente müssen stichhaltig sein und auf beobachtbaren Tatsachen beruhen. Gefühle und subjektive Eindrücke sind als Argumente meist nicht überzeugend. Wenn wir uns also über mangelnden Wascherfolg, ungerechte Entlohnung oder das Nichteinlösen einer Zusage beschweren, sollten wir unsere Erfahrungen, die zu unseren konkreten Ergebnissen führten, in irgendeiner Weise nachprüfbar, nachweisbar oder nachvollziehbar schildern.

Beschwerde an einen Waschmittelhersteller

Beschwerde über Ihr Waschmittel „Luftikus“

Sehr geehrte Damen und Herren,

haben Sie auch nur die geringste Ahnung davon, wie sehr Sie imstande sind eine rechtschaffene Hausfrau und deren Ehemann zu enttäuschen? Wahrscheinlich nicht, sonst würden Sie umgehend die Werbung für Ihr Waschmittel „Luftikus“ einstellen.

Wie gute Menschen sein sollen, so sind auch wir, Frau und Herr Gambrinus, gutgläubig und voller Vertrauen, solange man uns nicht eines Besseren belehrt. An Ihrer Werbung beeindruckte uns zutiefst, wie eine Restaurantbesitzerin – und das neben all ihrer Arbeit als Chefköchin und Repräsentantin ihres Etablissements – in der Lage ist, Gänsekeulenfettflecke und sogar Rotweinflecke mittels Ihres Wunderwaschmittels „Luftikus“ mühelos aus ihrer Tischwäsche herauszuwaschen. Uns will das einfach nicht gelingen.

So ist es uns ergangen: Wir wuschen unsere Tischdecken bei 60 Grad Celsius. Bei dieser Temperatur sollen die Fett- und Rotweinflecken ja verschwinden, wie wenn es sie nie gegeben hätte. Dies gelang uns trotz einer kräftigen Portion Ihres Waschmittels „Luftikus“ nicht. Daraufhin erhöhten wir die Temperatur auf 95 Grad. Nichts zu machen. Die Flecken blieben hartnäckig. Von wegen reine Wäsche. Nicht einmal sauber war die gute Tischwäsche, die wir von unseren Eltern zur Hochzeit geschenkt bekommen hatten. Schließlich griffen wir auf die Großmuttermittel wie Bleichsoda zurück. Das half. Nun ist unsere Tischwäsche wieder sauber.

Aber mit dem schlechten Wascherfolg nicht genug. Bald bekam Ihr berühmtes Öko-Säckchen, das 25 % Waschmittel sparen soll, Löcher. Haben Sie je gesehen, wie schwarze T-Shirts aussehen, wenn sie mit „Luftikus“ im löchrigen Öko-Sack gewaschen wurden? Nein? Wir schicken Ihnen gerne solch ein Hemd. Es ist nicht mehr schwarz, sondern unregelmäßig weiß gestreift.

Nun gut, dachten wir uns, dieser Ärger ist schnell zu beheben. Falsch gedacht. Einen ganzen Nachmittag lang fuhren wir von Supermarkt zu

Supermarkt, um eine Dose Waschpulver mit Meßbecher und Öko-Säckchen zu ergattern. Dies war nicht möglich. Eine Verkäuferin berichtete uns sogar entnervt, dass sie in der vorigen Woche zwei Pakete „Luftikus mit“ bestellt habe. Eines sei gekommen.

Beschwerde an einen Waschmittelhersteller

Inzwischen bietet man Ihr „Luftikus ohne“ überall an wie Sauerbier. Wir haben die Marke gewechselt. Das neue Mittel wäscht zwar auch nicht sauberer und riecht zugegebenermaßen auch nicht so gut wie Ihr „Luftikus“. Die Rennerei wegen des Säckchens aber hat Ihrem „Luftikus“ bei uns den Garaus gemacht.

Eine Chance besteht allerdings noch für Ihr „Luftikus“. Anbei schicken wir Ihnen ein halbes Dutzend Servietten. Wenn Sie die mit „Luftikus“ sauber bringen, dann werden wir uns noch einmal überlegen, ob wir zu „Luftikus“ zurückkehren. Viel Erfolg wünschen Ihnen

mit den besten Grüßen   Anlage

Zweite Reklamation: Fehlende NC-Steuerung

Fehlende NC-Steuerung
Unsere Buchungsanzeige vom ... Nr. 543789

Sehr geehrter Herr Leiser,

Sie baten uns, noch einmal zu prüfen, ob die fehlende NC-Steuerung nicht doch bei uns eingegangen ist. Dies haben wir getan. Alle Nachfragen und Recherchen ergaben, dass tatsächlich nur fünf NC-Steuerungen hier bei uns eingegangen sind. Wie und wo die sechste Steuerung verloren gegangen sein könnte, darüber können wir Ihnen nichts angeben.

Bitte melden Sie den Verlust – möglicherweise nachträglich – Ihrer Transportversicherung und liefern Sie uns die fehlende Steuerung nach.

Mit freundlichen Grüßen

Hinweis auf Lieferverzug

PER TELEFAX

Abrufauftrag 7548320

Sehr geehrte Damen und Herren,

Sie sind mit Ihren Lieferungen seit dem ... in Verzug. Das entnehmen wir unseren EDV-Listen. Wann liefern Sie die fehlenden Teile?

Bitte geben Sie uns sofort Bescheid. EILT SEHR!

Mit freundlichen Grüßen

Antwort auf die Beschwerde eines Kunden

Vertrag Nr. 89340-780/384ZD
Kunststoffkombinat Moskau

Sehr geehrter Herr Grigorow,

Sie beanstanden den Preis für den Schlauchkopf S 15; 20 500,00 DM erscheinen Ihnen viel zu hoch. Gerne möchte ich Ihnen im Folgenden erläutern, wie es zu diesem Preis gekommen ist.

Sie haben völlig recht, wenn Sie aus den kommentarlosen technischen Darstellungen, die Ihnen vorliegen, eine Preiserhöhung von 42 % in vier Jahren herauslesen. Bitte entschuldigen Sie, dass wir es bislang versäumt haben Ihnen eine Erklärung dafür zu geben.

Sie haben auch recht, wenn Sie mutmaßen, dass der Preis nicht durch die Wanddickenregulierung zu Stande kommt. Wie Sie wissen, können wir unsere PVC-Köpfe mit oder ohne Wanddickenregulierung ausrüsten. Beim Streckblasen – und das ist hier der Fall – stellt sich die Wanddicke über die Konditionierung der Blasform für den Vorformling ein. Es ist also kein Kopf mit Wanddickenregulierung erforderlich.

Der hohe Preis ist folgendermaßen zu Stande gekommen: Bevor wir Ihnen die Maschine geliefert haben, unternahmen wir mit verschiedenen Rohstoffen, die Sie uns zur Verfügung stellten, einige Bemusterungsversuche. Die Materialien zeigten bei diesen Versuchen erhebliche Unterschiede im Verhalten. Das hatte zur Folge, dass der Grundspalt am Schlauchkopf häufig verstellt werden musste. Um diesen Vorgang zu erleichtern und zu beschleunigen, haben wir die Schlauchköpfe mit Stellgetrieben ausgerüstet.

Antwort auf die Beschwerde eines Kunden

Nun zu den Unterschieden aus Vertrag und Lieferung: Den Schlauchkopf aus dem Vertrag vom 23. Dezember ... haben wir mit 14 360,00 DM angeboten. Bei diesem Angebot sind wir von den uns bekannten, handelsüblichen PVC-Typen ausgegangen. Dass das russische PVC sich wesentlich anders verhalten würde, wussten wir da noch nicht. Also wussten wir auch noch nicht, dass Stellgetriebe nötig sein würden. Bei unserer ersten Lieferung haben Sie von uns stillschweigend vier Stellgetriebe kostenlos erhalten. Das war eine Kulanzleistung.

Der Preis für einen Schlauchkopf heute beträgt 17 700,00 DM; der Preis für einen Schlauchkopf mit Stellgetriebe 20 500,00 DM. Die Differenz von 2 800,00 DM ist der Preis für das Stellgetriebe. Das bedeutet:

Preis nach vier Erhöhungen für einen Schlauchkopf <u>ohne</u> Stellgetriebe	17 700,00 DM
Stellgetriebe	2 800,00 DM
Gesamtpreis für einen Schlauchkopf <u>mit</u> Stellgetriebe	20 500,00 DM

Ist unsere Erläuterung ausführlich genug? Damit Sie unseren Text mit den technischen Daten in Verbindung bringen können, haben wir diesem Brief eine Skizze des Schlauchkopfes und des Stellgetriebes beigelegt.

Gerne unterhält sich unser Verkaufsingenieur, Herr Zacken, noch einmal mit Ihnen über diese Angelegenheit. Er wird nächste Woche in Moskau sein und Sie anrufen.

Mit freundlichen Grüßen

Mängelrügen

Mängelrügen beziehen sich auf Sachmängel. An Sachmängeln gibt es aber nur zwei Arten:

- 1. den Fehler und
- 2. das Fehlen einer zugesicherten Eigenschaft.

Mehr noch als der „Fehler" ist der Begriff der „zugesicherten Eigenschaft" interpretierbar. Bitte vergleichen Sie dazu die Fachliteratur oder fragen Sie Fachleute. Ich schätze, dass sich die meisten Beschwerden und Reklamationen in einer vertragsrechtlichen Grauzone bewegen. Wie verhalten wir uns? Mit Drohungen und sofortigem Einschalten von Rechtsanwälten pochen wir so sehr auf unser Recht, dass der andere möglicherweise auf stur schaltet. Also sollten wir die Dinge doch nach Möglichkeit konstruktiver angehen. Keine Rede kann natürlich davon sein auf unser Recht zu verzichten. Oh nein. Auch wenn es um Beschwerden, Reklamationen, Rügen geht, ist eine deutliche Sprache unbedingt vonnöten. Doch kommen wir wahrscheinlich am häufigsten erfolgreich zu unserem Ziel, wenn wir nicht nur zügig und sachlich, sondern auch freundlich reklamieren. Das Ziel sollte nicht der Streit sein nach dem Motto: „Dem zeig ich's jetzt aber!", sondern die Einigung. Ziel sollte sein eine strittige Sache schnell zu klären, zu bereinigen und aus der Welt zu schaffen.

Was können wir – von der gesetzlichen Seite her betrachtet – durch Mängelrügen erreichen? Dazu zitiere ich W. Fikentscher, Schuldrecht, Seite 402:

Das Sachmängelgewährleistungsrecht umfasst folgende Rechtsbehelfe des Käufers:

- Der Käufer kann die mangelhafte Sache zurückgeben und sich vom Kaufvertrag lösen. Das Gesetz nennt das „Wandlung".
- Der Käufer kann beim Vertrag stehen bleiben, anstelle des vereinbarten Kaufpreises die Minderung dieses Kaufpreises im Verhältnis der mangelhaften Sache zur geschuldeten ordnungsgemäßen Sache verlangen, also „Minderung".
- Darüber hinaus gibt es im besonderen Falle einen Schadensersatzanspruch wegen Nichterfüllung.

Dies sind die drei Gewährleistungsrechte beim Stückkauf. Hinzu tritt, wie bereits angedeutet, beim Gattungskauf der Anspruch auf Nachlieferung einer mangelfreien Sache.

Alle diese Reklamationsgründe können wir von verschiedenen Seiten betrachten:

- der rein formaljuristischen Seite, die auch nicht immer eindeutig ist;
- der Seite einer aktuellen Situation, in der sich die Parteien befinden und in der sie möglicherweise aufeinander angewiesen sind;
- der Seite einer existierenden Geschäftsbeziehung und der daraus entspringenden Bereitschaft beider Seiten zum kulanten Umgang mit einer Mängelrüge, der über die rechtliche Situation hinausgeht.

Mit anderen Worten: In der Praxis behandeln wir das Thema Mängelrügen mit einer guten Portion gesunden Menschenverstands und Gefühl für alle Komponenten einer Situation.

Mängelrüge: Nachlassende Qualität sonst einwandfreier Lieferungen

Ihre Lieferungen in diesem Jahr

Sehr geehrter Herr Hillebrand,

Sie beliefern uns nun seit einer nicht zu unterschätzenden, langen Zeit mit Besteckssortimenten. Diese Sortimente waren immer besonders gut, und nicht nur das, sie waren auch besonders preiswert. Als wir damals, vor nahezu acht Jahren, genau im Oktober ..., Sie als unseren Lieferanten gewinnen konnten, waren alle Beteiligten im Hause richtiggehend froh und erleichtert. Alles, was Sie uns damals versprochen und in Aussicht gestellt haben, traf ein: konstante Qualität, pünktlicher Versand, großzügige und stabile Verpackung.

Nicht vergessen darf ich in diesem Zusammenhang, dass Sie uns aufgrund des Umfangs unserer Bestellungen stets großzügige Rabattsätze eingeräumt haben. Dadurch konnten wir unseren Umsatz erheblich steigern. Sie verstehen also, sehr geehrter Herr Hillebrand, dass meine Mitarbeiter und ich sehr, sehr besorgt sind, wenn sich ein solch vorbildlicher Hersteller wie Sie plötzlich wandelt. Ist das ein erstes Vorzeichen, dass wir Sie verlieren werden? Wir hoffen doch sehr, dass wir uns hier irren.

Und dies haben wir konkret zu bemängeln: Die Besteckssortimente haben in der Qualität seit dem Frühjahr spürbar nachgelassen (drei Muster haben wir diesem Brief beigefügt). Der Versand der letzten vier Lieferungen war unpünktlich und die Verpackung so mangelhaft, dass die Versandschäden sprunghaft (um genau 34 %) in die Höhe geschnellt sind.

Wie können wir diesen unguten Zustand aus der Welt schaffen? Was halten Sie von einem Gespräch unter acht Augen, sehr geehrter Herr Hillebrand? Sie und Ihr Prokurist, Herr Hermann, sowie ich und Herr Mertens, wir treffen uns kurzfristig bei Ihnen. Vielleicht nächsten Mittwoch oder Donnerstag, jeweils um 10:00 Uhr? Bitte rufen Sie mich an.

Ich grüße Sie herzlich aus Gabelhausen

Mängelrüge: Fehlerhafte PC-Karten

Unsere Bestellung Nr. F 85490/34981/847 vom 26. Mai ...
Ihre Reparaturrechnung vom 9. Dezember ... Nr. 4789320
Kundennummer 18/547890/TS

Sehr geehrter Herr Dreieis,

Sie liefern die Karten für unsere Anlagen ... und Sie stellen auch den Service. Am 7. Dezember ... war Ihr Herr Sieger im Haus und reparierte eine Verstärkerkarte. Seit diesem Tag sind weitere neun Karten ausgefallen und wir vermuten, dass noch mehr Karten ausfallen werden.

Aus unseren Unterlagen geht hervor, dass wir seit Anfang dieses Jahres schon 30 Karten zur Reparatur eingesandt haben. Die Karte, die Herr Sieger am 7. Dezember reparierte, war nur fünf Monate in unserer Anlage. Wir mussten unserem Kunden kostenlosen Ersatz leisten.

Wir sind der Ansicht, dass die Reparaturen von Ihnen kostenlos durchgeführt werden müssen, sofern ein Kartendefekt innerhalb von sechs Monaten ab Inbetriebnahme auftritt. Bitte schreiben Sie uns also Ihre Reparaturrechnung gut. Vielen Dank.

Mit freundlichen Grüßen

Mängelrüge bei sofortigem Handlungsbedarf

Mängelrüge – per Telefax –

Sehr geehrter Herr Belz,

Sie lieferten uns einen Convectomatic 1000. Diesen Umluftofen hat Ihr Techniker, Herr Blitz, am ... in unserer Betriebskantine in Betrieb genommen. Auch hat er unsere Mitarbeiterinnen in der Kantine gut eingewiesen. Wir stellten jedoch bald fest, dass das Gerät nach circa 60 Minuten Betriebsdauer die eingestellte Temperatur nicht erreicht oder nicht hält. Das Fehlen einer zugesicherten Eigenschaft bei dem installierten Ofen haben wir sofort bei Ihnen gerügt.

Der Besuch Ihres Servicemitarbeiters, angekündigt für heute morgen 8:00 Uhr, steht allerdings jetzt, um 16:00 Uhr noch immer aus. Sollte es Ihrem Techniker bis spätestens morgen früh um 10:00 Uhr nicht möglich sein den Convectomatic ordnungsgemäß in Gang zu setzen, werden wir ersatzweise dann kurzfristig die bestellten Mittagessen beim Feinkostservice „Warme Platte" ordern und Sie mit den Ausgaben belasten.

Mit freundlichen Grüßen

Androhung des Rücktritts vom Kaufvertrag

Fritz Schreibfaul hat bei der Firma Rechenfix GmbH einen PC bestellt, der bald geliefert werden soll. Rechenfix liefert aber auch nach Wochen nicht, obwohl es sich bei dem Gerät um ein Standardmodell handelt. Fritz greift zur Feder und setzt Rechenfix in Verzug.

Einschreiben – Rückschein

Herrn
Otto Baumeister
Rechenfix GmbH
Münchener Straße 38

(PLZ) Rohrbach

30. Oktober ...

Reklamation der Lieferung Zing PC 486/DX

Sehr geehrter Herr Baumeister,

Sie sind mir als schneller und zuverlässiger Lieferant von Elektronikartikeln bekannt. Deshalb kaufte ich am 20. September dieses Jahres bei Ihnen folgenden PC:

Androhung des Rücktritts vom Kaufvertrag

Zing PC 486/DX 32 bit 33 Mhz
200 MB Festplatte
Co-Processor 4 MB
1,44 MB Diskettenlaufwerk
14 Zoll VGA-Monitor, VGA-Karte
Schnittstellen 2 x seriell, 1 x parallel, 1 x PX 72 Maus

Wie Sie mir damals versicherten, wollten Sie die Anlage „baldigst" liefern. Seit meiner Bestellung sind nunmehr sechs Wochen vergangen, ohne dass Sie Ihrer Leistungspflicht nachgekommen sind. Ich setze Ihnen deshalb eine angemessene Frist bis zum

30. November ...

Wenn Sie bis dahin nicht geliefert haben, trete ich vom Kaufvertrag zurück.

Mit freundlichen Grüßen

Fristverlängerung und Schadenersatz

Das Schreibbüro „Flinke Finger Gerda Meier und Sabine Groß GBR" hat ebenfalls bei Rechenfix einen PC mit Textverarbeitungssoftware und einem Laserdrucker bestellt.

Gerda Meier und Sabine Groß haben den Kaufvertrag mit einem wichtigen Hinweis versehen: „Lieferung bis zum 15. Oktober ..." Am 17. Oktober ... schreiben Sie an Rechenfix folgenden Brief:

Einschreiben – Rückschein, Adresse, Datum

Lieferung PC ... und Laserdrucker ...
Auftragsnummer 4789217380

Sehr geehrter Herr Baumeister,

Sie sind mit der Lieferung des PCs und des Laserdruckers – beide Geräte haben wir bis zum 15. Oktober ... bestellt – im Verzug. Wegen der überlasteten Arbeitssituation in unserem Büro sind wir auf die beiden Geräte dringend angewiesen.

Die Rechtssituation ist klar: Wir könnten vom Kaufvertrag zurücktreten. Wegen der bisher jedoch guten Geschäftsbeziehung zwischen unseren Firmen räumen wir Ihnen eine Nachfrist für die Lieferung bis zum 25. Oktober ... ein. Zwischenzeitlich haben wir uns ein Leihgerät beschafft um die anstehende Arbeit fristgerecht bewältigen zu können. Die Aufwendungen in Höhe von ... DM, die uns dadurch entstehen, machen wir als Schadenersatz geltend.

Sollten Sie auch bis zum 25. Oktober ... nicht geliefert haben, betrachten wir den Kaufvertrag als erledigt.

Mit freundlichen Grüßen

Umtausch trotz Ablauf der Gewährleistungsfrist

Die Rohrleitungsfirma „Törless und Söhne oHG" hat bei ihrem Lieferanten fünf Kugelhähne einer bestimmten Druckstufe und Dimensionierung bestellt, die Ware am 10. November erhalten und bei der unverzüglichen Prüfung keinerlei Auffälligkeiten festgestellt. Sieben Monate später, am 8. Juni, stellt sich beim Einbau in eine Reglerstation heraus, dass die Kugelhähne zwar der geforderten Druckstufe und Dimensionierung entsprechen, ein Einbau aber wegen der Bauweise der Hähne unmöglich ist. Die Ware wurde eindeutig falsch geliefert, der versteckte Mangel aber nicht innerhalb der gesetzlich vorgeschriebenen Frist von sechs Monaten gerügt. Törless und Söhne schreiben trotzdem an ihren Lieferanten:

Ihre Lieferung Kugelhähne ... vom 10. November ...
Auftragsnummer 57482910

Sehr geehrter Herr Schönherr,

Sie haben uns mit Lieferschein Nr. 7382190 fünf Kugelhähne KH S4/23A geliefert, obwohl wir die Ausführung KH S4/23H bestellt hatten. Eine Kopie unseres Auftrags fügen wir bei.

Durch unser Verschulden haben wir am 10. November die Ware in Siegen auf Lager genommen. Erst beim Einbau am 8. Juni stellte unser Montagepersonal fest, dass die gelieferte Ausführung wegen der Höhendifferenz nicht in die dafür vorgesehene Reglerstation eingebaut werden kann.

Da seit vielen Jahren eine gute Geschäftsbeziehung zwischen unseren Häusern besteht, lässt uns das auf Ihre Kulanz hoffen. Wir bitten Sie, die falsch gelieferten Kugelhähne zurückzunehmen und uns den Betrag von ... DM, den wir am ... überwiesen haben, gutzuschreiben.

Sobald Ihre zustimmende Antwort vorliegt, werden wir die Lieferung der Kugelhähne frei Haus in Ihr Lager in Köln veranlassen.

Mit freundlichen Grüßen

Aufforderung zur Nachbesserung

Einschreiben – Rückschein, Adresse und Datum

Mein Chippendalesofa

Sehr geehrter Herr Gruber,

viel Vertrauen habe ich in Sie gesetzt, als ich Ihnen mein Chippendalesofa zur Aufpolsterung übergab. Seit zwei Tagen steht das gute Stück nun wieder als eine Augenweide in meinem Salon. Aber eben nur als Augenweide! Sitzen kann ich darauf nicht, da die Spiralfedern so nachhaltig durch den Bezug drücken, dass das Sitzen zu einer schmerzhaften Angelegenheit wird.

Ich habe mit Ihnen einen Werkvertrag abgeschlossen. Die Leistung aber, die Sie erbracht haben, ist eindeutig mangelhaft: Um diesen Mangel zu beseitigen setze ich Ihnen eine angemessene Frist bis zum ... Sollten Sie innerhalb dieses Zeitraums mein Sofa nicht nachbessern, werde ich von den Möglichkeiten Gebrauch machen, die mir gesetzlich zustehen.

Mit freundlichen Grüßen

Gewährleistung: Auto mit undichtem Kofferraum

Einschreiben – Rückschein, Adresse und Datum

STARA 1.7 D, Fahrzeugnummer 47853921043751890, Kennzeichen ...

Sehr geehrter Herr Kluge,

Sie sind einer der wenigen Händler, die in kürzester Zeit jeden Neuwagenwunsch in den unterschiedlichsten Ausführungen erfüllen können. Das ist in den meisten Fällen, wie ich selbst weiß, sehr erfreulich, scheint aber zuweilen auch seine Nachteile zu haben. Am ... habe ich meinen neuen STARA 1.7 D mit großer Freude in Ihrem Hause abgeholt. In den zurückliegenden 30 Tagen stand das Kraftfahrzeug dreimal zur Nachbesserung in Ihrer Werkstatt. Der Kofferraum konnte bei allen Versuchen nicht zuverlässig abgedichtet werden.

Ich bin im Außendienst tätig und führe im Kofferraum meines Wagens auszuliefernde Ware und Ersatzteile mit, die unter keinen Umständen feucht werden dürfen. Abgesehen davon habe ich nach den Allgemeinen Geschäftsbedingungen Anspruch auf Nachbesserung; bislang ohne jeden Erfolg. Ich mache deshalb von den Gewährleistungsansprüchen Gebrauch, die mir gesetzlich zustehen, und fordere von Ihnen ein mangelfreies Auto des gleichen Typs und mit der gleichen Ausstattung. Bis zur Lieferung des neuen Fahrzeugs stellen Sie mir bitte einen gleichwertigen und wasserdichten Wagen zur Verfügung. Ich behalte mir sonst Schadenersatzansprüche gegen Sie vor, falls die im Kofferraum meines jetzigen Pkws mitgeführten Waren durch die eindringende Feuchtigkeit beschädigt werden sollten.

Bitte nehmen Sie bis zum ... zu allen Punkten meines Briefes Stellung. Vielen Dank.

Mit freundlichen Grüßen

Verjährung der Gewährleistungsfrist

Ihre Reklamation im Schreiben vom ...

Sehr geehrte Frau Hauser,

Sie monieren die unzureichende Kühlleistung des Kühlschrankes Frigolux 810 C, den Sie vor acht Monaten bei uns gekauft haben. Ihre Beobachtungen haben Sie bereits nach 14 Tagen ab Inbetriebnahme des Gerätes gemacht, uns dies aber nicht unverzüglich mitgeteilt.

Als Kauffrau wissen Sie bestimmt, dass die Gewährleistungsansprüche bei beweglichen Sachen nach sechs Monaten verjähren. Diese Frist ist heute um mehr als zwei Monate überschritten. Wir haben trotzdem unverzüglich unsere Kundendienstabteilung informiert. Unsere Kundenberaterin, Frau Weichgold, wird sich in den nächsten Tagen mit Ihnen in Verbindung setzen. Bitte stimmen Sie mit ihr das weitere Vorgehen ab.

Als Kulanzleistung bieten wir Ihnen einen Nachlass von 50 % auf eventuell erforderlich werdende Ersatzteile an; Arbeitszeit und Anreise unseres Kundendiensttechnikers gehen jedoch in voller Höhe zu Ihren Lasten. Es ist unser Ziel stets unsere Möglichkeiten auszuschöpfen, um unsere Kundinnen zufriedenzustellen.

Mit freundlichen Grüßen

Antwort auf einen angemahnten Lieferverzug

Ihr Schreiben vom ...

Sehr geehrter Herr Schwenk,

Sie erwarten zu Recht eine pünktliche Lieferung. Warum haben wir uns dieses Mal verspätet?

Unser Ziel ist es modisch stets hochaktuell zu sein. Bitte vergleichen Sie dazu unser umfangreiches Angebot. Mit diesem Angebot bieten wir Ihnen, unserem Kunden, viele Vorteile. Für uns ist dieser Umfang, was die Lieferfähigkeit betrifft, jedoch mit erheblichen Risiken verbunden. Schon bei normaler Ware sind Prognosen über die Gängigkeit eines Artikels problematisch. Wenn es sich darüber hinaus wie in unserem Angebot um hochmodische Ware handelt, dann werden diese Prognosen zuweilen immer weniger zutreffend. Woran liegt das? Manchmal ist der Bestelltrend nicht früh genug zu erkennen, sodass wir nicht rechtzeitig reagieren können, um ausreichend Grundware wie Stoffe und Garne zu besorgen. Manchmal aber auch geraten unsere Lieferanten in Beschaffungsschwierigkeiten. Dessen ungeachtet versuchen wir natürlich alles zu tun, um Sie so schnell wie möglich bedienen zu können.

Bitte haben Sie noch etwas Geduld. Sobald Neuzugang aus unserer Fertigung eintrifft, werden Sie bevorzugt Ihre Ware erhalten.

Mit freundlichen Grüßen

Kaufmännische Korrespondenz mit Banken

Wer glaubt, dass Bankiers hauptsächlich unternehmerisch denken, irrt sich gewaltig. Bankangestellte sind Buchhalter und denken wie Buchhalter. Die Zahlen müssen stimmen. Über die sinnvolle oder weniger sinnvolle Verwendung des Geldes machen sie sich keine Gedanken. Das wäre auch zu viel verlangt. Deshalb müssen wir unsere Wünsche Banken gegenüber manchmal sehr sorgfältig begründen.

Abtretung einer Forderung

Forderungsabtretung zur Sicherung eines Kredits

Sehr geehrter Herr Feiler,

Sie haben sich während unserer gestrigen Sitzung bereit erklärt, meine Verbindlichkeiten Ihnen gegenüber durch eine Forderungsabtretung auszugleichen. Auch mein Steuerberater hat mir heute zu diesem Schritt geraten, den ich bislang noch nicht unternommen habe.

Ich trete Ihnen meine Forderung an die Eheleute Xaver und Anna Bergmoser, Alleeweg 5 in Taufkirchen in Höhe von 15 000,00 DM ab. Sie dient Ihrem Haus gegenüber dem Ausgleich der offenen Rechnungen. Den dann noch verbleibenden Differenzbetrag in Höhe von 2 500,00 DM haben Sie mir bis zum ... kreditiert.

Meine Schuldner Bergmoser werde ich von dieser Forderungsabtretung informieren.

Mit freundlichen Grüßen

Kopie an Steuerbüro Weiß

Sicherungsübereignung

Eine andere Form der Abtretung ist die Sicherungsübereignung. Sie ist zum Beispiel beim Kraftfahrzeugkauf durchaus üblich. Allerdings brauchen die Beteiligten sich nicht der Mühe zu unterziehen und einen Brief zu schreiben, denn zu diesem Zwecke gibt es bereits Formularverträge.

Sicherungsübereignung

Sehr geehrter Herr Weber,

Sie haben sich nach unserem letzten Gespräch einverstanden erklärt, mir für den Aufbau meiner Schreinerei ein Darlehen in Höhe von

10 000,00 DM für die Zeit bis zum Jahresende ... zu gewähren. Als Sicherheit übereigne ich Ihnen den Frankfurter Wellenschrank, dessen Eigentümer ich seit dem Tode meiner Eltern bin.

Wir haben vereinbart, dass bei früherer Rückzahlung der Darlehenssumme das Eigentum an dem Möbel automatisch an mich zurückfällt.

Ich bedanke mich nochmals an dieser Stelle für Ihre Hilfe.

Mit freundlichen Grüßen

Antrag auf verbilligte Kreditmittel als Mittelstandsförderung

Existenzgründungsprogramm
Antrag auf Kreditverbilligung

Sehr geehrte Damen und Herren,

Sie entscheiden über die Vergabe von verbilligten Kreditmitteln aus dem Wirtschaftsförderungsplan, die mittelständischen Unternehmen bei der Existenzgründung helfen sollen.

Diese Mittel möchte ich in Anspruch nehmen um ein Trainingscenter zu gründen. Dorthin können große, mittlere und kleine Firmen und Betriebe ihre Mitarbeiter zur beruflichen Fort- und Weiterbildung schicken, die von den Mitarbeitern des Unternehmens meines Ehemannes durchgeführt und betreut werden.

Das Unternehmen meines Mannes führt seit Jahren erfolgreich für die Computerindustrie Trainings in den Bereichen Vertrieb, Support und Technischer Kundendienst durch. Dabei werden folgende Themen bevorzugt:
- Verhaltenstraining vor der Videokamera
- Verkaufsseminare
- Präsentationstechniken und -strategien
- Organisationsentwicklung
- Personalauswahlverfahren (Assessments)

In der Vergangenheit wurden alle diese Programme in verschiedenen Hotels der Bundesrepublik, in Österreich und der Schweiz veranstaltet. Die Übernachtungskosten in den Großstädten betragen im Durchschnitt zwischen ... und ... DM inklusive Frühstück. Viele Firmen, die die Notwendigkeit von Ausbildungsmaßnahmen einsehen, zögern jedoch, weil die Spesen pro Mitarbeiter zusätzlich zum Trainingspreis und den Ausfallkosten zu hoch erscheinen.

Antrag auf verbilligte Kreditmittel als Mittelstandsförderung

Die Firmen suchen also nach preisgünstigen Trainingslokalen. Das „Trainingscenter Geisenfeld" will diesem Wunsch Rechnung tragen durch:
- aktuelle Seminare
- bedarfsgerechte, moderne Seminarräume
- eine Atmosphäre, die das Lernen begünstigt und
- preiswerte Übernachtungs- und Verpflegungsmöglichkeiten.

Die Teilnehmer werden in kleineren, privaten Hotels in der näheren Umgebung übernachten. Die Verpflegung besorgt die Firma „Speisefix" zu attraktiven Preisen. Sofern die Kapazität des Trainingscenters nicht vom Unternehmen meines Ehemannes ausgelastet werden kann, plane ich die Durchführung von Seminarveranstaltungen auch für Fremdfirmen. Diese Dienstleistung werde ich speziell kleineren und mittleren Unternehmen unter der Bezeichnung „Konferenzservice" anbieten. Die Teilnehmer können im Full-Service alle technischen Einrichtungen des Trainingscenters nutzen. Die Lage „Geisenfeld" ist durch die Nähe zur Autobahn hervorragend dazu geeignet.

Ich zähle bei dieser neuen beruflichen Aufgabe auf die bewährte Unterstützung meines Ehemanns, der bereits seit 20 Jahren erfolgreich als Trainer, Personalentwickler und Unternehmensberater tätig ist und mir mit Rat und Tat zur Seite stehen wird.

Mit freundlichen Grüßen

Ablehnender Bescheid einer Bank

Mittelstandskreditprogramm ...für Verkehrs- und sonstiges Dienstleistungsgewerbe
Ihr Antrag vom ... für Trainingscenter Geisenfeld

Sehr geehrte Frau Landau,

Sie halten unsere Beteiligung an Ihrer Existenzgründung für wünschenswert. Leider müssen wir Ihnen jedoch mitteilen, dass Ihr Antrag in dem angesprochenen Programm nicht berücksichtigt werden kann, weil der Gegenstand Ihres Unternehmens „unterrichtende Tätigkeit" nicht dem Bereich zugeordnet werden kann, der im Mittelstandskreditprogramm als förderungsfähig gilt.

Mit freundlichen Grüßen

Ablehnender Bescheid einer zweiten Bank

Ihr Antrag vom ...

Sehr geehrte Frau Landau,

Sie beantragten Mittel zur Existenzgründung. Wir können im Rahmen des Mittelstandskreditprogramms nur Antragsteller berücksichtigen, die eine ausreichende fachliche und kaufmännische Qualifikation besitzen. Nur bei diesem Personenkreis kann von einer erfolgversprechenden Existenzgründung ausgegangen werden.

Sie weisen aber weder die Fachkenntnisse nach, die zur Durchführung von Schulungen und Seminaren nötig sind, noch die erforderlichen kaufmännischen Kenntnisse.

Daher können wir dem Darlehensantrag nicht entsprechen. Die weiteren Förderungsvoraussetzungen zu prüfen erübrigt sich damit.

Mit freundlichen Grüßen

Intervention beim Staatsminister

Trainingscenter Geisenfeld

Sehr geehrter Herr Staatsminister,

Sie konnten zur Eröffnung unseres Trainingscenters nicht kommen, weil Sie zu der Zeit in Urlaub waren. Für die freundlichen Glückwünsche zum Start meines Vorhabens bedanke ich mich recht herzlich.

Unter der Nr. 4879210 beantragte ich bei der Landesanstalt für Aufbaufinanzierung im Rahmen des Mittelstandskreditprogramms – Verkehrs- und sonstige Dienstleistungen – ein Darlehen in Höhe von ... DM zum Betrieb des Traningscenters. Die Landesanstalt teilte mir am ... mit, dass mein Vorhaben „unterrichtende Tätigkeit" nicht dem im Mittelstandskreditprogramm förderungsfähigen Bereich zuzuordnen ist.

Ich bitte Sie mit diesem Brief um Ihre Hilfe. Bitte veranlassen Sie, dass mein Antrag noch einmal geprüft wird. Das Trainingscenter, so meine ich, ist in erster Linie dem Dienstleistungsbereich zuzuordnen. Ich betreibe keine Schule! Ferner schaffe ich mit dem Trainingscenter Arbeitsplätze. Und durch die Inhalte der dort stattfindenden Qualifizierungsmaßnahmen trage ich mit dem Trainingscenter dazu bei, Arbeitsplätze zu erhalten. Denn die Mitarbeiter der gewerblichen Wirtschaft, die hierhin kommen, erlangen eine höhere Qualifikation und somit mehr Sicherheit für ihre Position.

Sehr geehrter Herr Staatsminister, gerade von seiten Ihres Hauses wird ja der Förderung des Mittelstands ganz besonderes Gewicht beigemessen. Bitte helfen Sie mir und unterstützen Sie die nochmalige Prüfung meines Antrags. Vielen Dank.

Mit freundlichen Grüßen

Widerspruch zu den Ablehnungsbescheiden

Ihr Bescheid vom ...

Sehr geehrte Herren,

Sie sprechen mir die fachliche und kaufmännische Qualifikation ab, erfolgreich ein Unternehmen zu gründen und zu führen. Dem widerspreche ich hiermit auf das Heftigste.

Ich beabsichtige die Gründung einer Betriebsgesellschaft für das Trainingscenter Geisenfeld. Das bedeutet: Ich vermiete die Räumlichkeiten und die Einrichtungen an Firmen, die Traningsveranstaltungen und Seminare durchführen. Der Hauptabnehmer wird das Unternehmen meines Ehemanns sein. Damit sind sowohl die Auslastung als auch der Erfolg gewährleistet.

Für den Betrieb einer Betriebsgesellschaft reichen meine kaufmännischen Kenntnisse vollauf aus. Darüber hinaus stellt in der jetzigen wirtschaftlichen Situation jede Existenzgründung einen mutigen Schritt dar, der Beachtung und Unterstützung verdient, sofern die gesetzlichen Möglichkeiten dafür vorhanden sind. Ich bin der Meinung, dass dies auf meinen Fall in vollem Umfang zutrifft. Ferner schaffe ich mit dem Betrieb des Trainingscenters ja auch Arbeitsplätze für Schreib- und Reinigungskräfte sowie Küchenpersonal.

Bitte prüfen Sie meinen Antrag noch einmal. Zu diesem Zwecke habe ich Herrn Staatsminister Günter um Unterstützung gebeten.

Mit freundlichen Grüßen

Eingeschränkt positiver Bescheid nach nochmaliger Antragsprüfung

Existenzgründungsprogramm
Ihr Schreiben vom ...

Sehr geehrte Frau Landau,

Sie baten uns Ihren Antrag noch einmal zu prüfen. Dies haben wir getan und sind zu folgender Entscheidung gekommen:

Sie erhalten einen Kredit nach den Bedingungen des Existenzgründungsprogramms in Höhe von ... DM (= circa 40 %). Eine höhere Summe können wir aufgrund der Anzahl der Antragsteller in diesem Jahr nicht zur Verfügung stellen. Wir machen Ihnen ferner zur Auflage, innerhalb eines Jahres kaufmännische Kenntnisse nachzuweisen. Wir empfehlen Ihnen dazu eine Qualifizierung über die Kurse für Existenzgründer, die die örtlichen Industrie- und Handelskammern anbieten. Sollten Sie binnen Jahresfrist die Qualifizierung nicht nachweisen können, wird die gesamte Kreditsumme fällig.

Mit freundlichen Grüßen

Briefwechsel mit der Berufsgenossenschaft

Weshalb treten wir in Briefwechsel mit der Berufsgenossenschaft? Nun, da gibt es mancherlei Anlässe. Als Selbständige möchten wir vielleicht freiwillig versichertes Mitglied werden. Als Buchhalter und Buchhalterinnen sind wir eventuell damit beauftragt worden, den Lohn- und Gehaltsnachweis für die Höhe der Mitgliedsbeiträge zu erbringen. Als Sicherheitsbeauftragte eines Betriebes melden wir die Unfälle. Oder wir sorgen vor und nehmen eines der umfangreichen Angebote der Berufsgenossenschaften an. Es können zum Beispiel nicht nur Sicherheitsbeauftragte an Seminaren zur Unfallverhütung teilnehmen, sondern auch Sportwarte, Ärzte und Personalverantwortliche. Schließlich gibt es möglicherweise trotz aller Vorsorge einen Briefwechsel zu den Leistungen der Berufsgenossenschaft.

Lohn- und Gehaltsnachweis

Erinnerung an den Lohn- und Gehaltsnachweis

Sehr geehrtes Mitglied,

haben Sie uns vergessen? Ja, richtig, uns, die Berufsgenossenschaft, die dringend Ihren Lohn- und Gehaltsnachweis haben möchte. Und den wollen wir von unseren säumigen Mitgliedern wie immer in der Hektik des Jahreswechsels zwischen Steuerterminen und Weihnachtswunschzetteln!

Nun eilt es sehr! Der Abgabetermin lässt sich nicht verschieben (sechs Wochen nach Ablauf des Kalenderjahres, das ist der 11. Februar), denn er ist uns und Ihnen vom Gesetzgeber vorgeschrieben (in § 741 der Reichsversicherungsordnung – RVO). Sie wissen ja, wie wichtig dieser Nachweis auch für Sie selbst ist; denn wenn wir ihn nicht haben, müssen wir Ihre Lohn- und Gehaltssumme schätzen und das kann im Einzelfall zu Fehleinschätzungen mit unangenehmen Folgen führen.

Bitte denken Sie daran, dass die „Verletzung der Nachweispflicht" eine Ordnungswidrigkeit ist, die mit einem Bußgeld belegt werden kann. Sie darauf hinzuweisen ist unsere Pflicht. Reichen Sie uns den Lohn- und Gehaltsnachweis – gegebenenfalls formlos – möglichst sofort ein.

Mit freundlichem Gruß
Ihre
XY-Berufsgenossenschaft

Formlose Unfallmeldung

Mein Unfall am ... auf der BAB 3

Sehr geehrte Damen und Herren,

sicher genügt Ihnen als allererste Nachricht eine formlose Unfallmeldung. Ich verunglückte am ..., circa um 17:30 Uhr auf der Bundesautobahn 3 von Frankfurt nach Nürnberg kurz vor dem Autobahndreieck Biebelried.

So kam es zu dem Unfall: Ich stand mit meinem Auto als letztem Fahrzeug auf der linken Fahrbahnseite in einem Stau, der sich kurzfristig gebildet hatte. Von Ferne sah ich mit großer Geschwindigkeit einen Kleinlaster herankommen. Ich hatte meine Warnblinkanlage bereits eingeschaltet; doch der Kleinlaster schien weder meine Warnzeichen zu sehen noch zu bemerken, dass er bald auf das Ende eines Staus treffen würde. Zu spät leitete der Fahrer eine Vollbremsung ein. So fuhr er mit zwar abgebremster, aber dennoch großer Geschwindigkeit auf das Heck meines Autos auf. Bei dem Aufprall erlitt ich verschiedene Verletzungen. Bitte entnehmen Sie die Einzelheiten dem Bericht der Unfallklinik ...

Warum wende ich mich wegen des Unfalls an Sie? Weil es ein Unfall war auf dem Weg von meiner Arbeitsstelle nach Hause. In der fraglichen Woche hielt ich mich auf der Baustelle ... auf, die ich gegen 15:30 Uhr verließ. Im stockenden Freitagsverkehr kam ich bis 17:30 Uhr gerade einmal bis zur der Stelle, wo dann der Unfall geschah.

Bitte schicken Sie mir alle nötigen Unterlagen und Formulare, die ich gerne ausfüllen will, um die mir zustehenden Leistungen von Ihnen zu erhalten. Vielen Dank.

Mit freundlichen Grüßen Anlage

Antwort auf die Unfallmeldung

Unser Aktenzeichen 7589078940
Ihr Unfall vom ...

Sehr geehrter Herr Schwiegers,

Sie sind nach der Satzung freiwillig gegen die Folgen von Arbeitsunfällen versichertes Mitglied. Als solches erhalten Sie Leistungen wie die gesetzlich bei uns versicherten Personen, und zwar nach den Vorschriften der §§ 546 ff. der Reichsversicherungsordnung (RVO). Heilbehandlung und Berufshilfe leisten wir vom Tage des Arbeitsunfalles an (§ 557 Abs. 1 RVO und § 567 RVO). Das Verletztengeld beginnt mit dem Tage, an dem ein Arzt Ihre Arbeitsunfähigkeit wegen des Unfalls festgestellt hat.

Wir wollen Ihren Leistungsanspruch prüfen. Bitte helfen Sie uns dabei, da wir Ihnen sonst eventuell Leistungen versagen müssen, und beachten oder erledigen Sie die Punkte, die wir im nachfolgenden Text angekreuzt haben.

- Bitte senden Sie uns die beiliegenden Vordrucke umgehend zurück, sobald Sie die Fragen darin sorgfältig und umfassend beantwortet haben.

Antwort auf die Unfallmeldung

- Falls Sie sich bisher keinem Durchgangsarzt (Unfallarzt) vorgestellt haben, legen Sie bitte die beiliegende Mitteilung umgehend Ihrem Arzt vor.

- Bitte schicken Sie uns umgehend die Arbeitsunfähigkeitsbescheinigung, die Ihr behandelnder Arzt ausgestellt hat. Sofern weitere Voraussetzungen erfüllt sind, haben Sie für die Dauer der ärztlich bescheinigten Arbeitsunfähigkeit einen Anspruch auf Verletztengeld.

- Bitte teilen Sie uns Namen und Adresse Ihrer Krankenkasse sowie Ihre Mitgliedsnummer mit.

- Bitte senden Sie uns eine Bescheinigung Ihres Auftraggebers, aus der zweifelsfrei hervorgeht, dass Sie zum Zeitpunkt des Unfalls beruflich unterwegs waren.

Vielen Dank für Ihre rasche Erledigung alles Notwendigen.

Mit freundlichen Grüßen   Anlagen

Teilnahme an einer Ausschreibung

In der Süddeutschen Zeitung, der Frankfurter Allgemeinen Zeitung, dem Handelsblatt und einigen anderen größeren Tageszeitungen hat eine Stiftung ein Projekt ausgeschrieben. Es sucht eine Institution – universitärer oder auch außeruniversitärer Art –, die in Ägypten ein Trainingsinstitut zur Ausbildung einheimischer Manager aufbaut. Nach sorgfältiger Prüfung kommt ein privatwirtschaftliches Unternehmen zu der Ansicht, dass es sich nicht an der Angebotsabgabe beteiligen will. Dies begründet es sorgfältig, weil es in den Konditionen der Stiftung das Scheitern des Vorhabens angelegt sieht. Es macht ein Alternativangebot.

Aufbau eines Management-instituts in Ägypten

Sehr geehrter Herr Kratzki,

Sie und Ihre KollegInnen haben sehr viel Arbeit in das Projekt investiert und der auf diese Weise entstandene respektable Projektbericht kann sich sehen lassen. Wir haben ihn in unserem Team sorgfältig geprüft und sind unter Abwägung der erkennbaren Risiken zu der Einschätzung gelangt, uns in der ausgeschriebenen Form nicht an der Angebotsabgabe zu beteiligen. Allerdings bedeutet das nicht, dass wir an einer Zusammenarbeit mit Ihnen in diesem Fall kein Interesse haben. Im Gegenteil, wir wollen Ihnen unsere Sicht der Dinge beschreiben und auch qualifizierte Vorschläge unterbreiten.

In der Form, wie Sie das Projekt ausgeschrieben haben, kann sich unserer Meinung nach ein privatwirtschaftlich orientiertes Beratungsunternehmen nicht beteiligen, weil die Risiken nahezu einseitig beim Auftragnehmer liegen. Die vorgeschriebene Abrechnung nach erbrachten Leistungspositionen lässt nämlich Vorleistungen auf die Zukunft unberücksichtigt.

Nach unserer recht guten Kenntnis der ägyptischen Mentalität – sowohl im privaten als auch im geschäftlichen Bereich – rechnen wir mit zahlreichen Verzögerungen und Rückfragen. Dies alles aber ist in dieser Form nicht exakt kalkulierbar, weil eben nicht vorhersehbar. Auch die kaum vorhandene Erfahrung des ägyptischen Partners spricht nicht gerade für eine reibungslose Abwicklung. Die mangelhafte Telekommunikationsverbindung von und nach ... tragen das Ihre zur Erschwerung bei. Das alles sind keine grundsätzlichen Probleme, aber sie verursachen Aufwand und Kosten.

Sie erwähnen im Projektbericht bereits Schwierigkeiten im Vorfeld und bei der Durchführung Ihrer Feldanalyse. Dies bestätigt unsere Sichtweise der Dinge. Unsere ägyptischen Partner – zumeist Kopten – haben uns rechtzeitig auf die „Verbindlichkeit" von Aussagen hingewiesen. Eine Zusage besitzt keinen verbindlichen Wert und wird oftmals nur aus Höflichkeit gegeben. So mussten wir erleben, dass Terminvereinbarungen, die persönlich getroffen wurden, ohne jegliche Entschuldigung und auch im Nachhinein ohne Angabe von Gründen nicht eingehalten wurden. „Eine Absage gibt man nicht!", lautete die Antwort auf unsere Frage, warum der Partner nicht zum vereinbarten Termin erschienen sei.

Aufbau eines Management-instituts in Ägypten

Auch die zahlreichen für Europäer schwer verständlichen Hemmnisse und „die orientalische Empfindlichkeit" lassen es nach unserer Erfahrung sinnvoll erscheinen, mit größeren Pufferzeiten zu kalkulieren. Der Postversand von Deutschland nach Ägypten und umgekehrt dauert auf dem normalen Postweg etwa vier Wochen und länger. Lediglich der außerordentlich teure Einschreiben-Express-Versand schafft erträgliche Beförderungszeiten von ca. sieben Tagen. Unser Gewährsmann in Ägypten ...

Sehr geehrter Herr Kratzki, wir würden gerne die gesamte Thematik mit Ihnen in Ihrem oder in unserem Hause noch einmal besprechen. Dieser Wunsch gilt vor allem für den Fall, dass Sie kein brauchbares Angebot bekommen sollten. Aber auch unabhängig davon erscheint uns ein Gespräch für beide Seiten nützlich und fruchtbar. Bitte lassen Sie uns dazu bald Ihre Meinung wissen.

Mit freundlichen Grüßen

Anlage

Empfehlungsschreiben

Wozu dienen Empfehlungsschreiben? Früher, in den Zeiten, da es noch kaum Telekommunikation gab, waren die Anlässe für ein Empfehlungsschreiben häufiger. Heute können wir blitzschnell jemanden anrufen und uns dessen versichern, dass die Angaben einer Person über sich selbst und ihre Leistungen der Wahrheit entsprechen. Wir können das Gespräch sogar in Gegenwart des vermeintlich Schutzbefohlenen führen und Angaben sogleich auf Herz und Nieren prüfen, bevor wir uns ins Abenteuer stürzen. Manchmal aber kann es auch von Nutzen sein, ganz allgemein über ein Empfehlungsschreiben zu verfügen, um zum Beispiel weitere Kunden in der Branche zu akquirieren, neue Versicherungsnehmer zu gewinnen oder seine Ansichten in einem Bewertungsverfahren zu verbessern.

Schreiben über den Empfang einer Auszeichnung

Sehr geehrter Herr Simon,

Sie begleiten den Kundendienst unseres Unternehmens nun schon seit vielen Jahren. Wir möchten heute die Gelegenheit nutzen um Ihnen und Ihrer Mannschaft unseren herzlichsten Dank für Ihre Leistungen auszusprechen. Es ist Ihnen hervorragend gelungen unseren Mitarbeitern die neue Zing-Philosophie näher zu bringen.

Es hat sich gezeigt, dass durch Ihre Anstrengungen die Qualität unserer Service-Dienstleistungen einen hohen Standard erreichten. Die Absolventen Ihrer Ausbildungskurse haben durch ihr qualifiziertes Auftreten erheblich dazu beigetragen die Kundenzufriedenheit zu erhöhen.

Jedoch nicht nur die Leistungen Ihres Unternehmens, sondern auch Ihr persönliches Engagement veranlassen uns Sie auszuzeichnen. Wir nehmen Sie heute als Ehrenmitglied in unser „Pride-and-Service-Team“ auf. Als Auszeichnung erhalten Sie die „Pride-and-Service- Nadel“.

Herzlichen Glückwunsch und nochmals herzlichen Dank! Wir wünschen uns auch für die Zukunft eine gute Zusammenarbeit mit Ihnen.

Mit freundlichen Grüßen

Dank- und Empfehlungsschreiben zum Jahreswechsel

Sehr geehrter Herr Talis,

Sie arbeiten jetzt seit zwei Jahren sehr erfolgreich mit uns zusammen. Deshalb möchten wir den bevorstehenden Jahreswechsel zum Anlass nehmen, uns für Ihr Engagement und den Nachdruck zu bedanken, mit dem Sie sich für die Interessen der ... AG bei unseren gemeinsamen Projekten eingesetzt haben.

Sie haben nicht nur Vertriebserfolge. Sie haben durch Anregungen und Unterstützung bei der Umsetzung von Produktideen die ... AG mitbeeinflusst. Dafür erhalten Sie als Dank und Anerkennung als erster Partner die „150-Jahre-...-Medaille".

Für die Zukunft, insbesondere das Neue Jahr, wünschen wir Ihnen alles Gute, Gesundheit und die alte Tatkraft!

Wir grüßen Sie herzlich

Dankesbrief eines Kunden

Sehr geehrte Damen und Herren,

Sie können stolz sein auf Ihren Herrn Herterich, dessen Einsatz wir diesen Brief widmen.

Am 8. Juli ... haben wir in Ihrem Hause einen Teppich aus Nepal gekauft, dessen Kaufpreis wir per beiliegendem Scheck begleichen. Wir danken für die vorzügliche Beratung und für den prompten Service. Wir beobachten recht aufmerksam das Verkaufsverhalten unserer Lieferanten. Ihr Mitarbeiter, Herr Herterich, hat uns nicht nur sehr kompetent beraten und engagiert bedient, sondern auch dafür Sorge getragen, dass die Lieferung umgehend und pünktlich zum vereinbarten Termin – um 8:00 Uhr morgens! – erfolgt ist.

Bitte übermitteln Sie ihm nochmals unseren Dank.

Mit den besten Grüßen   Anlage

Empfehlungsschreiben für den Sohn eines Geschäftsfreundes

Lieber Max,

diesen Brief wird dir ein junger Mann, Herr Hermann Wuster, übergeben, den ich sehr schätze. Ich kenne ihn von Kindesbeinen an, da er der Sohn eines Freundes ist.

In den letzten fünf Jahren hat Hermann Wuster engagiert und mit großem Fleiß das Studium der Betriebswirtschaft betrieben. Oft kam er zu mir und diskutierte mit mir dieses und jenes Problem, das ihm im Studium begegnete. Dabei konnte ich beobachten, dass der junge Mann durchaus einen Sinn für die Praxis hat. In vielen Fällen, die wir besprachen, hat er sehr schnell praktische Folgen betriebswirtschaftlichen Handelns erkannt.

Hermann Wuster war stets daran interessiert meine Meinung zu hören, die er seinerseits sehr schätzt. Daraus wirst du entnehmen können, lieber Max, dass Hermann keinesfalls ein naseweiser Diplomand ist. Oh nein, er startet in die Welt um jetzt erst richtig zu lernen, sagt er.

Wenn du dich in den nächsten Wochen entschließen solltest, es mit einer jungen, engagierten Nachwuchskraft zu versuchen, dann empfehle ich dir: Versuche es mit Hermann Wuster.

Lass bald einmal von dir hören.

Dein

Empfehlung eines Mitarbeiters an den brasilianischen Niederlassungsleiter

Sehr geehrter Señor Hernandez,

Sie kennen unseren langjährigen Generalvertreter für das Bundesland Baden-Württemberg, Herrn Alfons Bierle. Er ist seit 25 Jahren der Eckpfeiler unseres Verkaufserfolges im Südwesten. Herr Bierle plant nun anlässlich eines Familienjubiläums eine vierwöchige Urlaubsreise nach Südamerika. Er will in Brasilien beginnen, den Amazonas bis Manaus hinauffahren und anschließend im Süden die eindrucksvollen Wasserfälle in Iguaçu besuchen.

Empfehlung eines Mitarbeiters an den brasilianischen Niederlassungsleiter

Sie als unser Niederlassungsleiter in Rio kennen die touristischen Möglichkeiten Ihres Landes am besten. Bitte stellen Sie doch ein Reiseprogramm zusammen und schicken Sie es bis zum 30. April an mein Büro. Wenn es Ihre Zeit erlaubt, wäre es vorteilhaft, wenn Sie Herrn Bierle und seine Familie vom Flughafen abholten und eine Cajpirinha als Willkommenstrunk kredenzten.

Bei der Beschaffung innerbrasilianischer Flugtickets kann Ihr Büro sicher behilflich sein. Herr Bierle ist Selbstzahler. Die Kosten für ein elegantes Diner in Rio übernimmt aber die Marketingabteilung. Bitte übersenden Sie mir die Rechnung unter Hinweis auf diesen Brief.

Alles Gute und freundliche Grüße aus Deutschland

Empfehlung eines Journalisten an einen amerikanischen Firmenbetreuer

Hallo John!

Sie werden sich sicher darüber freuen: Der bekannte Fachjournalist Alfred Eiermann wird am 31. Mai zu einem mehrwöchigen USA-Trip aufbrechen. Er plant außer unserem Stammhaus in Boston noch einige Mitbewerberunternehmen in der Umgebung zu besuchen und einen Abstecher ins Silicon Valley zu unternehmen.

Herr Eiermann ist ein aufmerksamer und kritischer Beobachter des Marktes hier in Deutschland. Wir wünschen uns, dass sein Besuch bei unserer Mutter in den USA reibungslos und professionell abläuft. Sie sollten Gespräche mit Mr. Duffin und Mr. Brinkman einplanen, jeweils eine Stunde etwa.

Herr Eiermann gilt als Kenner der Neuenglandstaaten. Für ein kulturelles Glanzlicht in seinem Berufsprogramm wäre er sehr empfänglich.

Aber bitte keine Anbiederung; Herr Eiermann könnte das missverstehen!

Good luck

Yours

Ankündigungen und Einladungen

Die Gelegenheiten, zu denen wir auch im geschäftlichen Umgang einladen können, sind recht zahlreich. Nicht nur Geburtstage und Jubiläen wollen gefeiert werden. Auch Vernissagen, Messen, Geschäftseröffnungen sind ausgezeichnete Gelegenheiten wertvolle Kontakte herzustellen.

Einladung von Anzeigenkunden zu einer Vernissage

Einladung der Galerie des Grantelhausener Anzeigers

Sehr geehrter Herr Kirchhoff,

Sie wissen eine gute Platzierung sehr zu schätzen. Auch Kunst will sich platzieren und dabei unterstützen wir vor allem junge Künstler. Heute laden wir Sie ein zur

Vernissage mit Hermann Stronsdorf,
der uns am 6. Mai um 19:30 Uhr
seine Installation im Kunstforum präsentiert:

GERÜSTE – BAUTEN – ÜBERBAUTEN

Gerüste sind Hilfskonstrukte, sind Unterbauten für Ingenieure – ebenso wie Gedankengebäude. Hermann Stronsdorf beginnt mit dem Rüstzeug, das er dem Betrachter seiner Arbeiten empfiehlt. Er konkretisiert die Stützen des Sehens. Indem er die Konditionen des kunstbetrachtenden Blicks vorgibt, sagt er gleichzeitig etwas über die Traditionen aus, die diesen Blick bis heute beeinflusst haben ...

Der vorhergehende Abschnitt ist ein Auszug aus dem Ausstellungskatalog, den wir Ihnen am 6. Mai zur Verfügung stellen werden, damit Sie die Installation eigenständig erkunden können.

Wir freuen uns auf Ihren Besuch.

Mit freundlichen Grüßen

Einladung von Geschäftsfreunden zur Geburtstagsfeier

Feste soll man feiern, wie sie fallen,

sehr geehrter Herr Sinus!

Ich nehme einmal an, dass Sie, Ihre Gattin und Ihr Herr Richter mit seiner Gattin gerne zu meiner Geburtstagsfeier kommen. Ich lade Sie jedenfalls herzlich ein, meinen

50sten Geburtstag

mit mir zu feiern. Ja, schon den fünfzigsten! Ich habe das Gefühl, dass die Jahre nur so dahingeflogen sind. Ich deute dies aber als ein gutes Zeichen, denn es bedeutet Nachfrage, Produktion und Beschäftigung.

Ich freue mich sehr, wenn ich Ihnen gegen 18:00 Uhr am ... das Glas reichen kann. Aber nicht nur. Gleichzeitig erwartet Sie eine Sondervorführung unserer Marketingabteilung.

Bitte sagen Sie uns bis zum ... Ihr Kommen zu.

Ich grüße Sie freundlich

Einladung von Kunden und Interessenten zum Sommerfest mit Workshop

Sommerfest mit Workshop

Sehr geehrter Herr Dr. Biffl,

Sie vermuten ganz richtig. Auch dieses Jahr gibt es ein Sommerfest bei der ... Wir laden Sie herzlich ein am

2. Juli ..., ab 10:00 Uhr

unser Gast zu sein. Wie in jedem Jahr findet das Fest in unseren Räumen in ... statt.

Auf der Rückseite dieses Briefes finden Sie das diesjährige Programm. Für den Vormittag planen wir einen Workshop. Referenten aus unserem Kunden- und Interessentenkreis geben Ihnen die Möglichkeit sich über aktuelle Themen zu informieren.

Am Nachmittag schließlich gehen wir zum gemütlichen Teil über. Geplant sind eine Busfahrt nach Kelheim zum Donaudurchbruch, die Besichtigung der weltberühmten Asamkirche im Kloster Weltenburg und eine Dampferfahrt auf der Donau. Den Abend werden wir zünftig in einem Forsthaus ausklingen lassen. Der Bus fährt dann gegen 23:00 Uhr zurück.

Brauchen Sie ein Zimmer? Wenn ja, helfen wir Ihnen gerne. Bitte kreuzen Sie Ihre Wünsche auf der beiliegenden Antwortkarte an und lassen Sie uns alles rechtzeitig wissen.

Wir freuen uns auf Sie.

Mit freundlichen Grüßen Anlagen

Einladung zum Standbesuch während eines Kongresses

Kundendienstleitertagung ... in Bad Brückenau

Sehr geehrter Herr Siemering,

besuchen Sie uns auf unserem Stand beim Kundendienstleiterkongress am 20. und 21. Oktober ...? Wir laden Sie herzlich ein! Sie finden uns im Foyer des Tagungszentrums in Bad Brückenau.

Sie wissen es: Wir sind das führende Beratungsunternehmen für Kundendienste. Viele Kundendienstleiter und Kundendienstorganisationen arbeiten seit über zehn Jahren zu ihrem Nutzen erfolgreich mit uns zusammen. In Bad Brückenau informieren wir Sie über aktuelle Themen wie

- Personalentwicklung
- Organisationsentwicklung
- Training und Beratung.

Rufen Sie uns an, damit wir einen Termin vereinbaren können. Gerne kommen wir auch bei Ihnen vorbei. Während des Kongresses erreichen Sie uns über das Tagungszentrum.

Besuchen Sie uns! Wir freuen uns darauf.

Mit den besten Grüßen

Ein Geschäftsführer lädt Mitarbeiter zu einem persönlichen Jubiläum

Hätten Sie im Mai ... geglaubt,

liebe Mitarbeiterinnen und liebe Mitarbeiter,

dass ich zehn Jahre lang Ihr Geschäftsführer bleiben würde? Welche Kontinuität, nachdem meine Vorgänger Jahr um Jahr wechselten. Lag's wohl an der „Nasenkompatibilität" zwischen Ihnen und mir, dass seitdem ein von innen und außen deutlich zu erkennender Zug ins Unternehmen kam? Vielleicht. Die meisten von Ihnen sind noch länger „dabei" als ich. Ganz besonders mit Ihnen, aber natürlich auch mit unseren Newcomern möchte ich feiern.

Das wissen Sie schon? Umso besser! Denn dann rechnen Sie bestimmt am

20. Mai ..., ab 10:00 Uhr

mit einer Feier und genau dazu lade ich Sie in. Seien Sie meine Gäste. Ich freue mich auf mein Jubiläum, das in gewisser Weise ein gemeinsames Jubiläum ist. Denn ohne Sie, ohne eine Crew, die mitzieht, hätte ich nicht über weite Strecken so erfolgreich sein können.

Feiern sind ein willkommener Anlass gemeinsam stolz zu sein.

Ich grüße Sie

Ihr

Woodhouse Enterprises besteht nun 15 Jahre!

Einladung von Lieferanten und Geschäftspartnern zum Firmenjubiläum

Sehr geehrter Herr Dr. Durlach,

hätten Sie's gedacht, dass wir uns mit unserer etwas „spinnerten" Idee so lange halten? Und nicht nur das. Mit unserer Idee haben wir mitten ins Schwarze getroffen und uns erfolgreich auf dem Markt etabliert.

Sicher, vor fünfzehn Jahren, da war der Anfang schon etwas schwer. Mit Holz, sagte man allerorten, da bauen doch nur die Skandinavier und vielleicht noch die Amerikaner; aber die Deutschen? Niemals! Und doch hat sich unsere Idee durchgesetzt. Dabei hat uns die Entwicklung hin zu umweltfreundlichen Baustoffen natürlich geholfen. Diese Entwicklung schritt zunächst schleppend, dann aber mit Riesenschritten voran.

Mittlerweile vertreiben wir Holzbauten nicht nur von unseren skandinavischen Partnern. Auch mit kanadischen Herstellern und zuletzt sogar mit russischen konnten wir erfolgreich ins Geschäft kommen.

Dass wir uns so erfolgreich durchgesetzt haben, das wollen wir zusammen mit Ihnen feiern. Wann? Am ... in unseren Räumen. Ab 10:00 Uhr freuen wir uns auf Sie!

Wir grüßen Sie

Einladung zur 175-Jahr-Feier

Einladung zum Firmenjubiläum eines altehrwürdigen Konzerns

Sehr geehrter Herr Graumann,

was die Bietigmann AG ausmacht, das kann niemand in einen einzigen Brief hineinschreiben. Deshalb verzichten wir an dieser Stelle auch auf den kleinsten Ansatz, denn mit diesem Brief erhalten Sie eine Festschrift zur 175-Jahr-Feier des Konzerns.

Wir würden uns freuen, wenn Sie an der offiziellen Feierstunde in den Römerhallen in Bad Schwangau teilnehmen könnten. Herr Dr. Immelmann, Vorsitzender des Vorstands, lädt Sie dazu ein. Bitte lassen Sie uns bis zum ... wissen, ob Sie teilnehmen werden.

Mit freundlichen Grüßen

Anlagen

Einladung zum Stand auf der Hannover-Messe

Klein, aber fein,

sehr geehrter Herr Dr. Blockner,

sind wir nicht nur im wirklichen Leben. Auch unser Stand auf der Hannover-Messe wird es sein; jedoch nicht zu klein um Sie dort zu empfangen und mit allen Annehmlichkeiten zu versehen, die Sie sich von einem Geschäftspartner wünschen.

Neben einem klimatisierten Besprechungszimmer, Erfrischungen und einem Imbiss bieten wir Ihnen natürlich auch unsere Neuentwicklungen. Dies sind in diesem Jahr ganz besonders filigrane Stücke zur Durchflussregulierung. Unsere Ingenieure sind wahre Künstler. Deshalb gibt es für uns auch keinen nennenswerten Wettbewerb.

Sie finden uns in Halle A, Planquadrat B, Gang D, Stand 508. Bitte vereinbaren Sie einen Termin mit Herrn Dr. Grieß. Er wird Sie auf der Messe gerne begrüßen.

Wir wünschen Ihnen gute Geschäfte und grüßen Sie

Einladung zur CeBIT

Sehr geehrter Herr Buckmann,

Sie fragen sich möglicherweise schon, welchen Trend wir für die diesjährige Messe verkünden. Hier ist er.

Die CeBIT wird in vier Wochen ihre Pforten öffnen. Unter den zahlreichen Ausstellern aus aller Welt werden auch wir in diesem Jahr zwei Weltneuheiten auf dem Kommunikationssektor präsentieren. Produkte, die sich schon kurz nach ihrer Verkaufsfreigabe im Mai zu einem absoluten Renner entwickeln werden. Einem ausgewählten Kreis unserer langjährigen und besten Geschäftsfreunde geben wir die Gelegenheit sich unbelästigt vom zu erwartenden Messetrubel über unsere Neuheiten umfassend zu informieren.

Wir laden Sie zu unserem Eröffnungsempfang am ... in unseren Messepavillon ein. Dort wird Sie der Sprecher unserer Geschäftsleitung, Herr Dr. Holmers, in einer kleinen Feierstunde willkommen heißen und verdiente Geschäftspartner auszeichnen. Sie zählen zu diesem handverlesenen Kreis.

Wir freuen uns sehr, Sie mit Ihrer Gattin als unsere Gäste in Hannover zu begrüßen. Die Hotelreservierung übernimmt unser Messesekretariat (Durchwahl -...). Nach dem offiziellen Teil und der Ehrung laden wir Sie in die Leine-Terrassen zu einem festlichen Diner, zu dem auch der Herr Ministerpräsident sein Kommen zugesagt hat.

Bitte bestätigen Sie uns formlos Ihre Teilnahme.

Mit freundlichen Grüßen

Einladung zu einer Geschäftseröffnung

Endlich wird es in Rohrbach einen Teeladen geben!

Sehr geehrte Kundin, sehr geehrter Kunde,

Sie kennen uns noch nicht. Wir kennen Sie noch nicht. Das möchten wir unbedingt ändern. Und wir glauben, dass es sich für Sie lohnen wird. So vermessen sind wir!

Wir bieten Ihnen nicht nur feinste Darjeelings und kräftige Tees aus Assam. Wir bieten Ihnen auch wertvolles Porzellan, bildschöne Seidenblumen und viele, viele Geschenkartikel wie handbemalte Teedosen und mundgeblasene, zarte Kerzenständer aus Glas. Am

2. Juli ..., ab 8:00 Uhr früh

können Sie alle diese wunderbaren Dinge in unseren neuen Geschäftsräumen selbst bewundern. Wir laden Sie herzlich dazu ein. Und nicht nur das. Sie werden eine kleine Überraschung als Begrüßung erhalten.

Wir freuen uns auf Sie.

Ihr

Einladung zur Inbetriebnahme einer neuen Druckmaschine

Hurra! Endlich ist sie da, unsere neue 4-Farben-Druckmaschine von ...

Sehr geehrter Herr Hunold,

Sie sind herzlich eingeladen unsere Freude über den Neuankömmling mit uns zu teilen. Sie wissen, wie sehr wir auf diese Kapazitätserweiterung gewartet haben. Am

20. Januar ..., um 10:00 Uhr

werden wir die Maschine zum ersten Mal anlaufen lassen. Wollen Sie dabei sein? Wir bitten Sie darum. Anschließend gibt es einen kleinen Imbiss.

Wir freuen uns auf Sie und grüßen Sie herzlich

Ihre

Einladung zu einer Betriebsbesichtigung

Ihre Anfrage „Sauerstoffverdichter“

Sehr geehrter Herr Herz,

vor geraumer Zeit schon äußerten Sie den Wunsch, unseren Sauerstoffverdichter Typ XYZ einmal zu besichtigen. Bald wird dies möglich sein. Es bietet sich eine, wie Sie wissen, seltene Gelegenheit, dies im Inland und ohne große Anfahrtswege zu tun.

Die Firma Meierbrink hat sich freundlicherweise bereit erklärt, einem ausgewählten Personenkreis gegen Ende der regelmäßigen Wartungsarbeiten ihren Turboverdichter vorzuführen. Wir erwarten Sie deshalb

am Mittwoch, dem 27. Mai ..., um 9:00 Uhr

in den Räumen der Firma Meierbrink in Bad Hugenstedt, Salamanderstraße 17. Bitte melden Sie sich beim Pförtner, Eingang C 4. Dort werden wir Sie abholen. Es ist geplant den Verdichter im Laufe des Tages wieder anzufahren.

Bitte geben Sie uns bis zum ... schriftlich oder telefonisch – Frau Gierlich, Durchwahl -... – Bescheid, ob Sie an der Besichtigung teilnehmen werden.

Mit freundlichen Grüßen

Einladung zu einer Presserundreise

Besichtigung der Solarkraftwerke Rio Plata und Alta Doble in Esqueiro

Sehr geehrte Frau Schütz,

seit langem beschäftigen Sie sich publizistisch mit dem Thema Alternative Energien. Dabei räumen Sie der Energiegewinnung aus Sonnenenergie besondere Bedeutung ein.

Als Betreiber mehrerer Anlagen in Spanien, Griechenland und Kalifornien laden wir Sie ein die beiden kürzlich fertiggestellten Anlagen in Esqueiro zu besichtigen. Diese beiden Anlagen – Versuchsanlagen wie die meisten anderen – entsprechen dem neuesten Stand der Solarenergietechnik. Vergleichen Sie dazu bitte den beiliegenden Prospekt und die Kurzbeschreibung mit allen wichtigen technischen Daten.

Die Reise beginnt Montag, den 17. Juni ..., circa 11:00 Uhr. Zu diesem Zeitpunkt erwarten wir Sie am Franz-Josef-Strauß-Flughafen in München, wahrscheinlich Abflughalle D zum Flug nach Madrid. Der Flug wird circa vier Stunden dauern. Ab Madrid fliegen wir weiter mit der gecharterten Maschine einer Regionalfluggesellschaft zum Landeplatz in der Nähe der Solarkraftwerke. Von dort aus wird uns ein Bus in das Hotel „Mira Montana“ bringen. Zur Einstimmung auf die Besichtigungen der nächsten zwei Tage wird Herr Professor Dr. Kurt Hasenbrink einen Vortrag halten über „Entwicklungen und Perspektiven der Solarenergiegewinnung bis zum Jahre 2030“. Anschließend wird Gelegenheit sein zu einem ersten Gedankenaustausch unter den Teilnehmern.

Am 18. Juni ... werden wir um 9:00 Uhr mit einem Bus vom Hotel zum Werk „Rio Plata“ fahren. Dort erwarten Sie unsere Ingenieure, die ihnen die einzelnen Abschnitte und grundsätzliche Funktionsweisen der Anlage erläutern werden. Beim Mittagessen wird Gelegenheit bestehen, Herrn Professor Ruiz Sanchez, den Direktor der Anlage, zu befragen. Um circa 16:00 Uhr wird Sie der Bus zurück ins Hotel bringen, wo Sie Gelegenheit haben werden erste Artikel über die bereitgestellten Telefaxe an Ihre Redaktionen zu versenden. Für den Abend dieses Tages haben wir uns eine besondere Überraschung ausgedacht.

Einen ähnlichen Ablauf planen wir für den 19. Juni ... und die Besichtigung der Anlage „Alto doble". Den Rückflug haben wir für den Nachmittag des gleichen Tages vorgesehen. Wir starten um circa 17:00 Uhr vom Flugplatz in der Nähe der Anlage.

Bitte schicken Sie uns bis zum ... Ihre schriftliche und verbindliche Zusage. Selbstverständlich werden Ihnen für diese Reise keine Kosten entstehen.

Mit freundlichen Grüßen

Anlagen

Jagdeinladung auf einen Bock

Einladung zur Bockjagd

Sehr geehrte Frau Doktor Grün,

„Welch eine passionierte Jägerin!", schoss es mir durch den Sinn, als Sie bei unserer letzten Hegeringversammlung die Abschlussrede hielten. Eine Diana unter uns Hubertusjüngern, fürwahr!

Sie haben sich in den letzten Jahren mehr als nur verdient gemacht, wenn es um die Belange unseres Waidwerks ging. Mit viel Sachverstand haben Sie bewiesen, dass eben auch eine Jägerin in der klassischen Domäne der Männer ihre Frau stehen kann. Dafür danke ich Ihnen im Namen der Kreisgruppe.

Als persönliche Anerkennung lade ich Sie zur Jagd auf den „roten Bock" während der Blattzeit in mein Revier im Donaumoos ein. Sie haben „freie Büchse". Was sollte ich einer so erfahrenen Diana noch sagen?

Bitte rufen Sie mich doch in den nächsten Tagen an, damit ich Ihnen eine genaue Wegbeschreibung geben kann.

Bis bald – Horrido!

Ihr

Einladung zur Hirschjagd

Jagdeinladung auf einen Hirsch

Sehr geehrter Herr Dr. Büchse,

noch ist Faistzeit, aber in wenigen Wochen werden die Platzhirsche lauthals ihren Anspruch im herbstlichen Revier verkünden. Ich habe Sie in den zahlreichen Gesprächen der letzten Jahre als einen engagierten und passionierten Waidmann kennen gelernt. Dass Sie eine treffsichere Flinte führen, haben Sie ja mehr als einmal bewiesen. Ich freue mich ganz besonders Ihnen nun eine

Einladung auf einen Rothirsch (Ia)

übermitteln zu können. Meinen Revierjäger, Herrn Wildmeister Schönborn, habe ich instruiert und er erwartet Ihren Anruf in den nächsten Tagen. Bitte disponieren Sie zwei bis drei Tage während der Brunft. Sie sind mein Gast im Jagdhaus. Bedenken Sie bitte, dass Sie dort ohne Telefon und sonstige moderne Kommunikationsmittel sein werden.

Wildmeister Schönborn wird Sie am vereinbarten Treffpunkt abholen, fahren und führen. Wenn Sie gut zu Fuß sind, empfehle ich die Pirschjagd dem Ansitz vorzuziehen. Das Revier ist sehr gebirgig (900 bis 2100 m) und setzt körperliche Fitness voraus.

Ich wünsche Ihnen erlebnisreiche Tage, allzeit guten Anblick und ein kräftiges Waidmanns Heil!

Ihr

Schreiben zur feierlichen Verabschiedung einer Führungskraft

Lieber Herr Dr. Eck,

bald werden Sie uns verlassen. Als Ihre Mitarbeiter bedauern wir das zutiefst. Ihnen als Privatmenschen gönnen wir natürlich den Ruhestand aus tiefstem Herzen.

Am 1. März ... traten Sie als 30-jähriger junger Mann in die Dienste der ... ein, wie unser Unternehmen damals noch hieß. Acht Jahre davor hatte die ... bereits ihr hundertjähriges Jubiläum gefeiert. In Ihrem Bewerbungsschreiben legten Sie den Schwerpunkt auf die Gebiete, auf denen Sie durch Ihren verehrten Lehrer, Herrn Professor Magnussen, besonders gefördert und auch entscheidend geprägt wurden. „Marketingpolitik in der Investitionsgüterindustrie“ lautete das Thema Ihrer Dissertation.

Als Sie vor 30 Jahren in unserem Hause Ihre berufliche Laufbahn begannen, hatten Sie bereits einige Jahre als Assistent eines der ganz großen Geister der deutschen Betriebswirtschaftslehre hinter sich. Ungewöhnlich für einen Betriebswirt war Ihre ausgeprägte Neigung zur Technik, speziell zum Maschinenbau. Ihr Interesse an Vertriebs- und Marketingthemen, gepaart mit einem ausgezeichneten betriebswirtschaftlichen Hintergrund, ließ Sie, verehrter Herr Dr. Eck, bald zu einem unentbehrlichen Mitarbeiter in der betriebswirtschaftlichen Abteilung werden. Bereits drei Jahre später übertrug Ihnen der Vorstand Handlungsvollmacht und die Leitung dieser Abteilung.

Mit der Ihnen eigenen systematischen Arbeitsweise und einer ausgeprägten Loyalität haben Sie maßgeblich an den Vorbereitungen des Konzernausbaus mitgewirkt. Ihre wissenschaftliche Qualifikation bot Ihnen und dem Unternehmen die Gewähr, die zahlreichen Übernahmesondierungen mit dem notwendigen Fingerspitzengefühl für uns erfolgreich zu führen. Sie haben sich stets an die Magnussen-These angelehnt, dass „Wissenschaft sich nicht im luftleeren Raum entwickeln darf ...“ und dass ihre sinnvolle Anwendung sich in der Praxis der Unternehmen wiederfinden lassen muss. Ihre Aufgabe im Hause haben Sie stets als die eines Beraters des Vorstands verstanden.

In dieser Funktion haben Sie 30 Hauptversammlungen organisiert und der Gestaltung unserer Geschäftsberichte ihr Gepräge gegeben. Ich danke

Ihnen im Namen des Vorstands, dass Sie unendlich viel Geduld bewiesen haben, wenn Sie uns die von Ihnen erarbeiteten Aufsichtsratsvorlagen akribisch genau erläuterten und mit vielen Fachdetails immer wieder anreicherten. Der Vorstand hat sich durch Sie immer ausgezeichnet beraten gefühlt. Das ging manches Mal so weit, dass die Gesprächspartner der anderen Seite oft verblüfft waren darüber, welche Detailkenntnisse wir dank Ihrer Hilfe, lieber Herr Dr. Eck, doch besaßen.

Schreiben zur feierlichen Verabschiedung einer Führungskraft

Und wir bedurften deren viele! Lassen Sie mich kurz an dieser Stelle einige Beteiligungsverhältnisse nennen, an deren Zustandekommen Sie maßgeblich durch Analyse und Bewertung beteiligt waren:
...

Sie haben die Betriebswirtschaftliche Abteilung zu einem Beteiligungs-Controlling entwickelt. Dazu mussten Sie sich ständig über die wirtschaftliche Lage dieser Unternehmen informieren, über die Entwicklung der Aktienkurse Bescheid wissen und das nicht immer freundliche Bild der ... in der Presse beobachten. Nur durch so viel zusätzliche Fleißarbeit gelang es Ihnen, dem Vorstand für jede Aufsichtsratssitzung das erforderliche Material sachkundig aufzubereiten. Wir konnten so unsere Kontrollfunktion kompetent wahrnehmen.

Seit dem 1. Januar ... zeichnen Sie mit Gesamtprokura für die ... verantwortlich. Ich habe im persönlichen Kontakt den Eindruck gewonnen, dass Sie mit Ihrer Aufgabe im hohen Maße zufrieden sind. Befriedigung zu finden in seiner beruflichen Tätigkeit – wer strebte nicht danach? Ihre hohe Identifikation mit Ihrer Arbeit drückt sich ja auch darin aus, dass Sie immer wieder betont haben: Sie würden, wenn Sie nochmals zu wählen hätten, sich wieder für Ihren jetzigen Beruf entscheiden.

In der Festschrift der ... zu ihrem hundertjährigen Jubiläum stehen die Sätze: „... Sie (die Gesellschaft) zog immer wieder Kräfte an, welche die Besonderheit des Unternehmens begriffen und in dem hier gepflegten Sinn zu wirken verstanden, auch wenn die Entwicklung neue Wege wies." Lieber Herr Dr. Eck, in diesem Sinne haben Sie sich um die ... verdient gemacht!

Ihr Lebensmittelpunkt blieb stets .... Dort, im Kreis Ihrer Familie, schöpften Sie Kraft für Ihre Arbeit in München. Es gab für Sie kein Zögern, als der

Umzug nach München im Jahr ... beschlossene Sache war. Die „Weltstadt mit Herz“ hat es Ihnen ja auch leicht gemacht, sich in ihren Mauern wohl zu fühlen.

Hätten Sie, lieber Herr Dr. Eck, noch vor einigen Jahren daran gedacht, dass Sie zu einem unerschöpflichen Tipgeber für ein Wochenende in München oder Bayern werden würden? Ich weiß, dass Sie ein Bayernfan geworden sind. Und doch zieht es Sie jetzt wieder nach Hause ins mit viel Liebe zum Detail geplante und gebaute Zuhause. Es muss Ihnen damals viel Freude bereitet haben, zahlreiche eigene Vorstellungen in die Tat umzusetzen und am eigenen Heim wachsen zu sehen.

Schreiben zur feierlichen Verabschiedung einer Führungskraft

Ein Mann wie Sie wird auch im Ruhestand sich nicht nur dem Briefmarkensammeln und der Fotografie hingeben. Beide verlangen aber sicher nach einem Menschen mit Ihrer charakterlichen Ausprägung: Geduld, Akribie, feinen Sinn für das Wahrnehmbare, Statik und Dynamik zugleich.

Ihrem Kollegen Herrn Ehrmann haben Sie erzählt, dass Sie nun dem „Gehste-Club“ beitreten werden. Ich muss das hier etwas ausführlicher erläutern. „Gehste-Club-Mitglieder“ sind Menschen, die Ihre Freiheit und Freizeit aktiv erleben, im Sinne von „Gehste mal zur Demo, gehste mal Einkaufen, gehste in den Park, gehste mal in Urlaub.“ Die neue Freiheit wollen Sie ja auch nutzen für viele Reisen mit Ihrer Frau und zum Lesen der von Ihnen so geschätzten historischen Romane, wofür bisher wenig Zeit blieb. Ihre Begabung, die Bereitschaft zu lebenslangem Lernen, die Geduld, sich Menschen genau anzusehen und ihnen gut zuzuhören und sich erst dann eine Meinung zu bilden, ist selten geworden in unserer schnellebigen Zeit. Wir werden diese Ihre Fähigkeiten bei der ... vermissen. Nicht nur der Vorstand, auch die Mitarbeiter verlieren in Ihnen einen hochgeschätzten Kollegen.

In unser aller Namen wünsche ich Ihnen einen gesunden und glücklichen Ruhestand. Mögen sich alle Ihre Hoffnungen und Wünsche in der Zukunft erfüllen. Wenn Sie Ihr Weg nach München führt, werden Sie bei der ... immer offene Türen finden.

Lieber Herr Dr. Eck, ich danke Ihnen und grüße Sie mit aller Herzlichkeit

Ihr

Zusagen und Absagen

Zusage zur Feier des 50. Geburtstags

Einladung zu Ihrem Ehrentage

Sehr geehrter Herr Gewandt,

dass Sie nicht nur mich, sondern auch meine Frau, meinen Prokuristen und dessen Gattin zu Ihrem Geburtstag einladen, freut mich außerordentlich. Gerne nehmen wir diese Einladung vollzählig an.

Nicht nur auf Ihre Feier sind wir neugierig, die Sie sicher großartig wie immer gestalten werden; nein, auch auf die Sondervorführung Ihrer Marketingabteilung sind wir sehr gespannt.

Wir freuen uns und kommen gerne und pünktlich zu viert.

Mit den besten Grüßen

Absage zur Feier des 50. Geburtstags

Ihre Einladung zum 50sten

Sehr geehrter Herr Gewandt,

gerne, sehr gerne wäre ich zu Ihrem Geburtstag erschienen. Sie wissen, wie sehr ich das Feiern schätze und dass ich nur mit großem Bedauern ein Fest auslasse. Doch dieses Mal muss ich es, auch wenn es Ihr 50ster ist, was mir meine Absage nur noch bitterer macht.

Es ist nicht aufzuschieben. In der nächsten Woche muss ich dringend nach Brasilien. Der Nachschub unseres treuesten Lieferanten ist ins Stocken geraten und wir können telefonisch nicht ausreichend klären, woran das liegt. Dringend, sehr dringend muss ich mir ein Bild der Lage vor Ort machen. Sie wissen, dass meine Geschäfte zu einem großen Teil von diesem Lieferanten quasi abhängen.

Ich bitte Sie um Verständnis für meine Lage. Sobald ich aus Brasilien zurückkomme, werden wir, wenn Sie und Ihre Gattin das möchten, ein wenig des Versäumten nachholen. Einverstanden?

Ich grüße Sie herzlich und werde versuchen, Sie an Ihrem Ehrentage telefonisch zu erreichen.

Ihr

Zusage zur 175-Jahr-Feier eines Unternehmens

Ihre Einladung zur Feierstunde der Bietigmann AG

Sehr geehrter Herr Dr. Immelmann,

für die Ehre der Einladung zur Feierstunde Ihrer AG danke ich herzlich. Gerne nehme ich die Einladung an. Ich werde pünktlich um 11:00 Uhr am ... in den Römerhallen in Bad Schwangau erscheinen.

Mit freundlichen Grüßen

Absage zur 175-Jahr-Feier eines Unternehmens

Ihre Einladung zur 175-Jahr-Feier

Sehr geehrter Herr Dr. Immelmann,

meinen besten Dank für die Ehre und das Vergnügen von Ihnen persönlich zur Feierstunde der Bietigmann AG eingeladen zu werden. Gerne wäre ich dieser Einladung mit großer Freude und großem Interesse gefolgt.

Der Termin war mir selbstverständlich schon bekannt, bevor mich Ihre geschätzte Einladung erreichte. Über ein Jahr lang hatte die Feier bereits einen festen Platz in meinem Herzen und in meinem Terminkalender.

Dennoch zwingen mich zur Zeit dringende unternehmerische Umstände, die ich Ihnen sicher nicht näher erläutern muss, zu einer Reise in den Fernen Osten. Sie ist nicht verschiebbar, geht es doch um den Zuschlag zu einem Milliarden-Projekt, an dem wir, wie Sie wissen, beteiligt sind.

Herr Sanders wird mich nicht begleiten, sondern an meiner Stelle zu Ihrer Feier kommen um Ihnen und der AG die Ehre zu erweisen. Ich bitte um Ihr Verständnis.

Mit besten Grüßen

Zusage zur Presserundreise

Ihre Einladung zur Besichtigung der Solarkraftwerke

Sehr geehrter Herr Benninghausen,

mit Vergnügen nehme ich Ihre Einladung an. Die Redaktion von „Energie und Um-Welt-denken“ wird der Solarenergie die nächste Titelgeschichte widmen. Deshalb wäre ich Ihnen dankbar, wenn Sie mir schon im Vorfeld vorbereitende Materialien zukommen lassen könnten. Herzlichen Dank. Ich werde mich pünktlich zur Abreise auf dem Flughafen einfinden.

Mit freundlichen Grüßen

Werbebriefe

Wie wir einen guten Werbebrief schreiben können, das ist eigentlich kein Geheimnis. Dennoch machen sich erstaunlich wenige Werbebriefschreiber wenigstens in geringem Umfang fachkundig. Mir scheint, dass viele Autoren sehr viel von ihrem Produkt oder ihrer Dienstleistung verstehen, aber nur recht wenig von Marketing. Das aber sollten wir ein wenig studieren, bevor wir einen Werbebrief schreiben, der ja, wenn er endlich beim Empfänger ist, viel Geld gekostet hat.

Werbeberiefe zu schreiben gehört zum sogenannten Direktmarketing. Der Kunde oder Endverbraucher wird vom Hersteller oder Dienstleister direkt angesprochen und nach Möglichkeit zum Konsum der angepriesenen Waren gewonnen. Für diese Direktansprache aber gibt es einige goldene Regeln, die wir nicht vernachlässigen sollten.

Drei Regeln für Werbebriefe

Regel 1: Beschreibe das Produkt so, wie es der Kunde erlebt.
Das heißt, wir beschreiben, was der Kunde sieht, hört, riecht, anfasst, schmeckt. Das trifft auf konkrete Produkte zu. Bei abstrakten Dienstleistungen können wir beschreiben, welche Erfahrungen der Kunde mit dem Produkt machen würde, wenn er es hätte, oder welche er macht, solange er es noch nicht hat. Zukünftige, angenehme Erfahrungen können wir dem Verbraucher natürlich auch mit konkreten Produkten ausmalen. Ein paar Beispiele: Was sieht der Kunde, wenn er sich in die Auslagen einer Konditorei vertieft? Was hört und empfindet er, wenn er sich den Klängen einer Entspannungsmusik hingibt? Was riecht er, wenn er ein Flacon mit Parfum öffnet? Was schmeckt er, wenn er den Kaffee genießt? Was empfindet er, wenn er die neuen Stoffe anfasst? Was erlebt er, solange er keine Zusatzversicherung hat? Sprechen Sie die Sinne eines Menschen an und seine Erfahrungen, die er ja über seine Sinne gespeichert hat.

Regel 2: Erkläre deutlich die Besonderheit eines Angebots aus der Sicht des Kunden.
Was ist das, die Besonderheit? Die Besonderheit aus der Sicht des Kunden ist nicht, dass der Elektroherd Umluft hat. Oh, nein. Die Besonderheit aus der Sicht des Kunden oder der Kundin ist, dass alle Soufflés gelingen werden. Erstaunte und bewundernde Ausrufe und Blicke der Freundinnen und Bekann-

ten. Die Besonderheit aus der Sicht des Kunden ist nicht die Reichweite des Kopfhörers von so und so vielen bis so und so vielen MHz, sondern dass er die höchsten und tiefsten Töne sauber, klar und angenehm wird hören können; er erlebt, dass ein Cluster kein Klanggemisch, sondern eine sorgfältige Komposition aus Einzeltönen ist.

Als Richtschnur gilt hier: Versetzen Sie sich in den Kunden hinein. Schreiben Sie aus *seiner* Sicht, aus *seinem* Erleben heraus. Beschreiben Sie etwas, das ihm im Gedächtnis haften bleibt, weil es so schön sinnlich-anschaulich und nachvollziehbar ist.

Regel 3: Die Qualität der Werbung muss der Qualität des Angebots und den Erwartungen des Empfängers entsprechen.
Was bedeutet das? Wenn ein Pelzgeschäft, das edle Modelle bewerben möchte, dilettantisch gestaltete und billige Handzettel austragen lässt, untergräbt es seinen Ruf. Wir erwarten dann höchstens mottenzerfressene Second-hand-Mäntel. Wenn ein Friseurgeschäft im Layout seines Werbebriefes oder seiner Anzeige die Preise riesengroß gestaltet, betont es damit, dass es preiswert ist, der Preis also im Vordergrund steht und nicht die Leistung. Und von einem Schweizer Hersteller hochwertiger Uhren erwarten die Kunden sicher eine aufwendige Darstellung der Modelle (edles Papier, aufwendige Fotografie, Luxusaccessoires) und wertvolle Verpackung.

Auf den nächsten Seiten finden Sie einige Werbebriefe, in denen diese drei Grundregeln beherzigt wurden. Wenn Sie, liebe Leserin und lieber Leser, unsicher sind, was das Formulieren von Werbebriefen angeht, dann überlassen Sie dieses anspruchsvolle Geschäft lieber der Fachfrau und dem Fachmann. Denn am Ende ist es eine Milchmädchenrechnung, wenn für Sie nur das zählt, was Sie einsparen, weil Sie selbst formulieren, fotografieren und gestalten. Nie werden Sie erfahren, wie viele Kunden mehr Sie hätten gewinnen können durch eine professionelle Ansprache und Aufmachung. Eine Garantie haben Sie natürlich auch durch die Fachleute nicht, aber eine hohe Wahrscheinlichkeit.

Und noch eins! Fast könnte ich daraus eine vierte Regel formulieren: Schreiben Sie Ihre Zielpersonen immer mit dem Namen an, möglichst korrekt buchstabiert. Vergessen Sie auch die Titel und in Firmen die Funktion nicht. Korrekte Namensnennungen sowohl im Adressfeld als auch in der Anrede sind unerlässlich. Sonst fühlt sich am Ende niemand angesprochen.

Ein Konditor wirbt für seine Geschenkartikel

Ein Konditor stellt seine Marzipanfiguren industriell in großen Mengen her, haltbar und qualitativ hochwertig. Dass er jede gewünschte Form „backen" kann und sich die Herstellung auch lohnt, wenn nur die „Auflage" groß genug ist, brachte ihn auf die Idee mit den Werbegeschenken. Diesen Bereich möchte er ausbauen. Folgendes Werbeschreiben richtet er an die Geschäftsführer mittelständischer Betriebe.

Wie Ihr Name in „süßer Erinnerung" bleibt

Sehr geehrter Herr Müller,

stellen Sie sich vor, auf Ihrem Schreibtisch steht ein Segelschiff aus Marzipan, überzogen mit zarter Zuckerglasur und köstlich nach Rum duftend. Die Vanille und ein Hauch von Bittermandel verlocken Sie zum Hineinbeißen. Wer schickt Ihnen wohl diese Köstlichkeit? Werden Sie sich nicht bei nächster Gelegenheit an den Absender erinnern?

So soll es Ihrem Kunden ergehen, wenn Sie ihm ein Segelschiff oder ein anderes Produkt in verführerischer Marzipangestalt auf den Schreibtisch zaubern. Süße Köstlichkeiten erregen zu jeder Gelegenheit die Aufmerksamkeit, die Sie sich wünschen. Ob zum Firmenjubiläum, zum Geburtstag, zu Weihnachten oder zur Neueröffnung – unsere Werbegeschenke sind einfach zum Anbeißen.

Wo Sie sie bekommen, die leckeren Angebinde für Ihre Kunden oder Noch-nicht-Kunden? Bitte schauen Sie den beiliegenden Prospekt an. Die Abbildungen, die Sie dort finden, sollen nur Anregungen sein. Figürlich können wir so gut wie alles herstellen, ob Segelschiffe, Bären, Schlüssel, Wappen, Schraubenschlüssel oder Schreibtische. Bitte nennen Sie uns Ihre Wünsche. Wir arbeiten dann ganz nach Ihren Vorstellungen.

Verpackung, Versand und das, was sonst noch dazugehört, nehmen wir Ihnen gerne zu den Selbstkosten ab. Damit Ihr Name immer in „süßer Erinnerung" bleibt.

Mit freundlichen Grüßen aus Wedelstedt

Ein Unternehmen wirbt für seine Audiokassetten

Einige Menschen, die sich und anderen Gesundheit und Lebensqualität durch Entspannung versprechen, haben sich zusammengetan und vor mehreren Jahren eine Firma gegründet, die Audiokassetten zu diesem Thema herstellt und vertreibt. Die Kassetten sind im Einzelhandel erhältlich. Zusätzlich entscheidet sich die Firma dafür die Kassetten im Direktvertrieb an die Frau und an den Mann zu bringen. Dazu lässt sie einschlägigen Zeitschriften einen Brief mit Prospekt beilegen.

Gesundheit und Lebensqualität durch Entspannung

Sehr geehrte Leserin, sehr geehrter Leser,

Sie achten auf die Gesundheit von Seele und Körper. Wie viele Ärzte, so erkennen und wissen auch Sie, dass ein Großteil körperlicher Beschwerden psychosomatisch (seelisch und körperlich) bedingt ist.

Ihr Körper und Ihre Seele besitzen einen „inneren Arzt", der Selbstheilungskräfte aktivieren kann. Deshalb ist es bei körperlichen Beschwerden so wichtig, dass Sie sich neben der medizinischen Behandlung auch um die Bedürfnisse Ihrer Seele kümmern. Denn auf dem Weg über Ihre Seele können Sie wichtige Selbstheilungskräfte aktivieren.

Eine Heilmeditation ersetzt nicht die medizinische Behandlung. Sie ergänzt sie jedoch sinn- und wirkungsvoll. Denn fast ebenso alt wie die Naturheilkunde ist die Erkenntnis, dass es in Wirklichkeit unsere Natur ist, die heilt, während der Arzt „nur" pflegt. „Medicus curat – natura sanat", hieß dies bei den alten Römern.

Beim Hören der Meditationskassetten kann uns bewusst werden, welche seelische Botschaft unser Symptom uns mitteilen möchte. Es kann uns auch bewusst werden, was wir tun müssen, damit Körper, Seele und Geist wieder in Einklang miteinander kommen.

In unserem Programm finden Sie auch für sich die richtige Kassette.

Mit freundlichen Grüßen Anlagen

Dass es auch weibliche Autofahrer gibt, wissen wir. Dass es auch Autofahrerinnen gibt, die kein Einkaufsauto, sondern ein Luxusauto fahren möchten, ist noch nicht so sehr bekannt. Einem Autohersteller aber, der ebenso schicke wie teure Luxuscoupés herstellt, sticht diese heranwachsende Klientel ins Auge und er verschickt folgenden Werbebrief.

Ein Autohersteller bewirbt seine Coupés

Kennen Sie schon unser neues Coupé Phantomas SX,

sehr geehrte Frau Dr. Klöbner?

Oder möchten Sie es in den nächsten Tagen kennen lernen? Das ist durchaus möglich, denn wir laden Sie zu einer Spritztour ein. Phantomas wird Ihnen gefallen. Da sind wir ganz sicher.

- Denn Phantomas stylten wir für echte Liebhaberinnen schneller und schicker Karossen. Wenn Sie den kraftvollen Unterbau und die schwungvollen Kotflügel sehen, werden Sie ganz hingerissen sein.

- Wer die schnelle Fahrt liebt, braucht einen kräftigen Halt. Phantomas' Sitze sind rückenfreundlich und höhenverstellbar, aus anschmiegsamem Samt oder weichem Leder. In jedem Fall so, wie Sie es gerne hätten.

- Und die Technik! Unter Phantomas' breiter Haube pocht ein kräftiger 8-Zylinder-Motor mit 32 Ventilen. In 5,9 Sekunden beschleunigt dieses Prachtstück von 0 auf 100 km/h. Natürlich gehört dazu ein stark belastbares Fahrwerk. Damit Sie immer auf dem Boden bleiben.

Ob kurze Sprints oder Long-distance-runs, Phantomas ist kraftvoll, aber sparsam. Er ist hoch leistungsfähig, aber leise. Und als echtes Coupé ist er natürlich windschlüpfrig, aber er singt nicht. Und er ist voll und ganz sein Geld wert. Doch darüber reden wir später.

Rufen Sie gleich Ihren Händler an und testen Sie ihn, den Phantomas SX.

Mit freundlichen Grüßen

Ein Verlagsleiter wirbt um Anzeigenkunden

Ein undankbares Geschäft ist das, für die eigene Zeitung um Anzeigenkunden zu werben. Unser Verlagsleiter einer Fachzeitschrift, die fast nur von Firmenkunden abonniert wird, nimmt sich folgendes für seinen Werbebrief vor: 1. Ich möchte meinen Lesern das Gefühl geben, dass sie meine Geschäftspartner sind. 2. Ich will meinen Lesern zeigen, dass die richtigen Leute ihre Anzeigen auch lesen. 3. Ich will den Lesern klar machen, dass es sich auch im Sommer lohnt, in unserer Zeitschrift zu annoncieren. 4. Ich mache es meinen Lesern leicht zu antworten.

Ihre Anzeige für das nächste Quartal

Sehr geehrte Damen und Herren,

Sie haben uns geholfen ein Spezialmagazin für die Chemieindustrie zu werden, und Sie haben uns geholfen weitere Branchen zu erschließen. Vielen Dank dafür!

Mit Ihrer Unterstützung ist es gelungen in kurzer Zeit <u>die</u> Fachzeitschrift für ... in den ...intensiven Branchen Chemie, Getränke und Lebensmittel zu werden. Innerhalb von nur zwei Jahren konnten wir die Auflage auf 7 700 Exemplare erhöhen. Das ist eine Steigerung von 24,7 %! Und die Tendenz ist weiter steigend.

Und so setzen sich unsere Kunden nach Branchen zusammen:

– Chemie, Kosmetik, Pharmazie	3 748 Exemplare
– Getränkeindustrie	1 651 Exemplare
– Lebensmittelindustrie	2 167 Exemplare

werden pro Branche bezogen. Vergleichen Sie bitte unsere Abonnentenzahlen mit anderen Zeitschriften. Sie werden sehen: Wir stehen mit großem Abstand an der Spitze.

Für uns gibt es übrigens kein „Sommerloch". Weder bei den Themen noch auf den Anzeigenseiten. Im Gegenteil: Gerade in Firmen sind die Abonnenten auch im Sommer aufmerksame Leser. Kein Grund also die Werbung zu drosseln.

Wir laden Sie herzlich ein im nächsten Quartal mit uns für Sie zu werben. Anzeigen sind uns ebenso willkommen wie Ihre Beihefterwerbung. Bitte schicken Sie uns die beiliegende Antwortkarte bis zum 25. Juni.

Mit den besten Wünschen für einen überragenden Werbeerfolg

Erfolgreiche Projekte und Strategien im Marketing

Ein Fachverlag wirbt für ein neues Nachschlagewerk

Sehr geehrter Herr Süder,

Sie als verantwortlicher Abteilungsleiter Marketing stehen oft vor derselben Ausgangssituation: Ihre Kollegen wünschen sich Ideen, die sich nicht nur von denen ihrer Konkurrenz unterscheiden, sondern die darüber hinaus auch noch praktikabel und erfolgreich sind. Sehr häufig haben Sie den passenden Vorschlag parat. Doch was tun Sie in den Ausnahmefällen oder wenn man Sie nach den Lösungen Ihres Wettbewerbs fragt?

Sie greifen zum neuen Nachschlagewerk

Beispiele erfolgreicher Projekte und Strategien im Marketing.

Dieses aktuelle Werk umfasst den Wissensfundus vieler Ihrer Kollegen. Jedes Beispiel richtet sich nach folgender Gliederung:
- Ziel des Projektes oder der Strategie
- Vorgehensweise der Marketingfachleute
- Ergebnisse
- Vor- und Nachteile sowie Umsetzungshilfen für Sie.

In den Gesprächen mit Ihren Kollegen werden Sie Ihr dazugewonnenes Wissen wirkungsvoll einsetzen können. Das Werk wird jedes Vierteljahr durch die neuesten Beispiele, Lösungen und Strategien aktualisiert. Entscheiden Sie sich durch Ihre Bestellung mit der vorbereiteten Karte für noch mehr profundes und aktuelles Praxiswissen.

Mit freundlichen Grüßen

Ein staatlicher Lotterieeinnehmer wirbt neue Kunden

Oft sind sie unglaublich unübersichtlich, die Werbezettel der Lotterieeinnehmer. Mindestens fünf unterschiedliche Schriftgrößen und Schriftschnitte verwirren den Leser. Er kann Wichtiges nicht mehr von weniger Wichtigem unterscheiden und quält sich mit jedem Abschnitt immer mühsamer durch das Blatt. Der Text ist nicht viel besser. Dort, wo überhaupt ein Sinn erkennbar wird, ist er grammatisch zweifelhaft und wirkt bürokratisch: „Guten Tag, zu dieser kommenden 95. Super-Lotterie sollten Sie dabei sein!" Immer dieses „sollten". Was unterstehen sich die Leute eigentlich, mir dauernd etwas vorzuschreiben, was ich sollte? Andere spielen Rattenfänger mit Begriffen wie „limitierte Einladung" (an der Lotterie teilzunehmen) oder „Ihre persönliche Gewinnzahl" oder „sensationelle Gewinnchancen". Eines haben alle Werbezettel der Lotterieeinnehmer gemeinsam. Sie enthalten viel zu viele recht wirr zusammengestoppelte Informationen. Der folgende Brief ist eine Alternative zu den in der Lotterie üblichen Verwirrblättchen.

Sehr geehrte Dame, sehr geehrter Herr,

wäre Ihnen das dezente, zufriedene Brummen einer Luxuslimousine willkommen? Oder vielleicht eine schneeweiße Villa am See? Ach, Sie haben schon eine! Macht nichts. Mit uns können Sie zu einer Zweitvilla kommen, denn warum sollten Sie nicht dabei sein – bei den Gewinnern!

Bis zu 10 Millionen können Sie auf einen Schlag gewinnen. Stellen Sie sich einmal vor, Sie würden diese 10 Millionen Mark anlegen, gut anlegen. Bis zu 54 000,00 DM Zinsen könnten Sie damit im Monat erwirtschaften. 935 Millionen Mark beträgt die Gesamtgewinn-Ausspielung. Und: Jeder Gewinn ist staatlich garantiert. Denn die Träger der Lotterie sind die Bundesländer ...

Was ist eine Klassenlotterie? Die Klassenlotterie ist ein Gewinnspiel, in dem von Klasse zu Klasse Ihre Gewinnchancen und die Gewinnhöhen steigen. Ihre Losnummer nimmt in 6 Klassen an bis zu 26 Samstagsziehungen teil. Die Anzahl der Gewinne und die Gewinnsummen werden vor Spielbeginn im amtlichen Spielplan festgelegt.

Wollen Sie dabei sein, wenn vom 21. Mai bis 12. November über 935 Millionen staatlich garantiert ausgespielt werden? Dann kreuzen Sie bitte auf

Ihrem Anrechtsschein das Los Ihrer Wahl an. Senden Sie den Schein sofort zurück.

Mit freundlichen Grüßen

PS: Es gewinnt fast jede zweite Losnummer. Mit einem Los liegt Ihre Gewinnchance also bei fast 50 %. Mit vier 1/4-Losen steigen Ihre Trefferchancen auf über 90 %!

Werbung eines Importeurs für Weine aus Bordeaux

Je nach Saison oder Gelegenheit können einzelne Weingebiete, Reben oder Jahrgänge beworben werden. Zur Gänsebratenzeit den schweren Roten und zur Spargelzeit den frischen Weißen, zu Weihnachten die süßen Nachtischweine und im Frühsommer die moussierenden, herben Weißen gegen den Durst.

Glücksfall für Bordeaux-Freunde

Sehr geehrter Herr Limbisch,

Sie als unser treuer Kunde wissen einen guten Tropfen ebenso zu schätzen wie ein gutes Angebot. Und das haben wir heute für Sie: Jahrgang ..., ein Glücksfall für Bordeaux-Freunde. Warum?

Das Anbaugebiet um Bordeaux wurde ... von einer verheerenden Frostkatastrophe heimgesucht. Kaum ein Château blieb verschont. Und in manchen Gegenden (St. Emilion) wuchs überhaupt nichts Brauchbares. Dort allerdings, wo die wenigen Stücke verschonter Reben etwas trugen, geschah ein Wunder: milde, weiche Traumweine von dunkler Farbe und fruchtigem Bukett mit feinen Aromata entstanden; herrliche, fruchtbetonte Weine von seltenem Charme, Schmelz und köstlicher Opulenz. Fast alle sind sie bereits jetzt mit hohem Genuss zu trinken.

Das Überraschendste aber: die Weine sind so günstig wie seit 12 Jahren nicht mehr!

Soeben haben wir die ersten Flaschen von den Schlössern bekommen. Selten waren wir von jungen Bordeaux-Weinen derartig begeistert. Wieder einmal ganz vorn: ..., Margaux in einem fabelhaften Preis-Leistungs-Verhältnis.

Mit freundlichen Grüßen

PS: Unsere Bordeaux-Freunde können, solange der Vorrat reicht, ein gerahmtes Exemplar der Mouton-Etiketten bestellen.

Ein Elektrogeschäft wirbt per Postwurfsendung für einen Herd

Bei technischem Gerät liegt die Versuchung nahe, der Hausfrau die neuartige und leistungsfähige Technik verkaufen zu wollen. Dieser Versuch aber schlägt fehl, ja muss fehlschlagen, wenn die Hausfrau keine Expertin für technische Neuerungen ist. Leicht fühlen sich Menschen, die die technische Entwicklung aus guten Gründen nicht beobachten, überfordert, wenn sie allzu kräftig mit Daten bombardiert werden. Was sollen sie dazu sagen? Was fragen? Was entgegnen? Wie die Richtigkeit der Aussagen prüfen? Am Ende hat der Fachmann ihnen ja nur geschickt etwas vorgemacht? Also schreiben wir nun den Hausfrauen nicht in erster Linie über die Technik, sondern über die Resultate, die mit unserem Herd zu erzielen sind.

Kennen Sie diese Situationen,

liebe Köchin?

Die Schwiegereltern haben sich überraschend angekündigt. Zusätzlich zum Sonntagsbraten müssen Sie jetzt noch schnell einen Kuchen zaubern. Sie brauchen den Backofen, aber darin spritzt die Lammkeule munter die Wände voll Fett.

Oder: Gleich kommen die Gäste. Die Suppe sollte eigentlich schon fertig sein und die Herdplatte frei für den Bratentopf aus dem Backofen. Und wie's in der Eile so kommt: Als Sie den Bratentopf herausnehmen, rutscht Ihnen das Gitter gleich mit entgegen. Wertvoller Bratensud geht verloren.

Wie Sie diesen Katastrophen entkommen? Mit unserem neuen E-Herd: Grand Cooking.

– Dieser Herd besitzt eine Kochfläche, die Sie wahlweise als Platten oder als Fläche beheizen können. Sollten Sie statt vier zum Beispiel gleich sechs, sieben oder acht Kochstellen benötigen, können Sie zunächst die eine Hälfte und dann die andere Hälfte der Kochfläche wahlweise dazuschalten. Schon erhalten Sie genügend Raum für alle Ihre Töpfe voller Suppen, Braten, Soßen und Beilagen.

Aber damit nicht genug:

– Grand Cooking besitzt einen teilbaren Backofen. Im oberen Teil kann in aller Ruhe ihre geruchsintensive und fettspritzende Lammkeule schmoren. Und im unteren Teil backen Sie Ihren Kuchen.

Ein Elektrogeschäft wirbt per Postwurfsendung für einen Herd

Kein Herausrutschen der Roste mehr.

– Denn Grand Cooking hat eine neue Spezialverankerung für alle Böden, Backbleche und Roste. Da kann nichts mehr durchhängen, herunterfallen oder zufällig aus der Verankerung springen. Und – was das Wichtigste ist – Sie können sich nicht mehr verbrennen.

Kein Anbrennen mehr.

– In der Luxusversion ist Grand Cooking mit einem Sensor für Materialdichte ausgestattet. Weshalb? Indem der Sensor die Materialdichte auf der Topfbodenoberfläche prüft, schaltet er automatisch ab, wenn die Dichte einen bestimmten Wert überschreitet.

Wollen Sie mehr wissen? Rufen Sie uns einfach an: Telefon ...,
Frau Markwart.

Es grüßt Sie freundlich

Werbebrief eines Elektro-installations-betriebs

Der Betrieb beobachtet aufmerksam die Bauanträge, die gestellt und öffentlich ausgeschrieben werden. Der Installationsbetrieb ist auf Ein- und Mehrfamilienhäuser – also den privaten Kunden – spezialisiert. Regelmäßig geht folgender Brief hinaus:

Ihr Bauvorhaben –
Unseren Glückwunsch zu Ihrem Entschluss

Sehr geehrter Herr Majakowsky,

dass Sie sich und Ihrer Familie jetzt ein Eigenheim bauen möchten, zeugt von Tatkraft und Weitsicht. Sicher haben Sie alles, jeden einzelnen Schritt schon einmal durchgespielt.

Sie wissen es also: Richtiges Bauen fängt mit rechtzeitiger und gründlicher Planung an. Das spart später vermeidbare Kosten. Ebenso macht sich die exakte und fachmännische Ausführung der Arbeiten viele Jahre hindurch bezahlt. Als leistungsfähiger Elektro-Installationsbetrieb können wir alle einschlägigen Arbeiten für Sie erledigen:

- Errichtung eines Bauprovisoriums,
- Planung,
- Erstellen eines Kostenvoranschlags,
- Durchführung und Überwachung aller Elektroinstallationsarbeiten,
- Lieferung und Anschluss von Elektrogeräten.

Für uns spielt es keine Rolle, ob ein Kunde zum ersten Mal kommt oder Stammkunde ist. Es spielt auch keine Rolle, wie groß Ihr Auftrag ist. Sie werden schnell und sorgfältig beraten und bedient.

Und: Sie können sich auf uns verlassen.

Haben Sie Fragen? Brauchen Sie unseren fachmännischen Rat? Dann rufen Sie uns an: Telefon ... Wir kommen gerne zu Ihnen.

Mit freundlichen Grüßen

Schweres Gerät verkauft sich auch an den industriellen Kunden nicht von selbst. Auch hier kann ein Werbebrief, der dann und wann auf den renommierten Hersteller aufmerksam macht, keinesfalls schaden.

Ein Unternehmen wirbt für seine Kompressoren

Allzeit preiswerte Luft

Sehr geehrter Herr Simoneit,

wissen Sie, wie viel Sie ein Kubikmeter Druckluft kostet? Wissen Sie, wie viel Druckluft Sie monatlich verbrauchen? Wenn Sie beide Fragen bejahen können, wissen Sie auch, wie viel Geld Ihr Unternehmen monatlich sozusagen „in die Luft bläst"!

Natürlich ist das nur ein Gesichtspunkt bei der Betrachtung Ihrer Druckluftkosten. Garantiefristen, Standzeiten, pünktlicher Kundendienst und reibungslose Ersatzteilversorgung addieren sich zu Ihnen bekannten Rechnungspositionen.

Unsere Kunden kommen aus allen Bereichen. Sie sind es gewohnt Ihre Kostenrechnung „mit spitzem Bleistift zu schreiben" (manche blicken dazu nur auf den Bildschirm eines Computers). Aber sie schätzen das 150-jährige Druckluft-Know-how eines der bedeutendsten Maschinenbauunternehmen, bei dem sich Forschung, Entwicklung und modernste Fertigung in einer Hand konzentrieren.

Der ... Kompressor BY 60 C (3 bis 9 m^3/min.) liefert in über 1 000 Installationen wirtschaftliche Druckluft, die Maßstäbe setzt. Nutzen Sie die Erfahrung des Herstellers, denn ... baut alles selbst, und profitieren Sie davon bei Ihren Druckluftkosten. Schicken Sie uns bei Ihrem nächsten Bedarfsfall Ihre Anfrage. Sie werden umgehend von uns hören.

Mit freundlichen Grüßen

Werbebrief einer Transportfirma Eine Transportfirma in einem Gewerbegebiet registriert aufmerksam die Entwicklung in ihrer Umgebung. Dort siedeln sich immer mehr neue Betriebe an. Alle haben etwas zu transportieren.

Ihre Transporte in alle Welt

Sehr geehrter Herr Handke,

bald werden Sie Ihre neue Filiale ganz in unserer Nähe eröffnen. Wir freuen uns schon auf Sie als unseren neuen Nachbarn, der das gewerbliche Bild unserer Stadt beleben wird. Als Ihr Partner würden wir natürlich auch gerne für Sie tätig.

Unser Unternehmen hat Transporterfahrungen aus bald 20 Jahren Speditionstätigkeit. Wir wissen genau, wo unsere Kunden der Schuh drückt und was wir tun müssen, damit alle mit unseren Leistungen zufrieden sind. Wir bieten Ihnen einen Service an, der Sie von allen Transportproblemen befreit. Ein Anruf genügt und wir holen die Ware ab. Danach sorgen wir für alles Weitere, bis Ihr Kunde Ihre Sendung unbeschädigt und pünktlich in Empfang nimmt.

Ihre Ware bedarf besonderer Behandlung. Das wissen wir. Denn wir waren 12 Jahre lang für ein ähnliches Unternehmen wie das Ihre tätig – bis die Produktion ins osteuropäische Ausland verlegt wurde.

Wenn Sie den Versand vorbereiten und schon wissen wollen, wie Sie die Ware verpacken müssen oder welche Transportart die günstigste ist, dann rufen Sie uns an. Mit Rat und Tat stehen Ihnen gerne zur Seite:

Herr Dahmen für den Inlandstransport, Durchwahl – ...,
Frau Selters für die Luftfracht, Durchwahl – ... und
Herr Scheibner für die Seefracht, Durchwahl – ...

Vor der ersten Sendung laden wir Sie ein einmal unsere international tätige Fachspedition zu besuchen. Gerne führe ich Sie persönlich herum und stelle Ihnen auch unsere Disponenten vor. Bei dieser Gelegenheit können Sie Ihnen gleich näher erläutern, worauf es bei Ihnen besonders ankommt.

Unser Interesse an einer guten und langjährigen Zusammenarbeit mit Ihnen ist groß. Wir rufen Sie in der nächsten Woche an um einen Termin zu vereinbaren.

Mit freundlichen Grüßen

Unterschrift

Anlage
Kurzbeschreibung unserer Aktivitäten

Werbebrief eines Reiseveranstalters

In einem Brief kann niemand alles verkaufen, was er anzubieten hat. Aus Gründen des Wettbewerbs zum Beispiel konzentriert ein Reiseveranstalter in diesem Jahr seine Anstrengungen auf das Reiseziel „ferne Länder". Dieses Ziel versucht er nun einer möglichst großen Gruppe von Reisenden schmackhaft zu machen.

Haben Sie Ihren Urlaub schon gebucht?

Sehr geehrte Frau Meyers,

wonach steht Ihnen dieses Jahr der Sinn? Nach fernen Ländern? Für uns liegen ferne Länder näher, als Sie es vielleicht für möglich halten. Denn wir fliegen viele Paradiese direkt an. Ohne Umwege gelangen Sie in die afrikanische Tierwelt oder an die Strände der Karibik oder zu Ihren asiatischen Schlemmereien. Wir bringen Sie auf dem schnellsten Wege zu den schönsten Urlaubszielen dieser Erde. Bitte schauen Sie in den beiliegenden Prospekt.

In unseren Büros bekommen Sie den Katalog mit unserem kompletten Fernreiseprogramm. Wir haben alles – auch unsere Neuheiten – übersichtlich für Sie zusammengestellt. Sie werden sehen: Selbst das Planen wird ein Erlebnis. Das können Sie für sich zu Hause und in Ruhe tun; oder Sie lassen sich von unserem freundlichen und fachkundigen Personal wie gewohnt beraten.

Wann machen Sie sich auf den Weg?

Mit freundlichen Grüßen

Anlage
Unser Farbprospekt „Ferne Länder"

Angebot eines PC-Komplett-systems

Wichtiger als alles andere sind die Lösungen, die wir anzubieten haben. Welche Aufgaben und Schwierigkeiten kennt der Kunde aus eigener Erfahrung? Darauf beziehen wir uns.

Einfache und rationelle Stammdatenverwaltung

Sehr geehrter Herr Dürneis,

Sie und Ihre Mitarbeiter sind Fachleute für ... Dass Sie auch noch zu EDV-Fachleuten werden, das ist zu viel verlangt. Denn sicher können Sie Ihre Zeit sinnvoller nutzen.

Wir bieten Ihnen ein Komplettsystem aus vernetzten Personalcomputern und der richtigen Software. Mit diesem Komplettsystem gewährleisten wir Ihnen für die Stammdatenverwaltung ein automatisches Einordnen und schnelles Wiederfinden von Adressen, Artikeln, Seriennummern. Über Fenstertechnik haben Ihre Mitarbeiter jederzeit direkten Zugriff.

In der Auftragsbearbeitung spielt das Erfassen die wichtigste Rolle. Ist die Erfassung kompliziert, ist sie auch fehlerträchtig und teuer. Ist sie einfach, ist sie auch preiswert. Mit unserem Komplettsystem erfassen Ihre Mitarbeiter einen Auftrag nur einmal für alle Druckoptionen.

Folgende Druckoptionen haben wir vorbereitet: Angebot, Kostenvoranschlag, Auftragsbestätigung, Lieferschein, Rechnung.

Und für das Finanzwesen haben wir folgende Positionen aufgenommen: Rechnungsausgang, Zahlungseingang, Fälligkeitslisten, Mahnwesen (3 Mahnstufen).

Darüber hinaus bieten wir noch einiges mehr. Zum Beispiel die Möglichkeit von Selektionen bestimmter Kundengruppen, Auswertungen, automatische Wiedervorlage und und und ...

Fordern Sie einen unserer Berater an. Telefon ...

Mit freundlichen Grüßen

Werbeschreiben eines Allround-Versicherers

Für eine Versicherung ist die Datenbank mit möglichst vielen Daten ihrer Kunden besonders wichtig. Die wichtigsten Daten um sogenannte Selektionen zu fahren, sind zum Beispiel das Alter eines Versicherten, das Geschlecht, der Beruf und welche Versicherungen er oder sie schon hat. So ist es zum Beispiel Unfug, 70-jährigen Versicherungsnehmern die Erhöhung ihrer Lebensversicherungen anzupreisen. Wohl aber sind je nach Beruf die 30- bis 40-Jährigen eine sehr interessante Klientel für die private Krankenversicherung oder zumindest für eine Zusatzversicherung.

Es geht um Ihre Gesundheit

Sehr geehrter Herr Neuner,

was halten Sie von einer privaten Krankenversicherung? Mit Kindern viel zu teuer, meinen Sie? Gerade darüber möchten wir mit Ihnen sprechen. Denn mit den galoppierenden Beitragserhöhungen in den „Gesetzlichen“ hat sich vieles zu unseren Gunsten verändert.

Die „Private“ bietet mehr als nur den günstigen Beitrag. Sie bietet auch wesentlich mehr Leistung. Bitte prüfen Sie selbst:

Werbeschreiben eines Allround-Versicherers

- Haben Sie Anspruch auf ein Ein- oder Zweibettzimmer im Krankenhaus?
- Können Sie direkt, ohne Umwege über einen überweisenden Arzt, einen Spezialisten aufsuchen?
- Können Sie sich Ihr Krankenhaus selbst wählen?
- Können Sie selbst entscheiden, von welchem Arzt (Assistenzarzt, Facharzt, Oberarzt) Sie im Krankenhaus behandelt werden möchten?
- Wie hoch ist der Zuschuss Ihrer Kasse bei Zahnersatz?
- Wie hoch ist der Zuschuss Ihrer Kasse zu einer Brille oder Kontaktlinsen?
- Erhalten Sie Gutschriften auf Ihre Beiträge im Alter, wenn Sie Ihre Kasse dank bester Gesundheit nicht in Anspruch nehmen?

Bitte bedenken Sie alle diese Vorteile. Auf dem Beiblatt finden Sie drei Beispiele für eine Beitragsberechnung.

Lassen Sie sich unverbindlich beraten. Herr Schmidt wird Sie in den nächsten Tagen anrufen um einen Termin mit Ihnen zu vereinbaren.

Mit freundlichen Grüßen Anlage

Ein Unternehmen wirbt bei seinen Mitarbeitern in eigener Sache

Nicht nur Kunden, auch die eigenen Mitarbeiter müssen zuweilen für lukrative Lösungen gewonnen werden. Eine kleine schriftliche „Beweisführung", gerichtet an alle Außendienstmitarbeiter, unterstützt die Führungskräfte darin den Mitarbeitern einen bestimmten Weg nahe zu bringen.

Sehr geehrte Damen, sehr geehrte Herren,

Sie pochen mit Recht auf unsere Unterstützung Ihrer schwierigen Aufgaben draußen vor Ort beim Kunden. Deshalb unsere Empfehlung heute:

Ein Unternehmen wirbt bei seinen Mitarbeitern in eigener Sache

Starten Sie Werbebriefaktionen, in denen Sie Ihre Versicherungsnehmer auf Versorgungslücken hinweisen.

Ihr Kollege Herr Habicht hat eine solche Aktion bereits durchgeführt und möchte Ihnen auf diesem Wege das Ergebnis seiner Kampagne mitteilen. Wir veranlassten, dass der Krankenversicherungsbestand von Herrn Habicht nach den Krankentagegeldverträgen selektiert wurde. Diese Zielgruppe haben wir mit dem anliegenden Werbebrief „Angleichung des Krankentagegeldes" angeschrieben. Dabei wurden 75 Kunden angesprochen. Das Resultat:

	Anbahnungen	Vertragsabschlüsse
Krankenversicherung	–	9
Lebensversicherung	5	3
Sachversicherungen	1	12
Rechtsschutz	–	1

Sie sehen also: Herr Habicht hat hier ein gutes Ergebnis erarbeitet. Auffällig hierbei ist, dass Anbahnungen und Vertragsabschlüsse auch über den angesprochenen Bereich hinaus erzielt wurden.

Haben auch Sie Interesse eine Werbebriefaktion zu starten? Wenn ja, wenden Sie sich bitte an Ihre Führungskräfte oder an uns um Einzelheiten zu klären.

Mit freundlichen Grüßen

Anlage

Werbeschreiben eines Solarenergie-Unternehmens

Wer immer in die Verlegenheit kommt, weit ab von jeglicher Zivilisation ein Haus zu haben oder eine Forschungsstation oder was auch immer und dabei nicht auf alle mit Elektrizität verbundenen Annehmlichkeiten verzichten will, der ist sicher mit alternativen Energiequellen, wie sie die Solartechnik bietet, gut beraten. An diese Glücklichen richtet sich folgendes Werbeschreiben:

Auch fernab jeglicher Zivilisation müssen Sie auf den gewohnten Standard nicht verzichten,

sehr geehrter Herr Benemann,

denn Sie haben sicher schon darüber nachgedacht, wie Sie und Ihre Mitarbeiter die Versuchsbedingungen konstant halten können. Dazu brauchen Sie natürlich Energie. Haben Sie dabei schon einmal an die Sonnenenergie gedacht? Bestimmt. Dennoch möchten wir Ihnen noch einmal einige Vorteile durch diesen Brief nahe bringen.

Sonnenenergie, damit meinen wir für Ihren Zweck die Photovoltaik. Mittels einer Fläche von ... Solarmodulen können Sie ein kleines Kraftwerk von 100 kW Leistung betreiben. 100 kW würden reichen um

- die Bedingungen Ihrer Feldversuche durch sensorgesteuerte Bewässerung konstant zu halten,
- die „normale Haushaltstechnik" inklusive der Heizung und eines rechnergesteuerten Netzes für Ihre Auswertungen zu versorgen,
- die Bedingungen in Ihren Treibhäusern nach Bedarf zu gestalten.

Natürlich ist dazu ein Speichersystem vonnöten. Wir empfehlen Ihnen ... Wenn Sie die technischen Daten im beiliegenden Prospekt studieren, werden Sie uns Recht geben.

Wir rufen Sie in der nächsten Woche an.

Mit freundlichen Grüßen Anlagen

Werbebrief einer Druckerei

Die meisten Druckereien leben von Firmenkunden, entweder von solchen, die endlos viele Formulare benötigen, oder von solchen, die hochwertige Druckerzeugnisse brauchen. Hochwertige Druckerzeugnisse, das sind zum Beispiel Kataloge und farbige Prospekte.

Leipziger Frühjahrsmesse

Sehr geehrter Herr Pfannenschmied,

Sie legen Wert auf Qualität. Das sieht selbst der Laie. Er sieht es, auch wenn er nicht – wie der Fachmann – den Fadenzähler zur Hand nimmt. Entsprechen Ihre Werbeprospekte dieser Qualität?

Natürlich sind wir der Ansicht, dass Sie bei uns mit der Darstellung Ihrer hochwertigen Ware allerbestens aufgehoben wären. Dürfen wir Ihnen kurz unser Angebot schildern?

Wir sind Rund-um-Dienstleister des Druckereigewerbes. Unser Name steht – weit über die Grenzen der Stadt hinaus bekannt – für hohe Qualität, von der Visitenkarte bis zum Einband.

Doch wir drucken nicht nur. Wir bieten darüber hinaus
- erstklassige Werbefotografie. Schauen Sie dazu bitte unseren Prospekt für die Bayer AG an.
- hochwertige Lithographien und gestochen scharfen Satz. Vergleichen Sie unseren Katalog zur „Art Cologne".
- einen sauberen und exakten Schnitt sowie jede Art von Falz, ob Leporello, Altarfalz oder Falzen und Stanzen. Sehen Sie sich dazu bitte unsere Glückwunschkarten an.
- hervorragende Buchbindearbeiten, ob ein in Ziegenleder gebundenes Gästebuch in Handarbeit oder rückenverleimte Broschüren.

Wann können wir uns über eine Zusammenarbeit unterhalten? Ich rufe Sie an.

Mit freundlichen Grüßen

Eine soziale Organisation bittet um eine Spende

Viele, viele Institutionen werben gerade zu Weihnachten um Spenden für Arme, Kranke, Kriegsversehrte, Kinder, Tiere. Allen möchten wir geben. Aber nicht allen können wir geben. Wir suchen eine Institution aus. Was rührt uns am meisten? Wo scheint die Hilfe am nötigsten und dringlichsten?

Kinder brauchen Sie!

Sehr geehrte Frau Müller-Lüdenscheid,

was wäre, wenn das Kind Ihres Nachbarn plötzlich und unverhofft in einem dieser Schreckensbilder auf dem Bildschirm zu sehen wäre? Was wäre, wenn es Hilfe bräuchte? Sicher wären Sie spontan bereit zur Unterstützung, Sie würden sich fragen „Was kann ich für dieses Kind tun?".

Kinder sind die Schwächsten unter uns und immer am stärksten betroffen. Deshalb kümmern wir uns intensiv um die unschuldigen Opfer von Kriegen, Naturkatastrophen und Hungersnöten. Zum Schutz der Kinder haben die Vereinten Nationen schon vor Jahrzehnten eine eigene Charta erlassen und diese Charta muss verwirklicht werden. Jemand muss es TUN, sonst bleibt alles Papier und nichts ändert sich. Trotz massiver weltweiter Einsätze gibt es noch immer viel zu viele Kinder, die keine Aussicht auf ein menschenwürdiges Dasein haben. Ihnen bleibt nur der Weg in die Gewalt, die Kriminalität, in die Prostitution und das Elend. Helfen Sie die Zahl weiter zu verringern!

Unterstützen Sie unsere Arbeit. Unser oberster Grundsatz lautet: Menschlichkeit! Da kann zum Beispiel ein Mädchen in ... wieder laufen. Es hat durch eine Mine beide Beine verloren. Dank der Hilfe eines deutschen Orthopäden erhielt das kleine Mädchen Prothesen. Mit den ersten Schritten kehrte das Lächeln zurück und mit dem Lächeln das Leben.

Helfen Sie uns. Helfen Sie das Lächeln des Lebens auf die Gesichter notleidender Kinder zu zaubern. Auch hier bei uns. Spenden Sie.

Mit Dank für Ihre Unterstützung

Werbeschreiben einer amerikanischen Whiskey-Destillerie

Zum Abschluss des Kapitels „Werbebriefe" noch eine hinreißende Idee aus den USA. Dort sponsored die Jack Daniels Destillerie den Tennessee Squire Club. In diesen Club können Sie eintreten, sofern Sie zwei Paten finden und Ihre Aufnahmewürdigkeit durch den entsprechenden Konsum von Jack Daniels nachweisen. Mit seiner erfolgreichen Aufnahme in den Club wurde ein guter Freund von mir in den späten Siebzigern Besitzer einer Parzelle Landes auf dem Jack Daniels Gelände. Doch kann er dieses Land **nie** in Augenschein nehmen, weil damit alle halbe Jahre etwas neues Furchtbares geschieht, wie zum Beispiel im folgenden Brief geschildert, den ich Ihnen übersetzt habe:

Lieber Herr . . .,

der Grund, warum ich Ihnen schreibe, ist Folgender: Ich muss Sie dringend warnen! Heute in aller Herrgottsfrühe, als Sammy an Ihrem Stück Land vorbeikam, ist etwas Schreckliches passiert. Seit langem hat Sammy kein solch großes Stinktier gesehen wie das, worüber er heute morgen doch glatt gestolpert ist. Er hatte keine Chance auszuweichen. Das Stinktier war schneller als er.

Als er nach Hause kam, bin ich auf der Stelle in den nächsten Laden gerannt um riesige Mengen Tomatensaft zu kaufen. Währenddessen zog sich Sammy im Stall hinter dem Haus aus. Natürlich ist der Tomatensaft gerade jetzt ungeheuer teuer. Doch selbst nachdem ich ein Vermögen dafür ausgegeben habe, ist der Geruch einfach nicht weggegangen. Aber das ist sicher mein eigenes Problem.

So haben Sammy und ich uns letztlich für Folgendes entschieden: Der einzige Weg diesen entsetzlichen Gestank loszuwerden ist der, draußen auszudünsten. Und genau deshalb schreibe ich Ihnen. Wenn Sie vorhaben sollten in den nächsten Tagen ihr Stück Land zu besichtigen, passen Sie besser auf, dass dieses riesige Stinktier Sie nicht erwischt. Und Sammy auch nicht! Doch wie ich die Lage einschätze, ist zumindest das Stinktier schon entschwunden.

Mit den besten Grüßen

Dynamite Gulley

Personalbriefe

Es gibt sehr viel mehr Gelegenheiten Mitarbeitern Briefe zu schreiben, als gemeinhin wahrgenommen werden. Wenn schließlich ein Brief den Weg zum Mitarbeiter findet, steht darin oft nichts Gutes. Es soll sogar vorkommen, dass Vorgesetzte im Konfliktfalle ihren Mitarbeitern lieber einen Brief schreiben statt ein persönliches Gespräch mit ihnen zu führen. Auf diese Weise geraten Briefe, mit denen wir so viel Gutes bewirken könnten, nur in Verruf. Dabei kann selbst die tarifliche Lohnerhöhung ein willkommener Anlass sein, ein paar Worte – lobend oder sachlich oder anerkennend oder ermunternd oder mahnend – an die Mitarbeiter zu richten. Wer wahrgenommen wird, fühlt sich anerkannt. Und wer sich anerkannt fühlt, der wähnt sich zufrieden. Briefe sind in jedem Fall ein gutes Mittel um zu sagen: Ich nehme Sie oder dich wahr.

Hier nun die häufigsten Anlässe, zu denen der Arbeitgeber an die Mitarbeiter schreibt:

- Bewerbung und Einstellung
- Probezeit und Übernahme
- Lohn, Gehalt, Prämien
- Vollmachten
- Ernennungen und Beförderungen
- Vertragsänderungen
- disziplinarische Maßnahmen
- Kündigungen
- Geburtstage, Jubiläen, Todesfälle

Natürlich ersetzt der Brief nicht das persönliche Gespräch. Der Mitarbeiter erhält jedoch zum Beispiel in Sachen Vertragsänderung oder Vollmacht im Brief das Vereinbarte noch einmal schriftlich. Und es kann nicht schaden, wenn zum Beispiel die Ernennung zum Handlungsbevollmächtigten von ein paar anerkennenden, persönlichen Worten begleitet wird.

Briefe an die Mitarbeiter unterscheiden sich nicht von Briefen an Kunden oder andere Empfänger. Auch für Briefe an die Mitarbeiter gilt, dass sie höflich und freundlich, klar und verständlich, sachlich und empfängerorientiert aufgebaut und geschrieben sein sollten.

- Ein erster Grundsatz für die Mitarbeiterkorrespondenz lautet: Die Mitarbeiter nie schlechter behandeln als Kunden.
- Ein zweiter Grundsatz lautet: Bewerber nie schlechter behandeln als Kunden. Denn Bewerber von heute könnten Kunden von morgen sein.

Personalanzeigen

Nahezu jedes Unternehmen, das inseriert, ist ein erfolgreiches Unternehmen. Der Begriff ist abgenutzt. Einige der erfolgreichen aber sind darüber hinaus auch expansiv. Das heißt: Sie brauchen Personal. Doch wann immer ein Unternehmen sich selbst als expansiv bezeichnet, weiß der Leser natürlich nicht: Ist das eine vorübergehende Erscheinung, eine Momentsache oder ist die Expansion geplant und von langer Hand vorbereitet? Kommen die Strukturen des Unternehmens ins Wanken oder weiß man ganz genau, wohin man will? Anzeige 1 ist ein typisches Beispiel dafür, dass Unsicherheit herrscht; hier weiß man noch nicht, wohin die neuen Anforderungen führen werden.

Was bedeutet das Wort „erfolgsorientiert" in Zusammenhang mit dem Gehalt? Es bedeutet, dass hier entweder gar kein festes Gehalt oder ein Sockelgehalt gezahlt wird. Die übrige Bezahlung erhält der Mitarbeiter in der Form von Provisionen, zum Beispiel Verkaufs- und Betreuungsprovisionen.

Was bedeutet das Wort „marktorientiert"? Wenn Unternehmen nicht marktorientiert wären, würden sie morgen schließen müssen. Das Wort ist als Eigenschaft eines Unternehmens eigentlich überflüssig. Aber dennoch nicht ganz. Denn manches Mal bedeutet es: Wir lassen sofort angefangene Dinge wieder fallen, wenn wir das Gefühl haben, wir könnten etwas anderes auf dem Markt besser verkaufen. Das führt oft zu einer Politik der Undurchschaubarkeit für die Mitarbeiter. Sie erhalten den Eindruck, dass die Rechte nicht weiß, was die Linke tut. Oder das Wort „marktorientiert" ist zum Beispiel eine Warnung an wissenschaftliche Mitarbeiter nach dem Motto: Hier können Sie sich nicht selbst verwirklichen oder Ihrem Forscherdrang nachgeben; wir entwickeln nur Dinge, die sofort auf dem Markt einzulösen sind.

Was bedeutet das Wort „Eigenverantwortung"? Wenn ein Vorgesetzter einen Mitarbeiter in die Eigenverantwortung entlassen soll, hat er nur allzu oft das schmerzliche Gefühl ein Stück Macht abgeben zu müssen. Und das möchte er möglichst vermeiden. Deshalb ist „Eigenverantwortung" oft nur ein Synonym für: „Wir wissen noch nicht, wie die Stelle genau aussehen wird. Machen Sie etwas draus; aber machen Sie auf keinen Fall etwas, das uns nicht passt". Deshalb geht oft mit der Entlassung in die Eigenverantwortung auch die Forderung nach „Fingerspitzengefühl" einher, wie zum Beispiel in der Anzeige 1. Dort heißt das Fingerspitzengefühl „Kommunikations- und Integrationsfähigkeit". Etwa: Ecken Sie ja nirgendwo an. Schaffen Sie etwas Neues, aber stören Sie unsere Kreise dabei nicht.

Was ist eine qualifizierte Bewerbung? Der Ausdruck ist eigentlich widersinnig. Gemeint ist meistens: Senden Sie uns eine Bewerbung, die Sie eindeutig für die ausgeschriebene Position qualifiziert; aus der also hervorgeht, dass Sie die richtige Frau oder der richtige Mann sind. Oft aber meinen Inserenten damit nur: Fügen Sie dem Bewerbungsbrief die üblichen Unterlagen bei. Diese Unterlagen sind

- der Bewerbungsbrief, in dem kurz beschrieben sein sollte,
  - warum der Bewerber sich für qualifiziert hält,
    warum er sich gerade bei dieser Firma bewirbt und
  - warum er, wenn er kein Neuling ist, das Unternehmen wechseln möchte;
- ein tabellarischer (maschinen- oder handgeschriebener) Lebenslauf, den der Bewerber in jedem Fall unterschreiben sollte und
- Zeugnisse, Zeugnisse, Zeugnisse.

Lebenslauf und Zeugnisse stecken Sie am besten in Klarsichtfolien (sogenannte Prospekthüllen) und heften, damit nichts durcheinander gerät, am besten alles zusammen (Schnellhefter oder Heftstreifen). Wer es ganz besonders ansprechend machen will, kann zum Beispiel ein Titelblatt für die eigentlichen Bewerbungsunterlagen formulieren und gestalten:

Bewerbung
als
Referentin für Öffentlichkeitsarbeit
bei der
Banania AG

Hier nun das erste Beispiel einer Anzeige. Bitte überlegen Sie schon einmal während des Lesens, was Sie von dieser Anzeige halten.

Anzeige 1: Referent/in für Öffentlichkeitsarbeit

Kommunikation und Öffentlichkeitsarbeit

Wir sind die deutschen Tochterunternehmen einer weltweit engagierten und expansiven Unternehmensgruppe, die in den Geschäftsbereichen Gesundheit, Bio-Industrie, Parfum und Kosmetik nahezu 20 000 MitarbeiterInnen beschäftigt.
Unsere Geschäftsentwicklung ist durch überproportionale Zuwachsraten und gelungene Produkteinführungen gekennzeichnet. Die breitdimensionierte Grundlagenforschung unseres Konzerns in Verbindung mit einer erfolgreichen Marktorientierung ist Garantie für weitere Expansion.
FINOSA – Ihre Partner zum Erfolg!
Es ist eine unserer wichtigen Zielsetzungen den gesellschaftlichen Beitrag zu verdeutlichen, den unsere Unternehmen leisten. Wir wollen deshalb die Öffentlichkeitsarbeit der deutschen FINOSA-Tochtergesellschaften weiter ausbauen und systematisieren. Für diese reizvolle Tätigkeit suchen wir die/den geeignete(n) Mitarbeiter(in).
Die Aufgabe besteht grundsätzlich darin, unser Unternehmensleitbild der umfassenden Transparenz in Zusammenarbeit mit der Geschäftsführung, aber auch der Abteilung für Kommunikation unserer Muttergesellschaft in Baltimore in Deutschland umzusetzen.
Konkret wird Ihre Tätigkeit die Kontaktpflege zur Fach- und Wirtschaftspresse sowie die verantwortliche Redaktion aller Presseveröffentlichungen über die Unternehmensgruppe umfassen. Eine weitere wichtige Funktion besteht in der Betreuung der firmeninternen Kommunikation.
Als geeignete(r) Bewerber(in) waren Sie bereits in der industriellen Öffentlichkeitsarbeit oder als Journalist(in) tätig und suchen heute ein neues Aufgabengebiet, das Sie in Eigenverantwortung gestalten und aufbauen möchten. Sie sollten präzise formulieren können sowie über ein hohes Maß an Kommunikations- und Integrationsvermögen und sehr gute englische Sprachkenntnisse verfügen.
Wir bieten Ihnen die Mitarbeit in einem jungen und dynamischen Team, das Marketing als Unternehmenskonzept versteht, ein attraktives Gehalt und vorbildliche Sozialleistungen. Es besteht die Möglichkeit Ihre neue Aufgabe anfangs in Teilzeitbeschäftigung auszuüben.
Sind Sie interessiert? Dann senden Sie bitte Ihre aussagekräftigen Bewerbungsunterlagen an unsere Personalabteilung.

Adresse

Als Erstes fällt auf, dass das Unternehmen gar keine Position ausgeschrieben hat. Was soll die Bewerberin oder der Bewerber werden? Referent für Kommunikation und Öffentlichkeitsarbeit? Oder Geheimdiplomat? „Weiter ausbauen" heißt „ein wenig mehr desselben" und „systematisieren" heißt „ein wenig weniger Chaos und Orientierungslosigkeit könnte nicht schaden". In jedem Fall aber wird gemacht, was die Muttergesellschaft befiehlt. Damit das Unternehmen mit dieser Politik nicht auf allzu große Widerstände stoße, mögen Sie sich zwischen ihren unerfahrenen und jungen Kollegen einreihen („junges und dynamisches Team"). Über die Maßen anstrengen sollten Sie sich in jedem Fall wollen („Marketing als Unternehmenskonzept"), wenn auch noch nicht feststeht, wofür. Und zum guten Schluss: Da wir uns unserer Sache selbst nicht ganz sicher sind, können Sie, lieber Bewerber, Ihre Beschäftigung bei uns erstmal halbtags vollführen. Wir schauen dann mal, ob es uns passt.

Meine Interpretation sei übertrieben, meinen Sie? Mitnichten. Aus meiner beruflichen Erfahrung weiß ich nur zu gut, wie selten Firmen wissen, was sie wollen, wenn sie eine neue Stelle ausschreiben. Bei Stellen, die wiederbesetzt werden, ist das etwas anderes.

Anzeige 2: Top-Sekretärin

Wenn Sie in einigen Jahren eine **TOP-Sekretärin** sein wollen und nur noch nicht wissen „Wie", dann bewerben Sie sich doch zum 1. Januar bei uns. Wenn Ihnen der Umgang mit interessanten und intelligenten Leuten Freude bereitet, wenn Sie eine Arbeitsatmosphäre schätzen, die weit weg vom 08/15-Stil liegt, finden Sie im Trainingscenter Altmühltal den richtigen Arbeitsplatz.

Wir sind ein unkonventionell arbeitendes Team, das seit siebzehn Jahren Schulung betreibt. Wir trainieren Vertriebsbeauftragte, Kundendiensttechniker und Manager, die hauptsächlich aus der Elektronik- und Datenverarbeitungsindustrie kommen.

Seit einigen Monaten haben wir zusätzlich ein neues Trainingscenter. Dafür suchen wir eine junge Mitarbeiterin, die viel lernen möchte, die Engagement beweist und die nach angemessener Einarbeitungszeit weitgehend selbstständig arbeiten kann. Was im Einzelnen zu tun ist und was Sie bei uns verdienen können, möchten wir Ihnen bei Ihrer Vorstellung erzählen. Sehr gute Steno- und Schreibmaschinenkenntnisse sind Bedingung sowie die Bereitschaft, den Umgang mit ungewöhnlichen Textverarbeitungsprogrammen zu erlernen.

Wenn Sie interessiert sind, dann richten Sie Ihre Bewerbung an unsere Frau Müller.

Firmenname und Adresse

Auch diese Position ist eine neuzuschaffende. Jedoch scheint es Vorbilder zu geben. Und die Aufgaben sind klarer umrissen. Ein Trainingscenter zu betreuen, das scheint eine abgrenzbare Aufgabe zu sein. Dass diese Aufgabe auf die Dauer nicht von zwei Personen wahrgenommen werden kann, erscheint glaubwürdig. Also könnten wir uns hier entschließen, dem Versprechen auf „Selbstständigkeit" zu glauben. Dass es sich um ein „unkonventionell arbeitendes Team" handeln muss, belegt auch die Sprache der Anzeige. Ich hoffe nur, dass unkonventionell hier nicht „chaotisch" oder „führungslos" bedeutet.

Anzeige 3: EDV-Berater für Rechtsanwälte

Jurastudenten mit 1. Staatsexamen auf der Suche nach neuen Perspektiven?
Wenn schwarzer Talar und enge Gerichtssäle doch nicht die Welt sind, in der Sie morgen arbeiten wollen, bieten wir Ihnen eine interessante und herausfordernde Aufgabe. Wir sind ein großes und sehr aktives deutsches Unternehmen der Kommunikationstechnik und suchen für unsere Geschäftsstellen im Süden der Bundesrepublik Mitarbeiter/innen mit juristischer Ausbildung. Ihre Aufgabe besteht in Beratung und Vertrieb einer Branchen-EDV-Lösung für Rechtsanwälte.
Selbstverständlich bereiten wir Sie intensiv auf Ihre zukünftige Aufgabe vor. Unsere Konditionen sind attraktiv, unsere Mannschaft ist aktiv und somit sind wir mit unseren Produkten und Lösungen erfolgreich. Nähere Informationen vorab geben Ihnen Herr Stringer und Frau Mahlzahn unter der Telefonnummer ... Wenn Sie uns gleich Ihre qualifizierte Bewerbung schicken wollen, richten Sie diese bitte an:

Adresse

Was können wir aus dieser Anzeige herauslesen? Das Angebot scheint seriös. Allerdings dürften wir die Verquickung von Juristerei und elektronischer Datenverarbeitung nicht gerade häufig finden. Wir sollten uns als junge, engagierte Juristen, die vielleicht doch nicht Anwalt werden wollen, fragen, was für ein Weg mit diesem Einstieg vorgezeichnet wird. Zweifelsohne ein Weg in den Außendienst. Jedoch: Handelt es sich um eine Nische – Jura und EDV – oder könnten wir damit bei einem anderen Unternehmen eventuell „auch etwas werden"? Und vor allem: Wie gründlich ist die Ausbildung a) an den Produkten und b) als angehender Verkäufer? Hat das Unternehmen da wirklich eine seriöse Einarbeitung zu bieten? Oder wird es den Neuen in die Schlacht schicken, wo er dann ohne rechte Anleitung rettungslos untergeht? Das ist zu prüfen.

Anzeige 4: Produktionsleiter eines Holz verarbeitenden Betriebes

WER? 35 motivierte Produktionsfachleute einer modernen Holzfenster- und Haustürfabrik, die gemeinsam täglich circa 70 Fenster herstellen, suchen

WEN? ihren Chef, den allein verantwortlichen Leiter der Produktion ab 1. April oder früher.
Der zukünftige Boss soll mitbringen:
Sachkompetenz
Diplomingenieur (FH), Fachrichtung Holzbearbeitung oder Schreinermeister,
Fachkompetenz
einige Jahre Erfahrung im industriellen Fensterbau und
Sozialkompetenz
einige Jahre Erfahrung im motivierenden Umgang mit Mitarbeitern aus einer leitenden Position.

WO? Der Standort ist in einem idyllischen Tal nahe dem Bayerischen Wald.
Das Einkommen wird Sie zufrieden stellen. Ein Dienstwagen, auch zur privaten Nutzung, rundet unser Angebot ab. Bei Eignung, Neigung und Interesse ist der Aufstieg in die Geschäftsleitung möglich und gewünscht.
Bitte richten Sie Ihre aussagefähige Bewerbung an unseren Berater Herrn Wünschelmann, Adresse.

Dies ist eine Anzeige, wie ich sie mir wünsche. Der Aufbau ist klar, die Position eindeutig, die Aussichten sind glaubwürdig. Die Informationen über das Unternehmen und die Position sind ansprechend verpackt. Wenn ich für diese Position geeignet wäre, könnte mich nichts abhalten mich zu bewerben. Hier scheint mit offenen Karten gespielt zu werden.

Anzeige 5: CAD/CAM-Spezialist

An alle unzufriedenen CAD/CAM-Spezialisten!

Über Selbstverständliches wollen wir hier nicht reden wie zum Beispiel ein sehr gutes Gehalt; Firmenwagen in vielen Funktionen, auch zur privaten Nutzung; Altersversorgung und Unfallversicherung; vermögensbildende Leistungen; 30 Urlaubstage; Unterstützung bei Umzug und Wohnraumbeschaffung usw.

Dass das alles stimmt, ist bei uns keine Frage. Wir können uns Großzügigkeit bei guten Mitarbeitern leisten. Weil unsere Produkte stimmen. Nicht zuletzt wegen der guten Mitarbeiter!

Wenn Sie schon lange einmal in einem der modernsten CAD/CAM-Entwicklungszentren der Welt kreativ arbeiten wollten,
wenn Sie auch in einem internationalen Großunternehmen (2 Mrd. DM Weltumsatz) noch Mensch (und nicht Nummer) sein wollen,
wenn Sie die Zusammenarbeit mit Kollegen aus anderen Ländern schätzen (internationale Job-Rotation ist auf Wunsch selbstverständlich),
wenn Sie in einem 30 Jahre jungen, aber äußerst erfolgreichen Technologie-Unternehmen Ihren Arbeitsplatz einrichten wollen (zum Beispiel 23 internationale Auszeichnungen seit ...),
dann schicken Sie doch Ihre vollständige Bewerbung an ...

Wenn Sie's eilig haben – und auch wir haben's eilig – rufen Sie zu einem kurzen Informationsgespräch Herrn Greiner unter ... an. Wir freuen uns auf Ihren Anruf und Ihre Bewerbung.

Es ist ja in Ordnung, wenn ein Unternehmen, das es sich leisten kann, „auf den Putz haut" („Wir können uns Großzügigkeit ... leisten."). Mit der Schlagzeile zu Beginn der Annonce allerdings bin ich überhaupt nicht glücklich. Warum? Sie zwingt die Bewerber/innen dazu etwas Negatives entweder über sich oder ihr momentanes Unternehmen zu sagen. Das fordert schnell Illoyalitäten heraus. Die aber will ja auch das neue Unternehmen sich mit Sicherheit nicht ins Haus holen.

Ohnehin muss der Bewerber sehr viel nachfragen, denn das Unternehmen scheint Mitarbeiter „en gros" einkaufen zu wollen. Firmenwagen gibt es in „vielen Funktionen". Sicherlich tut ein Bewerber gut daran, erst einmal anzurufen und sich noch ein wenig schlauer zu machen. In der Bewerbung selbst sollte er dann deutlich zum Ausdruck bringen, mit welcher Ausbildung und Berufserfahrung er sich auf welche Position bewirbt.

Anzeige 6: Leiter/in für Grundsatzfragen und personale Pädagogik

Die ... Stiftung hat es sich im Sinne ihres Stifters zur Aufgabe gemacht dazu beizutragen, dass mehr Eltern in der Welt der leiblich- seelisch-geistige Nährboden für ihre Kinder sein können, entsprechend den Werten, die im ökumenischen Glaubensgrund verwurzelt sind. Das dient dem Ziel eines sinnerfüllten Daseins in Familie und Gesellschaft und mindert die Armut in der Welt.
Um den steigenden Anforderungen an die Stiftung personell gewachsen zu sein, suchen wir für die Auswahl und die Weiterbildung erstklassiger leitender Mitarbeiter sowie zur Entwicklung und Planung von Bildungskonzepten eine kompetente und einflussreiche Persönlichkeit als

Leiter/in für Grundsatzfragen und für personale Pädagogik

ausgestattet mit dem nötigen Ausbildungs- und Erfahrungsgrund.
Der 10-Jahres-Plan der ... Stiftung sieht die Steigerung der Bildungsangebote in institutseigenen Tagesstätten von jährlich 28 000 im ... Institut auf 100 000 Teilnehmertage vor und die Steigerung der Zahl der freiberuflichen Kursleiter und Kursleiterinnen von 120 auf 300. Hierzu sind zwei weitere Institute im Norden und Osten Deutschlands geplant.
Ferner ist geplant zwei Bildungszentren in Indien zu bauen, in denen etwa 50 talentierte Kursleiter und Kursleiterinnen tätig sein werden.
Diese vielseitige, anspruchsvolle Bildungsarbeit verlangt besondere Aufmerksamkeit, Kreativität und avantgardistisches Denken um fruchtbare Aktivitäten zu erreichen. Sie sollen möglichst der Bedrängnis der heutigen Zeit in Familie und Gesellschaft Widerstand entgegensetzen, hin zu einer tragfähigen humanen Zukunft.
Ihre Bewerbung mit den üblichen Unterlagen und Referenzen richten Sie bitte direkt an den Vorstand der ... Stiftung, zu Händen Herrn Dr. Klöbner.

Diese Anzeige ist mehr als interessant, weil sie so ungewöhnlich interpretationsbedürftig ist. Da ist zunächst einmal vom „ökumenischen Glaubensgrund" die Rede. Was um alles in der Welt ist das? Eine Eigenschöpfung, die besser ist als der „christliche Glaubensgrund"? Weiter: Sucht man wirklich eine „einflussreiche Persönlichkeit", also eine, die Beziehungen hat und in Staatskanzleien und möglicherweise beim Kardinal oder Papst ein- und ausgeht? Oder sucht man eine Persönlichkeit, die in der Lage ist innerhalb der Stiftung Einfluss auf die Mitarbeiter und das Geschehen auszuüben? Wahrscheinlich sucht man Letztere.

Sehr eigenwillig ist dann auch die Schöpfung „personale Pädagogik". Sie werden Sie nicht im Lexikon und auch nicht in pädagogischen Wörterbüchern finden. Wir haben es also – soviel wissen wir bis jetzt - mit ausgeprägten Individualisten zu tun, die entweder der deutschen Sprache nicht ganz mächtig sind oder sich darüber erheben nach dem Motto: „Was geht mich der DUDEN an. Sprache ist dazu da mir zu dienen; ist mein Werkzeug." Diese Einstellung hat etwas für sich, jedoch erschwert sie die Kommunikation außerhalb eines erlauchten Kreises.

Die Ziele sind klar und eindeutig formuliert. So etwas ist mir immer sympathisch, denn dann weiß man, worüber man redet. Und die Ziele sind ehrgeizig, also eine echte Herausforderung. In einem persönlichen Gespräch wird darüber zu reden sein, wie viel davon auf das Konto des neuen Leiters gehen soll.

So sollten Personalanzeigen formuliert werden

Anzeigen, die Vakanzen und erstrebenswerte Positionen vortäuschen und bei genauem Hinsehen oder Nachfragen nicht viel mehr als Werbung für ein Unternehmen oder ein neues Produkt sind (Beispiel: „Vertriebsbeauftragter für unsere neuartigen Heizanlagen VR 6"), rufen auf breiter Front Enttäuschungen hervor.

Sie sind schlicht nicht fair. Vorausgesetzt aber Sie suchen wirklich Mitarbeiter und möchten mit einer Personalanzeige nicht nur Reklame für Ihr Unternehmen machen, sollte eine Anzeige mit folgenden Kriterien formuliert werden:

- eindeutige Funktionsbezeichnungen, zum Beispiel „Sekretärin" oder „Software-Entwickler" oder „Vertriebsbeauftragter" oder „Referent für Öffentlichkeitsarbeit"
- bei Führungspositionen eindeutige Positionsbezeichnungen, zum Beispiel „Kaufmännischer Leiter" oder „Institutsleiter" oder „Geschäftsführer"
- ansprechende Gliederung, so wie in den Anzeigen 4 und 5

Achten Sie darauf, in welcher Weise Sie beabsichtigt oder unbeabsichtigt die Mängel Ihres Unternehmens darstellen.

Bewerbungsbriefe

Bewerbung: Referentin für Öffentlichkeitsarbeit

In der Anzeige ist weder eine Person im Unternehmen angegeben, an die wir unsere Bewerbung richten können, noch eine Telefonnummer, unter der wir genauere Auskünfte erlangen könnten. Ich interpretiere dies so: Anrufe sind nicht erwünscht; der oder die Zuständige möchte in aller Ruhe am Schreibtisch Unterlagen sortieren. Eine gute Gliederung kommt dabei der schnellen Sichtung der Unterlagen entgegen. Jeder Personalsachbearbeiter ist dem Bewerber dankbar, wenn er sich nicht mühsam durch eine Bleiwüste kämpfen muss.

Kommunikation und Öffentlichkeitsarbeit
Ihre Anzeige im Wedelstedter Tageblatt vom ...

Sehr geehrte Damen und Herren,

Sie sind ein erfolgreiches und expansives Unternehmen und möchten in der Öffentlichkeitsarbeit eine neue Stelle einrichten. Die Aufgaben sind Kontaktpflege und verantwortliche Redaktion sowie die Betreuung der firmeninternen Kommunikation.

Zur Zeit fülle ich eine ähnliche Position bei der ... aus. Hier das Profil meiner Tätigkeit. Ich
- bin verantwortliche Redakteurin für die Verbandszeitschrift ...,
- initiiere und schreibe Presseerklärungen,
- rege Pressekonferenzen an und organisiere sie,
- verfasse Redenentwürfe für die Vorstandsmitglieder,
- betreue unsere Spendenkampagnen.

Warum möchte ich wechseln? Eigentlich bin ich mit meiner derzeitigen Position sehr zufrieden. Die Arbeit gefällt mir und meine KollegInnen und Vorgesetzten sind nette, freundliche und faire Leute. Es ist jedoch nicht möglich, meine Position vorübergehend auf eine Halbtagsstelle zu reduzieren oder im Job-Sharing zu besetzen. Ich möchte für circa zwei Jahre eine Halbtagsstelle, da meine Mutter schwer erkrankt und deshalb pflegebedürftig ist.

Ich stimme Ihnen also zu: Ja, ich bin interessiert. Bitte machen Sie sich anhand der beiliegenden Unterlagen ein erstes Bild meiner Fähigkeiten und Fertigkeiten. Gerne komme ich dann zu einem persönlichen Gespräch zu Ihnen.

Mit freundlichen Grüßen

Anlagen:
Lebenslauf
3 Arbeitsproben
Zeugniskopien

PS: Ich spreche besser französisch als englisch; doch bin ich gerne bereit, vorab einen Intensivkurs in ... zu besuchen.

Bewerbung: Top-Sekretärin

Wenn das inserierende Unternehmen sich selbst schon recht unkonventionell beschreibt, sollte die Antwort möglichst persönlich ausfallen. Eine junge Frau, die auf größtmögliche Distanz zu Arbeitskolleg(inn)en und Kunden gehen möchte nach dem Motto „Wer ich bin und was ich privat tue, geht niemanden etwas an", sollte sich auf diese Anzeige erst gar nicht bewerben. Hier scheint persönliche Aufgeschlossenheit angebracht.

TOP-Sekretärin
Ihre Anzeige im Kleinbüllesbacher Anzeiger vom ...

Sehr geehrte Frau Müller,

Sie bieten einer jungen Frau eine ausbaufähige Stelle als Sekretärin in Ihrem neuen Trainingscenter an. Daran bin ich sehr interessiert, denn Ihre Beschreibung klingt für mich attraktiv. Gerne würde ich in einem Unternehmen mit interessanten und intelligenten Leuten eine Aufgabe finden und recht bald selbstständig arbeiten. Persönlich bin ich sehr aufgeschlossen und möchte beruflich noch viel Neues kennen lernen, auch ungewöhnliche Textverarbeitungsprogramme.

Auch die übrigen Anforderungen erfülle ich. Vor zwei Monaten habe ich die Ausbildung zur „Geprüften Sekretärin IHK" mit sehr guten Leistungen abgeschlossen. Ich habe die Ausbildung neben meiner jetzigen Tätigkeit als Bürohilfskraft gemacht. Spricht das nicht für mein Engagement?

Gerne würde ich Sie einmal kennen lernen und persönlich mit Ihnen über die neue Stelle sprechen. Bitte rufen Sie mich privat an, Telefon ...

Mit freundlichen Grüßen

Anlagen
Bewerbungsunterlagen

Bewerbung: EDV-Berater für Rechtsanwälte

Im nächsten Brief antwortet ein junger Mann, der nach sechs Semestern Studium weiß, dass er nicht länger Zeit auf etwas verschwenden möchte, worüber er sich falsche Vorstellungen gemacht hat. Er sieht in der Anzeige seine Chance und denkt sich, dass außerordentliches Engagement das fehlende 1. Staatsexamen möglicherweise ersetzen könnte. Er ist entschlossen, wenn nicht bei dieser, dann bei einer anderen Firma in den Verkauf zu gehen.

Ihre Anzeige „Jurastudenten" im Wiesbadener Kurier vom ...
Mein Telefonat mit Frau Mahlzahn von heute

Sehr geehrte Frau Mahlzahn,
sehr geehrter Herr Stringer,

Sie suchen Juristen, die neue Wege beschreiten möchten. Ich bewerbe mich bei Ihnen, obwohl Sie am Telefon meinten, dass Sie Juristen mit bestandenem 1. Staatsexamen vorziehen würden.

Warum bewerbe ich mich trotzdem? Nach sechs Semestern Jura und einem Praktikum in einer Anwaltskanzlei (Strafrecht) habe ich erkannt, dass ich das falsche Fach für mich gewählt habe. Die Arbeit im Beruf besteht weniger im intensiven Kontakt mit Menschen als im einsamen Verfassen von Schriftsätzen. Dies hatte ich mir so nicht vorgestellt. Ich bin ein fröhlicher und kontaktfreudiger Mensch und möchte in meinem Beruf in jedem Fall sehr viel Umgang mit Menschen. In Ihrem Stellenangebot sehe ich daher die Chance meine Fachkenntnisse und meine Kontaktfreude zum beiderseitigen Nutzen zu verbinden.

Da ich ein großes Engagement mitbringe, bitte ich Sie mich dennoch zu einem persönlichen Gespräch einzuladen. Auch ohne 1. Staatsexamen bin ich in der Lage mit Anwälten kompetent über ihren Datenverarbeitungsbedarf zu sprechen.

Ich bin überzeugt, dass Sie engagierten Menschen eine Chance geben.

Mit freundlichen Grüßen

Anlagen
Lebenslauf
Abiturzeugnis
3 juristische Scheine

Bewerbung: Produktionsleiter

Die Form der Anzeige macht es leicht darauf zu antworten. Wir müssen der Form nur folgen und quasi „abhaken". Wir prüfen damit für uns, ob wir die Anforderungen erfüllen, und bieten dem Empfänger übersichtlich unsere Erfüllung seiner Kriterien für die Position an.

Leiter der Produktion
Ihre Anzeige in der Süddeutschen Zeitung vom ...

Sehr geehrter Herr Wünschelmann,

für eine moderne Holzfenster- und Haustürfabrik suchen Sie einen allein verantwortlichen Leiter der Produktion. Ich nehme an, dass der Bereich Holzfenster und -türen nur ein Geschäftsbereich eines Holz verarbeitenden Unternehmens ist.

Was Sie wünschen, bringe ich mit:
Sachkompetenz
Seit ... bin ich Schreinermeister, verfüge also über einige Jahre Sachkompetenz, wie Sie das nennen.
Fachkompetenz
Von ... bis ... war ich Produktionsleiter in einer Leimholzfabrik im Elsass. Das Unternehmen stellt nicht nur Fenster und Türen, sondern auch Klein- und Nutzmöbel her.

Sozialkompetenz
Wenn Sie meine Mitarbeiter befragen, würden Sie nur Bedauern hören, dass ich das Unternehmen verlassen werde. Doch fünf Jahre nach der Scheidung von meiner französischen Frau und drei Monate nach meiner Wiederverheiratung mit einer deutschen Frau möchte ich nach Deutschland zurückkehren.

Bewerbung: Produktionsleiter

In der sechsten Woche werde ich privat nach Deutschland reisen. Es würde mich freuen, wenn wir uns an einem beliebigen Tag in dieser Woche einmal treffen könnten, um über das auftraggebende Unternehmen und die genauen Konditionen zu sprechen. Bitte rufen Sie mich unter meiner Firmentelefonnummer an, Durchwahl -675. Sie erreichen mich am besten in den frühen Morgenstunden.

Mit freundlichen Grüßen Anlagen

Bewerbung: CAD/CAM-Spezialist

Das Unternehmen hat – mutmaßlich mit Absicht, weil es mehrere Mitarbeiter sucht – die Funktionen und Positionen offen gelassen. So bekommt es folgende „hochkarätige" Bewerbung. Der Bewerber schreibt selbstbewusst, zielorientiert und umgänglich.

CAD/CAM-Spezialisten
Ihre Anzeige im Düllesbacher Anzeiger vom ...

Sehr geehrter Herr Greiner,

Sie suchen einen unzufriedenen CAD/CAM-Spezialisten für Ihr Entwicklungszentrum in Ronstadt. Nun, unzufrieden bin ich nicht, wohl aber veränderungswillig, weil sich meine berufliche Laufbahnplanung mit Ihrem Angebot deckt.

Ich will deshalb hier auch nicht über Selbstverständlichkeiten reden, wie Sie sie in Ihrer Anzeige beschreiben. Die, denke ich, können wir in einem persönlichen Gespräch sicher zufrieden stellend klären, wenn außer den „Selbstverständlichkeiten" auch „die Chemie" stimmt.

In meiner jetzigen Aufgabe führe ich ein Team von vier CAD-Spezialisten bei Ihrem Wettbewerber XYZ. Als Gruppe haben wir alle Ziele in den letzten drei Jahren erreicht und sogar übererfüllt. Als Diplomingenieur des Maschinenbaus mit fünf Jahren Konstruktionspraxis im Bereich ... besitze ich auch die erforderlichen fachlichen Voraussetzungen, um in Ihrem Hause eine qualifizierte Führungsposition zu übernehmen. Meine Vorgesetzten bescheinigen mir sowohl als Führungskraft wie auch als Fachmann ausgezeichnete Ergebnisse.

Bewerbung CAD-CAM-Spezialist

So ist es mir innerhalb der letzten 18 Monate gelungen, die Ihnen sicher bekannte Produktübernahme von ABC in unsere Gruppe so zu integrieren, dass die gesamte Entwicklung der Software durch mein Team zukünftig gewährleistet ist. Als Fachmann in unserer Branche können Sie sicher am besten beurteilen, welcher Einsatz und welche Qualifikationen hierfür vonnöten sind.

Alle unsere Entwicklungsprojekte realisieren wir auf DEC-Plattformen der VAX-Reihe. Meine Ausbildung erhielt ich unter anderem in den USA. Dabei stellte ich fest, dass mir das Arbeiten in den Staaten, aber auch in Großbritannien eine reizvolle Herausforderung bedeutet. Meine Englischkenntnisse sind in Wort und Schrift sehr gut. Ich bin 37 Jahre jung und seit sieben Jahren mit einer Journalistin verheiratet. Unsere Ehe wird leider kinderlos bleiben, sodass wir beruflich auf diesen Punkt nicht zu achten brauchen. Gerne ergreifen wir die Gelegenheit zu interessanten Auslandseinsätzen.

Ich suche in Ihrem Hause eine Position als Leiter der Gesamtentwicklung 3-D-Konstruktionsmodelle mit zum Beispiel europaweiter Verantwortung. Wenn Sie mir diese oder eine vergleichbare Position bieten können, sollten Sie mich zu einem Gespräch einladen. Ich freue mich auf Ihre baldige Nachricht.

Mit freundlichen Grüßen

Anlagen:
handgeschriebener Lebenslauf mit Foto
Zeugniskopien
Ausbildungszertifikate

Bewerbung: Leiter für Grundsatzfragen ...

Der Anzeigentext lässt breiten Raum für Spekulationen über Eignungen für die Stelle. Vielleicht hat man mit einer gewissen Absicht etwas vage formuliert um zu sehen, „was da so kommt, womit keiner gerechnet hat". Dennoch muss auch eine Stiftung qualifiziert besetzen, denn mit vagen Formulierungen streichelt sie höchstens ihr Ego nach dem Motto: „So viele Bewerbungen sind eingegangen. Schaut her, wie begehrt wir sind!"

Leiter/in für Grundsatzfragen und für personale Pädagogik
Ihre Anzeige in „Die Zeit", Nr. ... vom ...

Sehr geehrter Herr Dr. Klöbner,

Sie scheinen mich zu suchen. Ich schreibe „scheinen", weil Sie den Erfahrungs- und Ausbildungshintergrund Ihres neuen Leiters offen lassen. Bitte prüfen Sie, ob ich Ihrem Wunschprofil entspreche:

Zur Zeit bin ich Leiter der Personalentwicklung in einem mittleren Unternehmen der Versicherungswirtschaft. Dort habe ich vor nahezu zehn Jahren als Verhaltenstrainer in der Erwachsenenbildung begonnen. Nach einigen Jahren wurde ich Führungskräftetrainer und schließlich Leiter der Personalentwicklung. Meine Aufgaben sind:

- Unterstützung unserer Führungskräfte bei der Mitarbeitersuche und Mitarbeiterauswahl
- Potentialanalysen und die Entwicklung von Förderplänen
- Mitarbeiterführung
- Bedarfsanalysen für die Aus- und Weiterbildung unserer Mitarbeiter
- Entwicklung von Aus- und Weiterbildungskonzepten
- Qualitätsprüfung von Aus- und Weiterbildungsmaßnahmen, orientiert am Bedarf und den Unternehmenszielen

Im Arbeitskreis ... der Versicherungswirtschaft habe ich die Aufgabe, interessierte Personalentwickler anderer Unternehmen in die Erstellung von Total-Quality-Management-Konzepten und die Einrichtung von Controlling-Systemen im Bildungsbereich einzuführen.

Auf andere Menschen gerichtet sind meine persönlichen Stärken Geduld und Einfühlungsvermögen, aber auch Durchsetzungs- und Überzeugungskraft. Intellektuell sind meine persönlichen Stärken Kreativität sowie analytisches und konzeptionelles, zukunftsorientiertes Denken. Diese Fähigkeiten habe ich erfolgreich bei der Entwicklung strategisch ausgerichteter Bildungskonzepte eingesetzt.

An Ihrer Ausschreibung reizt mich besonders, dass meine neue Position einen weltanschaulich mir sehr wichtigen christlichen Hintergrund hätte. Angeregt durch die Ziele, die Sie skizzieren, vermute ich, dass ein späterer Aufstieg in die Geschäftsleitung zumindest nicht ausgeschlossen ist.

Ich freue mich auf Ihre Antwort.

Mit freundlichen Grüßen Anlagen

Was ist bei der Formulierung von Bewerbungen zu beachten?

Ein schonungsloses Sich-Rechenschaft-Ablegen auf die Frage „Passe ich wirklich auf die ausgeschriebene Stelle?" kann keinesfalls schaden. Wenn die Anzeige schlecht gegliedert ist, dann schreiben Sie sich am besten die Schlüsselbegriffe heraus oder Sie markieren sie. Dann sammeln Sie Ihre beweisführenden Argumente und belegen jedes Argument am besten mit einem Dokument. Schon haben Sie die Gliederung für Ihren Brief.

Auf eines bin ich noch nicht ausführlich eingegangen: Ich halte es für einen außerordentlich nützlichen Zug der Empfängerorientierung, die Schlüsselbegriffe einer Anzeige wiederholend zu benutzen. In den Musterbriefen wurde dies in vielfältiger Weise getan. Damit signalisieren wir dem Empfänger, dass wir außer der Schlagzeile auch die übrige Anzeige gründlich gelesen und uns damit auseinander gesetzt haben. Bitte vernachlässigen Sie keinesfalls das gründliche Studium einer Anzeige! Im Folgenden wiederhole ich drei Sätze, um das Eingehen auf Anzeigentexte mittels Wiedergabe von Schlüsselwörtern noch einmal am Beispiel zu verdeutlichen:

Sie sind ein erfolgreiches und expansives Unternehmen und möchten in der Öffentlichkeitsarbeit eine neue Stelle einrichten. Die Aufgaben sind Kontaktpflege und verantwortliche Redaktion sowie die Betreuung der firmeninternen Kommunikation.

Was ist bei der Formulierung von Bewerbungen zu beachten?

Gerne würde ich in einem Unternehmen mit interessanten und intelligenten Leuten eine Aufgabe finden und recht bald selbstständig arbeiten.

..., für eine moderne Holzfenster- und Haustürfabrik suchen Sie einen allein verantwortlichen Leiter der Produktion.

Gerade das letzte Beispiel zeigt, dass ich mit Schlüsselwörtern nicht unbedingt nur die Funktions- oder Positionsbezeichnungen meine. Manchmal ist es sehr aufschlussreich, wie die Gegenstände und Inhalte zusätzlich charakterisiert sind. Das Wort „modern" kann eine Art Beschwörung sein; es kann aber auch heißen: „Lieb wäre uns, wenn Sie schon Erfahrungen mit den neuesten Maschinen für diesen Bereich hätten". „Allein verantwortlich" ist ebenso interpretierbar. Jeder Bewerber tut gut daran die Schlüsselbegriffe im persönlichen Gespräch genauestens zu hinterfragen.

Eingangsbestätigungen

In jedem Fall sollte sogleich nach Eingang einer Bewerbung eine Eingangsbestätigung geschrieben werden. Der Text kann für alle Bewerber gleich sein. Eine Eingangsbestätigung erfüllt lediglich den Zweck dem Bewerber zu signalisieren, dass seine Unterlagen heil angekommen sind, zur Kenntnis genommen wurden und sich nun in den richtigen Händen befinden. Eine Bewerbung ist schließlich sehr persönlich und Vertrauenssache.

Ihre Bewerbung vom ...

Sehr geehrte Frau Schwieger,

Sie haben sich bei uns für den Bereich Kommunikation und Öffentlichkeitsarbeit beworben. Vielen Dank dafür. Bis wir alle Bewerbungen durchgesehen haben, wird noch ein wenig Zeit vergehen. Wir werden uns unaufgefordert wieder bei Ihnen melden und bitten Sie um etwas Geduld.

Mit freundlichen Grüßen

Auch wenn mit einer Anzeige gleich mehrere Positionen ausgeschrieben wurden wie in Anzeige 5, können wir mit Unterstützung der EDV und dort mit Hilfe einer Variablen dennoch einen „Serienbrief" entwerfen. In meinem Beispiel steht die Variable im Betreff.

Software-Entwickler

Sehr geehrter Herr Martens,

vielen Dank für Ihre Bewerbung. Wir benötigen noch etwas Zeit um alle Unterlagen zu sichten. Bitte haben Sie noch etwas Geduld.

Mit freundlichen Grüßen

Zwischenbescheide

Verzögerung aus betrieblichen Gründen

Höflicherweise versenden wir Zwischenbescheide, wenn ein Bewerbungsverfahren über die Maßen lange dauert. Dies kann der Fall sein, wenn der Entscheider plötzlich und für längere Zeit erkrankt.

Ihre Bewerbung vom ...

Sehr geehrte Frau Schlinger,

sicher warten Sie schon auf weitere Nachricht von uns. Aus betrieblichen Gründen wird sich das Bewerbungsverfahren jedoch zeitlich verzögern.

Bitte haben Sie Verständnis und noch ein wenig Geduld.

Mit freundlichen Grüßen

Verzögerung und neue Terminsetzung

Erreicht den Bewerber nach einem Termin bei einem Unternehmen ein normaler Brief ohne Anlagen, erwartet er mit Sicherheit eine Zusage, denn sonst hätte man ihm ja die Bewerbungsunterlagen wieder zugeschickt. Die Enttäuschung, dass es sich bei dem Brief nur um einen Zwischenbescheid handelt, wird möglicherweise groß sein. Es kann nicht schaden, wenn wir uns in diesem Falle in die Situation des Bewerbers hineinversetzen, der mit Spannung auf eine Nachricht wartet.

Ihre Bewerbung als Vertriebsbeauftragter „Rechtsanwälte“
Gespräch vom ... in unserem Hause

Sehr geehrter Herr Riefer,

sicher erwarten Sie mit diesem Brief unsere Zu- oder Absage. Bitte seien Sie nicht allzu sehr enttäuscht, wenn dieser Brief nichts von beidem enthält. Wir können das Bewerbungsverfahren nicht zum vorgesehenen Zeitpunkt mit einer hoffentlich richtigen Entscheidung beenden. Betriebliche Gründe sprechen momentan dagegen. Bitte haben Sie weitere zwei Wochen Geduld. Vielen Dank.

Mit freundlichen Grüßen

Weiterleitung der Bewerbung

Bewerbung als Leiter der Gesamtentwicklung
Unser Gespräch vom ...

Sehr geehrter Herr Auer,

bei Ihrem Besuch in unserem Hause hinterließen Sie einen außerordentlich guten Eindruck. Ein Mann Ihres Zuschnitts und mit Ihren fachlichen Qualifikationen würde für unser Unternehmen eine Bereicherung darstellen. So sind wir übereinstimmend zu der Auffassung gelangt, dass wir Ihnen eine Position in unserer europäischen Zentrale anbieten sollten.

Ihre Bewerbung haben wir daher, versehen mit unserer Empfehlung, an Mrs. Eva Stentham, unseren Human Resources Director, weitergeleitet. Mrs. Stentham möchte am kommenden Wochenende ein Telefoninterview mit Ihnen durchführen. Nennen Sie uns bitte bis zum ... Tag und Stunde, wann Sie am besten erreichbar sein werden.

Die Kosten, die Ihnen für Ihr Vorstellungsgespräch in unserem Hause entstanden sind, haben wir auf Ihr Konto Nr. ... bei der ... (BLZ ...) überwiesen.

Mit freundlichen Grüßen

Absagen

Mit den Bewerbungen verhält es sich oft so: Circa 20 Prozent der Bewerber erfüllen wesentliche Anforderungen nicht. Oft handelt es sich bei diesen Bewerbern um unerfahrene Berufsanfänger, die einzelne Positionen noch nicht einschätzen können. Sie unterschätzen zum Beispiel die Bedeutung einschlägiger Berufs- oder auch Führungserfahrung für bestimmte Stellen. 60 Prozent der Bewerber fehlt etwas Wichtiges von dem, was gefordert wurde. Und 20 Prozent scheinen auf die Stelle zu passen. Unter diesen 20 Prozent gibt es immer ein bis drei Favoriten.

Den Bewerbern, die wesentliche Anforderungen nicht erfüllen, senden wir die Unterlagen sofort zurück. Wenn ein Unternehmen eine sehr große Zahl von Bewerbungen erhält, was bei Führungspositionen in der Regel der Fall ist, kann schwerlich bei jeder Absage die Angabe von Gründen verlangt werden. Dennoch, gerade die Gründe für eine Absage würden vielen Bewerbern weiterhelfen. Wenn sich die erste Enttäuschung über eine Absage gelegt hat, kann der Bewerber sich zum Beispiel in Ruhe überlegen, ob er sich mit seiner Bewerbung überhaupt in die richtige Richtung bewegt hat. Gerade für den Berufsanfänger, der von der Hochschule oder ähnlichen Ausbildungsstätten kommt, wäre mancher Hinweis eines erfahrenen Personalsachbearbeiters recht hilfreich.

Absage ohne nähere Begründung (I)

Ihre Bewerbung als ...
Anzeige in ... vom ..., Chiffre ...

Sehr geehrte Frau Müller-Lüdenscheid,

vielen Dank für die Zusendung Ihrer Bewerbungsunterlagen.

Bei der Vielzahl der qualifizierten Bewerbungen ist unsere Wahl auf einen Bewerber gefallen, dessen Qualifikation dem Anforderungsprofil der ausgeschriebenen Position besonders gut entsprochen hat.

Wir bedauern Ihnen absagen zu müssen und möchten darauf hinweisen, dass diese Absage keinesfalls Ihre berufliche Qualifikation infrage stellt. Ihre Unterlagen geben wir Ihnen mit bestem Dank für Ihre Bemühungen und zu unserer Entlastung zurück.

Mit freundlichen Grüßen   Anlagen

Natürlich ist es nicht einfach, Absagen zu formulieren. Lieber schreiben wir Zusagen. Und jetzt sollen die Absagen auch noch Gründe enthalten! Wir können doch nicht schreiben „Sie haben keine Führungserfahrung". Das klingt irgendwie zu hart, fast beleidigend, obwohl es stimmt. Wir müssen den Grund für unsere Absage nicht persönlich formulieren. Obwohl ich in vielen, ja den meisten Fällen für persönliche Formulierungen plädiere: Hier bin ich froh über die Segnungen der unpersönlichen ES-Taste. Wir können also formulieren: „X ist unabdingbare Voraussetzung für Y".

Absage mit Begründung (I)

Ihre Bewerbung vom ...

Sehr geehrter Herr Dreifuß,

Sie haben sich bei uns als „Leiter Grundsatzfragen" beworben. Vielen Dank für Ihr Vertrauen. Für diese Position ist langjährige, einschlägige

Führungserfahrung im Aus- und Weiterbildungsbereich unbedingte Voraussetzung. Bitte haben Sie Verständnis, dass wir Ihre Bewerbung nicht berücksichtigen können.

Mit freundlichen Grüßen

Anlagen
Ihre Bewerbungsunterlagen

Absage ohne nähere Begründung (II)

Wollten wir darauf verzichten einen Grund für die Absage anzugeben, könnte der Brief auch folgenden Wortlaut haben:

Ihre Bewerbung vom ...

Sehr geehrter Herr Dreifuß,

Sie haben sich bei uns als „Leiter Grundsatzfragen" beworben. Vielen Dank für Ihr Vertrauen. Leider konnten wir Ihre Bewerbung nicht berücksichtigen. Für Ihren weiteren Lebensweg wünschen wir Ihnen alles Gute.

Mit freundlichen Grüßen

Anlagen
Ihre Bewerbungsunterlagen

Absage mit Begründung (II)

Ihre Bewerbung vom ...

Sehr geehrter Herr Bundner,

Sie haben sich aufgrund unserer Anzeige in den Liegenstättener Nachrichten als Leistungssachbearbeiter bei uns beworben. Vielen Dank dafür.

Gerne hätten wir alle hochqualifizierten Bewerber wie Sie berücksichtigt. Bitte verstehen Sie, dass wir uns für einen Mitbewerber entschieden haben, der unsere Anforderungen in allen Punkten erfüllt.

Wir sind sicher, dass Sie bald eine geeignete Stelle finden werden.

Mit freundlichen Grüßen

Anlagen
Ihre Bewerbungsunterlagen

Absage des Unternehmens nach einem Vorstellungsgespräch

Wenn wir mit einem Bewerber bereits gesprochen haben, war er ja in der engeren Wahl. Er nährte berechtigte Hoffnungen die Stelle zu bekommen. Hier ist es nur recht und billig, wenn der Bewerber als kleine „Entschädigung" für die enttäuschten Hoffnungen zumindest eine aufrichtige Begründung der Absage erhält.

Ihre Bewerbung als Leiter der Produktion
Gespräch vom ...

Sehr geehrter Herr Tümers,

Sie haben einen hervorragenden Eindruck auf uns gemacht. Dennoch sagen wir Ihnen mit diesem Brief ab. Das haben Sie sich sicher schon gedacht, weil diesem Brief Ihre Bewerbungsunterlagen beiliegen.

Warum haben wir uns für einen anderen Bewerber entschieden? Wir sprachen ja schon persönlich darüber, dass Ihre Erfahrungen mit der industriellen Fertigung von Fenstern und Türen nicht sehr umfangreich sind. Ihr Schwerpunkt war bisher immer die solide, handwerkliche Arbeit. Wir verstehen und schätzen Ihren Wunsch weiterkommen zu wollen. Das können Sie in Ihrem Handwerksbetrieb nicht mehr. Aber bitte verstehen Sie auch uns: Wir fürchten, dass Sie trotz eines Aufstiegs am Ende mit der Produktion von „Massenware" nicht zufrieden sein werden. Deshalb haben wir einem Bewerber den Vorzug gegeben, der diese Art der Fertigung bereits seit fünfzehn Jahren kennt. Natürlich kennt er auch alle Maschinen und kann sie entscheidungssicher einsetzen.

Ich wiederhole noch einmal: Wir hatten von Ihnen persönlich den allerbesten Eindruck. Wir sind deshalb sicher, dass Sie über kurz oder lang genau das finden, was Sie sich wünschen.

Mit den besten Grüßen

Anlagen

Absage der Bewerberin nach einem Vorstellungsgespräch

Meine Bewerbung „Kommunikation und Öffentlichkeitsarbeit"
Unser Gespräch in Ihrem Hause vom ...

Sehr geehrte Frau Heimers,

nach unserem sehr freundlichen und konstruktiven Gespräch haben Sie mir bereits so etwas wie eine Zusage signalisiert. Darüber habe ich mich natürlich sehr gefreut und freue mich auch noch immer. Trotzdem möchte ich Ihnen absagen. Warum?

Aus drei Gründen: Es scheint mir – und auch Ihnen, wie Sie durchaus zugaben – nicht sicher, ob die Halbtagsstelle nach einer Frist von circa eineinhalb bis zwei Jahren wirklich in eine Vollzeitstelle umgewandelt werden kann. Darauf aber müsste ich bestehen, da ich mich sonst lebensgeschichtlich gesehen sehr verschlechtern würde. Zum Zweiten habe ich von vorneherein nicht ausreichend bedacht, dass die neue Stelle auch mit Reisen zur Muttergesellschaft ins Ausland verbunden sein wird. Reisen aber kann ich zur Zeit wegen der Pflegebedürftigkeit meiner Mutter nicht. Zu guter Letzt hat sich mein jetziger Arbeitgeber unerwartet flexibel gezeigt. Wir überlegen, ob es nicht möglich ist, meine Stundenzahl auf eine Zweidrittelstelle zu reduzieren.

Unter anderen Umständen hätte ich gerne bei Ihnen gearbeitet. Ich danke Ihnen sehr für Ihr Vertrauen.

Mit freundlichen Grüßen

Briefe zur Einstellung

Wenn wir uns für einen Bewerber entschieden haben, lassen wir ihn dies möglichst bald wissen. Besonders bei guten Bewerbern besteht nämlich, wenn das Verfahren allzu lange dauert, die Gefahr, dass sie bereits bei einem Wettbewerber eine Anstellung gefunden haben.

Das Einstellungsschreiben selbst kann bereits den Arbeitsvertrag enthalten. Viele Unternehmen aber haben Standardverträge für ihre Einstellungen. Dann enthält das Einstellungsschreiben die Anstellungszusage und solche Punkte, die im Arbeitsvertrag nicht enthalten sind.

Einstellungsschreiben als Arbeitsvertrag

Ihre Bewerbung als Sekretärin
Unser Gespräch vom ...

Sehr geehrte Frau Schlinger,

Sie haben auf uns einen außerordentlich positiven und sehr engagierten Eindruck gemacht. Sie halten offensichtlich, was Sie versprechen. Deshalb sind wir sicher, dass wir gut zusammenarbeiten werden. Wie angekündigt für den Fall, dass wir uns für Sie entscheiden, erhalten Sie durch diesen Brief Ihren Arbeitsvertrag.

Wir stellen Sie ein als allein betreuende Sekretärin für unser Trainingscenter C in der Wiesenstraße 6. Wir behalten uns vor Sie im Bedarfsfall auch in unseren übrigen Häusern einzusetzen. Unsere Betriebsobfrau hat der Einstellung zugestimmt.

Die ersten sechs Monate gelten als Probezeit. Innerhalb dieser Zeit kann jede Seite das Arbeitsverhältnis mit einer Frist von vier Wochen zum Monatsende ohne Angabe von Gründen kündigen. Nach dem erfolgreichen Ablauf der Probezeit werden wir Sie in ein unbefristetes Arbeitsverhältnis übernehmen.

In der Probezeit erhalten Sie ein monatliches Gehalt von ... DM brutto. Dieses Gehalt wird nach der Probezeit auf ... DM erhöht.

Zusätzlich erhalten Sie
- 30 Tage Erholungsurlaub mit Lohnfortzahlung,
- eine Jahresgratifikation in Höhe von ... DM,
- ein jährliches Urlaubsgeld in Höhe von ... DM,
- Arbeitnehmersparzulage in Höhe von ... DM nach dem ... DM-Gesetz.

Ihre wöchentliche Arbeitszeit beträgt ... Stunden; montags bis donnerstags in der Zeit von 8:30 Uhr bis 17:00 Uhr und freitags von 8:30 Uhr bis 16:00 Uhr. Im Übrigen gelten die gesetzlichen Vorschriften.

Bitte bestätigen Sie uns Ihr Einverständnis durch Ihre Unterschrift auf der Zweitschrift dieses Vertrages und schicken Sie uns die unterschriebene Zweitschrift binnen einer Woche zurück.

Mit freundlichen Grüßen

Anstellungszusage: Begleitbrief zum Arbeitsvertrag

Ihre Bewerbung „Vertriebsbeauftragter Rechtsanwälte" vom ...

Sehr geehrter Herr Riefer,

Sie sind der geeignete Mann. Zu diesem Schluss kamen wir übereinstimmend. Deshalb bieten wir Ihnen eine Anstellung als Vertriebsbeauftragter bei der ... an. Diesem Brief liegen zwei unterschriebene Anstellungsverträge bei. Schicken Sie uns einen der beiden Verträge bitte bis zum ... gegengezeichnet zurück. Danke.

Wir freuen uns auf die Zusammenarbeit mit Ihnen und erwarten Sie am Montag, den ... um 8:00 Uhr im Büro von Herrn Schreiner. Bis dahin wünschen wir Ihnen noch einen erholsamen Urlaub.

Mit freundlichen Grüßen

Anlage:
Arbeitsvertrag in zweifacher Ausfertigung

Anstellungsschreiben mit Sonderkonditionen

Ihre Bewerbung: CAD/CAM-Spezialist
Unser Gespräch vom ...

Sehr geehrter Herr Auerbach,

bei Ihrer Vorstellung haben Sie sich sehr professionell gezeigt. Ihr Vortrag und die Art und Weise Ihrer Präsentation in unserer Niederlassung in München haben uns für Sie eingenommen. Herr Wiesenthal, der im Falle Ihrer Zustimmung Ihr unmittelbarer Vorgesetzter sein würde, und die Herren der Geschäftsleitung möchten Sie als neuen Mitarbeiter gewinnen.

Wir bieten Ihnen ein unbefristetes Arbeitsverhältnis als Senior ... zum ... an. Ihr Dienstsitz wird unsere Niederlassung in München sein. Während der sechsmonatigen Einarbeitungs- und Probezeit lernen Sie nach einem noch zu vereinbarenden Zeitplan unsere Filialen in Köln und Hamburg kennen. Abweichend von unseren Anstellungsbedingungen werden wir in dieser Zeit die Kosten für einen wöchentlichen Heimflug übernehmen.

Sie hatten den Wunsch geäußert, bereits nach Ablauf der Probezeit Teilnehmer am Aktiensparplan unseres Unternehmens zu werden. Die Geschäftsleitung hat nach Gesprächen mit unserem Betriebsrat einer Teilnahme nach zwölf Monaten (Standard: 24 Monate) Firmenzugehörigkeit zugestimmt. Ihr Anstellungsvertrag liegt diesem Brief in zweifacher Ausfertigung bei. Bitte schicken Sie uns ein gegengezeichnetes Exemplar bis zum ... zurück.

Herr Wiesenthal freut sich darauf Sie am ... um 8:30 Uhr an Ihrem neuen Arbeitsplatz zu begrüßen. Bis dahin alles Gute!

Mit freundlichen Grüßen

Anlagen

Ende der Probezeit

Zur Beendigung der Probezeit müssen wir keinen Brief schreiben; der Vertrag sagt deutlich, wann und unter welchen Umständen der Mitarbeiter in ein normales Arbeitsverhältnis übernommen wird. Es ist aber motivierend und trägt zu einem guten Betriebsklima bei, wenn wir diese Gelegenheit nicht ungenutzt verstreichen lassen. Ein paar anerkennende Worte sind am Platze.

Übernahme in ein unbefristetes Arbeitsverhältnis

Schreiben zur Übernahme

Sehr geehrter Herr Schliefer,

sechs Monate sind Sie nun für uns tätig. Eine lange Zeit, werden Sie möglicherweise sagen, wenn Sie bedenken, wie sehr sich Ihr Leben durch die neue Position verändert hat; und eine kurze Zeit, wenn wir bedenken, wie viel noch zu tun übrig bleibt. Doch das kann Ihnen ja nur recht sein.

Gerne übernehmen wir Sie heute in ein unbefristetes Arbeitsverhältnis. Ihr Verhalten in den letzten sechs Monaten hat gezeigt, dass Sie und wir keine falsche Entscheidung getroffen haben, sondern eine goldrichtige. Sie haben sich mit dem Engagement eingesetzt, das Sie uns bei den Einstellungsgesprächen versprochen haben. Sie lernen schnell und finden sich scheint's mühelos in neue Situationen ein. Wir sind davon überzeugt, dass Sie sehr bald Ihre Kunden selbständig und in einem eigenen Bezirk betreuen können.

Wir freuen uns Sie bei uns zu haben. Weiter so.

Mit freundlichen Grüßen

Übernahme (verbunden mit einer Gehalts-erhöhung)

Übernahme in ein unbefristetes Arbeitsverhältnis

Liebe Frau Schlinger,

Sie haben sich in Ihre neue Aufgabe als Sekretärin in unserem Trainingscenter schnell und gründlich eingearbeitet. Deshalb übernehmen wir Sie zum ... in ein unbefristetes Arbeitsverhältnis.

Wie vereinbart wird Ihr Gehalt von ... DM auf ... DM brutto steigen. Auch alle anderen Vereinbarungen des Arbeitsvertrages vom ... bleiben bestehen. Bestätigen Sie uns bitte Ihr Einverständnis mit der Übernahme auf der Kopie dieses Schreibens.

Wir sind sicher, dass wir auch weiterhin gut zusammenarbeiten werden.

Mit freundlichen Grüßen

Verlängerung der Probezeit

Die Probezeit kann aus vielen Gründen verlängert werden. So ist es zum Beispiel möglich, dass ein Arbeitnehmer aufgrund einer Krankheit oder eines Unfalls für längere Zeit in der Probezeit ausfällt. Auch ist es möglich, dass der Arbeitgeber mit den Leistungen des neuen Mitarbeiters noch nicht zufrieden ist, ihm aber noch eine Chance geben will.

Verlängerung der Probezeit

Sehr geehrter Herr Auerbach,

Sie wissen bereits, was dieser Brief enthält: unsere mündlichen Vereinbarungen vom ...

Ihr Anstellungsvertrag sieht eine Probezeit vor, die am ... abläuft. Zur Zeit können wir noch nicht erkennen, ob Sie den Anforderungen aus den Aufgaben, die wir Ihnen gestellt haben, gerecht werden. Zum einen lässt sich dies heute nur schwer beurteilen, weil Sie wegen eines Unfalls fast sechs Wochen krank waren. Zum anderen scheint sich zu erweisen, dass Sie in Ihrer letzten Firma vielleicht nicht lange genug mit dieser Materie betraut waren um die Problemlösungen zu entwickeln, wie unsere Kunden sie wollen.

Verlängerung der Probezeit

Wir schlagen Ihnen deshalb einen einwöchigen Aufenthalt bei unserer amerikanischen Mutterfirma in ... vor, um Ihnen Gelegenheit zu geben die Problemlösungen der dortigen Kollegen vor Ort zu studieren. Wir erwarten von Ihnen den größtmöglichen Einsatz, da diese Investition für uns ein Risiko bedeutet. Der Kollege Smith ist informiert.

Des Weiteren schlagen wir Ihnen eine Verlängerung der Probezeit um drei Monate vor, also bis zum ... mit einer beiderseitigen Kündigungsfrist von vier Wochen zum Monatsende. Wir denken, dass sich in dieser Zeit der Nutzen ihres Amerikaaufenthaltes absehen lässt, da Sie die dort erworbenen Kenntnisse direkt in das Projekt ... einfließen lassen können. Bitte teilen Sie uns Ihr Einverständnis mit, indem Sie die Kopie dieses Briefes unterschreiben und an uns zurückgeben.

Wir sind davon überzeugt, dass Sie diese Chance nutzen werden.

Mit freundlichen Grüßen

Schreiben im Rahmen der Mitarbeiterförderung

Einladung zu einem Weiterbildungsseminar

Einladungen zu Weiterbildungsveranstaltungen enthalten oft viel zu wenig Informationen. Die Bildungsabteilung erwartet, dass die Vorgesetzten mit ihren Mitarbeitern über Ziele und Inhalte sprechen. Das wäre schön, ist aber sehr selten der Fall. Also sollte zumindest die Einladung etwas mehr als Titel, Ort und Zeit enthalten, da die Teilnehmer an der Veranstaltung ansonsten unbegründete Erwartungen oder Befürchtungen entwickeln, was sie dort wohl erwartet.

Einladung zu einem Weiterbildungsseminar

Einladung zum Seminar „Unsere Kunden“

Sehr geehrte Frau Damers,

Sie interessieren sich für das Verhaltenstraining „Unsere Kunden“ für Mitarbeiter mit Kundenkontakt. Mit diesem Brief laden wir Sie herzlich zur Teilnahme ein.

Termin:	20. Dezember bis 22. Dezember ...
Seminarbeginn:	Anreise am Montag, 20. Dezember ... bis 8:30 Uhr Beginn des Seminars um 9:00 Uhr
Seminarende:	Mittwoch, 22. Dezember ... gegen 16:00 Uhr
Ort:	Hotel „Zum weißen Schwan“ Schwanenweg 5 (PLZ) Hintertupfingen Telefon ...
Dozent:	Herr Dr. Brem
Thema:	Unsere Kunden – Verhaltenstraining für Mitarbeiter mit Kundenkontakt
Lernziele:	– die Bedeutung der MitarbeiterInnen mit Kundenkontakt als Repräsentanten des Unternehmens vor Ort erkennen; – das Rollenverständnis reflektieren und verbessern; – Probleme und Schwierigkeiten erkennen und mit Hilfe einer erweiterten kommunikativen Kompetenz hilfreich analysieren können; – das eigene Verhalten gegenüber dem Kunden prüfen; – Handlungsalternativen entdecken und entwickeln.
Lerninhalte:	– Das Auftreten des Mitarbeiters mit Kundenkontakt – Rollenverständnis – Kommunikationsmodell – Erster Eindruck – Zuhören und Fragetechnik – Gesprächsführung – Einwandbehandlung
Lernmethoden:	– Lehrgespräche, Gruppen- und Einzelarbeiten, Interaktionsübungen, Rollenspiele mit Videoaufzeichnung und anschließender Analyse

Einladung zu einem Weiterbildungsseminar

Für die Zeit des Seminars haben wir im Hotel „Zum weißen Schwan“ ein Einzelzimmer mit Dusche/WC für Sie reserviert. Die Kosten für das Seminar übernimmt das Hüttenwerk, ausgenommen Telefonkosten und Kosten, die über die normale Verpflegung hinausgehen.

Da die Hotels bei zu kurzfristigen Absagen die Hotelzimmer verständlicherweise in Rechnung stellen müssen, bitten wir Sie eindringlich uns im Verhinderungsfall rechtzeitig zu informieren.

Wir wünschen Ihnen eine angenehme und persönlich Gewinn bringende Zeit.

Mit freundlichen Grüßen

Anlagen
Teilnehmerliste
Anfahrtskizze

Verteiler:
Herr Dr. Brem
Betriebsrat

Briefliche Nachbereitung eines Seminars

Was wird aus den Vereinbarungen der Seminare V1 bis V5?

Sehr geehrter Herr Maken,

erinnern Sie sich noch?

> „Der Kampf im Markt wird nicht entschieden zwischen den Großen und den Kleinen, sondern zwischen den Wachen und den Schläfrigen.“

Der ...markt verlangt unsere ganze Wachsamkeit! Auch Ihre und die Ihrer Mitarbeiter.

Auch Sie haben an den Seminaren V1 bis V5 in Bad Wildungen teilgenommen und vielleicht stammen einige der Anregungen, die Herr Siebert an die Geschäftsleitung herantrug, gerade von Ihnen. Dafür bedanke ich mich.

Briefliche Nachbereitung eines Seminars

Sie wissen, dass in der Vergangenheit nach einem Seminar so manche begeisterte Anregung kam, aber oft – unter dem Druck des Tagesgeschäfts – nicht umgesetzt und deshalb wieder vergessen wurde. Das wollen wir dieses Mal vermeiden!

Wir haben Herrn Siebert beauftragt, die Einführung, Durchsetzung und Einhaltung zahlreicher von Ihnen gewünschter Punkte wahrzunehmen. Sie finden sie auf der Folgeseite. Bitte unterstützen Sie Herrn Siebert, wenn er in Ihrem Bereich tätig werden wird, durch Ihre intensive Mitarbeit. Die Geschäftsleitung hat ihn dazu mit den erforderlichen Kompetenzen ausgestattet.

Mit dieser Maßnahme ist der erste Schritt getan, der Ihre Anregungen und Ideen in eine Verbesserung des betrieblichen Tagesablaufs münden lässt. Sie haben es in Ihrer Hand, ob diese Aktion der Erfolg wird, den ich uns beiden wünsche.

Bleiben Sie mit uns wachsam!

Mit freundlichen Grüßen   Anlage

Einladung zu einem Teamtraining

Liebe Teilnehmer des Teamtrainings,

Sie haben sich entschlossen, mit mir zusammen – und das sogar an einem wohlverdienten Wochenende – eine Teamentwicklungssequenz zu beginnen. Für dieses Vertrauen bedanke ich mich.

Ich will Sie über meine Planung für diese gemeinsame Veranstaltung informieren und Ihnen zugleich einige meiner Sichtweisen zur Aufgabenstellung des Beraters – also meiner eigentlichen Funktion – übermitteln.

Und dies könnten die Stationen unseres Zusammenwirkens sein:

1. Leidensdruck, Wunsch nach Veränderung

2. Definition des Problems

3. Definition des gewünschten Zustands
   (Vision einer besseren Zukunft)

4. Behandlung des Problems und Aufbau der Zukunft
   (Strategie und Taktik der Veränderung)

5. Erfolgskontrolle

Einladung zu einem Teamtraining

Alle Gruppenmitglieder sollten sich dessen bewusst sein, dass ein Teamtraining den freien Meinungsaustausch begünstigt; folglich können auch kritische Kommentare oder negative Gefühle auftauchen. „Den Stein heben und die Kröten laufen lassen" nannte das einmal ein Vorgesetzter. Im Teamtraining werden natürlich keine neuen „Kröten" in die Welt gesetzt, sondern die alten endlich einmal freigelassen. Das ermutigt die Teilnehmer zu größerer Aufrichtigkeit. Sollten die Leute entdecken, dass ihre Offenheit mit Lügen oder Repressalien belohnt wird, so sehen sie ihre schlimmsten Befürchtungen bestätigt und der Entwicklungsprozess erlebt einen herben Rückschlag. Andererseits, wenn ein Problem einmal auf dem Tisch liegt, hat die Gruppe eine Chance, es auf eine nicht alltägliche Weise zu lösen. Zu diesem Zeitpunkt ist es enorm wichtig, dass alle Mitglieder auf konstruktive Weise zusammenarbeiten. Das Teamtraining kann tief liegende Konflikte und Meinungsverschiedenheiten ans Tageslicht bringen. In solchen Situationen ist jede Person verletzbar, insbesondere aber der Gruppenleiter, der mehr als irgendein anderer der Kritik ausgesetzt ist.

Deshalb werde ich als Ihr Berater und Moderator meine ganze Aufmerksamkeit auf die ablaufenden Prozesse und ihre möglichen Konsequenzen richten. Darum ist es für mich wichtig, die Erwartungen zu kennen, die Sie an mich stellen. Bitte machen Sie sich dazu im Vorfeld des Trainings – jeder für sich – eigene Gedanken.

Ganz anders können Sie mit Ihren Zielvorstellungen verfahren. Hier haben Sie vielleicht die Möglichkeit, in der Gruppe bis zu unserem Treffen Grobziele zu formulieren. Am Anfang unseres Seminars werden wir sie dann in Feinziele und entsprechende spezifische Maßnahmen gliedern.

Bestimmt haben Sie sich schon gefragt, was denn der Berater in unserer Situation leisten kann.

Meine Vorstellungen und Erfahrungen dazu lauten:

Einladung zu einem Teamtraining

- Ich beobachte Vorgänge, die sich während der Arbeit zwischen den Gruppenmitgliedern (Teilnehmerkreis) abspielen.

- Ich kann Ihnen einen Spiegel vor Augen halten, sodass Sie ein klares Bild Ihres Verhaltens gewinnen.

- Ich kann mit Ihnen gemeinsam neue Ziele finden und formulieren (helfen).

- Ich wähle Maßnahmen aus, die meiner Erfahrung nach geeignet sind die Arbeitsmethoden Ihrer Gruppe zu verbessern.

- und ich kann Ihnen Feedback geben über Ihr Verhalten.

Was Sie nicht von mir erwarten können ist, dass

- ich die Führung übernehme. Ich werde jedoch jedem Mitglied hilfreich beistehen;

- ich Ihnen Ihre Fehler zum Vorwurf mache. Ich will Ihnen helfen, diese Fehler zu entdecken;

- ich für Sie Entscheidungen treffe. Das bleibt Ihre Aufgabe, aber ich kann Ihnen helfen, den Weg dahin zu ebnen.

- ich mich in die inhaltliche Arbeit Ihrer Gruppe einmische.

Ich will meine Fähigkeiten und Erfahrungen mit viel Fingerspitzengefühl in den Dienst Ihrer Gruppe stellen. Darauf haben Sie Anspruch, deswegen haben Sie mich ausgewählt.

Die wichtigste Bitte zum Schluss: Kommen Sie zur Teilnahme wirklich nur aus freien Stücken! Dann können wir tatsächlich etwas verändern.

Ich freue mich auf die Arbeit mit Ihnen und

grüße Sie freundlich

Lob, Dank und Anerkennung

Warum sollen wir mit einem Dankesbrief oder einem anerkennenden Schreiben immer warten, bis es einen Besten gibt? Dazu besteht eigentlich kein Grund. Im Gegenteil. Oft sind es über eine lange Zeit hinweg die gleichen Mitarbeiter, die Jahr um Jahr die besten Verkäufer werden und jede Anerkennung, ob materiell oder ideell, für sich einheimsen. Die anderen Verkäufer sind zwar auch gut und sehr gut. Doch haben sie wegen des einen Überfliegers einfach keine Chance. Auch der Gute sollte dann und wann gelobt werden. Das spornt an und verstärkt das Zugehörigkeitsgefühl.

Dank für einen Verbesserungsvorschlag: Einsparung von Portokosten

Ihr Vorschlag 15/99 „Portokosten“

Sehr geehrte Frau Rüttgers,

Sie arbeiten in unserer Poststelle. Tagtäglich gehen hunderte von Briefen durch Ihre Hände. Das hat Sie bewogen sich mit dem Thema Portokosten intensiver zu beschäftigen. Sie stellten fest, dass die Briefsorten X, Y und Z von uns per Einschreiben verschickt werden. Dazu gibt es eine Arbeitsanweisung aus dem Jahre ...

Sie machten uns mit Ihrem Vorschlag 15/99 darauf aufmerksam, dass es in vielen Fällen wenig Sinn hat einen Brief per Einschreiben zu verschicken. Die Versendungsart besitzt keinerlei Beweiskraft für den Inhalt. Das ist völlig richtig. Wenn, dann ist im begründeten Einzelfall die Versendungsart „Einschreiben – Rückschein“ vorzuziehen.

In den meisten Fällen aber (bei Briefsorte X zu 100 Prozent, bei Briefsorte Y zu 100 Prozent und bei Briefsorte Z zu 80 Prozent) reicht die einfache Versendungsart. Die Einsparung für das Unternehmen beträgt circa ... DM monatlich. Auf dieser Grundlage erhalten Sie eine Prämie von ... DM.

Bitte reichen Sie uns weiterhin Ihre Vorschläge ein. Vielen Dank.

Mit besten Grüßen

Annahme eines Vorschlags: Einrichtung von Qualitätsgruppen

Ihr Vorschlag Nr. 78935: Einrichtung von Qualitätsgruppen

Sehr geehrte Frau Verheugen,

Sie haben für den Bereich „Vertragsbetreuung" die Einrichtung von Qualitätsgruppen vorgeschlagen. Vielen Dank dafür.

Ihr Vorschlag erscheint uns wohldurchdacht und enthält bereits viele organisatorische Details. Thema der Gruppen soll sein:

Modernisierung der automatisierten Korrespondenz

Jede Qualitätsgruppe soll anteilig von Mitarbeitern aus den Abteilungen Antrag und Leistung besetzt sein. Es sollten insgesamt drei Gruppen zu je fünf Mitarbeitern gebildet werden. Tagungsturnus der Gruppen: Alle vierzehn Tage zwei Stunden lang während der Arbeitszeit.

Wir unterstützen Ihren Vorschlag, indem wir ihn mit einer Bitte um Stellungnahme an die Abteilungsleiter Groß und Widerjahn weiterleiten.

Mit freundlichen Grüßen

Dank für einen Verbesserungsvorschlag: Konstruktionsänderung

Ihr Vorschlag 4738190738

Sehr geehrter Herr Klingenbeil,

Sie haben uns einen Verbesserungsvorschlag eingereicht, der in unserer Konstruktion ungeteilte Zustimmung gefunden hat. Das war aber auch nicht anders zu erwarten, bringt Ihr Vorschlag doch durch die Umkonstruierung des Anlagenrahmens einerseits und durch die Verwendung neuer Materialien andererseits so massive Einsparungen, dass „alten Hasen" durchaus die Frage gestellt werden kann: „Warum seid Ihr nicht schon längst darauf gekommen?!"

Nun, lieber Herr Klingenbeil, Sie haben durch Ihre Idee unserem Unternehmen einen maßgeblichen Beitrag zur Wettbewerbsverbesserung geliefert. Die Einsparungen, wie sie von der Nachkalkulation dargestellt werden, verbessern unsere Stückkosten um 10 Prozentpunkte. Die mögliche Produktionsoptimierung ist darin noch gar nicht enthalten.

Die Geschäftsleitung bedankt sich bei Ihnen für Ihren wirklich herausragenden Vorschlag mit einer Prämie in Höhe von 15 000,00 DM. Wir werden dies in angemessener Weise an alle Informationstafeln und in der nächsten Betriebsversammlung herausstellen.

Machen Sie weiter so zum Wohl unseres Unternehmens und zur Sicherung aller Arbeitsplätze!

Mit bestem Dank

Ihr positives Auftreten bei Kunden

Dank an den freundlichen Kundendienstmitarbeiter

Sehr geehrter Herr Horner,

wie stellen Sie das nur an, dass viele Kunden, die Sie betreuen, nicht nur zufrieden sind, sondern ihre Zufriedenheit auch noch mündlich oder schriftlich äußern? Gratulation! Heute ist der dritte Brief in diesem Jahr eingetroffen, in dem Sie lobend vom Kunden erwähnt werden.

Sehr zufrieden war die Firma X mit Ihnen, weil Sie ein Unglück verhindert haben. In aller Ruhe erklärten Sie unserem Kunden umsichtig und kenntnisreich die möglichen Folgen, mit denen er zu rechnen hat, falls der Mitarbeiter des Kunden seinen Schraubenschlüssel tatsächlich im Verdichter vergessen hat. Sie verhinderten damit nicht nur einen großen Schaden, sondern auch ein kaum auszumalendes Unglück.

Dann bedankte sich die arabische Firma Y dafür, dass Sie viel Verständnis für die dort üblichen religiös bedingten Gebräuche aufbrachten. Ihr Vorgänger, ein Mitarbeiter der Firma ..., muss sich wohl heftig über die ständi-

Dank an den freundlichen Kundendienstmitarbeiter

gen Gebetspausen beklagt haben. Sie haben die Pausen akzeptiert und nachher umso schneller weitergearbeitet. So konnten wir den Plan einhalten, in den wir vergessen hatten die Pausen einzukalkulieren. Danke!

Schließlich kam heute der Brief eines holländischen Kunden, der ihre umfassende Sachkenntnis lobte. Sie scheuten sich nicht – weil gerade Not am Mann war –, dem Kunden auch dort zu helfen, wo es eigentlich nicht Ihre Aufgabe war.

Durch ein Verhalten wie das Ihre ist es möglich die Kundenbindung zu erhöhen, was eine Auslastung selbst in schlechten Zeiten zur Folge hat. Machen Sie weiter so!

Mit den besten Wünschen

Anerkennung des besten Verkäufers

Erster Platz im Club Top-Twenty

Sehr geehrter Herr Richmann,

Sie sind wieder Erster geworden. Das haben wir auch gar nicht anders erwartet. Fast sind wir versucht zu sagen: Lassen Sie die anderen auch einmal 'ran. Aber das geht von der Sache her natürlich nicht. Wir und Sie zählen ja auch wirtschaftlich auf Ihren Erfolg.

Und dieser Erfolg ist vorbildlich. Sie zeigen den jungen Burschen, die alle Jahre wieder unsere Mitarbeiterschaft bereichern, dass die Kennziffern und Prozentzahlen keine Kopfgeburten des Vorstands, sondern dass sie machbar sind. Wenn Sie nicht alle Branchen genau in der gewünschten Quote bedient hätten, wären Sie ja nicht Erster geworden.

Also: Unsere Gratulation. Machen Sie noch viele, viele Jahre weiter so!

Weiterhin alles Gute

Ihr

Verleihung des ...-Preises für die beste Auslandsreportage

Anerkennungsschreiben zur Berufsauszeichnung

Lieber Herr Mertens,

Sie sind bekannt, berühmt und bei manchen sicher auch berüchtigt dafür, dass Sie alle Jahre wieder „heiße Eisen" anpacken.

Wir gratulieren Ihnen nicht nur zu der Auszeichnung, die Sie am ... entgegennehmen werden, sondern auch zu Ihrem sicheren Instinkt und zu Ihrem Mut. Denn wir haben nicht vergessen, wir sehr wir zunächst dagegen waren, dass Sie sich mit dem Thema ... beschäftigten. Wir fürchteten möglicherweise einer Rufmordkampagne gegen Herrn ... bezichtigt zu werden. Sie aber hatten Fingerspitzengefühl genug, zur richtigen Zeit die richtigen Nachrichten zu veröffentlichen. Sie sind einer der wenigen, die sich zwar ihre Theorien bilden, aber nicht mit Spekulationen an die Öffentlichkeit treten. Ihre Theorien versuchen Sie zu beweisen, hartnäckig und stur. Sicher gehören Cleverness und Durchhaltevermögen auch zu Ihren Stärken.

Genießen Sie die Auszeichnung, lieber Herr Mertens! Und gewähren Sie uns eine Bitte: Bleiben Sie der Alte und bleiben Sie uns erhalten.

Mit stolzen Grüßen

Dank an die Reinemachefrau

Liebe Frau Schneider,

zehn Jahre sind Sie nun bei uns und bleiben uns auch hoffentlich noch viele, viele Jahre erhalten. Denn wir brauchen Sie.

Sie sind es, die mit Sorgfalt unsere Schreibtische säubert ohne etwas durcheinander zu bringen. Sie sind es, die unsere Bildschirme abstaubt und sich auch dann und wann einmal eine Tastatur vornimmt. Sie sind es, die unser Geschirr nicht nur säubert, sondern auch heil- und zusammenhält. Sie sind es, die unsere Papierkörbe leert – wahrlich keine leichte

Dank an die Reinemachefrau

Arbeit – und unsere Räume frisch und sauber hält. Und Sie sind es, die stets für klare Sicht sorgt.

Wir freuen uns immer wieder darüber, mit wie viel Rücksicht auf uns Sie mit dem Staubsauger umgehen. Wenn Sie sehen, dass noch jemand im Büro ist, schließen Sie entweder die Türen oder verschieben das Saugen auf einen späteren Zeitpunkt. So viel Rücksichtnahme finden wir einfach toll.

Schön, liebe Frau Schneider, Sie bei uns zu haben!

Mit herzlichem Dank

Verabschiedung eines langjährigen Mitarbeiters

Endlich ist er da, der ersehnte Ruhestand,

lieber Herr Kröger,

denn dass Sie sich darauf freuen, wissen wir. Und Sie haben es sich redlich verdient, nun endlich Ihre Fischzucht mit dem angemessenen zeitlichen Einsatz betreiben zu können.

Als Züchter wie als Kundendienstleiter sind Sie gleichermaßen erfolgreich. Denn wissen Sie noch, wie Sie bei uns anfingen? Natürlich wissen Sie das noch. Gerade einmal drei Mitarbeiter waren im Kundendienst beschäftigt – vor siebzehn Jahren.

Frisch aus den USA kommend haben Sie damals eine Marktlücke, eine Chance gesehen. Monatelang haben Sie Gespräche mit uns geführt um uns die Chancen im Service zu erläutern. Damals bereits prognostizierten Sie einen Rückgang des Verkaufs, was auch eingetroffen ist, und eine Zunahme des Bedarfs an qualifizierten Dienstleistungen. Und dafür haben Sie uns gerüstet. So sind wir heute Marktführer, was die Wartung von ... angeht. Und nicht nur das. Wir haben eine brancheneinmalige Dichte von Wartungsverträgen mit langen Bindefristen. All dies haben Sie frühzeitig „angepackt“, sodass es heute niemanden mehr wundert, wenn

Verabschiedung eines langjährigen Mitarbeiters

Ihre Abteilung 56 Mitarbeiter umfasst. Sie haben sich Ihre Führungsposition und Ihre einflussreiche Stellung in unserem Unternehmen selbst geschaffen.

Dennoch sagen Sie: Jetzt ist es genug. Ich habe mein berufliches Lebenswerk getan. Jetzt sollen Jüngere ran. Mit dieser Strategie haben Sie – vorausschauend wie immer – bereits vor drei Jahren begonnen. Da nämlich haben Sie es durchgesetzt, dass Herr ... Ihr Stellvertreter wird. Jetzt wird er – ganz nach Ihrem Wunsch – Ihr Nachfolger werden.

Schweren Herzens lassen wir Sie gehen, lieber Herr Kröger, und das überhaupt nur, weil Sie zugesagt haben, im Notfall immer für uns zur Stelle zu sein. Bleiben Sie uns verbunden, so wie alle, die Sie als Mitarbeiter, Chef und Vordenker kennen gelernt haben, Ihnen verbunden bleiben.

Mit den allerbesten Wünschen für ein langes und freudvolles Pensionärsdasein

Gratulationen und Glückwünsche

Gratulations- und Glückwunschschreiben leben nicht von besonders originellen Formulierungen, wie sie zuweilen in durchaus amüsanter Form auf vorgefertigten Karten zu finden sind. Gratulations- und Glückwunschschreiben leben vom Persönlichen, vom Individuellen; und das erfahren wir in einer kleinen Recherche. Wenn jemand 25 Jahre lang einer Firma angehört, dann hat er da viel erlebt und geleistet. Ein Gespräch mit langjährigen Kollegen und Vorgesetzten bringt es an den Tag. Jeder von uns hat besondere Eigenschaften, auch unbestritten positive. Und diese können wir anlässlich eines Jubiläums oder des 50. Geburtstags durchaus einmal erwähnen. Je mehr der Jubilar oder das Geburtstagskind über sich erfährt, desto größer ist die Freude.

25-jährige Firmenzugehörigkeit

Liebe Frau Müller,

wer würde das glauben, wenn er Sie sieht, dass Sie schon fünfundzwanzig Jahre in unserer Firma sind? Niemand, der es nicht besser weiß.

Von Beginn Ihres Arbeitslebens an sind Sie uns treu geblieben, liebe Frau Müller, und Sie haben es geschafft, im Laufe der Jahre zum Vorbild für viele Kolleginnen und Kollegen zu werden. Wer von uns, der es erlebt hat, hätte vergessen, wie Sie vor vielen Jahren begannen, sich für die Weiterbildung aller Sekretärinnen und Schreibkräfte bei uns im Unternehmen einzusetzen? Sie erreichten, dass wir das Unternehmen sind, in dem sicher die allerwenigsten Fehler in Rechtschreibung und Zeichensetzung gemacht werden. Denn Ihr kritisches Auge sieht alles. Sie verbessern nicht nur, sondern erklären auch warum und wieso. Dafür danken wir Ihnen.

Auch ist es wesentlich Ihr Werk, dass wir als Unternehmen sehr früh mit der elektronischen Textverarbeitung begannen. Während der Einführung erreichten Sie, dass niemand sich dagegen sträubte, so wie dies in vielen anderen Unternehmen der Fall war. Sie gehen immer nach vorne und eilen stets mit Macht an die Spitze. Und Sie ziehen die anderen mit. Das ist eines Ihrer wahrhaft bewunderswerten Talente.

Bleiben Sie noch viele Jahre bei uns und lassen Sie es sich heute an Ihrem Ehrentage so richtig gut gehen. Der Inhalt des Korbs, in dem Sie diesen Brief finden, soll Ihnen dabei helfen.

Mit den besten Grüßen und den allerherzlichsten Glückwünschen zu Ihrem 25-jährigen Hiersein.

40-jährige Firmenzugehörigkeit

Lieber Herr Graumann,

mehr als die Zeitspanne einer ganzen Generation gehören Sie unserem Unternehmen an. Wissen Sie noch, wie es war, als Sie hier anfingen?

Ja, genau. Das Gebäude, in dem Sie heute sitzen, gab es noch gar nicht. Unsere Firma steckte noch in den Kinderschuhen, obwohl sie bereits im halbindustriellen Betrieb auch Schuhe für Erwachsene fertigte. Sie, Herr Graumann, waren der erste kaufmännische Lehrling. Von Anbeginn lag Ihnen die finanzielle Ordnung des Unternehmens am Herzen. Heute betreuen Sie in einer Position des Vertrauens die gesamte Buchhaltung.

Niemand, Herr Graumann, hat in Ihrem Arbeitsbereich je einen Fehler gefunden. Niemand käme auf die Idee einen zu suchen. Durch alle Abteilungen hindurch sind Sie als äußerst korrekter Vorgesetzter und Kollege bekannt, der stets dafür sorgt, dass alle – Lieferanten und Mitarbeiter – pünktlich erhalten, was Ihnen zusteht. Fehlt ein Beleg, sind Sie unerbittlich in Ihrer Recherche. Ihrer Korrektheit und Ihrer Sorgfalt ist es zu verdanken, dass sich unsere Bücher stets sehen lassen können, sozusagen von Minute zu Minute. Immer stimmt alles. Immer ist alles in Ordnung. Immer und überall, bei jeder Planung können wir uns auf Ihre Zahlen verlassen.

Danke!

Zu Ihrem 40-Jährigen gratulieren wir Ihnen herzlich.

Mit den besten Empfehlungen von
Ihrer Geschäftsleitung

Anlage
Scheck über ... DM

Gratulation zum erfolgreichen Abschluss der Berufsausbildung

Beendigung Ihrer Ausbildung zum Versicherungskaufmann

Sehr geehrter Herr Stade,

wie Ihre zwölf Kolleginnen und Kollegen haben Sie eine zweijährige Ausbildung mit vergleichsweise mäßigen Bezügen dem schnellen Geldverdienen im Außendienst vorgezogen. Ihr hervorragender Abschluss – herzlichen Glückwunsch! – sagt uns, dass Sie wussten warum. Bald werden Sie, da bin ich mir sicher, ein versierter Industrieversicherer sein.

Nicht nur Sie haben Zeit, Kraft und Ausdauer investiert, auch wir haben viel Aufwand in Sie gesteckt. Mit Ihrem Abschluss haben Sie unser Vertrauen gerechtfertigt. Sicher regt sich nun gar kein Zweifel mehr, dass Ihre Entscheidung von damals richtig war. Sie besitzen „das Zeug" eine Spitzenkraft zu werden. Das haben Sie während der Ausbildung bewiesen.

Natürlich möchten wir Sie nun nicht verlieren. Wir setzen weiterhin auf Sie. Gerne würde ich ein Gespräch mit Ihnen über die Möglichkeiten Ihres weiteren beruflichen Lebensweges hier bei uns führen. Wo möchten Sie eines Tages hin? Wie können wir Sie unterstützen Ihr Ziel zu erreichen? Bitte rufen Sie meine Sekretärin an und vereinbaren Sie einen Termin für die übernächste Woche. Ich freue mich auf unser Gespräch.

Mit den besten Wünschen für eine gelungene Abschlussfeier

Gratulation zu einer nebenberuflich absolvierten Weiterbildung

Sie werden es noch weit bringen,

sehr geehrte Frau Berlich!

Unseren Glückwunsch zur bestandenen Prüfung zur ...fachwirtin. Mit Ihrem Abschluss legen Sie Ehre für uns ein. Auf das „sehr gute" Examen können Sie wirklich stolz sein.

Seit langem setzen Sie Ihre frisch erworbenen Kenntnisse am Arbeitsplatz ein. Sie sind zur zuverlässigen Ratgeberin in schwierigen Fällen geworden. Auch dazu gratulieren wir Ihnen. Zwar können wir Ihnen heute keine Versprechungen machen oder Zusagen geben, doch seien Sie versichert, sehr geehrte Frau Berlich, eines Tages in absehbarer Zeit werden wir eine neue, angemessene Position für Sie finden. Haben Sie nur etwas Geduld und bleiben Sie uns bis dahin erhalten.

Mit freundlichen Grüßen

Glückwunsch zur Promotion

Herzlichen Glückwunsch zur Erlangung Ihres Doktordiploms,

sehr geehrte Frau Grün!

Wie ich von Ihrer Frau Eckart erfahren habe, ist es Ihnen gestern zugestellt worden. Wie haben Sie das nur geschafft neben all Ihrer anderen Arbeit hier im Unternehmen und zu Hause? Wirklich bewundernswert.

Natürlich dürfen Sie jetzt ganz offiziell Ihren Titel tragen. Haben Sie schon neue Schilder und Visitenkarten geordert? Tun Sie das. Denn wir sind natürlich stolz darauf, unseren Kunden eine weitere Doktorin präsentieren zu können. Sicher wird Herr ... von ... nun umso lieber mit Ihnen verhandeln und Ihren überzeugenden Worten noch mehr Vertrauen schenken.

Darf ich Ihr Werk bei Gelegenheit einmal lesen? Leihen Sie mir doch bitte ein Exemplar.

Ich grüße Sie und wünsche Ihnen alles Gute

Glückwunsch zum 50. Geburtstag eines Geschäftsfreundes

Lieber Herr Graf,

Sie sind passionierter Jäger, und deshalb wird es Ihnen ebenso gefallen wie mir, das Sippenmotto, das ich in einem vielhundertjährigen schottischen Herrenhaus im Rauchsalon des alten Barons las: „Leben heißt Jagen". Diesen Satz will ich Ihnen widmen als Grußwort zu Ihrem heutigen, dem fünfzigsten Geburtstag und Ihnen damit zugleich meine herzlichsten Glückwünsche übermitteln.

Beobachten, Pirschen, Ansitzen, Beute machen und aneignen – finden wir das nicht immer wieder im Alltag? Den Markt beobachten, Chancen ausspähen und wahrnehmen, also handeln, wenn es opportun erscheint. Als Jäger wissen wir, dass mancher scheinbar kapitale Bock beim genauen Ansprechen doch eher zu schonen wäre, und trotzdem bleiben Fehlschüsse nicht aus. Beim Inbesitznehmen stellen wir fest, dass das Stück eben nur bedingt unseren Vorstellungen entspricht.

Aber geben wir deswegen das Jagen auf?

Was ich sagen will, lieber Herr Graf, ist Folgendes: Von einigen Mitarbeitern bin ich angesprochen worden wegen der wirtschaftlichen Situation des Bereichs ... Viele sorgen sich um ihren Arbeitsplatz, zumal ja auch ... nicht alle Vorstellungen erfüllt.

Machen Sie Ihren Mitarbeitern in allen Bereichen Mut! Sie besitzen dieses Talent. Sie verkörpern glaubwürdig die energisch handelnde Vaterfigur. Entwickeln Sie mit Ihrem Team ein visionäres Szenario, das Hand und Fuß besitzt, und setzen Sie es um in konkrete und strategische Ziele. Überlassen Sie das Operationalisieren der Ebene unter Ihnen. Dafür sind diese Männer ja da! Konzentrieren Sie sich auf Ihr „Geschäft".

Ich wünsche Ihnen von Herzen die Nachfolge Dr. ... Machen Sie in diesem Sinne auf sich aufmerksam. Sie besitzen die Fähigkeit zu integrieren und auch zu heilen. Ihr Unternehmen wird in der Zukunft „Heiler" brauchen.

Mit einem lieben Gruß aus der grünen Holledau

Ihr

Glückwunsch zur Beförderung eines Geschäftsfreundes

Lieber Herr Argelander,

Sie haben es geschafft! Und deshalb noch einmal brieflich: meine allerherzlichsten Glückwünsche zu Ihrer Berufung als Geschäftsstellenleiter nach China!

Lange habe ich über Ihre zukünftigen Pläne nachgedacht, von denen Sie mir an Ihrem Geburtstag berichtet haben. Ich glaube, dass diese Gelegenheit eine großartige Chance für Sie darstellt.

Sie haben alle Eigenschaften, die ein Entrepreneur braucht. Der chinesische Markt bedarf der Erschließung und des Aufbaus. Sind Sie sich aber auch bewusst, dass dafür viel Zeit vergehen wird und Sie vielleicht die Früchte nicht mehr ernten werden? Aber ich bin der festen Überzeugung, mein Freund, dass Sie für diese Aufgabe der richtige Mann sind! Ihre ganze mir bekannte Vita befähigt Sie dazu.

Die Einschränkungen, die Ihr Unternehmen für die kommenden Jahre im Inland wird treffen müssen, hindern Sie Ihre Talente einzusetzen. Ich bedauere es, wenn ich einen Freund so weit ziehen lassen muss, aber ich weiß uns beide in dieser Beziehung sehr ähnlich: Als „Schreibtischtäter" werden wir nicht glücklich. Wir wollen etwas „anpacken", weil wir „Macher" sind.

Mein Vorschlag wäre: Wenn es Ihr Kalender erlaubt, nehmen wir uns im August ein Wohnmobil und fahren außerhalb Bayerns fischen. Deshalb, weil in Bayern und in den meisten anderen Bundesländern das Fischen ohne Prüfung verboten ist. Bei diesem, schon lange geplanten, Ausflug könnten wir dann ja über so viele Dinge reden. Also, wenn Sie mögen, dann geben Sie mir bitte Bescheid!

Alles Gute und liebe Grüße an Ihre Frau und die Kinder

Glückwünsche zur erfolgreichen Vertriebstagung

Liebe Geisenhausener KRAN-Fans!

Vorab meine allerherzlichsten Glückwünsche zu Ihrer großen Vertriebstagung. Die Präsentationen heute und morgen sind alle gelungen beziehungsweise werden noch gelingen. Da bin ich ganz zuversichtlich. Ich kenne Sie und Ihr Engagement für das Unternehmen und jetzt für das „neueste Baby".

Ich habe mich ein bisschen mit dem Wort KRAN beschäftigt und bin überrascht, was so alles die vier Buchstaben im Namen führt:

- Die Kraniologie ist nicht die Lehre vom reinen Kran, sondern – und hier werden alle Kopfarbeiter geehrt – das griechische Wort für die medizinische Schädellehre.

- Ein Krangel ist keine Salbe für den wundgesessenen hinteren Teil eines Kranfahrers, sondern eine verdrehte Stelle im Seil beim Bergsteigen.

- Ein Kränchen ist kein neuer Großkran in Kleinformat, sondern – alle Biertrinker herhören! – das Gezapfte.

- Der Kranewitter – und jetzt raten Sie einmal – ist ein bayerischer Wacholderschnaps.

- Die Verwandtschaft zum Stelzvogel Kranich wird deutlich beim Betrachten des beweglichen Hauptauslegers. Er dient wie beim Vogel zur „Futteraufnahme".

Mögen Sie alle die geplanten Krane verkaufen und diese dann reichlich mit der Futteraufnahme beschäftigt sein. Das wünsche ich Ihnen!

Mit den allerbesten Wünschen

Ihr

Glückwünsche der Mitarbeiter zur Beförderung ihres Vorgesetzten

Lieber Herr Baumgart,

haben Sie so etwas schon einmal erlebt? Da wollen wir Ihnen gratulieren, sollten also fröhlich sein, und sind doch tieftraurig über den Anlass. Dennoch: Wir gratulieren Ihnen von Herzen zu Ihrer Beförderung, auch wenn das heißt, dass Sie uns verlassen werden.

Die Guten braucht man eben überall. Und im Grunde hat es ja jeder von uns gewusst, dass Sie eines Tages gehen würden. Die Position als unser Gruppenleiter war ja nur eine „Parkposition". Obwohl Sie das wussten und obwohl wir das wussten, haben Sie die Aufgaben dieser Position sehr ernst genommen. Es ist Ihnen mit Ihrer überragenden Durchsetzungs- und Überzeugungskraft gelungen einen weiteren Mitarbeiter für unsere Gruppe zu gewinnen, sodass die Rückstände nun auf ein erträgliches Maß geschrumpft sind und wir nur noch alle vier Wochen samstags arbeiten müssen. Bei dieser Gelegenheit: Danke auch dafür.

Wir wissen noch nicht, was und wer an Ihre Stelle kommt. Wir wissen aber, dass wir die Errungenschaften der „Ära Baumgart" mit Zähnen und Klauen verteidigen werden. Denn durch Sie haben wir gesehen, dass vieles geht, wenn wir es nur von der richtigen Seite her anfangen.

Wir werden Sie vermissen, Herr Baumgart. Nichtsdestoweniger wünschen wir Ihnen für Ihren weiteren Berufs- und Lebensweg alles erdenklich Gute. Bleiben Sie, wie Sie sind.

Ihre

Glückwünsche an einen Mitarbeiter zur Hochzeit

Sehr geehrter Herr Tomlin,

Sie haben „sie" also gefunden, mit der Sie einen Bund fürs Leben schließen werden. Herzlichen Glückwunsch zu Ihrer Hochzeit.

Bis jetzt haben Sie „sie" ja sehr erfolgreich vor uns verborgen. Niemand wusste, dass es sie gibt. Und schon gar niemand wusste, dass Sie heiraten würden. Wir sind alle sehr überrascht und wundern uns eigentlich, wie Sie es geschafft haben, zwischen allen Ihren Reisen die Frau fürs Leben zu finden. Oder ist „sie“ eine Sandkastenfreundschaft, die Sie überraschend wieder getroffen haben?

Sie lesen es: Wir sind alle sehr neugierig auf „sie“. Wann werden wir „sie“ kennen lernen? Auf der nächsten Betriebsfeier? Oder vielleicht schon früher? Bringen Sie ein Bild mit, wenn Sie von der Hochzeitsreise zurückkommen.

Bis dahin wünschen wir Ihnen schöne Flitterwochen und alles Gute

Glückwünsche an eine Mitarbeiterin zur Geburt eines Sohnes

Hurra, hurra! Er ist endlich da!

Liebe Frau Kleinert,

nun sind Sie es: Mutter! Zum ersten Mal. Geht es Ihnen und dem Sohnemann gut? Wir wünschen es Ihnen sehr. Und wir gratulieren Ihnen herzlich zur Geburt des Stammhalters.

Zwar ist der Kleine gerade erst geboren, aber dennoch fragen wir uns hier alle: Wann kommt sie wieder, die Frau Kleinert? Denn kaum sind Sie weg, vermissen wir Sie auch schon sehr. Die ganze Abteilung ist nur noch halb so lebendig und gelacht wird auch viel weniger. Also, wann?

Alle Mitarbeiterinnen und Mitarbeiter grüßen Sie herzlich

Ihr

Weihnachts- und Neujahrsgrüße

Weihnachtsbrief an einen Geschäftspartner

Lieber Herr Kühn,

Sie sitzen, wette ich, ebenso wie ich noch im Büro. Ich könnte Sie anrufen, will Ihnen aber lieber schreiben. Denn heute habe ich die Muße eine Art Rückschau zu halten.

Was hat es uns gebracht, das letzte Jahr? Sind nach den sieben mageren Jahren nun endlich wieder die fetten Jahre angebrochen? Vielleicht wandeln wir gerade ein Stück auf dem Weg in die halbfetten Jahre. Wir haben zwangsweise abgespeckt und manches Mal nicht so, wie wir uns das wünschten und wie wir es gerne gesehen hätten. Doch nach den Bedrohungen und Enttäuschungen der beiden letzten Jahre ist dieses, auf das ich nun Rückschau halte, geradezu rosig verlaufen.

Es ist uns beiden gelungen, gemeinsam die Inder von der Qualität unserer Maschinen und der Qualität unseres Services zu überzeugen. Dazu haben wir uns schon gratuliert. Dazu können wir uns jetzt, nachdem es keine Änderungswünsche mehr zu geben scheint, noch einmal gratulieren. Dieser Vertrag hat uns aus der Talsohle herausgerissen. Und er wird auch verhindern, dass wir wieder dorthin zurückrutschen.

Sie wissen aber genauso gut wie ich, lieber Herr Kühn, dass das Indiengeschäft eine Kompensation braucht. Denn leider ist es den Indern mit Hilfe unseres Wettbewerbs ja gelungen, die Preise so gut wie unter die Schmerzgrenze zu drücken. Was halten Sie von Brasilien als Kompensationsgeschäft? Wollen wir uns das für das nächste Jahr vornehmen? Ich werde darüber nachdenken und vielleicht können wir nach den Feiertagen darüber ein zielgerichtetes Gespräch führen.

Ich wünsche Ihnen, an und zwischen den Feiertagen auftanken zu können. Und ich wünsche Ihnen ein gesegnetes Fest und für das nächste Jahr viel Kraft und eine nach wie vor unverwüstliche Gesundheit.

Mit den besten Wünschen auch an Ihre Frau

Ihr

Weihnachts- und Neujahrsbrief an einen Geschäftsfreund (I)

Sehr geehrter Herr Röhrich,

Sie haben in diesem Jahr den Umsatz mit uns wieder erhöhen können. Darüber freuen auch wir uns sehr, denn das bedeutet, dass es wieder aufwärts geht.

Bei dieser Gelegenheit möchte ich Ihnen auch dafür danken, dass Sie die Qualität Ihrer Lieferungen verbessert haben. Dies war einer der wesentlichen Gründe, warum wir den Auftrag „...“ bekommen haben. Bitte lassen Sie nicht nach. Das wünsche ich mir von Ihnen für das nächste Jahr und ich bin überzeugt, dass Sie meinem Wunsche folgen werden.

Unsere Geschäftsbeziehung besteht nun im 13. Jahr. Ich halte die 13 für eine Glückszahl. Vielleicht gelingt es uns, im nächsten Jahr einen ähnlichen Großauftrag zu erhalten wie in diesem Jahr. Wollen Sie dabeisein? Gerne würde ich mich zu Beginn des nächsten Jahres mit Ihnen darüber unterhalten. Rufen Sie mich an?

Ich wünsche Ihnen ein gesundes und frohes Weihnachtsfest, erholsame Tage „zwischen den Jahren“ und einen guten Start ins neue Jahr

Ihr

Weihnachts- und Neujahrsbrief an einen Geschäftsfreund (II)

Lieber Herr Siebert,

der Glaube sei der Anfang des Verstehens, das behaupteten unsere Vorfahren. Wer zum Wissen gelangen will, muss glauben. So heißt es bei Jesaja: „Wenn ihr nicht glaubt, werdet ihr nicht erkennen.“ Und der Apostel Paulus lässt uns wissen, dass der Glaube an die Fleischwerdung des Wortes Gottes uns zur Wahrheit führt.

Die Vorweihnachtszeit ist oft eine Suche nach der Heimat. Viele Symbole erinnern uns an die guten und die schlechten Seiten; der Stall und die Krippe an die Geborgenheit; das Heu und die Lumpen an Armut und Sorgen.

Ob es uns nun gerade gut geht oder schlecht – Heimat, das bedeutet Hoffnung. Hoffnung für uns, Hoffnung für andere, Hoffnung auf äußeren und inneren Frieden.

Frieden, den wünsche ich Ihnen von Herzen, lieber Herr Siebert, für das gesamte Jahr ...

Ihr

Weihnachts- und Neujahrsbrief mit Dank für ein Geschenk

Lieber Herr Dr. Berg,

Sie haben wieder einmal meinen Geschmack getroffen! Wie machen Sie das nur? Und wie kommen Sie alle Jahre wieder auf solch originelle Ideen? Ich müsste mich ein ganzes Jahr mit Gedankenblitzen plagen, wollte ich ähnlichen Erfolg erzielen. Und Sie schütteln alles einfach aus dem Handgelenk. Vor lauter Erstaunen hätte ich beinahe Folgendes vergessen: Herzlichen Dank!

Und nicht nur den schicke ich Ihnen von Herzen. Mit frohen Sinnen denke ich an das vergangene Jahr zurück. In diesem Jahr ist es Ihnen gelungen, einen der schönsten und anspruchsvollsten Aufträge sich und uns ins Haus zu holen. In den sonst so lauen Sommermonaten konnten wir uns in aller Ruhe und Gelassenheit in unserer ganzen Kreativität ergehen, die wir in unserem Bereich zu bieten haben. So konnte es uns gelingen eine unserer besten Projektarbeiten seit Jahren hinzulegen. Entsprechend positiv ist die Resonanz. Haben Sie vielen Dank dafür, dass Sie uns die kürzlich vom Vorstand ergangene Lobeshymne gleich per Fax zukommen ließen.

Nichts wünschen wir uns mehr als im nächsten Jahr dort weiterzumachen, wo wir in diesem Jahr aufgehört haben.

Ihnen und Ihrer Frau ein gesegnetes Weihnachtsfest, Gesundheit und weiterhin Erfolg und frohen Mut im neuen Jahr!

Ihre

Weihnachts- und Neujahrsgrüße an die Mitarbeiter

Liebe Mitarbeiterinnen, liebe Mitarbeiter,

sicher freuen Sie sich ebenso wie wir, dieses Jahr wesentlich besser hinter sich gebracht zu haben als das letzte. Und das ist vor allem Ihrem Einsatz zu verdanken, denn Sie haben mitgezogen.

Als wir uns vor vielen Monaten nach der Stornierung des Auftrags X alle einander etwas ratlos in die Gesichter sahen, zogen Herr Müllender und ich uns zunächst zur Beratung zurück. Gerade hatten wir einen wunderschönen praxisorientierten Kurs zum Thema „Projektmanagement" absolviert, als das Storno kam. Was tun? Nun war guter Rat teuer.

Zusammen mit Ihnen entwickelten wir einen Aktionsplan, wie das Loch zu schließen sei. Viele Entwicklungen, die wir nicht zu vertreten haben, hinderten uns zunächst wesentliche Etappenziele zu verwirklichen. Doch Sie und wir ließen den Mut nicht sinken. Und weil das Glück am Ende doch mit den Tüchtigen ist, erreichten wir – eingedenk aller Umstände – einen beachtlichen Teil von dem, was wir uns vorgenommen hatten. Hut ab und weiter so!

Mit den besten Wünschen für das bevorstehende Fest und das neue Jahr

Kondolenzschreiben

Warum ist es eigentlich so schwierig sein Beileid auszusprechen? Was macht uns bei dieser Gelegenheit zu schaffen? Nun, der Tod ist in unserer Gesellschaft ein tabuisiertes Thema. Er gehört zur Schattenseite. Durch den Tod erleiden wir einen Verlust, der uns emotional oder wirtschaftlich hart trifft. In anderen Kulturen ist der Tod ein Anlass zu feiern, weil jemand mit dem Tod die Vollendung des Menschseins erreicht hat. Doch diese Gesellschaften kennen auch kein individuelles Elend, das durch den Tod hervorgerufen wird. Die Hinterbliebenen bleiben in der Gemeinschaft aufgehoben und werden von ihr versorgt. Nicht so bei uns. Der Tod eines Menschen hinterlässt hier oft unerträglichen Schmerz und großes Elend. Das macht den Umgang damit nicht gerade leicht.

Einer oder einem Hinterbliebenen zu helfen ist die eine Sache. Eine andere ist es im Beileidsschreiben etwas Tröstliches zu sagen. Mich persönlich würde am meisten trösten, wenn ich durch ein Beileidsschreiben erführe, wie sehr auch andere den geliebten Menschen schätzen und würdigen. Denn dann bin ich mit meiner Trauer nicht allein.

An einen Geschäftsfreund zum Tod der Mutter

Sehr geehrter Herr Salinger,

mit Bestürzung habe ich Ihre Nachricht vom Tode Ihrer Frau Mutter gelesen. Ich wollte es kaum glauben, sehe ich sie doch noch vor mir stehen, wie sie uns im vorigen Jahr in liebevoller Weise zu Ihrem Namenstag beköstigt hat. Zwar habe ich Ihre Mutter nur kurz kennen gelernt, doch erschien sie mir als zupackende Frau, voller Realitätssinn und Humor. Ihr Leben, stelle ich mir vor, war ein erfülltes Leben. Denn schließlich hat sie vier Kinder großgezogen und zusammen mit Ihrem Vater die Grundsteine zu Ihrem heutigen Geschäft gelegt.

Meine Frau und ich, wir senden Ihnen unser tiefes Mitgefühl. Wir werden Ihre Frau Mutter in angenehmer Erinnerung behalten.

Ihr

An die Witwe eines Geschäftsfreundes

Liebe Frau Mariner,

nun ist er also von uns gegangen, Ihr Gatte. Sicher, wir alle wussten, dass dies in absehbarer Zeit geschehen würde. Aber sind wir deshalb weniger erschüttert? Nein, ich bin es nicht.

Voller Trauer erinnere ich mich heute daran, welch große Strecke Ihr Gatte und ich gemeinsam gegangen sind. Ich traf ihn damals, als Ihr Unternehmen noch jung war. Er selbst hatte gerade erst das Ruder übernommen, weil sein Vater in den Ruhestand getreten war. So konnte er mit voller Kraft zupacken. Und das tat er auch. In wenigen Jahren verdoppelte und verdreifachte er den Umsatz des Betriebs. Ich nehme an, dass er auch deshalb ein so hervorragendes Ergebnis erwirtschaftete, weil er der Erste war, der seinen Mitarbeitern Sonderprämien für ... zahlte.

Er war ein großzüger, ein einsatzfreudiger Mensch. Und nicht nur die Aufbaujahre haben ihn viel Kraft gekostet. Er war seiner Sache ergeben und ließ niemals jemanden im Stich. So arbeitete er selbst dann noch, als er eigentlich schon in die Klinik gehörte. Doch die Arbeit, die Firma, das war sein Leben. Darauf konnte er mit vollem Recht stolz sein. Er war es auch. Und wir waren stolz auf ihn. Stolz darauf, ihn als Freund zu haben; stolz darauf, ihn als aufrechten und ehrlichen, stets zuverlässigen Geschäftspartner zu haben.

In meiner Erinnerung, liebe Frau Mariner, wird er, so lange ich lebe, als mein Vorbild weiterleben.

In tiefer Trauer

An die hinterlassene Ehefrau eines Mitarbeiters

Liebe Frau Arnheim,

wenn ein Mensch so früh und so tragisch ums Leben kommt, dann fehlen mir dazu eigentlich die Worte. Wir haben es mit einem solch unglaublichen und folgenschweren Ereignis zu tun, dass wir es nur schwer oder noch gar nicht begreifen können. Ein Mensch, der mitten im Leben steht, der Pläne hat und noch eine Zukunft, ist plötzlich nicht mehr da. Von einem Tag auf den anderen müssen wir ohne ihn auskommen.

Der Verlust, den wir durch den Tod Ihres Mannes erlitten haben, ist für uns unbeschreiblich groß. Mehr oder weniger stehen für uns heute und sicher noch eine Weile alle Räder still, innen und außen. Solange wir uns an ihn erinnern, ist der Mensch noch nicht wirklich gestorben, heißt es. Und uns an Ihren Mann erinnern, das werden wir ein Leben lang.

Liebe Frau Arnheim, können wir Ihnen helfen? Können wir Sie irgendwie unterstützen? Bitte sagen Sie es uns!

In tiefer Trauer

Veränderungen und Versetzungen

Die meisten Veränderungen und Versetzungen sind mitbestimmungspflichtig; etwa die Zuweisung eines anderen Arbeitsbereichs, den der Arbeitnehmer mehr als einen Monat innehat. Auch die Versetzung an einen anderen Arbeitsort (beispielsweise eine Versetzung von Hamburg nach Hannover) und in eine andere betriebliche Einheit (Wechsel von Abteilung A in Abteilung B) gelten als Zuweisung eines anderen Arbeitsbereichs, nicht aber die Veränderungen wie im folgenden Brief beschrieben.

Die Geschäftsleitung an den Betriebsratsvorsitzenden

Ihre Anfrage vom ...

Sehr geehrter Herr Demers,

Sie möchten von der Geschäftsleitung wissen, welcher Art die betrieblichen Veränderungen sind, die einige Mitarbeiter der Abteilung Organisation betreffen. Wir versichern Ihnen, dass alle personellen Einzelmaßnahmen nicht mitbestimmungspflichtig sind. Im Einzelnen:

- Frau Mehler, Sekretärin des ausgeschiedenen Herrn Köhler, wurde Herrn Grieber zugeordnet. Damit bleibt Frau Mehler in der Abteilung. Auch ihr Tätigkeitsbereich ändert sich nicht.

- Frau Radetzky erhielt das Zimmer 603 (vorher 657). Ihr Arbeitsbereich bleibt der gleiche; auch die Zuordnung ändert sich nicht.

- Die Herren Sieper und Muders beschäftigen wir für die Dauer von drei Wochen in unserer Filiale in der Nordstadt, um den dortigen saisonbedingten Spitzenbedarf abzudecken.

Bei allen weitergehenden und damit mitbestimmungspflichtigen Maßnahmen, die möglicherweise in den nächsten Monaten erforderlich werden, ziehen wir Sie rechtzeitig hinzu.

Mit freundlichen Grüßen

Versetzungsschreiben an einen leitenden Mitarbeiter

Ihre Versetzung zu Casa do Brasil in Recife, Brasilien

Sehr geehrter Herr Gramann,

Sie werden für zunächst fünf Jahre zum Geschäftsführer unseres brasilianischen Tochterunternehmens Casa do Brasil in Recife berufen. Herzlichen Glückwunsch. In unseren Gesprächen vom ... und vom ... haben wir für Ihren Einsatz in Brasilien Folgendes vereinbart:

- Sie werden am ... für fünf Jahre nach Recife übersiedeln.
- Herr Garcia, der jetzige Geschäftsführer, wird zum ... in den Ruhestand treten und Sie bis zu diesem Termin als seinen Nachfolger einarbeiten.
- Sie werden zum ... offiziell Herrn Garcias Nachfolge antreten.
- Ihr Grundgehalt beträgt ... DM. Hinzu kommt eine Tantieme, die vom Umsatz abhängen wird, da wir mit Ihrem Einsatz in Recife bezwecken die Geschäfte erheblich auszuweiten.
- Alle zusätzlichen Leistungen aus Ihrem jetzigen AT-Angestelltenvertrag vom ... bleiben unverändert bestehen (insbesondere: betriebliche Altersversorgung, Gruppenunfallversicherung, Bezug von Belegschaftsaktien).
- Sie erhalten alle Leistungen in Deutscher Mark.
- Ihre Frau und ihre Kinder werden so bald wie möglich gleichfalls nach Recife umsiedeln.
- Wir übernehmen die vollen Umzugskosten einschließlich der Flugkosten für Sie und alle Ihre Familienmitglieder.
- Gleichfalls übernehmen wir das Schulgeld für die deutsche Schule in Recife für ihre Kinder Hans und Luise. Ersatzweise übernehmen wir die Kosten für eine Internatsunterbringung Ihrer Kinder in der Bundesrepublik Deutschland.
- Pro Jahr erstatten wir einen Hin- und Rückflug Brasilien – BRD – Brasilien für Sie und Ihre Familienmitglieder.
- Ihre Ehefrau und Ihre Kinder werden auf unsere Kosten einen Intensivkurs in Portugiesisch besuchen.

Wir freuen uns sehr, dass Sie die neue Aufgabe in Recife übernehmen werden. Da wir Ihre Energie, Ihr Durchhaltevermögen und nicht zuletzt Ihr Wissen kennen und schätzen, versprechen wir uns von Ihrem Einsatz in Brasilien genau die Marktdurchdringung eines Teils des südamerikanischen Marktes, die wir für möglich und machbar halten und deshalb in Zahlen festgeschrieben haben. Viel Erfolg.

Ihrer Frau und Ihren Kindern danken wir dafür, dass sie mit Ihnen nach Brasilien gehen wollen. Wir wissen, wie viel Arbeit, wie viele Umstände und welch große Umstellung das bedeutet.

Alles Gute für Sie und Ihre Familie!

Freundliche Grüße Anlagen

Vorstellung eines neuen Kundenbetreuers

Wenn Sie „Eurofix" lesen, erwarten Sie,

sehr geehrte Frau Neumann,

sicher eine Nachricht von Ihrem langjährigen Eurofix-Partner, Herrn Schreiber. Doch auch der Beste und Treueste geht einmal in Pension. Seit dem ... genießt Herr Schreiber – von dem ich Sie herzlich grüßen darf – seinen wohlverdienten Ruhestand. Und seit diesem Tag bin ich für Ihre Wünsche da.

Darf ich mich vorstellen? Ich bin kein „Frischling", sondern seit sechs Jahren in der Firma. Ich habe hier im Jahre ... meine Lehre als Industriekaufmann begonnen. Sie können mir also unbesorgt Ihre Bestellungen in den gewohnten Kürzeln durchgeben. Für Sie ändert sich nichts.

Dennoch – ich würde Sie gerne persönlich kennen lernen und Ihnen bei der Gelegenheit unser erweitertes Angebot vorstellen. Geben Sie mir eine Chance? Schenken Sie mir eine halbe Stunde Ihrer Zeit?

Ich rufe Sie in der nächsten Woche an um mit Ihnen einen Besuchstermin zu vereinbaren.

Mit freundlichen Grüßen

Abschiedsbrief eines Verkaufsleiters

Sehr geehrter Herr Grün,

Sie sind mir einer meiner liebsten Geschäftspartner – und nun muss ich sagen – gewesen, denn ich werde das Unternehmen zum ... verlassen. Ich erhielt die Chance, bei einem Wettbewerber eine Stufe höher „einzusteigen". Diese Position ist in dieser Firma, wie Sie wissen, mit unserem hervorragenden Herrn Schwarz besetzt, der die Geschicke des Betriebs an dieser Stelle auch hoffentlich noch lange leiten wird.

Sie zählen zu den Gesprächspartnern auf Kundenseite, die ich sehr vermissen werde. So manches Gespräch ist mir in Erinnerung, in dem wir gemeinsam die endgültige Produktform entworfen haben, wenn auch unsere Ingenieure sich anschließend so manches Mal die Haare rauften. Doch immer haben wir Recht behalten. Sämtliche Maschinen, die wir gemeinsam vervollkommnet haben, liefen hervorragend.

Ich danke Ihnen herzlich für die gute Zusammenarbeit. Ich habe von Ihnen viel gelernt. Bitte geben Sie meinem Nachfolger, Herrn Dr. Müller, die gleiche Chance. Er ist ein kreativer Mensch und ganz von dem Schlage, wie Sie die Vertriebsingenieure mögen. Eventuell kennen Sie ihn schon, denn soweit ich mich erinnere, war Herr Dr. Müller bei dem ...-Projekt dabei.

Auf Wiedersehen, sehr geehrter Herr Grün, und alles Gute für Sie und Ihr Unternehmen wünscht Ihnen

Ihr

Hinweis auf Erweiterung des Dienstleistungsangebots

Euroscan After Sales Service

Sehr geehrter Herr Raben,

Sie erwarben im Jahre ... einen Euroscanprozessor für Ihre ...-Anlage. Damals war es für uns noch nicht möglich eine Rundumbetreuung Ihrer

Anlage zu übernehmen. Nach dem Zusammenschluss mit ... haben wir unseren Kundendienst nicht nur in „After Sales Service" umbenannt, sondern unsere Leistungen auch erheblich erweitert. Nun ist – was Betreuung und Wartung angeht – nahezu alles möglich.

Und dies sind unsere Leistungen:

- Wir bieten Ihnen Originalersatzteile und garantierte Austauschbarkeit selbst nach Jahrzehnten.

- Wir führen fachgerechte Reparaturen mit Garantie aus.

- Sie erhalten Ersatzteile, die dem neuesten Stand der Technik entsprechen (in Ausführung, Material und Umweltauflagen).

- Wir bieten Ihnen Spitzenqualität durch Qualitätssicherung (DQS- Zertifikat, ISO 9001 und EN ...).

- Unser Servicepersonal ist erfahren und rund um die Uhr verfügbar.

- Wir erhöhen Ihre Betriebssicherheit, indem wir Ihre Mitarbeiter schulen (wahlweise vor Ort oder bei uns in ...).

- Wir bieten Ihnen Engineering, das heißt den Umbau auf heutige, veränderte Betriebsbedingungen.

Hinweis auf Erweiterung des Dienstleistungsangebots

Bitte geben Sie uns Gelegenheit, Ihnen unseren After Sales Service in einem persönlichen Gespräch darzustellen. Wir rufen Sie in den nächsten Tagen an.

Mit freundlichen Grüßen

Ablehnung einer Vertragsverlängerung

Sehr geehrte Herren,

Sie gehören zum engeren Führungskreis und wissen, wie sehr uns der Verlust des Großauftrags aus Indien an den italienischen Wettbewerber getroffen hat. Und Sie wissen, wie sehr mich persönlich dieser Verlust trifft. Um eine lange Rede kurz zu halten: Ich werde das Angebot des Aufsichtsrates meinen Vertrag um weitere zwei Jahre zu verlängern nicht annehmen. Ein jeder sollte es merken, wann seine Zeit gekommen ist das Ruder abzugeben. Meine ist jetzt gekommen. Nicht nur, weil wir unter meiner maßgeblichen Beteiligung den Auftrag nicht bekommen haben, sondern weil die Anstrengungen der letzten 24 Monate meiner Gesundheit erheblich zugesetzt haben. Deshalb schreibe ich Ihnen jetzt statt vor Sie hinzutreten, was ich normalerweise getan hätte.

Lassen Sie uns gemeinsam die Niederlage als Chance betrachten. Lassen Sie uns selbstkritisch die Mängel betrachten, auf Grund deren wir im Preiskampf mit unserem schärfsten Wettbewerber auf der Strecke geblieben sind. Wir konnten unseren italienischen Widersacher nicht besiegen, weil wir ihn nicht unterbieten konnten. Jedes weitere Zurückstecken hätte zu unserem Ruin geführt. Sie wissen ebenso wie ich, wo die Ursachen liegen: In den hohen Fertigungskosten. ...

Sie sehen also, alle diese strukturellen Veränderungen, die sich mittlerweile als dringend notwendig abzeichnen, werde ich in weiteren zwei Jahren nicht einmal einleiten können. Deshalb räume ich jetzt das Feld für meinen Nachfolger, der jünger und zupackender ist und sicher die Kraft hat sich einer Dekade der Schwerstarbeit zu stellen. Gerne stehe ich meinem Nachfolger als Berater zur Verfügung.

Ihnen, meine Herren und engsten Mitarbeiter, aber stehe ich – und dies schreibe ich schwersten Herzens – nicht zur Verfügung. Denn nichts wäre schädlicher für den Konzern, als wenn ich quasi als graue Eminenz und heimlicher Herrscher den zu krönenden Kaiser überschattete.

Ich hoffe, dass ich bald Gelegenheit haben werde, mich persönlich von Ihnen zu verabschieden und vor allem: mich zu bedanken.

Ich grüße Sie als Ihr scheidender ...

Abmahnungen und Kündigung

Eine Abmahnung muss keinesfalls nur Negatives oder nur Drohungen enthalten. Wenn ich so manches Mal Abmahnungen lese, frage ich mich, wieso der Mitarbeiter oder die Mitarbeiterin überhaupt eingestellt wurde. In einer Abmahnung kann es nicht darum gehen jemanden „schlecht zu machen". Gegenstand der Abmahnung ist einzig und allein dasjenige Fehlverhalten, das später möglicherweise zur Kündigung führt. Eine Mitarbeiterin beispielsweise, die ständig zu spät kommt und deswegen Anlass zur Kritik bietet, kann durchaus sachlich gute Arbeit abliefern.

Vor kurzem fragte mich eine Dame in einer Führungsposition, ob Folgendes denn falsch gewesen sei: Sie habe eine Mitarbeiterin, der sie wegen eindeutigen Fehlverhaltens eine schriftliche Abmahnung habe zukommen lassen müssen, in Gegenwart des Personalchefs gelobt, weil sie ihre Arbeit zufrieden stellend verrichte. Der Personalchef rügte das Lob. Mit der Rüge hat er meiner Meinung nach aber solange Unrecht, wie das Lob die Abmahnung nicht einschränkt und auch keine eindeutige Kündigungsabsicht besteht. Gerade wenn wir einen Tadel haben hinnehmen müssen, brauchen wir es doch umso dringender, wieder ein wenig aufgebaut zu werden.

Wer das Recht hat einzustellen, hat auch das Recht Mitarbeiter wieder auszustellen. Diese Kompetenzen werden in den verschiedenen Firmen unterschiedlich vergeben. Meistens sind es die Prokuristen oder die Geschäftsführer in Zusammenarbeit mit der Personalabteilung, die einstellen und entlassen. Dieser Personenkreis schreibt oder unterzeichnet also auch die rechtsverbindliche Abmahnung und später die Kündigung. Durch eine Abmahnung zu rügen sind sogenannte Pflichtwidrigkeiten, die entweder den Leistungsbereich (Arbeitspflicht) oder den persönlichen Vertrauensbereich oder den betrieblichen Bereich berühren.

Vor einer Beendigungs- oder Änderungskündigung, die den Leistungsbereich betrifft, bedarf es unbedingt einer Abmahnung, die im Ergebnis vergeblich geblieben ist. Auch unentschuldigtes Fehlen, Nichtbefolgen von Arbeitsanweisungen, unbefugtes Verlassen des Arbeitsplatzes und Zuspätkommen gehören zu den Pflichtwidrigkeiten des Leistungsbereichs. Ausführliche Abhandlungen über das Arbeitsrecht finden Sie, liebe Leserin, lieber Leser, zum Beispiel in Publikationen, die der Bundesminister für Arbeit und Sozialordnung herausgibt.

Abmahnung wegen unentschuldigten Fehlens und Zuspätkommens

Abmahnung

Sehr geehrte Frau Nimmer,

Sie waren uns immer eine gute Mitarbeiterin. Mit Ihren Leistungen sind Ihre Vorgesetzten seit Ihrem Dienstantritt vor nunmehr acht Jahren stets zufrieden gewesen. Die regelmäßigen Beurteilungsgespräche weisen Sie eindeutig als eine „gute" Mitarbeiterin aus. Umso mehr bedauern wir es, daß sich seit Januar Klagen über Fehlzeiten und Zuspätkommen häufen:

- unentschuldigtes Fehlen am ... und am ...
- Zuspätkommen am ..., am ... und am ...

Ihre Gruppenleiterin Frau Niemeier hat mit Ihnen über diese Angelegenheit bereits zweimal gesprochen, am ... und zuletzt am ... Sie haben sich nicht an Ihr Versprechen gehalten, das Sie am ... gegeben haben, nämlich pünktlich zu Dienstbeginn zu erscheinen. Die anderen Kolleginnen in Ihrer Gruppe sind darüber verständlicherweise empört.

Wir weisen Sie noch einmal ausdrücklich auf Ihre Dienstpflicht hin, zu der Sie sich am ... vorbehaltlos bekannten. Sollten Sie weiterhin gegen Ihren Dienstvertrag verstoßen, kündigen wir vorsorglich arbeitsrechtliche Konsequenzen an bis hin zur fristlosen Kündigung.

Eine Kopie dieses Schreibens geht an den Betriebsrat.

Mit freundlichen Grüßen

Abmahnung wegen unrichtiger Arbeitsberichte

Die Fälschung eines Arbeitsberichtes, Diebstahl oder der Missbrauch einer Vollmacht gehören zum Vertrauensbereich. Diese Arten arbeitsvertragswidrigen Verhaltens erlauben grundsätzlich eine Kündigung ohne vorherige Abmahnung. Wenn der Arbeitnehmer jedoch Grund zu der Annahme hatte, dass sein Fehlverhalten vom Arbeitgeber toleriert wird (Fehlverhalten, das den Bestand des Arbeitsverhältnisses nicht gefährdet), so ist vor der Kündigung wiederum eine Abmahnung vonnöten, deren Inhalt wirkungslos blieb.

Abmahnung wegen unrichtiger Arbeitsberichte

Sehr geehrter Herr Leineweber,

Sie reichten uns zum wiederholten Male einen Besuchsbericht (Bericht vom ...) mit unrichtigen Angaben ein.

In unserem Gespräch vom ... kamen wir überein, dass unrichtige Angaben über erfundene Termine mit nicht existierenden Interessenten und nicht angetroffenen Kunden den Bestand des Arbeitsverhältnisses gefährden. Sie stimmten dem ohne Vorbehalte zu und versprachen Besuchsberichte, die der Wahrheit entsprechen.

Stattdessen fanden wir in Ihrem Bericht folgende unrichtige Angaben:

- Besuch bei der Firma Unicorn, Gesprächspartner Herr Zobel; nach Angaben von Herrn Zobel haben Sie ihn am ... nicht besucht und nicht gesprochen. Herr Zobel befand sich auf einem Auslandsaufenthalt.
- Besuch bei der Firma Dabry, Gesprächspartnerin Frau Askenase; nach Angaben von Frau Askenase können Sie sie nicht gesprochen haben, da sie sich am ... in einer Klausurtagung mit einem Kunden befand.
- Besuch bei der Firma Rüter; Gesprächspartner Herr Claudius. Die Firma Rüter kann nicht ermittelt werden.

Wir kamen gleichfalls überein, dass der Einwand „Die Kollegen verfahren ebenso, weil Herr Heilmann, mein Organisationsleiter, dies so verlangte" nach unserem Gespräch nicht mehr als Entschuldigung gelten kann. Herr Heilmann verließ das Unternehmen zum ... und wir, die Geschäftsleitung, legten in unserem Gespräch vom ... zweifelsfrei klar, dass wir wahrheitsgetreue Angaben wünschen. Alle unrichtigen Angaben unserer Mitarbeiter führen zwangsläufig zu einer verfehlten Vertriebspolitik, was den Niedergang des Unternehmens zur Folge haben kann.

Wir fordern Sie auf, in Ihre Besuchsberichte nur Angaben aufzunehmen, die nachvollziehbar der Wahrheit entsprechen. Bei erneuter Zuwiderhandlung behalten wir uns arbeitsrechtliche Konsequenzen bis hin zur fristlosen Kündigung vor, die wir hiermit vorsorglich ankündigen.

Mit freundlichen Grüßen

Verteiler:
Herr Schim, Betriebsrat
Herr Agens, Organisationsleiter

Stellungnahme des Arbeitnehmers zur Abmahnung

Stellungnahme zur Abmahnung

Sehr geehrter Herr Meier,
sehr geehrter Herr Aberle,

Ihre Abmahnung vom ... enthält Vorwürfe, die nicht zutreffen. Hierzu möchte ich nun im Einzelnen Stellung nehmen.

Zu Punkt 1
Besuch bei der Firma Unicorn, Gesprächspartner Herr Zobel

Es ist richtig, dass ich nicht mit Herrn Zobel gesprochen habe. Auch ist es mutmaßlich richtig, dass Herr Zobel sich auf einer Auslandsreise befand. Doch hatte ich trotzdem einen Termin mit Herrn Zobel zum fraglichen Zeitpunkt. Allein seine Sekretärin, Frau Schulz, hatte vergessen mich anzurufen und den Termin abzusagen. Dies ist leicht zu überprüfen und ich bitte Sie Frau Schulz, Durchwahl -..., anzurufen und sie in dieser Sache zu befragen.

Zu Punkt 2
Besuch bei der Firma Dabry, Gesprächspartnerin Frau Askenase

Hier liegt ein ähnlicher Fall vor. Frau Himmel, unsere überlastete Dame an der Zentrale, vergaß mir die Terminverschiebung zu übermitteln, um die Frau Askenase einen Tag zuvor gebeten hatte.

Zu Punkt 3
Besuch bei der Firma Rüter, Gesprächspartner Herr Claudius

Hier wird offensichtlich, wie der Inhalt der Abmahnung möglicherweise zu Stande kam. Wahrscheinlich durch flüchtiges Lesen und mutmaßlich ebenso flüchtiges Recherchieren. Die Firma heißt „Claudius“ und der Gesprächspartner war Herr Rüter.

Nachdem ich nun alle Vorwürfe gegen mich ausgeräumt habe, bitte ich Sie dringend darum die Abmahnung zurückzunehmen und alle Daten und Hinweise, die sich darauf beziehen, aus meiner Personalakte zu entfernen. Der Inhalt der Anwürfe und die Tatsache, dass vor einer Abmahnung niemand mit mir gesprochen hat, lassen mich vermuten, dass Herr Agens, der neue Organisationsleiter, mich nicht in seinem Verantwortungsbereich haben möchte. Vielleicht wäre ihm ein Mitarbeiter aus seinem alten Unternehmen auf meiner Stelle lieber. Das ist üblich und das verstehe ich auch.

Allerdings habe ich überhaupt kein Verständnis dafür, dass Herr Agens mich auf eine ehrenrührige Weise loszuwerden versucht. Deshalb bitte ich Sie nicht nur um die Rücknahme der Abmahnung, sondern auch um Versetzung.

Mit freundlichen Grüßen

Betriebsbedingte Kündigung

Bei betriebsbedingten Kündigungen muss der Arbeitgeber nachweisen, dass er diese Entscheidung lange und gründlich erwogen hat; ein kurzfristiger Umsatzrückgang erlaubt noch keine betriebsbedingte Kündigung, wohl aber ein einschneidender, dauerhafter. Eine umfassende Interessenabwägung ist erforderlich. Der Arbeitgeber muss die betrieblichen Gründe, die ihn zur Kündigung veranlassen, nachweisen oder nachzuweisen bereit sein. Zu diesem Nachweis gehören die Zahlen, Daten und Fakten, die seine Entscheidung als sachlich korrekt und nicht willkürlich ausweisen.

Kündigung des Arbeitsverhältnisses aus betrieblichen Gründen

Sehr geehrte Frau Musil,

Sie sind uns immer eine wertvolle Mitarbeiterin gewesen. Deshalb können wir hier nur noch einmal wiederholen, was wir schon in unseren Gesprächen festgehalten haben: Es fällt uns sehr schwer Sie freizustellen und wir bedauern die Entwicklung des letzten halben Jahres zutiefst. Dennoch:

Wir kündigen Ihnen das Arbeitsverhältnis als Bürohilfskraft vom ... aus betrieblichen Gründen zum ...

Betriebsbedingte Kündigung

Begründung: Der Umsatzrückgang, der erstmalig zum ... eintrat, war kein vorübergehender Einbruch und mitten in einer weltweiten Absatzkrise ist in absehbarer Zeit nicht mit einer Änderung der Lage zu rechnen. Dies bestätigt auch unser Vertrieb, dessen Bemühungen des letzten halben Jahres nahezu vergebens waren. Selbstverständlich sind wir bereit, alle Daten die zur Kündigung aus betrieblichen Gründen beitragen, offen zu legen. Doch wissen Sie selbst aus Ihrer eigenen Erfahrung am Arbeitsplatz, sehr geehrte Frau Musil, dass unsere Angaben korrekt sind.

Gerne hätten wir diesen Schritt vermieden, was jedoch aus existentiellen Gründen für das Unternehmen nicht möglich ist.

Mit freundlichen Grüßen

Kündigung wegen fortgesetzten Alkoholmissbrauchs

Kündigung des Arbeitsverhältnisses

Sehr geehrter Herr Stein,

am ... versahen Sie Ihren Dienst wiederum unter der Einwirkung von Alkohol. Ihre Kollegin Frau Seifert beobachtete, wie Sie hinter den Paravent traten und aus einer kleinen Flasche tranken. Sie forderte Sie in Gegenwart des Kollegen Hänlein auf, Ihr die Flasche auszuhändigen. Die Flasche enthielt zweifelsfrei ein hochprozentiges alkoholisches Getränk.

In der Abmahnung vom ..., die wir erst nach vielen, vielen fruchtlosen Gesprächen mit Ihnen geschrieben haben, stellten wir Ihnen die Kündigung, unter Umständen sogar die fristlose Kündigung, in Aussicht. Um jedoch unter Rücksichtnahme auf Ihre Familie eine große soziale Härte zu vermeiden, kündigen wir Ihnen heute fristgerecht zum ... Bis dahin sind Sie vom Dienst freigestellt.

Wir raten Ihnen dringend: Nutzen Sie die Chance und begeben Sie sich sofort in fachärztliche Behandlung.

Mit freundlichen Grüßen

Abfindung

Über Abfindungen, besonders die Höhe der Abfindungen, kursieren die erstaunlichsten Gerüchte. Grundsätzlich kann eine Abfindung bis zu zwölf Monatsverdienste betragen. Die Beträge werden höher, wenn der Arbeitnehmer das 50. Lebensjahr vollendet und mindestens 15 Jahre in der Firma gearbeitet hat. Oft werden Abfindungen gezahlt um Auseinandersetzungen jeglicher Art zu vermeiden. Wenn der Arbeitnehmer, wie unser Herr Leineweber, erst fünf Jahre bei der Firma beschäftigt war und ganze 35 Jahre alt ist, dann ist eine Abfindung nicht dem Kündigungsschutzgesetz, sondern persönlichen Motiven der Arbeitgeber zuzuschreiben.

Sehr geehrter Herr Leineweber,

am ... einigten wir uns, dass Sie zum ... unsere Firma verlassen. Sie als Mitarbeiter zu verlieren bedauern wir sehr, denn Sie besitzen alle Qualitäten eines guten Repräsentanten unserer Firma. Die Unstimmigkeiten zwischen Ihnen und Ihrem Vorgesetzten Herrn Agens allerdings gehen nach unserem Dafürhalten so weit, dass sie den Betriebsfrieden zu stören drohen. So war es Herrn Agens wiederholt nicht möglich eine ordentliche Mitarbeiterbesprechung durchzuführen, da Sie ihn unausgesetzt aufforderten, seine Abmahnung restlos und in allen Punkten zurückzunehmen. Wir verstehen Ihre Gefühle, erwarten aber deutlich mehr Disziplin.

Wir einigten uns weiterhin, dass Sie mit sofortiger Wirkung und bei vollen Bezügen – das heißt einschließlich einer wie auf dem Beiblatt berechneten Durchschnittsprovision – vom Dienst freigestellt sind. Ihr Kollege Herr Schumacher übernimmt Ihre Kunden. Sie übergeben Herrn Schumacher Ihre Kartei und informieren ihn umfassend über den Stand der Dinge.

Damit Sie sich in aller Ruhe auf eine neue Position bewerben können, zahlen wir Ihnen einen Abstand in Höhe von drei Monatsgehältern. Als Monatsgehalt gilt dabei das monatliche Fixum zuzüglich der Durchschnittsprovision aus den letzten 12 Monaten. Wir wünschen Ihnen einen guten Start und erfolgreichen Neubeginn.

Mit freundlichen Grüßen   Anlage

Zeugnisse

Scheidet ein Arbeitnehmer aus einem Betrieb aus, hat er grundsätzlich Anspruch auf ein Zeugnis. Eine Ausnahme besteht nur für den Fall, dass der Arbeitnehmer eine sehr kurze Zeit beschäftigt war – zum Beispiel drei Tage – und dieser Zeitraum eine Beurteilung seiner fachlichen und persönlichen Qualitäten nicht erlaubt.

Im Arbeitsrecht wird zwischen einem einfachen und einem qualifizierten Zeugnis unterschieden. (Vergleichen Sie bitte auch die Ausführungen unter „Wörtliches Protokoll".) Das einfache Zeugnis muss stets Angaben über die Person des Arbeitnehmers und Art und Dauer der Beschäftigung enthalten. Die Art der Beschäftigung muss so vollständig und genau beschrieben sein, dass sich künftige Arbeitgeber ein klares Bild über die bisherige Tätigkeit des Arbeitnehmers machen können. Denn dann kann der neue Arbeitgeber beurteilen, ob der Arbeitnehmer für die Stelle geeignet ist.

Auf Verlangen des Arbeitnehmers kann der Arbeitgeber ein qualifiziertes Zeugnis ausstellen. Dieses Zeugnis enthält dann auch Aussagen über die Führung und die Leistungen des Arbeitnehmers. Der Arbeitnehmer darf weder unterbewertet (Nachteil für den Arbeitnehmer) noch überbewertet werden (Nachteil für einen Dritten, den neuen Arbeitgeber). Bei schlechten Leistungen der Arbeitnehmers gerät der Zeugnisaussteller schon einmal zwischen den beiden Forderungen in Bedrängnis. Um allen Schwierigkeiten und der Nachweispflicht aus dem Weg zu gehen, benutzen manche Zeugnisaussteller Umkehrformulierungen wie etwa: „Herr X war im Großen und Ganzen pünktlich", statt „Herr X war selten pünktlich". Die Tatsache, dass hier die Pünktlichkeit überhaupt erwähnt wird, spricht bereits Bände. Ferner lesen wir Formulierungen wie „Herr Y war stets bemüht die Anforderungen an ihn zu erfüllen", statt „Herr Y war den Anforderungen an ihn selten gewachsen".

Es gilt jedoch: Alles was im Zeugnis steht, muss grundsätzlich wahr sein und eine stimmige Gesamtbeurteilung des Arbeitnehmers ergeben. Ein qualifiziertes Zeugnis enthält zusammenfassend also Folgendes: Name (Geburtsname), Geburtsdatum, Ein- und Austrittsdatum, Beschreibung der ausgeübten Tätigkeit, die organisatorische Zuordnung, die fachlichen Kenntnisse und Erfahrungen, die Bewertung der Leistungen, den Kündigungsgrund und das Verhalten gegenüber Vorgesetzten und Kollegen.

Zeugnis für eine Fotosetzerin

Zeugnis

Frau Martha Runge, geboren ... war bei uns in der Zeit vom ... bis ... im Fotosatz beschäftigt.

Aufgrund ihrer Vorbildung lernten wir Frau Runge als Fotosetzerin am Fotosatzsystem ... an. Bereits nach kurzer Einarbeitungszeit erledigte sie alle anfallenden Satzarbeiten, von Akzidenzen über Fließtext bis zum Gestalten von Anzeigen zur vollsten Zufriedenheit. Darüber hinaus wurde sie regelmäßig in der Auftragsvorbereitung und der Einarbeitung von Korrekturen eingesetzt.

Frau Runge hat eine schnelle und intelligente Auffassungsgabe, war stets pünktlich und einsatzfreudig. Ihr Verhalten gegenüber Vorgesetzten war immer einwandfrei. Zu ihren Kolleginnen und Kollegen hatte sie ein gutes Verhältnis.

Frau Runge verlässt unser Hause auf eigenen Wunsch. Wir wünschen ihr für die Zukunft alles Gute.

Zeugnis für eine Schulungs-assistentin

Zeugnis

Frau Eva Lippmann, geboren am 9. Februar ... in Fürth, war vom ... bis zum ... in unserem Unternehmen als Schulungsassistentin beschäftigt.

Nach der Einarbeitung hat sie folgende Aufgaben übernommen:

- technische Vorbereitung, Betreuung und Nachbereitung von Seminaren in unserem Trainingscenter
- Vorbereitung und Produktion aller Seminarunterlagen und Hilfsmittel für interne und externe Seminare
- technische Vorbereitung von Feldanalysen, Präsentationen und Workshops

– technische Unterstützung bei der Entwicklung neuer Seminare

– Anfertigung und Betreuung eines Stichwortkatalogs für eine Seminarbibliothek

– Betreuung der Seminarteilnehmer rund um ein Seminar.

Frau Lippmann erfasste unsere Texte über unsere EDV-Anlage ... und über PC mit den Textverarbeitungsprogrammen WordPerfect und Word. Die nötigen Kenntnisse erwarb sie im Rahmen von Weiterbildungen.

Zeugnis für eine Schulungsassistentin

Frau Lippmann führte alle Aufgaben zu unserer vollsten Zufriedenheit aus. Sie verfügt über ein rasches Auffassungsvermögen und hat sich daher schnell und sicher in neue Aufgabengebiete eingearbeitet. Durch ihr freundliches und fröhliches Wesen war sie bei den Kollegen, Vorgesetzten, den externen Partnern unseres Hauses und den Seminarteilnehmern sehr beliebt.

Wir bedauern es sehr, dass Frau Lippmann uns auf eigenen Wunsch verlässt. Für ihren neuen Lebensabschnitt wünschen wir ihr persönlich alles Gute, viel Glück und Erfolg.

Fürth, den ...

Zeugnis für eine angestellte Psychotherapeutin

Zeugnis

Frau Diplompsychologin Hildegard Wiese, geboren am 13. August ... in Biblis, war vom ... bis zum ... als Leiterin des Psychosozialen Bereichs und als Repräsentantin unseres Rehabilitationszentrums tätig.

In der Fachklinik Oberwiesenthal unterziehen sich alkohol- und medikamentenabhängige Frauen und Männer einer bis zu sechs Monaten dauernden Entwöhnungsbehandlung. In enger Zusammenarbeit mit Suchtberatungsstellen und Nachsorgeeinrichtungen dienen unsere medizinisch-therapeutischen Behandlungen der physischen, psychischen und sozialen Rehabilitation der Patienten.

Als Leiterin des Psychosozialen Bereichs war Frau Wiese in enger Zusammenarbeit mit dem Chefarzt und Verwaltungsleiter für die gesamttherapeutischen Abläufe in der Klinik zuständig und verantwortlich. Ihre Aufgaben und Befugnisse betrugen unter anderen im Einzelnen:

- Einzel- und Gruppentherapie (bis Juli ...)

- Arbeitsplanung des psychosozialen Bereichs (Psychotherapie, Arbeits-, Werk-, Gestaltungs- und Sporttherapie) im Rahmen regelmäßiger Teamsitzungen

Zeugnis für eine angestellte Psychotherapeutin

- Planung, Organisation und Durchführung regelmäßig stattfindender Angehörigenseminare

- Leitung der Falldarstellungen und der zweiwöchentlichen „Therapeutischen Großgruppe“ (mit allen Patienten und Mitarbeitern des therapeutischen Bereichs)

- Einladung von Referenten zu Großgruppenveranstaltungen und die Motivation von Selbsthilfegruppen zur Mitarbeit in der Klinik (AA, Guttempler und Freundeskreis)

- Koordination der klinischen Arbeit in regelmäßigen Konsultationen mit dem Chefarzt und dem Verwaltungsleiter

- Mitspracherecht bei der Einstellung therapeutischer Mitarbeiter

- Intensivierung bestehender und Aufnahme neuer Kontakte zu Beratungsstellen und Nachsorgeeinrichtungen.

Frau Wiese hat sich bei uns bis Juli ... als eine erfahrene Psychotherapeutin erwiesen, die ihr Fachgebiet souverän und kompetent beherrscht und ihre Aufgaben gewissenhaft bewältigt. Dabei verstand sie es bestens, die verschiedenen Variablen der Suchtproblematik differentialdiagnostisch in ihren therapeutischen Methodenkanon zu integrieren. Von unseren Patientinnen und Patienten wurde sie fachlich wie persönlich sehr geschätzt.

Als Leiterin des psychosozialen Bereichs erledigte Frau Wiese alle ihr anvertrauten Aufgaben zu unserer vollsten Zufriedenheit. Ihre kooperative Zusammenarbeit mit den anderen Klinikabteilungen ist besonders hervorzuheben. Sie besitzt ein hohes Maß an Flexibilität und sachlicher Kompromissbereitschaft. Ihre Loyalität gegenüber der Geschäftsleitung, dem Verwaltungsleiter und dem Chefarzt ist beispielhaft, auch ihre Fähigkeit Interaktionsspannungen im therapeutischen Team immer wieder zu lösen.

Zeugnis für eine angestellte Psychotherapeutin

Als Repräsentantin unseres Rehabilitationszentrums nahm sie seit August ... zunehmend Aufgaben der Akquisition mit großem Erfolg wahr. Sie verstand es hervorragend, bestehende Kontakte zu Beratungsstellen in ... und besonders in ... zu intensivieren und neue patientenüberweisende Einrichtungen hinzuzugewinnen. Bei diesen Einrichtungen handelt es sich um Beratungsstellen von Gesundheits- und Sozialämtern, Sozialdienste städtischer Krankenhäuser und Psychiatrien, Suchtberatungsstellen der Caritas und des Diakonischen Werks, Nachsorgeeinrichtungen, Abstinenzlergruppen und so fort.

Ihr Engagement und ihr überdurchschnittlicher Einsatz brachten ihr das Wohlwollen der Geschäftsleitung ein. Bei den Beratungsstellen genoss sie den Ruf einer kompetenten Gesprächspartnerin.

Wir haben Frau Wiese als eine sehr angenehme, umsichtige und fähige Mitarbeiterin kennen gelernt, auf die in allen therapeutischen, fachlichen und organisatorischen Fragen Verlass ist. Wir schätzen sie vor allem auch wegen ihrer menschlichen Qualitäten, wegen ihrer Offenheit und Klarheit, ihrer konstruktiven Kritikbereitschaft und wegen ihrer vielseitigen Initiativen im Interesse unseres Hauses.

Frau Wiese war uns eine sehr wertvolle Mitarbeiterin. Wir bedauern ihr Ausscheiden, akzeptieren aber ihren Wunsch sich beruflich zu verändern und wünschen ihr hierbei viel Erfolg.

Zeugnis

Zeugnis für einen Verkaufsleiter

Herr Kurt Simmer, geboren am 14. März ... in Berlin, trat am 1. März ... als Junior-Verkäufer in unser Unternehmen ein. Nach einer umfangreichen Schulung in unserem Trainingszentrum in ... übernahm Herr Simmer ein eigenes Verkaufsgebiet. Herr Simmer bewies durch äußerst zielstrebiges Handeln wie auch durch überdurchschnittliche verkäuferische Leistungen, dass er ein förderungswürdiger Mitarbeiter war. Aus diesem Grunde gaben wir Herrn Simmer die Möglichkeit an einem Auswahlseminar für Führungskräfte teilzunehmen, was er erfolgreich bestand.

Ab dem 1. Januar ... konnten wir Herrn Simmer als Verkaufsleiter und ab dem 1. November ... als Leiter unseres Verkaufsbüros in ... einsetzen. Mit Wirkung vom 1. Januar ... wurde Herr Simmer zum Leiter des Vertriebsbereichs 5 innerhalb der Region ... bestellt. Am 1. Januar ... erhielt Herr Simmer Handlungsvollmacht gemäß den §§ 54 ff. HGB.

Herrn Simmers Stellung in der Organisation

Als Verkaufsleiter und Leiter des Verkaufsbüros ... berichtete Herr Simmer an den zuständigen Niederlassungsleiter. An ihn selbst berichteten circa acht bis zehn Verkäufer und ein Betriebsorganisator.

Als Leiter des Vertriebsbereichs ... berichtete Herr Simmer an den Leiter der Region. An ihn selbst berichteten vier Distriktverkaufsleiter und drei Mitarbeiter mit Spezialfunktionen im Vertrieb. Insgesamt führte Herr Simmer in seinem Vertriebsbereich circa 40 Mitarbeiter.

Herrn Simmers Aufgaben in den verschiedenen Positionen

Für den Verkäufer waren Ziele und Aufgaben für ein Jahr vorgegeben und festgelegt. Dabei standen im Vordergrund:

- die Installation von Maschinen bei Interessenten
- die Ausweitung des Maschinenpotentials bei vorhandenen Kunden durch weitere Installationen und Produktumwandlungen

- die Steigerung des Umsatzes und des ...volumens
- die Betreuung und Beratung aller zu seinem Verkaufsgebiet zählenden Kunden.

Als Distriktverkaufsleiter und Leiter des Verkaufsbüros ... hatte Herr Simmer folgende Aufgaben:

- die Installationsziele nach Neuinstallationen und Umwandlungen für die einzelnen Produkte zu erreichen
- die Umsätze der Maschinen, die bei Kunden stehen, zu erhöhen (Volumensteigerung, Einsatz von Systemen, Förderung der Anwendungsmöglichkeiten)
- seine Verkäufer und Mitarbeiter so zu führen, dass die Ziele erreicht wurden und die Fluktuation möglichst gering war
- Sonderaktionen und Maßnahmen des Konzerns umzusetzen.

Zeugnis für einen Verkaufsleiter

Als Leiter des Vertriebsbereichs ... ergaben sich für Herrn Simmer folgende Aufgaben:

- Ziele (Miete/Kauf/Produktmix) erreichen und das Kostenbudget einhalten
- Organisationsentwicklung nach dem Unternehmensplan zur Erweiterung und Sicherung von Marktanteilen
- Geringhalten der Kündigungsraten für installierte Maschinen; Sicherung und Erweiterung des Kundenstamms
- Ausbau der Personalstärke nach Unternehmensplan; Geringhalten der Fluktuation
- Förderung des Unternehmensimages nach den bekannten Richtlinien
- termingerechtes Berichtswesen in seiner Organisationseinheit
- Sicherstellung einer hohen Kundenzufriedenheit
- Repräsentation des Unternehmens.

Beurteilung von Herrn Simmers Leistungen

Als Verkäufer erfüllte Herr Simmer die Ziele mit großem Arbeitseinsatz und überdurchschnittlichen Leistungen. Seine Erfolge als Verkäufer und die erfolgreiche Teilnahme an einem Managementtraining waren für uns Anlass, Herrn Simmer zum Distriktverkaufsleiter zu ernennen.

Auch in dieser Führungsposition konnte er die vorgegebenen Ziele mit überdurchschnittlichem Erfolg erreichen. Herr Simmer verstand es seine Mitarbeiter so zu motivieren, dass auch diese beste Erfolge erzielten.

Herr Simmer war einer unserer erfolgreichsten Distriktverkaufsleiter. Deshalb wurde er nach Bestehen eines entsprechenden Auswahlseminars für Führungskräfte ab dem 1. Januar ... zum Leiter des Vertriebsbereichs ... bestellt. Auch in dieser Position erreichte Herr Simmer die hochgesteckten, nur mit viel Engagement und unermüdlichem Einsatz zu realisierenden Ziele. Seine insgesamt sehr guten Leistungen kommen auch dadurch zum Ausdruck, dass Herr Simmer siebenmal im 100-%-Club geehrt wurde und in mehreren regionalen und lokalen Wettbewerben an vorderster Stelle stand.

Zeugnis für einen Verkaufsleiter

Durch sein gutes Auftreten und seine Sachkenntnis verstand es Herr Simmer, bei unseren Kunden das Ansehen des Unternehmens zu fördern und die Geschäftsbeziehungen zu vertiefen. Bei seinen Mitarbeitern vermochte er es trotz hoher Anforderungen eine positive Arbeitsatmosphäre zu schaffen. Er zeigte Mut zu konstruktiver Kritik und trat stets für seine Mitarbeiter ein. Dabei blieb er aber auch dem Unternehmen und seiner Politik verpflichtet und seinen Vorgesetzten gegenüber loyal. Herr Simmer hat die hohen Anforderungen, die in unserem Hause an ihn gestellt wurden, stets zu unserer vollsten Zufriedenheit erfüllt.

Herr Simmer verlässt unser Unternehmen auf eigenen Wunsch. Wir bedauern sein Ausscheiden sehr und wünschen ihm für seine weitere berufliche Karriere alles Gute.

Das Protokoll

In einem Protokoll sind all die schönen Dinge zu lesen, die zwar besprochen und festgelegt, dann aber doch nicht umgesetzt werden, mögen manche Sitzungsenttäuschte unter uns aufstöhnen. Korrekte Protokollführung schützt natürlich nicht davor, sich allerhand Unmögliches vorzunehmen und auch in ein Protokoll hineinzuschreiben. Aber, Hand aufs Herz, waren nicht auch Sie schon einmal recht froh, dass Sie die Mitschrift einer Sitzung erhielten, an der Sie nicht teilnehmen konnten, aber gerne teilgenommen hätten? Oder waren nicht auch Sie schon einmal erleichtert darüber, dass Sie mit Hilfe eines Protokolls eine Gedächtnislücke schließen konnten? Das Protokoll ist ein übersichtlich gegliederter Bericht über eine Sitzung, eine Tagung, eine Veranstaltung oder eine Verhandlung. Es wird nachträglich allen Teilnehmern zugestellt, je nach Umständen (zum Beispiel durch Krankheit erzwungene Abwesenheit) auch Nichtteilnehmern. Vor Gericht ist es sogar Beweismittel für die Gültigkeit von Beschlüssen; es ist also eine Urkunde.

Der Zweck eines Protokolls

Der vornehmste Zweck eines Protokolls ist es sicher Beweismittel zu sein. In objektiver, von allen Teilnehmern anerkannter Form hält es einen Sitzungsverlauf und Beschlüsse fest. Damit ist es Beweismittel für die Rechtmäßigkeit von Beschlüssen, für die Einsetzung von Ausschüssen, die Erteilung von Aufträgen und Kompetenzen. Öffentlich-rechtliche Körperschaften müssen die Entlastung der Verantwortlichen, Statuten- und Satzungsänderungen und Wahlen protokollarisch beglaubigen.

Das Protokoll ist Rechtsgrundlage für Rechtsgeschäfte wie Eintragungen im Handelsregister, Umwandlungen von Gesellschaften, Veränderungen im Vorstand eingetragener Vereine. Es ist zu diesem Zweck dem Amtsgericht einzureichen.

Vor allem aber dient das Protokoll der Information derer, die an den Sitzungen nicht teilgenommen haben, und es dient als Erinnerungsstütze der Beteiligten; es bildet zugleich die Grundlage für weitere Sitzungen, sodass die Gesamtheit der Protokolle die Entwicklung einer Gesellschaft, eines Betriebes, eines Vereins widerspiegelt und gleichsam zu einer Chronik wird.

Was steht in einem Protokoll?

Der Inhalt eines Protokolls sollte sich auf das Wesentliche beschränken. Eine Ausnahme ist das wörtliche Protokoll. Da jedes Protokoll Urkundencharakter erhalten kann, sind die Anforderungen an ein Protokoll recht streng.

- In einem Protokoll dürfen nur Tatsachen geschildert werden; keine Gefühle, Stimmungen, Vermutungen oder Schlussfolgerungen.
- Ein Protokoll muss unparteiisch sein.
- Ein Protokoll muss so viel an sachlich zulässiger Information liefern, dass ein möglichst zutreffendes, klares und wahres Bild vermittelt wird.
- Ein Protokoll sollte in leicht verständlichen, knappen und nüchternen Sätzen verfasst werden.

Die Protokollarten

Zum einen gibt es das Verlaufs- oder Verhandlungsprotokoll und zum anderen das Ergebnis- oder Beschlussprotokoll. Die beiden Protokollarten dienen unterschiedlichen Zwecken.

Entscheiden wir uns dafür, ein **Verlaufsprotokoll** zu schreiben, dann schätzen wir die Situation so ein, dass die einzelnen Informationen, die Teilnehmer während einer Sitzung äußern, alle wichtig sind. Deshalb wollen wir sie festhalten. Schreiben wir ein **Ergebnisprotokoll,** so wollen wir lediglich ein Dokument, aus dem hervorgeht, was in der Folge wann und wo ausgeführt wird. Wir sind sicher, dass nur diese zu einem bestimmten Zeitpunkt zu kontrollierenden Festlegungen wichtig sind. Kurz auf eine plakative Formel gebracht ist der Unterschied Folgender: Das Verlaufs- oder Verhandlungsprotokoll ist ein personenbezogenes Protokoll, das Ergebnis- oder Beschlussprotokoll ist ein sachbezogenes Protokoll.

Verlaufs- oder Verhandlungsprotokoll

Die Aufgabe eines Verlaufs- oder Verhandlungsprotokolls ist es den Verlauf einer Veranstaltung oder einer Diskussion wiederzugeben. Wollen wir alle Informationen einer Veranstaltung dokumentieren, dann schreiben wir das Verlaufsprotokoll als

a) wörtliches Protokoll.
   Wollen wir nicht jeden Einwurf eines jeden Teilnehmers festhalten, sondern das Wesentliche der Beiträge, dann entscheiden wir uns für ein
b) ausführliches Protokoll.
   Schließlich können wir erwägen, ob es nicht angemessen ist die Veranstaltung überhaupt nur thematisch zu protokollieren. Dann fassen wir die zu unterschiedlichen Zeiten im Sitzungsverlauf geäußerten Beiträge der Teilnehmer zusammen und schreiben ein
c) Kurzprotokoll.

Das Aufwendigste unter den Verlaufs- und Verhandlungsprotokollen ist das

■ wörtliche Protokoll

Im wörtlichen Protokoll wird der gesamte Verlauf einer Sitzung oder Veranstaltung wiedergegeben. In der Regel sind nur geübte Gerichts- oder Parlamentsstenografen, die 360 bis 400 Silben in der Minute schreiben können, in der Lage wörtliche Protokolle anzufertigen. Ein Vorteil des wörtlichen Protokolls ist es, dass es den höchsten Dokumentationswert und die stärkste Beweiskraft besitzt. Nachteile des wörtlichen Protokolls sind der hohe Aufwand beim Erstellen und beim Lesen. Deshalb ist das

■ ausführliche Protokoll

weit gebräuchlicher. Es wird auf Parlaments-, Kreis- und Stadtebene und zuweilen auf bedeutenden Konferenzen bevorzugt.

Das ausführliche Protokoll gibt den Verlauf einer Sitzung zwar nicht wörtlich, wohl aber vollständig und mit allen Einzelheiten (insbesondere Daten und Fakten) wieder. Das führt meistens dazu, dass so gut wie alle Beiträge der einzelnen Sprecher festgehalten werden. Selbstverständlich nur solche zur Sache, einschließlich der Zwischenrufe zur Sache.

Für das ausführliche Protokoll muss der Protokollant die Beiträge der einzelnen Teilnehmer in der Regel verkürzen. Dabei soll ersichtlich bleiben, wie, warum und wodurch welche Beiträge zu Stande kamen. Ausschlaggebend ist also die Darstellung des Hergangs in allen Widersprüchen und Entwicklungen bis zum protokollierten Ergebnis.

Verlaufs- oder Verhandlungsprotokoll

Um ein ausführliches Protokoll verfassen zu können muss der Protokollant sich in der Sache ausgezeichnet auskennen. Darüber hinaus wird ihm die ausgeprägte Fähigkeit abverlangt, das Wesentliche eigenständig zusammenzufassen und eindeutig zu formulieren. Er oder sie muss also in höchster Weise geistig flexibel sein.

Hier ein Ausschnitt aus einem ausführlichen Protokoll:

> Punkt 3 der Tagesordnung:
> Antrag 55/7, vierbahniger Ausbau der Verbindungsstraße zwischen Marktredwitz und Bayreuth
> Herr Müller begründet, dass es nötig sei diese Verbindungsstraße auszubauen, mit dem außergewöhnlich stark gewordenen Verkehr nach der Grenzöffnung. Eine enorme Dichte erreiche der Verkehr zwischen 6:50 und 8:10 Uhr und zwischen 16:10 und 17:50 Uhr.
> Frau Siegmund weist auf die erhebliche Umweltzerstörung hin, die der Ausbau auf vier Spuren mit sich bringe. Die meisten Anwohner würden dadurch unzumutbar belastet. Auch trenne die vierspurige Straße die Wohnbezirke „West" und „Süd-West" völlig. Eine Fußgängerbrücke könne hier nur eine bedingte Abhilfe schaffen.
> Herr Stiglmaier widerspricht mit dem Verweis auf die letzte Untersuchung des Info-Instituts, die eine Zustimmung von 65 % der Anwohner für den Ausbau erbracht habe. Der Ausbau sei für den Erhalt der Arbeitsplätze zwingend notwendig, da die umliegenden Industrieunternehmen, die sich in Grenznähe angesiedelt haben, bereits mit Betriebsverlegungen gedroht hätten, wenn keine bessere Anbindung an das Autobahnnetz gewährleistet werde. Über die verhältnismäßig langen Anfahrtszeiten werde ständig geklagt. Unter diesem ökonomischen Aspekt sei den Anwohnern durchaus zuzumuten einige Umwege zu machen und die Fußgängerbrücke zu benutzen. Dies müsse jedoch in einer Bürgerversammlung den Betroffenen deutlich gemacht werden. Die undifferenzierten Einwände der Opposition in monotoner Wiederholung böten keine konstruktiven Alternativen.
> Beschluss mit 24 zu 14 Stimmen bei 2 Enthaltungen:
> Antrag 55/7 wird angenommen. 18 Mio. DM werden für den vierbahnigen Ausbau der Verbindungsstraße zwischen Marktredwitz und Bayreuth bereitgestellt. Der Beginn der Arbeiten ist für den 10. Juni ... vorgesehen.

Nicht mehr die einzelnen Beiträge, sondern nur noch die grundsätzlichen Positionen werden im ...

Verlaufs- oder Verhandlungsprotokoll

■ **Kurzprotokoll**

wiedergegeben. Hierin werden Beiträge zusammengefasst, die zeitlich nicht aufeinander gefolgt sind. Zuweilen finden wir sogar die Beiträge mehrerer Personen zusammengefasst, wenn sie grundsätzlich übereinstimmen.

> Punkt 3 der Tagesordnung:
> Antrag 55/7, vierbahniger Ausbau der Verbindungsstraße zwischen Marktredwitz und Bayreuth
> Herr Müller und Herr Stiglmaier verweisen mit Nachdruck auf die hohe Verkehrsdichte in den Spitzenzeiten, auf die drohenden Betriebsverlegungen der grenznahen Industrie, auf die mangelnde Anbindung an die Bundesautobahn, schließlich auf die hohe Zustimmung der Anwohner mit 65 % laut Untersuchung des Info-Instituts. Sie sehen darin eine überzeugende Begründung dafür die Straße zwischen Marktredwitz und Bayreuth vierbahnig auszubauen.
> Frau Siegmund lehnt den Ausbau ab. Er schädige die Umwelt und zerschneide die Wohnbezirke „West“ und „Süd-West“. Die Brücke hebe die Trennung nicht auf.
> Beschluss mit 24 zu 14 Stimmen bei 2 Enthaltungen:
> Antrag 55/7 wird angenommen. 18 Mio. DM werden für den vierbahnigen Ausbau der Verbindungsstraße bereitgestellt. Der Beginn der Arbeiten ist für den 10. Juni ... vorgesehen.

Ergebnis- und Beschlussprotokoll

Im Ergebnis- oder Beschlussprotokoll werden die Beiträge der Teilnehmer nicht festgehalten. Selbstverständlich ist dann auch nicht mehr nachzuvollziehen, wie, durch welchen Diskussionsverlauf oder durch welche Argumente im Einzelnen die Beschlüsse zu Stande kamen. Nur die Ergebnisse oder Beschlüsse werden festgehalten. In der kaufmännischen Praxis ist meistens das Ergebnisprotokoll ausreichend.

Weitere Protokollarten

Das Gedächtnisprotokoll wird im Nachhinein, nach einer Sitzung oder Verhandlung angefertigt. Es basiert häufig auf Notizen, die während der Besprechung oder Sitzung gemacht wurden. Im Gedächtnisprotokoll wird meistens der Verhandlungs- oder Besprechungsverlauf festgehalten. Die Beweiskraft dieses Protokolls ist normalerweise gering, es sei denn, andere Sitzungsteilnehmer erkennen das Gedächtnisprotokoll an.

Akten- oder Telefonnotizen entsprechen einem Gedächtnisprotokoll. Sie werden normalerweise nur innerbetrieblich weitergegeben. Telefonnotizen begnügen sich oft mit Stichworten, häufig nur handschriftlich angefertigt. Für Akten- und Telefonnotizen gilt die gleiche äußere Form wie für Protokolle, insbesondere der Protokollrahmen.

Anwendungsbereiche

Dienstbesprechung Erteilung von Anweisungen, Arbeitsaufgaben durch den Chef	Ergebnisprotokoll, Eigennotiz
Mitarbeiterbesprechung Orientierung des Chefs durch die Mitarbeiter	Ergebnisprotokoll, Eigennotiz, Verlaufsprotokoll
Beratungsgespräch Betriebsleitung und wechselnder Mitarbeiterkreis	Ergebnisprotokoll
Konferenz Beratende Versammlung Gleichgestellter	Verlaufsprotokoll, wörtliches Protokoll
Round-table-Meeting Runder Tisch, keine vertikale Gliederung, Teamarbeit	Ergebnisprotokoll
Expertenkommission Besprechung von Fachfragen durch Fachkräfte	Ergebnisprotokoll
Kolloquium Wissenschaftliche Diskussion	Verlaufsprotokoll, Ergebnisprotokoll, Eigennotiz
Symposion Zwanglose Aussprache von Wissenschaftlern; Vorträge	Ergebnisprotokoll
Interview Zur Veröffentlichung bestimmte Befragung von Fachleuten	Wörtliches Protokoll, Verlaufsprotokoll, Ergebnisprotokoll
Mitgliederversammlungen Gesellschaften, Vereine laut Satzung	Verlaufsprotokoll

Anwendungsbereiche		
	Tagungen, Kongresse Fachliche, berufliche Zusammenkünfte in größerem Rahmen	Verlaufsprotokoll, Ergebnisprotokoll
	Telefonat mit Festlegungen zum Beispiel von Besuchsterminen und Ähnlichem	Telefonnotiz
	Kurzbesprechung mit Chef oder Kollegen mit Festlegungen	Gedächtnisprotokoll, Ergebnisprotokoll
	Hauptversammlungen der Aktiengesellschaften	gerichtlich oder notariell aufgenommenes Protokoll
	Generalversammlung der Genossenschaften	Verlaufsprotokoll, Eintragung der Beschlüsse in das Protokollbuch

Die äußere Form des Protokolls

Das formal Herausragende an einem Protokoll ist die übersichtliche Darstellung. Das Protokoll wird zunächst nach Tagesordnungspunkten gegliedert. Innerhalb der Tagesordnungspunkte wird es wiederum nach der zeitlichen Reihenfolge oder nach sachlichen Gesichtspunkten unterteilt.

Mit jedem neuen Gesichtspunkt beginnt auch ein neuer Absatz. Einen Absatz finden wir auch dort, wo ein neuer Redner mindestens mit einem Satz erwähnt wird. Wichtige Sachverhalte werden durch Sperrungen, Unterstreichungen oder Einrücken hervorgehoben. Auch der Name eines Sprechers, Referenten oder Diskussionsredners wird unterstrichen oder durch Sperren besonders ins Blickfeld gerückt.

Wichtige einzelne Wörter oder das Fazit eines Redners können gleichfalls gesperrt werden. Ebenso erleichtert das Hervorheben von Beschlüssen und Anträgen die Übersicht. Wichtig und nötig ist es langatmige Ausführungen für das Verlaufsprotokoll zusammenzufassen.

Wenn mehrere Redner die gleiche Meinung vertreten, genügt es diejenigen Redner, die sich anschließen, nur kurz zu erwähnen, zum Beispiel:

> Herr Müller spricht sich für den Ausbau der Straße zwischen Marktredwitz und Bayreuth aus. Herr Stiglmaier schließt sich seiner Meinung an.

Der Protokollrahmen

Unter dem Protokollrahmen versteht man die Gestaltung des Kopfes und des Schlusses eines Protokolls. Die Gestaltung muss Antwort geben auf die folgenden Fragen

- Wer waren die Veranstalter und die Teilnehmer?
- Was wurde behandelt?
- Wann wurde wie lange verhandelt? (Angabe der Uhrzeiten)
- Wo wurde verhandelt?
- Wer erhält eine Protokollkopie? (Verteiler)

Das Protokoll schließt mit Ort und Datum der Ausfertigung. Es wird vom Vorsitzenden der Besprechung, Diskussion oder Tagung und dem Protokollführer unterschrieben.

Thema und Tagesordnung

Für jede Sitzung muss eine Tagesordnung entweder vorher festgelegt oder spätestens zu Beginn der Sitzung aufgestellt werden. Die Tagesordnung wird vor der Behandlung ihrer einzelnen Punkte von der Versammlung genehmigt, sofern für ihre Genehmigung nicht andere Vorschriften im Vereinsstatut, in der Geschäftsordnung oder sonstwo festgelegt sind. Auf jeden Fall muss zu Beginn des Protokolltextes vermerkt werden, ob die vorgeschlagene Abfolge beschlossen worden ist und wie Änderungswünsche behandelt wurden. Von Veränderungen der Tagesordnung muss protokolliert werden, ob sie mehrheitlich oder einstimmig gebilligt wurden.

In der Regel wird die Tagesordnung dem Protokolltext vorangestellt. Unter Umständen kann auch darauf verzichtet werden, die ursprüngliche Tagesordnung im Kopf des Protokolls festzuhalten. Die beschlossene Tagesordnung erscheint dann in der Einleitung.

Zeitpunkt der Sitzung

Hier ist zuerst der Tag der Sitzung zu vermerken, weiter Beginn und Ende der Sitzung mit genauer Uhrzeit. Diese beiden Angaben können entweder im Kopf des Protokolls stehen (Beginn: 10:00 Uhr, Ende: 13:00 Uhr; Dauer: 10:00 bis 13:00 Uhr) oder am Anfang (Beginn: 10:00 Uhr) und Ende (Ende/Schluss der Sitzung: 13:00 Uhr; die Sitzung wird um 13:00 Uhr geschlossen). Ort, Tag und Uhrzeit der nächsten Sitzung werden – sofern beschlossen – meist am Ende des Protokolls vermerkt.

Ort der Veranstaltung

Der Ort der Veranstaltung muss möglichst genau angegeben werden. Zum Beispiel: Straße, Hausnummer, Stockwerk, Zimmernummer oder Name des Saals bzw. Betriebsgebäude und Raumnummer.

Veranstalter und Teilnehmer

Der Veranstalter ergibt sich oft schon aus der Überschrift des Protokolls (Protokoll über die Sitzung der Aluminium GmbH und Co. KG, des Fremdenverkehrsvereins Pfaffenhofen usw.)

Handelt es sich bei den Teilnehmern um einen kleinen Kreis, so werden deren Namen im Kopf des Protokolls einzeln aufgeführt. Bei Veranstaltungen mit vielen Teilnehmern genügt es, im Kopf des Protokolls den Vorsitzer oder Sitzungsleiter zu nennen und auf die Anwesenheitsliste zu verweisen, die dann allerdings dem Protokoll beizufügen ist. Die Reihenfolge bei der Aufzählung der Teilnehmer sollte einen Sinn erkennen lassen. Gibt es eine einsichtige, allgemein akzeptierte Rangfolge, so kann danach verfahren werden. Andernfalls ist die neutrale und unverfängliche alphabetische Reihenfolge vorzuziehen.

Je nach Bedeutung und Art der Sitzung müssen auch nicht anwesende entschuldigte oder nicht entschuldigte Personen genannt werden. Ist ein Teilnehmer nur zeitweise anwesend, ist dies auch zu vermerken; ebenso wenn er in Vertretung eines anderen Teilnehmers erschienen ist.

Muster für einen Protokollrahmen

Muster 1

Protokoll
über die außerordentliche Sitzung des Vorstands des Vereins „Unser Dorf muss schöner werden e.V.“

Tag:	13. Juni ...
Ort:	Leuscheid, Sportheim, Finkenstraße 19
Teilnehmer:	Herr Drews, Vorsitzender
	Herr Kümmerich, stellvertretender Vorsitzender
	Frau Falken, Beisitzerin
	Herr Ottmühl, Beisitzer (bis 14:00 Uhr)
Entschuldigt:	Herr Salbei

Muster für einen Protokollrahmen

Gäste:	Herr Gramel, Architekt Frau Demmel, Beigeordnete Frau Pachulke, Gemeinderätin
Protokoll:	Herr Siebert
Dauer:	9:00 Uhr bis 15:30 Uhr

Tagesordnung:
1. Genehmigung des Protokolls der Sitzung vom 9. April ...
2. Bericht des Vorsitzenden
3. Sanierung des Müttergenesungsheims
4. Programm für das nächste Jahr
5. Unterstützung durch die Gemeinde
6. Mitgliederversammlung im Oktober ...
7. Verschiedenes

Die Tagesordnung wird in der vorstehenden Form gebilligt.
Der Antrag von Herrn Ottmühl, Punkt 5 vorzuziehen und vor Punkt 3 zu behandeln, wird einstimmig angenommen.

Muster 2

<u>Protokoll</u>
über die Sitzung des Vorstands der Banania AG, Wiesbaden

Teilnehmer:	Herr Braun, Vorstandsvorsitzender Herr Schilling Herr Weißmantel
Datum:	27. Januar ...
Ort:	im Hause
Besprechungs-punkte:	1. Bericht über das abgelaufene Geschäftsjahr 2. Zweistufige Differenzierung des Tarifs UX 3. Antrag der Hauptabteilung 12
Dauer:	10:00 bis 13:00 Uhr

Beiden Mustern folgt das eigentliche Protokoll. Es schließt mit der Unterschrift des Vorsitzenden und der protokollführenden Person. Wenn der Verteiler nicht im Kopf erscheint oder sich von selbst ergibt, steht er unter den Unterschriften.

Die sprachliche Gestaltung des Protokolls

Die Zeit im Protokoll

Die Darstellungszeit des ausführlichen Protokolls, des Kurzprotokolls und des Ergebnis- und Beschlussprotokolls ist die Gegenwart (Präsens). Damit soll die Sprechsituation wiedergegeben werden. Auf diese Weise wird es dem Leser möglich die protokollierte Situation auch im Nachhinein noch einmal lebendig und engagiert mitzuerleben. Etwa:

Herr Meier weist darauf hin ...

Frau Ziegelmeier berichtet ...

Nach dem Einwand von Frau Leukam gibt Herr Weber zu bedenken ...

Die Tätigkeitswörter „darauf hinweisen, berichten, zu bedenken geben" werden Einführungswörter genannt. Auf diese Verben werde ich später noch ausführlich zurückkommen. Doch zunächst zur Zeit im Protokoll außerhalb der Einführungswörter.

Indirekte Rede

Wann immer ein Einführungswort niedergeschrieben wird, folgt im übrigen Satz die Wiedergabe des Beitrags eines Diskussions- oder Sitzungsteilnehmers. Diese Meinung wird grundsätzlich im Konjunktiv niedergeschrieben, und zwar im Konjunktiv Präsens. Nach den Einführungswörtern folgt die indirekte Rede. Und dafür gilt grundsätzlich: die indirekte Rede wird im Konjunktiv I wiedergegeben.

Konjunktiv Präsens oder Konjunktiv I – was ist der Unterschied? Es gibt keinen Unterschied. „Konjunktiv Präsens" heißt der Konjunktiv, von dem ich hier zunächst spreche (er komme, er gehe, er schreibe), in der lateinischen Grammatik. Diese Bezeichnung ist hilfreich, da sie uns darauf hinweist, von welcher Zeit der Konjunktiv I abgeleitet wird, nämlich vom Präsens, der Gegenwart (er kommt → er komme; er geht → er gehe; er schreibt → er schreibe).

Konjunktiv I ist die modernere und exaktere Bezeichnung. Es gibt jedoch noch einen dritten Namen für den Konjunktiv I, einen Namen, der sich auf den Inhalt dieser Zeit bezieht: Er heißt auch Optativ, was bedeutet: die Zeit, in der gewünscht wird. Einige weithin gebräuchliche Beispiele: „Es grüße Sie Gott (meist nur: Grüß Gott); Gott schütze dich; Dein Reich komme" und vieles mehr. Hier könnten wir auch sagen: Gott möge Sie grüßen; Gott möge dich

Indirekte Rede

schützen; Dein Reich möge kommen. Durch das Modalverb „mögen" wird deutlich, dass ein Satz im Optativ oder Konjunktiv I einen Wunsch enthält.

Wenn wir im Protokoll den Konjunktiv I zur Wiedergabe der wörtlichen Rede verwenden, so machen wir damit auch deutlich, dass es sich hier dem Inhalt nach um subjektive Äußerungen oder Meinungen handelt. Der vierte Name für den Konjunktiv I, der deutsche Name „Möglichkeitsform", schließlich weist darauf hin, dass es sich zwar um die Wunschform, jedoch mit durchaus für realistisch gehaltenen Möglichkeiten handelt. „Gott schütze dich" ist ein Wunsch im Bereich des Möglichen.

Zwar ist es Gebot bei indirekter Rede den Konjunktiv I zu verwenden, doch stellen sich manches Mal einige Schwierigkeiten dabei ein. Es gibt ihn nämlich nicht mehr für eine jede Person. Der Konjunktiv I ist eine Zeit, die schwindet. Wie alles, was nicht in ausreichendem Maße benutzt wird, so ist auch eine wenig gebrauchte Zeit dem Verfall ausgesetzt. Hier ein Beispiel:

Indikativ Präsens		**Konjunktiv Präsens**	
Wirklichkeitsform der Gegenwart		Möglichkeitsform der Gegenwart	
1. Pers. Sg.	ich habe	1. Pers. Sg.	ich habe
2. Pers. Sg.	du hast	2. Pers. Sg.	du habest
3. Pers. Sg.	er, sie, es hat	3. Pers. Sg.	er, sie, es habe
1. Pers. Pl.	wir haben	1. Pers. Pl.	wir haben
2. Pers. Pl.	ihr habt	2. Pers. Pl.	ihr habet
3. Pers. Pl.	sie haben	3. Pers. Pl.	sie haben

Sie sehen: In der ersten Person Singular (Einzahl), der ersten Person Plural (Mehrzahl) und der dritten Person Plural gibt es keinen (erkennbaren) Konjunktiv I mehr. In diesem Falle ist ein Kunstgriff erlaubt: Sie dürfen auf die Formen des Konjunktivs II zurückgreifen, den Konjunktiv, der vom Präteritum (einfache Vergangenheit) abgeleitet wird.

1. Pers. Sg.	ich habe	1. Pers. Sg.	ich habe – hätte
2. Pers. Sg.	du hast	2. Pers. Sg.	du habest
3. Pers. Sg.	er, sie, es hat	3. Pers. Sg.	er, sie, es habe
1. Pers. Pl.	wir haben	1. Pers. Pl.	wir haben – hätten
2. Pers. Pl.	ihr habt	2. Pers. Pl.	ihr habet
3. Pers. Pl.	sie haben	3. Pers. Pl.	sie haben – hätten

Indirekte Rede

Doch Vorsicht! Viel zu oft wird auf die Formen des Konjunktivs II zurückgegriffen, obwohl die Form des Konjunktivs I durchaus noch existiert. In der dritten Person, der entscheidenden Person für die Protokollführung, ist sie im Singular durchaus noch intakt. Aus dem Endungs-t, Markenzeichen der dritten Person Singular des Präsens, wird im Konjunktiv I ein Endungs-e: ermittelt → ermittle, sagt → sage, macht → mache, einigt → einige und so weiter.

Völlig anders, ja geradezu umgekehrt verhält es sich mit der dritten Person Plural, einer Zeit, die wir für unser Protokoll gleichfalls häufig brauchen. Der Konjunktiv I der dritten Person Plural ist bei den allermeisten Verben geschwunden. Wir schreiben deshalb im Protokoll:

Indikativ Präsens	**Wiedergabe der wörtlichen Rede im ausführlichen Protokoll Konjunktiv I/II**
3. Person Singular und 3. Person Plural	3. Person Singular und 3. Person Plural
er, sie, es hat sie haben	er, sie, es habe sie hätten
er, sie, es geht sie gehen	er, sie, es gehe sie würden gehen
er, sie, es fragt sie fragen	er, sie, es frage sie würden fragen
er, sie, es meint sie meinen	er, sie, es meine sie würden meinen
er, sie, es spricht sie sprechen	er, sie, es spreche sie sprächen
er, sie, es kommt sie kommen	er, sie, es komme sie kämen
er, sie, es billigt sie billigen	er, sie, es billige sie würden billigen
er, sie, es bezweifelt sie bezweifeln	er, sie, es bezweifle sie würden bezweifeln
er, sie, es erklärt sie erklären	er, sie, es erkläre sie würden erklären
er, sie, es kann, will, mag, darf, muss, soll, braucht sie können, wollen, mögen, dürfen, müssen, sollen, brauchen	er, sie, es könne, wolle, möge, dürfe, müsse, solle, brauche sie könnten, wollten (früher: möchten), dürften, müssten, sollten, brauchten

Indirekte Rede

Das einzige Verb, von dem es noch einen in allen Zeiten vollständigen und gut funktionierenden Konjunktiv gibt, ist das Hilfsverb „sein".

Präsens		**Präteritum**	
Indikativ	**Konjunktiv**	**Indikativ**	**Konjunktiv**
ich bin	ich sei	ich war	ich wäre
du bist	du sei(e)st	du warst	du wär(e)st
er, sie, es ist	er, sie, es sei	er, sie, es war	er, sie, es wäre
wir sind	wir seien	wir waren	wir wären
ihr seid	ihr seiet	ihr wart	ihr wärt
sie sind	sie seien	sie waren	sie wären

Da unsere zusammengesetzten Zeiten mit den Hilfszeitwörten „sein" und „haben" gebildet werden, bitte ich Sie sich die Konjunktivformen von „sein" gut zu merken, denn Sie werden sie bei der Protokollführung häufig brauchen. Hier jeweils zwei Beispiele für unsere zusammengesetzten Zeiten:

Perfekt (auch genannt: vollendete Gegenwart oder Vorgegenwart oder zweite Vergangenheit) er ist gegangen, er hat gerufen, er ist gelaufen, er hat geschrieben.

Plusquamperfekt (auch genannt: vollendete Vergangenheit oder Vorvergangenheit oder dritte Vergangenheit) er war gegangen, er hatte gerufen, er war gelaufen, er hatte geschrieben.

Würden diese Zeiten in der Protokollführung für die Wiedergabe der vollendeten Gegenwart oder der vollendeten Vergangenheit benötigt, hießen die Formen: er sei gegangen, er habe gerufen, er sei gelaufen, er habe geschrieben; er wäre gegangen, er hätte gerufen, er wäre gelaufen, er hätte geschrieben.

Die Liste der Verben im Konjunktiv ließe sich endlos fortsetzen. Ergänzen Sie bitte selbst die Konjunktivformen der Verben, die Sie häufig brauchen. Wenn Sie nun noch einmal eine Seite zurückblättern und sich die Liste „Wiedergabe der wörtlichen Rede im ausführlichen Protokoll" noch einmal genau ansehen, werden Sie sehr schnell darauf stoßen, dass ich bei den meisten Formen des Konjunktivs im Plural als Hilfsform das Wörtchen „würden" verwendet habe. Dieses Wörtchen muss ich benutzen, weil es keine Form des Konjunktivs II von diesen Verben mehr gibt. Sie sehen also: Nicht nur der Konjunktiv I unterliegt dem Verfall, auch der Konjunktiv II.

In der Praxis ist es oft so, dass ein Protokolltext nur so von „würde" und „würden" wimmelt. Dies ist oft nicht gerechtfertigt, weil der Protokollant bei einigem Nachdenken auf eine noch erhaltene Konjunktivform seines Verbs gestoßen wäre. Kann aber das Wörtchen „würde" häufiger hintereinander nicht vermieden werden und entsteht dadurch stilistisch ein ungünstiger Eindruck, so dürfen Sie auf die Wirklichkeitsform des Präteritums zurückgreifen. Statt „sie würden sagen, würden gehen, würden billigen" schreiben Sie dann: „sie sagten, sie gingen, sie billigten".

Herr Unrat gibt bekannt, dass aus Altersgründen zwei der abwesenden Sitzungsteilnehmer auch beim nächsten Sitzungstermin früher gehen würden, selbst wenn sie sich ausnahmweise einmal bester Gesundheit erfreuten.

Hier steht „erfreuten" an der Stelle von „erfreuen würden", einer hässlichen Wiederholung des ersten „würden". Die einfache oder erste Vergangenheit dürfen wir aber nur benutzen, wenn keine Konjunktivformen vorhanden sind (also weder Konjunktiv I noch Konjunktiv II). „erfreuten, billigten, gingen" und so weiter ersetzen nur das zuweilen hässliche „würden".

Wie der Konjunktiv I so hat auch der Konjunktiv II noch einen weiteren Namen. Er heißt „Irrealis" und ist normalerweise die Verbform, in der unerfüllbare Wünsche ausgedrückt werden:

Herr Peters wünscht sich, dass auf der nächsten Hauptversammlung alle Mitglieder anwesend wären.

Der Protokollant drückt mit der Verbform „wären" aus, dass Herr Peters sich zwar die Anwesenheit aller Mitglieder wünscht, diese aber keinesfalls für möglich hält. Wollte der Protokollführer jedoch ausdrücken, dass Herr Peters das Erscheinen aller sehr wohl für möglich hält, hätte er schreiben müssen:

Herr Peters wünscht sich, dass auf der nächsten Hauptversammlung alle Mitglieder anwesend seien.

In dem „seien" steckt eventuell sogar die Aufforderung an eine oder mehrere Personen, auf das vollzählige Erscheinen aller Mitglieder gehörigen Einfluss zu nehmen. Den Wunsch nach Einflussnahme können wir noch deutlicher formulieren: ... anwesend sein mögen. Mit dem Modalverb „mögen" verändern wir den Modus, die Art und Weise der Aussage (deshalb die Bezeichnung „Modalverb").

Der Konjunktiv im Deutschen ist „zeitlos". Deshalb haben die Grammatiker auch Abstand davon genommen, von Konjunktiv Präsens oder Konjunktiv Präteritum zu sprechen. Diese Bezeichnungen sind nur wichtig, will man die beiden Formen erkennen oder bilden oder bewusst voneinander unterscheiden. Der Konjunktiv I wird von der Präsensform des Indikativs abgeleitet (geht → gehe, singt → singe, tritt → trete) und der Konjunktiv II von den Formen des Präteritums im Indikativ (gab → gäbe, ging → ginge, trat → träte, sang → sänge).

Indirekte Rede

Normalerweise aber, wenn uns nicht gerade die Formenlehre wichtig ist, heißen die Konjunktive nur noch Konjunktiv I und Konjunktiv II. Verwendet wird der Konjunktiv vor allem nach dem jeweiligen Inhalt. Handelt es sich um einen erfüllbaren Wunsch, benutze ich den Konjunktiv I (Möglichkeitsform oder Optativ):

Gott sei Dank!

Handelt es sich um einen irrealen, nicht erfüllbaren Wunsch, dann verwenden wir den Konjunktiv II:

Ich wünsche mir, dass ich postwendend wieder gesund wäre.

Ich fasse die Regeln für die indirekte Rede noch einmal zusammen:

a) Grundsätzlich wird die Rede eines Sitzungs- oder Diskussionsteilnehmers im Konjunktiv I wiedergegeben.
b) Ist die nötige Form des Konjunktiv I nicht mehr vorhanden, dürfen wir als Ersatz den Konjunktiv II benutzen.
c) Existiert auch die benötigte Form des Konjunktiv II nicht mehr, umschreiben wir mit „würde/würden".

Bitte seien Sie aber so sparsam wie möglich in der Verwendung des Konjunktivs II und seiner Ersatzformen mit „würden". Prüfen Sie gründlich, ob Sie nicht doch noch eine Form des Konjunktivs I finden. Damit beugen Sie Missverständnissen vor. Da der Irrealis die „Unmöglichkeitsform" ist, glauben nämlich zuweilen flüchtige Leser, der Protokollant wolle einem Teilnehmer mit der Form seiner Redewiedergabe unterstellen, dass er ihm nicht glaube.

Die Zeit in Gedächtnisprotokoll, Akten- und Telefonnotiz

Aktennotizen und Gedächtnisprotokolle werden keinesfalls und Telefonnotizen oft auch nicht zeitgleich mit einem Ereignis, einer Aussage, einem Gespräch verfasst. Meistens liegt zwischen dem Redeereignis und dem Schreiben eine zeitliche Distanz. Diese Distanz kommt auch in der Zeitform zum Ausdruck, die wir für diese drei Verwandten des Protokolls verwenden: nämlich grundsätzlich das Präteritum. Die Einführungswörter wie „Herr Meier sagte, fasste zusammen, erläuterte" stehen im Indikativ des Präteritums, die Wiedergabe der direkten Rede aber steht auch hier im Konjunktiv I.

Herr Peters wünschte sich, dass auf der nächsten Hauptversammlung alle Mitglieder anwesend seien.

An der Wiedergabe der wörtlichen Rede ändert sich nichts. Auch der folgende Satz ist ein Ausschnitt aus einer Telefonnotiz:

Frau Rumers erklärte, dass die Abteilung PY in dieser Woche mit geringeren Umsatzzahlen zu rechnen habe, obwohl ein neuer Kollege seit Dienstag dieser Woche gleichfalls aktiv sei.

Die Einführungswörter

Ein Protokollführer muss viele Klippen überwinden. Zunächst schreibt er schnell und konzentriert mit. Später sollte es ihm gelingen seine Mitschrift Wort für Wort zweifelsfrei wieder zu erkennen. Und schließlich muß er das Gesagte im ausführlichen Protokoll für den autorisierten Leser des Protokolls interessant und verständlich wiedergeben. Dazu braucht der Protokollführer immer und immer wieder sogenannte Einführungswörter. Mit diesen Wörtern leitet der Protokollant die Wiedergabe der Ausführungen einer Person ein. Das Verb „sagen" ist dabei das blasseste aller denkbaren Einführungswörter, die aber erstens zutreffen und zweitens abwechslungsreich sein sollten. Bei geschickter Wahl weisen Einführungswörter auf die Haltung, Einstellung oder Auffassung eines Redners hin. Um Ihnen, liebe Leserin, lieber Leser, die Wahl der Einführungswörter zu erleichtern, habe ich zu häufig gebrauchten Einführungswörtern Listen mit Alternativen zusammengestellt:

erklären
vorbringen, darlegen, bekennen, vortragen, referieren, anführen, zitieren, ausführen, behaupten, nachweisen, angeben, sagen, äußern, berichten, auseinander setzen, sich aussprechen für, mitteilen, unterrichten, bekannt geben, feststellen, klar machen, geltend machen, bemerken, hinweisen, verweisen, darauf aufmerksam machen, eingehen auf, entsprechen, schildern, Stellung nehmen, erwähnen, fortfahren, hinzufügen, wiederholen, zusammenfassen

meinen
erläutern, schildern, glauben, neigen zu, beschreiben, hoffen, geltend machen, dafür halten, für richtig halten, für richtig erachten, als richtig ansehen, als richtig bezeichnen, richtig finden, empfinden, annehmen, sich etwas versprechen von, den Standpunkt vertreten, der Ansicht sein

begründen
argumentieren, folgern, darlegen, verdeutlichen, zurückführen auf, aufzeigen, nachweisen, den Schluß ziehen, erwarten, darauf zurückführen, davon ausgehen, das Wesentliche in etwas sehen

vorschlagen
den Vorschlag machen, anregen, empfehlen, eintreten für, für etwas sein,

Die Einführungswörter

sich einsetzen für, plädieren für, beharren, zur Bedingung machen, erwägen, beantragen, zur Debatte stellen, den Antrag stellen

zustimmen

anerkennen, zugeben, zugestehen, bejahen, einräumen, befürworten, erklären, etwas begrüßen, bestätigen, bekräftigen, beipflichten, billigen, vertrauen auf, der gleichen Ansicht sein, die Ansicht teilen, bejahen, für richtig halten, einverstanden sein, sich einverstanden erklären, unterstützen, sich entscheiden für, sich für etwas aussprechen, zusagen, eine brauchbare Lösung in etwas sehen, die Anregung aufnehmen

entgegnen

erwidern, einwenden, einwerfen, ablehnen, leugnen, bestreiten, widersprechen, sich dagegen aussprechen, Einspruch erheben, richtig stellen, sich gegen etwas wenden, bezichtigen, entgegenhalten, dagegen geltend machen, demgegenüber bemerken, dagegen erklären, zu entkräften suchen, etwas bemängeln, abraten von, etwas verneinen

zweifeln

bezweifeln, in Zweifel ziehen, zu bedenken geben, befürchten, Zweifel äußern, Bedenken haben, Vorwürfe erheben, vorwerfen, widerrufen, bedauern, erwägen, warnen vor

betonen

unterstreichen, hervorheben, herausstellen, klarstellen, überzeugt sein von, verantwortlich machen, Nachdruck legen auf, Wert auf etwas legen, Gewicht legen auf, bedauern, vorwerfen, beschuldigen, warnen

bitten

fordern, auffordern, verlangen, beharren auf, ersuchen, wünschen, erwarten, den Wunsch vorbringen, den Wunsch äußern, zum Ausdruck bringen

fragen

befragen, wissen wollen, die Frage stellen, die Frage richten an, um Auskunft bitten, informieren, orientieren, unterrichten, nachfragen, sich überzeugen, sich vergewissern, erörtern

antworten

beantworten, zur Antwort geben, erwidern, entgegnen, eingehen auf, dagegen halten, einwenden, einwerfen, abstreiten, berichtigen, mitteilen, berichten, referieren, darstellen, informieren, unterrichten, zu erkennen geben, erörtern, präzisieren

Stilistische und sachliche Voraussetzungen

Vorbereitung der Sitzung

Dass der Verfasser eines ausführlichen Protokolls sich in der Sache hervorragend auskennt, ist oberste Voraussetzung, denn er muss der Diskussion folgen und sie richtig wiedergeben können. Die Kenntnis der Protokolle vorausgegangener Sitzungen ist äußerst hilfreich und erleichtert den Einstieg. Ebenso sinnvoll wie die Vertrautheit mit der Sache ist es sich vor der Sitzung mit den einzelnen Teilnehmern zu befassen. Dazu gehört sich die Namen der Teilnehmer einzuprägen und ihnen ein Kürzel (Anfangsbuchstaben, Ziffern usw.) zuzuordnen.

Satzung und Geschäftsordnung

Selbstverständlich sollte der Protokollführer zum Beispiel auch die Satzung eines Vereins kennen, die Rechte und Pflichten der Mitglieder und den grundsätzlichen Ablauf von Sitzungen und Versammlungen regelt. Ebenso wichtig ist die Geschäftsordnung für die Vorgehensweise bei Abstimmungen und natürlich die Tagesordnung für die Reihenfolge, in der die einzelnen Punkte aufgerufen werden.

Mitschrift, Dokumentation und Aufbereitung

Hilfreich ist es auch gleich nach der Sitzung mit der Ausarbeitung des Protokolls zu beginnen, da das Geschehen noch frisch im Gedächtnis haftet. Der Protokollant wird sich selbst dankbar sein, wenn er schon bei der Mitschrift nicht nur stark gegliedert, sondern sich außerdem viel Platz für nachträgliche Anmerkungen gelassen hat.

Ob wörtliches, ausführliches oder Kurzprotokoll – für alle Protokolle gilt, dass Anträge und die daraus hervorgehenden Beschlüsse im Wortlaut vorliegen müssen. Bei Anträgen unterscheiden wir zwei Arten:

a) Sachanträge. Sie beziehen sich auf die in der Tagesordnung angegebenen Verhandlungsgegenstände und liegen in der Regel vor der Sitzung vor. Sie können dem Protokoll im Original beigefügt werden.
b) Anträge zur Geschäftsordnung. Sie beziehen sich auf den Ablauf der Sitzung, werden oft erst während einer Sitzung gestellt und müssen sofort entschieden werden.

Noch ein paar Bemerkungen zum Stil

Das Protokollführen verführt zu langen, oft verschachtelten Sätzen. Hier lautet ein nützlicher Grundsatz im Interesse der Leser eines Protokolls: Möglichst wenige Nebensätze, dafür kurze Hauptsätze. Nicht:

Es müsse noch berücksichtigt werden, dass das Zerkleinern von Gartenabfällen auf Gemeindegrund und durch Gemeidearbeiter viel Geld koste.

Sondern:

Das Zerkleinern von Gartenabfällen auf Gemeindegrund und durch Gemeindearbeiter koste viel Geld.

Nicht:

Der Antrag, den Herrn Müller gestellt hat, könne nicht befürwortet werden.

Sondern:

Herrn Müllers Antrag könne nicht befürwortet werden.

Doch Vorsicht: Nicht um jeden Preis einen Nebensatz in einen Hauptsatz verwandeln. Manche Stopfsätze sind schwerer verständlich als Haupt- und Nebensätze. Auch hierzu ein Beispiel:

Herr Meier erklärt, er habe keine Alternative zu den Vorschlägen zu bieten, die Herr Müller vertreten habe.

Schwerer verständlich:

Herr Meier erklärt, er habe keine Alternative zu den von Herrn Müller vorgebrachten Vorschlägen.

Die zweite Version des Satzes ist schwerer verständlich, weil zwischen „den" und „Vorschlägen" der Leser sehr viel verstehen, verarbeiten und behalten muss, bevor er überhaupt erfährt, dass es um Vorschläge geht. Bitte vermeiden Sie Streckformen dieser Art.

Ein wiederum probates und leicht verständliches Mittel Nebensätze zu kürzen ist der Ersatz durch einen erweiterten Infinitiv:

Herr Meier beantragt, dass die Vorschrift ergänzt werden solle.

Dass-Sätze kommen mutmaßlich ohnehin viele in einem Protokoll vor. Ein Infinitivsatz ist da manchmal eine wohltuende Abwechslung.

Herr Meier beantragt die Vorschrift zu ergänzen.

Aber:

Herr Meier beantragt, dass Frau Nieder die Vorschrift ergänze.

Ausrufe- und Fragezeichen sind Zeichen der wörtlichen Rede und kommen deshalb in einem ausführlichen oder Kurzprotokoll nicht vor. Ebenso sollten überspitzte Äußerungen versachlicht, Fremdwörter verdeutscht und Regionalismen (zum Beispiel: ein Schmarrn) ersetzt werden.

Formulierungsbeispiele für die verschiedenen Protokollarten

Im Folgenden lesen Sie fünf Protokolle. Ein wörtliches Protokoll handelt von Richtlinien für Arbeitszeugnisse in einer neu gegründeten Firma für Computergrafiken. Es folgt das ausführliche Protokoll als Umsetzung des wörtlichen. Dann lesen Sie das vollständige wörtliche Protokoll eines Verkaufsmeetings und die Umsetzung dieses wörtlichen Protokolls in ein Kurzprotokoll. Das dazu gehörende Ergebnisprotokoll folgt als letztes Beispiel.

Wörtliches Protokoll (I)

Dienstbesprechung: Festlegung von Richtlinien zur Ausfertigung von Arbeitszeugnissen DATEX SCAN GmbH

Teilnehmer:	Herr Neumeier, Leiter Technik Herr Behring, Assistent Frau Dormann, Personalverantwortliche
Protokollführung:	Frau Westinghaus
Einziger Besprechungspunkt:	Richtlinien zur Ausfertigung von Arbeitszeugnissen für die Mitarbeiter des Technischen Zentrums der Firma DATEX SCAN GmbH
Datum:	10. November ...
Ort:	im eigenen Haus
Beginn:	9:15 Uhr
Ende:	10:00 Uhr

Herr Neumeier: Wir sitzen hier zusammen, um alle Fragen zu Zeugnissen, die ausgeschiedenen Mitarbeitern des Technischen Zentrums ausgestellt werden müssen, einmal grundsätzlich zu klären. Anlass dazu ist, wie Sie beide wissen, unser Herr Müller. Karl Müller ist zum 30. September dieses Jahres ausgeschieden. Er verlangt ein Zeugnis. Meine Frage ist: Müssen wir Herrn Müller in jedem Fall ein Zeugnis ausstellen und wenn

	ja, was muss darin stehen? Zu welcher Art von Zeugnis sind wir eigentlich verpflichtet? Ich erhoffe mir von Ihnen beiden, dass Sie Standardformulierungen vorschlagen, während wir die Sachfragen klären. Ich für mein Teil habe nämlich kein Interesse daran, bei jeder neuen Kündigung Zeit darauf zu verschwenden mir die entsprechenden Formulierungen auszudenken. Außerdem nutzen unsere Mühen den anderen Abteilungen unserer neuen Firma. Frau Dormann, welche Erfahrungen können Sie zu diesem Thema einbringen?
Frau Dormann:	Nun, Anspruch auf ein Zeugnis hat ein ausgeschiedener Mitarbeiter in jedem Fall. Doch muss man grundsätzlich zwischen zwei Zeugnisarten unterscheiden: Die eine Zeugnisart heißt „Arbeitsbescheinigung" und die andere Zeugnisart wird „qualifiziertes Zeugnis" genannt.
Herr Neumeier:	Schön und gut, aber was für ein Zeugnis müssen wir Karl Müller ausstellen?
Herr Behring:	Herr Müller schreibt uns lediglich, dass er ein Zeugnis haben möchte. Von einem „qualifizierten Zeugnis" ist in seinem Brief nicht die Rede.
Frau Dormann:	Nun, wenn Herr Müller schreibt, er möchte ein Zeugnis ausgestellt bekommen, dann sollten wir davon ausgehen, dass er ein qualifiziertes Zeugnis meint. Zwar nennt man die Arbeitsbescheinigung auch „einfaches Zeugnis", doch denke ich, dass Herr Müller diese begrifflichen Spitzfindigkeiten aus der Personalwirtschaft gar nicht kennt und sich deshalb unter einem Zeugnis nicht nur eine schlichte Arbeitsbescheinigung vorstellt. Wenn wir ihm die schicken würden, wäre er sicher enttäuscht.
Herr Behring:	Sagen Sie, Frau Dormann, ist es nicht so, dass in jedem Zeugnis auch etwas über das Verhalten und die Leistungen eines Mitarbeiters ausgesagt werden muss?
Frau Dormann:	Danke für Ihr Interesse, aber lassen Sie mich eines nach dem anderen in einer sinnvollen Reihenfolge erläutern.

Wörtliches Protokoll (I)

Herr Neumeier: Ja, dafür bin ich auch.

Frau Dormann: Also. Zu vorhin muss ich nachtragen, dass ein Arbeitnehmer grundsätzlich wählen kann, welche Art von Zeugnis er ausgestellt haben möchte.
Zu Ihrer Frage, Herr Behring. Nicht jedes Zeugnis muss auch etwas über das Verhalten und die Leistungen eines Mitarbeiters aussagen. Die Arbeitsbescheinigung oder das einfache Zeugnis enthält üblicherweise nur die Personalien, die Dauer der Tätigkeit und die Art der Tätigkeit. Es könnte zum Beispiel so formuliert werden. Oben links steht unser Firmenname; oben rechts stehen unser Absender – Postfach 70 78 56, Langer Weg 1, 86572 München – und das Datum, zum Beispiel 10. November ... Darunter schreiben wir auf die Mitte der Zeile unterstrichen oder in Fettdruck das Wort „Arbeitsbescheinigung" und im Falle unseres Herrn Müller etwa folgenden Text: „Herr Karl Müller, geboren am 1968-05-07, war in der Zeit vom ... bis zum ... in unserem Unternehmen beschäftigt. Er war als Scanner-Operator im Technischen Zentrum unserer Vertriebsabteilung tätig." Darunter setzen wir DATEX SCAN GmbH und die Unterschrift.

Herr Behring: Wenn ich Sie richtig verstehe, steht in einer Arbeitsbescheinigung niemals etwas darüber drin, ob ein Mitarbeiter gut oder schlecht, schnell oder langsam gearbeitet hat. Wofür habe ich denn überhaupt eine solche Beurteilung angefertigt, wie Sie sie haben wollten? Sie wollten doch eine, oder?

Frau Dormann: Halt, halt, Herr Behring, nicht so eilig! Nur die Arbeitsbescheinigung enthält keine Bewertungen. Das qualifizierte Zeugnis enthält weit mehr als die Punkte, die ich bis jetzt genannt habe.

Herr Neumeier: Also auch eine Beurteilung?

Frau Dormann: Ja, genau. Und nicht nur das. Ein qualifiziertes Zeugnis sollte neben den Personalien folgenden Inhalt haben: das Ein- und Austrittsdatum, die Beschreibung der ausgeübten Tätigkeit, die organisatorische Zuordnung, die fachlichen Kenntnisse und Erfahrungen, die Wertung der Leistungen, den Kündigungsgrund, das Verhalten gegenüber Vorgesetzten und Mitarbeitern.

Herr Neumeier: Den Kündigungsgrund? Um Himmels willen, nein! Wieso denn den Kündigungsgrund? Sollen wir etwa in Karl Müllers Zeugnis hineinschreiben, dass er unsere Firma verlässt, weil er die Organisation unseres Technischen Zentrums miserabel fand, die Hälfte der technischen Demonstrationen in die Hose gingen, weil die Maschinen nicht ordentlich gewartet wurden und wir dem technischen Personal eine Verkaufsbeteiligung verweigert haben, die Karl Müller in seiner neuen Firma aber bekommt? Sollen wir das hineinschreiben? Das ist doch nicht ihr Ernst, Frau Dormann!

Frau Dormann: Der Grund für eine Kündigung muss nicht im Zeugnis stehen. Er sollte oder kann im Zeugnis stehen. Im Allgemeinen schreibt man ohnehin nur „Herr Müller verlässt uns auf eigenen Wunsch." und – je nach Situation – vielleicht noch „Wir bedauern einen tüchtigen Mitarbeiter zu verlieren.".

Herr Neumeier: „Wir bedauern"? Das wäre ja noch schöner. Ich bedauere gar nichts. Im Gegenteil. Der Mann hatte kein Durchhaltevermögen, absolut keine Nehmerqualitäten. Ich bin froh diesen Meckerer und Querkopf los zu sein.

Herr Behring: Da muss ich Ihnen widersprechen, Herr Neumeier. Ich habe mit Karl Müller oft direkt zusammengearbeitet und ich muss sagen, dass ich es wirklich bedauere, dass Herr Müller gegangen ist. Meiner Meinung nach hatte er die größte Ahnung von seinem Fach von allen hier. Sie sehen ihn nur als denjenigen, der eine Verkaufsbeteiligung haben wollte. Das verstehe ich. Aber Herr Müller hatte auch noch andere Seiten. Vielleicht wäre es gar nicht so schlecht gewesen, eine Verkaufsbeteiligung zu gewähren. Ich wette 100 zu 1, dass dann weniger technische Demonstrationen in die Hose gehen würden, weil sich die Kollegen dann mehr Mühe geben würden.

Wörtliches Protokoll (I)

Herr Neumeier:	Da bin ich anderer Ansicht. Schließlich werden die Leute sehr gut dafür bezahlt, dass sie einwandfreie technische Demonstrationen hinlegen.
Frau Dormann:	Ich glaube, das ist ein anderes Thema. Sind Sie einverstanden, wenn wir uns wieder auf das Thema Zeugnisse konzentrieren? Okay. Dann Folgendes: Der Zeugniswahrheit kommt besondere Bedeutung zu. Wenn Sie, Herr Neumeier, etwas Negatives ins Zeugnis schreiben wollen, dann sind Sie als Vertreter des Arbeitgebers verpflichtet Ihre schriftlichen Behauptungen zu beweisen.
Herr Neumeier:	Na ja, letztlich will man ja auch niemandem einen Stein in den Weg legen.
Frau Dormann:	Schön. Allerdings darf man auf der anderen Seite auch keine Verfehlungen verschweigen. Sonst ist man im Falle eines Falles eventuell dem späteren Arbeitgeber gegenüber ersatzpflichtig.
Herr Behring:	Sie meinen, wenn ein Mitarbeiter silberne Löffel gestohlen hätte, müsste das im Zeugnis erwähnt werden?
Frau Dormann:	Richtig.
Herr Behring:	Nun, mir sind von Karl Müller keine Verfehlungen bekannt. Ihnen etwa, Herr Neumeier?
Herr Neumeier:	Nein, nein, auch mir sind keine Verfehlungen bekannt. Aber er war ein Meckerer.
Frau Dormann:	Okay. Für Sie ist er ein Meckerer. Aber ins Zeugnis schreiben wir das nicht hinein, oder?
Herr Behring:	Der Nachweis einer Verfehlung, genannt Meckerei, dürfte Herrn Neumeier nicht ganz leichtfallen.
Herr Neumeier:	Sie Neunmalkluger! Und im Übrigen habe ich ja schon gesagt, dass ich niemandem einen Stein in den Weg legen will, auch Meckerern nicht. Und ansonsten bin ich dafür, dass wir jetzt mit unserem eigentlichen Thema fortfahren. Frau Dormann, was wissen Sie noch zu berichten? Vielleicht können Sie uns hier und jetzt ja mal ein Muster für ein qualifiziertes Zeugnis formulieren.
Frau Dormann:	Ich will es versuchen. Also: Absender wie gehabt. Das Wort „Zeugnis“ setzen wir wiederum in die Mitte

der Zeile, gleichfalls durch Unterstreichung oder Fettdruck hervorgehoben. Im Falle unseres Herrn Müller könnte das Zeugnis zum Beispiel folgende Formulierung haben: „Herr Karl Müller, geboren 1968-05-07, war in der Zeit vom ... bis ... in unserem Unternehmen beschäftigt. Herr Müller hat folgende Tätigkeiten im Technischen Zentrum unserer Vertriebsabteilung ausgeübt:

- Installation, Überwachung und Verbesserung unserer Scanner-Programme,
- Vorbereitung und Durchführung der Kundendemonstrationen für unsere Scanner Typ X, XS und XLD,
- technische Beratung unserer Kunden.

Herr Müller bewies sehr gute Fachkenntnisse. Er hat die Geschäftsinteressen mit Sorgfalt, Verantwortungsbewusstsein und Aktivität wahrgenommen. Seine Arbeitsweise war ausgesprochen zügig. Gegenüber Vorgesetzten und Mitarbeitern war sein Verhalten stets einwandfrei.
Wir bedauern einen tüchtigen Mitarbeiter zu verlieren. Herr Müller verlässt uns auf eigenen Wunsch. Wir wünschen ihm für die Zukunft alles Gute.“
Firmenname und Unterschrift wie gehabt.

Herr Neumeier: Und das soll ich unterschreiben?

Herr Behring: Ich bestehe darauf. Karl Müller war wirklich ein sehr guter Mitarbeiter.

Herr Neumeier: Na, gut. Wenn Sie das so sehen. Für heute wollen wir es dann damit gut sein lassen. Eine weitere Sitzung zu diesem Thema brauchen wir nicht. Okay? Okay! Vielen Dank, Frau Dormann. Auch Ihnen danke ich, Herr Behring.

Für die Protokollführung:

Unterschrift	Unterschrift
A. Westinghaus	P. Neumeier

Ausführliches Protokoll

Umsetzung des wörtlichen Protokolls:

Dienstbesprechung:
Festlegung von Richtlinien zur Ausfertigung von Arbeitszeugnissen DATEX SCAN GmbH

Teilnehmer:	Herr Neumeier, Leiter Technik Herr Behring, Assistent Frau Dormann, Personalverantwortliche
Protokollführung:	Frau Westinghaus
Einziger Besprechungspunkt:	Richtlinien zur Ausfertigung von Arbeitszeugnissen für die Mitarbeiter des Technischen Zentrums der Firma DATEX SCAN GmbH
Datum:	10. November ...
Ort:	im eigenen Haus
Beginn:	9:15 Uhr
Ende:	10:00 Uhr

Herr Neumeier eröffnet die Sitzung, in der er alle Fragen zu Zeugnissen für ausgeschiedene Mitarbeiter des Technischen Zentrums klären möchte. Anlass der Sitzung sei Herr Karl Müller, der zum 30. September des Jahres ausgeschieden sei und nun ein Zeugnis wolle. Herr Neumeier fragt sich, ob ein Mitarbeiter in jedem Fall Anspruch auf ein Zeugnis habe und was darin stehen müsse. Er hofft im Laufe der Sitzung von den übrigen Sitzungsteilnehmern, Frau Dormann und Herrn Behring, Vorschläge für Standardformulierungen der Zeugnisse zu erhalten, die es erübrigen würden, ein jedes Mal neu über Formulierungen nachzudenken. Herr Neumeier bittet Frau Dormann, zum Thema Stellung zu nehmen.

Frau Dormann erklärt, dass jeder ausgeschiedene Mitarbeiter Anspruch auf ein Zeugnis habe, unterscheidet aber grundsätzlich zwischen zwei Zeugnisarten:
- der Arbeitsbescheinigung und
- dem qualifizierten Zeugnis.

Herr Neumeier möchte wissen, zu welcher Art Zeugnis die Firma im Falle des Herrn Müller verpflichtet sei.

Ausführliches Protokoll

Herr Behring macht darauf aufmerksam, dass Herr Müller lediglich schreibe, er wolle ein Zeugnis. Von einem „qualifizierten Zeugnis" sei in Herrn Müllers Brief nicht die Rede.

Frau Dormann legt den Sachverhalt folgendermaßen aus: Weder Herr Müller noch ein anderer Arbeitnehmer kenne wahrscheinlich den Unterschied zwischen den beiden Zeugnisarten. Es sei zu vermuten, dass Herr Müller ein „qualifiziertes Zeugnis" haben wolle und über eine bloße Arbeitsbescheinigung vermutlich enttäuscht sei.

Herr Behring fragt, ob nicht in jedem Zeugnis etwas über das Verhalten und die Leistungen eines Mitarbeiters ausgesagt werden müsse.

Frau Dormann bittet darum, ihre Ausführungen in eine sinnvolle Reihenfolge bringen zu dürfen, und Herr Neumeier stimmt dem zu.

Frau Dormann ergänzt, dass ein Arbeitnehmer grundsätzlich die Zeugnisart wählen könne. Nicht jedes Zeugnis müsse etwas über das Verhalten und die Leistungen eines Mitarbeiters aussagen. Die Arbeitsbescheinigung oder das einfache Zeugnis enthalte üblicherweise nur
- die Personalien,
- die Dauer der Tätigkeit und
- die Art der Tätigkeit.

Frau Dormann formuliert ein Beispiel (Anlage 1).

Herr Behring prüft sein Verständnis von Frau Dormanns Ausführungen: In einer Arbeitsbescheinigung stehe niemals etwas über gute und schlechte Leistungen eines Arbeitnehmers. Er möchte wissen, warum er dann eine Beurteilung habe anfertigen sollen.

Frau Dormann betont, dass nur die Arbeitsbescheinigung keine Bewertungen enthalte. Das qualifizierte Zeugnis hingegen enthalte weit mehr als die bisher genannten Punkte, nämlich neben den Personalien:
- das Ein- und Austrittsdatum,
- die Beschreibung der ausgeübten Tätigkeit,
- die organisatorische Zuordnung,
- die fachlichen Kenntnisse und Erfahrungen,
- die Wertung der Leistungen,

Ausführliches Protokoll

- den Kündigungsgrund,
- das Verhalten gegenüber Vorgesetzten und Mitarbeitern.

Herr Neumeier erkundigt sich nachhaltig, ob die Nennung des Kündigungsgrundes wirklich nötig sei. Im Falle des Herrn Müller würden die Gründe in etwa folgendermaßen lauten: Herr Müller verlasse das Unternehmen, weil

1. die Organisation des Technischen Zentrums schlecht sei,
2. zu viele technische Demonstrationen misslängen und
3. die Firma dem technischen Personal eine Verkaufsbeteiligung verweigert habe.

Frau Dormann legt dar, dass der Grund einer Kündigung im Zeugnis stehen solle, aber nicht müsse. Ohnehin laute die Standardformulierung zum Kündigungsgrund: „Herr Müller verlässt uns auf eigenen Wunsch. Wir bedauern, einen tüchtigen Mitarbeiter zu verlieren."

Herr Neumeier begrüßt den Weggang des Herrn Müller, der ein Nörgler gewesen sei.

Herr Behring entgegnet, dass er Herrn Müllers Weggang bedauere. Er gibt zu bedenken, dass nach seiner Auffassung Karl Müller der kenntnisreichste Mitarbeiter im Technischen Zentrum gewesen sei. Er verstehe aber Herrn Neumeiers Position, der in Herrn Müller eher den Nörgler sehe. Er selbst sei davon überzeugt, dass Verkaufsbeteiligungen dazu führen würden, dass sich die Quote gelungener Kundendemonstrationen erheblich verbessere.

Herr Neumeier lehnt dies entschieden ab, da er aufgrund der sehr guten Bezahlung der Mitarbeiter auch gelungene Demonstrationen erwarten könne.

Frau Dormann macht darauf aufmerksam, dass der Zeugniswahrheit besondere Bedeutung zukomme. Sobald eine Verfehlung im Zeugnis verschwiegen werde, könne der nächste Arbeitgeber im Schadenfall den vorherigen eventuell zur Rechenschaft ziehen.

Herr Neumeier bittet Frau Dormann um die Formulierung eines qualifizierten Zeugnisses für Herrn Müller.

Ausführliches Protokoll

Frau Dormann formuliert ein Muster (Anlage 2).

Herr Neumeier schließt einvernehmlich die Sitzung, deren Zweck nun erfüllt sei.

Für die Protokollführung:
A. Westinghaus P. Neumeier

2 Anlagen

Anlage 1 zum Protokoll vom 10. November ...

DATEX SCAN GmbH

Langer Weg 1
86572 München

10. November ...

Arbeitsbescheinigung

Herr Karl Müller, geboren am 1968-05-07, war in der Zeit vom ... bis zum ... in unserem Unternehmen beschäftigt.

Er war als Scanner-Operator im technischen Zentrum unserer Vertriebsabteilung tätig.

DATEX SCAN GmbH
Unterschrift
Geschäftsleitung

Anlage 2 zum Protokoll vom 10. November ...

DATEX SCAN GmbH

Langer Weg 1
86572 München

10. November ...

Zeugnis

Herr Karl Müller, geboren am 1968-05-07, war in der Zeit vom ... bis zum ... in unserem Unternehmen beschäftigt.

Herr Müller hat folgende Tätigkeiten im Technischen Zentrum unserer Vertriebsabteilung ausgeübt:
- Installation, Überwachung und Verbesserung unserer Scanner-Programme,
- Vorbereitung und Durchführung der Kundendemonstrationen für unsere Scanner Typ X, XS und XLD,
- technische Beratung unserer Kunden.

Herr Müller bewies sehr gute Fachkenntnisse. Er hat die Geschäftsinteressen mit Sorgfalt, Verantwortungsbewusstsein und Aktivität wahrgenommen. Seine Arbeitsweise war ausgesprochen zügig.

Gegenüber Vorgesetzten und Mitarbeitern war sein Verhalten stets einwandfrei.

Wir bedauern einen tüchtigen Mitarbeiter zu verlieren. Herr Müller verlässt uns auf eigenen Wunsch. Wir wünschen ihm für die Zukunft alles Gute.

DATEX SCAN GmbH
Unterschrift
Geschäftsleitung

Wörtliches Protokoll (II)

Schenkelberg GmbH & Co. KG	Hansestraße 3
Büromaschinen	25789 Hamburg
	Telefon 040/...

pr-vm-mi/as

Protokoll

Verkaufsmeeting Mitte – Monat 07/...

Teilnehmer:	Herr Hurtig, Gebietsvertreter, Mitte-West Herr Schnell, Gebietsvertreter, Mitte-Ost Herr Gründlich, Gebietsvertreter Mitte-Nord
Protokoll-führung:	Frau Daniels
Tag:	3. August ...
Ort:	Vertriebsniederlassung Mitte-West, Steinstraße 5, 56432 Köln
Dauer der Besprechung:	14:00 bis 16:00 Uhr
Ständige Tagesordnung:	1. Verkaufsberichte 2. Vorstellung neuer Produkte 3. Anregungen zu neuen Produkten 4. Festsetzung der Verkaufsziele 5. Organisatorisches 6. Planung der PR-Aktionen 7. Verschiedenes

<u>Zu Punkt 1</u>

Herr Hurtig:	Schön, dass Sie gekommen sind. Wir wollen uns wie üblich nicht lange bei der Vorrede aufhalten. Lassen Sie uns gleich einsteigen. Wer fängt an?
Herr Gründlich:	Heute werde ich zuerst berichten.
Herr Schnell:	Okay. Ich habe nichts dagegen.
Herr Gründlich:	Unser Diktiergerät Stenofix D wurde in Mitte-Nord 31-mal verkauft. Das ist ein Umsatz von 4 278,00 DM.

Wörtliches Protokoll (II)

	Der Kleinkopierer Roma 1000 wurde 15-mal verkauft. Der Umsatz beträgt 34 500,00 DM. Das Kopiergerät Roma 7800 ging 69-mal zum Kunden. Das Umsatz beträgt hier 310 500,00 DM. Unsere PC- Konfiguration Globus 3000 konnte 45-mal abgesetzt werden. Das ergibt einen Umsatz von 103 500,00 DM. Das wär's.
Herr Hurtig:	Das ist ja kein besonders tolles Ergebnis. Ihr Stern wird in diesem Monat in Hamburg aber nicht besonders hell strahlen.
Herr Gründlich:	Das ist mir klar. Aber sagen Sie bloß, Ihr Umsatz sei viel besser ausgefallen. In den Sommermonaten ist das Geschäft doch immer flau. Das weiß doch jeder.
Herr Hurtig:	Na ja. Ein bisschen besser haben wir hier schon abgeschnitten.
Herr Gründlich:	Ihr Gebiet ist ja auch größer.
Herr Schnell:	Das sagen Sie immer.
Herr Gründlich:	Fest steht jedenfalls, dass in meinem Gebiet keine Großstädte sind. Sie hier, Sie haben gut reden. Sie brauchen sich nicht einmal vom Fleck zu bewegen. Die Kunden rennen Ihnen doch die Türen ein.
Herr Hurtig:	Schön wär's. Aber ich habe etwas dagegen, dass wir jetzt schon wieder über die Gebietsaufteilung sprechen. Wenn wir darüber sprechen, dann am Jahresende, wenn wie vereinbart jemand aus Hamburg anwesend ist. Wie hoch ist eigentlich der Gesamtumsatz in Mitte-Nord?
Herr Gründlich:	Der Gesamtumsatz beträgt 452 778,00 DM.
Herr Hurtig:	Verhungern werden Sie jedenfalls nicht.
Herr Schnell:	Jetzt lassen Sie uns aber mal Ihren Umsatz hören, Herr Hurtig.
Herr Hurtig:	Unser Diktiergerät Stenofix D wurde in Mitte-West 42-mal verkauft. Der Umsatz beträgt 5 796,00 DM. Das Kleinkopiergerät Roma 1000 konnte 23-mal verkauft werden. Umsatz gleich 52 900,00 DM. Unser Kopiergerät Roma 7800 habe ich 81-mal an den Mann gebracht. Das macht immerhin einen Umsatz von 364 500,00 DM. Und unsere PC-Konfiguration Globus 3000 wurde 53-mal abgerufen. Umsatz 169 600,00 DM. Der Gesamtumsatz beträgt satte 592 796,00 DM.

Herr Gründlich:	Das sind ja nur lächerliche 140 000,00 DM mehr als in Mitte-Nord! So gut haben Sie aber dieses Mal auch nicht abgeschnitten.
Herr Hurtig:	Ich finde, es reicht. Wie ist es Ihnen denn ergangen, Herr Schnell?
Herr Schnell:	Es geht, es geht. Aber wissen Sie was? Mir ist unklar, warum wir jeden Monat über die Kleingeräte Bericht erstatten müssen. Die verschwinden doch eh bald aus dem Programm. Ein Jahres- oder zumindest ein Quartalsbericht würde doch reichen.
Herr Gründlich:	Was verschwindet aus dem Programm?
Herr Hurtig:	Der Vertrieb des Diktiergeräts wird zum 31. Dezember eingestellt. Haben Sie das Rundschreiben nicht bekommen?
Herr Gründlich:	Nein, das ist mir neu.
Herr Schnell:	Was Sie immer alles nicht bekommen haben! Die in Hamburg scheinen Sie richtig stiefmütterlich zu behandeln. Oder war Ihr Postbote mal wieder krank?
Herr Gründlich:	Machen Sie sich nur lustig. Ich finde es vernünftig, das Kleinzeugs, das nichts bringt, aus dem Programm zu nehmen. Was bieten wir stattdessen an?
Herr Hurtig:	Hamburg will verstärkt auf dem Elektronikmarkt einsteigen. Aber da kommen wir noch drauf zu sprechen.
Herr Gründlich:	Elektronik, das ist vernünftig. Die Kollegen von HPBM, die machen richtig Umsatz. Da kann unsereins nur von träumen.
Herr Hurtig:	Herr Schnell, Ihren Umsatz bitte.
Herr Schnell:	Also. Stenofix D habe ich 37-mal verkauft. Das macht 5 106,00 DM. Den Kleinkopierer Roma 1000 habe ich mit 19 Geräten abgesetzt. Das macht 43 700,00 DM. Von Roma 7800 habe ich 83 Geräte verkaufen können. Das macht einen Umsatz von 373 500,00 DM und unsere PC-Konfiguration Globus 3000 wurde 49-mal nachgefragt. Das macht 156 800,00 DM. Der Gesamtumsatz beträgt 579 706,00 DM.
Herr Hurtig:	Nun gut. Wenn ich richtig gerechnet habe, dann ergibt das einen Umsatz von insgesamt 1 625 280,00 DM für den Monat Juli in der Region Mitte. 1,6 Millionen – da wird man in Hamburg nicht sehr erfreut sein.

Wörtliches Protokoll (II)

Herr Schnell:	1,6 Millionen. Das heißt, wir haben unser Verkaufsziel um gut 400 000,00 DM unterschritten. Das ist wirklich nicht gut.
Herr Gründlich:	20 % weniger als geplant. Da können wir nur auf die neuen Produkte hoffen. Was stellt sich Hamburg denn so vor?

Zu Punkt 2

Herr Hurtig:	Man verhandelt gerade mit einer japanischen Firma, PCs mit neuen Betriebssystemen in Lizenz zu vertreiben. Der Produktpreis soll sich so um zwei- bis dreitausend Mark bewegen von der schlichtesten bis zur besten Ausstattung. Extras nicht gerechnet.
Herr Gründlich:	Das heißt aber auch, wir gehen demnächst auf Produktschulung.
Herr Schnell:	Richtig. Ich denke, dass es im September soweit ist.
Herr Gründlich:	Was kommt denn dann alles auf uns zu? Ein Gerät mit Grundausstattung und mit tausend Einzelteilen als Zubehör?
Herr Hurtig:	Das nehme ich an. Wir verkaufen ein Grundgerät und dieses Grundgerät gibt es mit verschiedenen Ausstattungen, zum Beispiel mit Festplatte und einem Laufwerk, mit Festplatte und zwei Laufwerken – und so weiter.
Herr Schnell:	Dazu kommen verschiedene Bildschirme. Ein schlichter Bildschirm, der zur Grundausstattung gehört, ein etwas besserer für Grafiken. Alles wie gehabt, nur wesentlich kostengünstiger.

Zu Punkt 3

Herr Hurtig:	Haben Sie Anregungen für neue Produkte, die wir Hamburg vorschlagen können?
Herr Gründlich:	Nein.
Herr Schnell:	Nein.
Herr Hurtig:	Ich auch nicht. Das geht aber nicht so weiter. Wir müssen uns auch einmal hervortun. Die Kollegen im Süden haben jeden Monat einen Vorschlag.

Herr Gründlich:	Aber nur jeden zweiten Monat einen soliden Vorschlag.
Herr Hurtig:	Das ist besser als nichts. Engagement ist gefragt. Das ist der Sinn der Sache. Vorschläge machen, obwohl alle wissen, dass in Hamburg am Ende doch gemacht wird, was die Geschäftsleitung für richtig hält.
Herr Schnell:	Mit einer Ausnahme. Der Vorschlag in den PC-Markt einzusteigen kam vor Jahren doch aus dem Süden?
Herr Hurtig:	Stimmt. Aber wir wollen uns jetzt beeilen.

Zu Punkt 4

Herr Hurtig:	Was setzen wir uns als Verkaufsziel für August?
Herr Gründlich:	August. Wieder so ein Monat, in dem man nichts verkaufen kann.
Herr Schnell:	Die zwei Millionen können wir aber nicht wieder unterschreiten.
Herr Hurtig:	Wir können das Verkaufsziel nicht heruntersetzen. Das würde Hamburg nicht akzeptieren. Wir können es unterschreiten und dann versuchen, den fehlenden Umsatz bis zum Jahresende aufzuholen. Allgemein wird auch in diesem Jahr eine Steigerung von mindestens 6,5 % erwartet. Wir sind im Juli gerade mal bei 4,5 % im Durchschnitt angelangt. Der Erfolg von Februar, März und April ist weg. Der Juli hat uns ganz schön heruntergedrückt.
Herr Gründlich:	Wenn die neuen Produkte kommen, können wir doch alles wieder wettmachen.
Herr Schnell:	Dann werden aber auch die Verkaufsziele neu festgelegt und bestimmt nicht heruntergesetzt. Glauben Sie nicht, dass es dann leichter wird. Der Einstieg mit den günstigeren Geräten kommt nicht gerade früh.

Zu Punkt 5

Herr Hurtig:	Ist noch etwas Organisatorisches zu regeln?
Herr Schnell:	Nein, die Änderungen in der Urlaubsplanung hatten wir ja das letzte Mal schon besprochen. Ich nehme an, dass alles so bleibt wie besprochen.
Herr Gründlich:	Ja. Es bleibt wie besprochen.

Wörtliches Protokoll (II)

Zu Punkt 6

Herr Hurtig:	Also: Planung von PR-Aktionen. Irgendwelche Vorschläge?
Herr Schnell:	Ich denke, auch hier sollte alles bleiben wie besprochen. Unsere Anzeigen laufen weiter. Im September machen wir ein Händler-Mailing ...

Zu Punkt 7

Herr Hurtig:	... und ansonsten sollten wir abwarten, bis die Produktplanung in Hamburg abgeschlossen ist.
Herr Gründlich:	Wann wird das sein?
Herr Schnell:	Im September.
Herr Hurtig:	Das passt ja alles wieder mal prima. Wir sehen uns wieder am Freitag, dem 5. September ..., gleicher Ort, gleiche Zeit.
Herr Gründlich:	Einen schönen Urlaub wünsche ich.
Herr Hurtig:	Gleichfalls.
Herr Schnell:	Wünsche ich Ihnen auch.

Für die Protokollführung:

Unterschrift	Unterschrift
(P. Daniels)	(E. Hurtig)

Köln, 6. August ...

Umsetzung des wörtlichen Protokolls: **Kurzprotokoll**

Schenkelberg GmbH & Co. KG
Büromaschinen

Hansestraße 3
25789 Hamburg
Telefon 040/...

pr-vm-mi/as

Protokoll

Verkaufsmeeting Mitte, Monat 07/...

Teilnehmer:	Herr Hurtig, Gebietsvertreter, Mitte-West Herr Schnell, Gebietsvertreter, Mitte-Ost Herr Gründlich, Gebietsvertreter Mitte-Nord
Protokoll:	Frau Daniels
Tag:	3. August ...
Ort:	Vertriebsniederlassung Mitte-West, Steinstraße 5, 56432 Köln
Dauer der Besprechung:	14:00 bis 16:00 Uhr
Ständige Tagesordnung:	1. Verkaufsberichte 2. Vorstellung neuer Produkte 3. Anregungen zu neuen Produkten 4. Festsetzung der Verkaufsziele 5. Organisatorisches 6. Planung der PR-Aktionen 7. Verschiedenes

Punkt 1 der Tagesordnung: **Verkaufsberichte**

Herr Hurtig begrüßt die Teilnehmer des allmonatlichen Verkaufsmeetings und bittet um den ersten Bericht.

Herr Gründlich stellt einvernehmlich als Erster seine Zahlen aus Mitte-Nord für den Monat Juli vor:

Kurzprotokoll

31 Stenofix D	4 278,00 DM
15 Kleinkopiergeräte Roma 1000	34 500,00 DM
69 Kopiergeräte Roma 7800	310 500,00 DM
45 PC-Konfigurationen Globus 3000	103 500,00 DM
Umsatz Mitte-Nord	452 778,00 DM

Herr Schnell stellt als Nächster seine Umsätze vor:

42 Stenofix D	5 796,00 DM
23 Kleinkopiergeräte Roma 1000	52 900,00 DM
81 Kopiergeräte Roma 7800	364 500,00 DM
53 PC-Konfigurationen Globus 3000	169 600,00 DM
Umsatz Mitte-Ost	592 796,00 DM

Herr Hurtig erzielte folgende Umsätze:

37 Stenofix D	5 106,00 DM
19 Kleinkopiergeräte Roma 1000	43 700,00 DM
83 Kopiergeräte Roma 7800	373 500,00 DM
49 PC-Konfigurationen Globus 3000	156 800,00 DM
Umsatz Mitte-West	579 706,00 DM

Herr Hurtig beziffert den Gesamtumsatz Mitte mit 1 624 680,00 DM. Das sei eine Unterschreitung des Verkaufsziels von 400 000,00 DM, was anteilig eine Unterscheitung von 20 % bedeute, errechnet Herr Gründlich. Er verspreche sich von den neuen Geräten ein Umsatzplus.

Punkt 2 der Tagesordnung: **Vorstellung neuer Produkte**

Herr Hurtig berichtet darüber, dass die Hauptverwaltung mit einer japanischen Firma über Lizenzen für PCs mit neuen Betriebssystemen verhandle. Es heißt, dass die Preise sich zwischen zwei- bis dreitausend Mark pro Gerät bewegen würden. Herr Gründlich und Herr Schnell verweisen auf die Produktschulung für diese Geräte im September, wo man sich auch mit den Ausstattungsvarianten befasse.

Punkt 3 der Tagesordnung: **Anregungen zu neuen Produkten**

Herr Hurtig, Herr Gründlich und Herr Schnell haben keine Anregungen zu neuen Produkten. Herr Hurtig glaubt, dass die Geschäftsleitung sich hier für die einzig kompetente Instanz halte. Dennoch erinnert er daran, dass das Engagement aller Mitarbeiter gefragt sei.

Punkt 4 der Tagesordnung: **Festsetzung der Verkaufsziele**

Herr Hurtig, Herr Gründlich und Herr Schnell setzen einvernehmlich das Verkaufsziel für August auf 2 000 000,00 DM fest, da die Firma eine Umsatzsteigerung für das laufende Jahr von durchschnittlich 6,5 % erwarte. Werde das Ziel im August wieder unterschritten, erläutert Herr Hurtig, müsse die Umsatzsteigerung in den Monaten September bis Dezember nachgeholt werden. Herr Schnell fügt hinzu, dass mit neuen Produkten auch die Verkaufsziele von der Unternehmensleitung neu festgelegt werden würden.

Punkt 5 der Tagesordnung: **Organisatorisches**

Herr Schnell und Herr Gründlich stellen fest, dass es keine Änderungen zu den Absprachen beim letzten Verkaufsmeeting im Juni gebe.

Punkt 6 der Tagesordnung: **Planung der PR-Aktionen**

Herr Schnell betont, dass auch hier die Absprachen vom Juni ihre Gültigkeiten behielten.

Punkt 7 der Tagesordnung: **Verschiedenes**

Herr Hurtig schlägt als Termin für das nächste Meeting Freitag, 5. September ..., 14:00 Uhr, Steinstraße 5 in den Räumen der Gebietsvertretung Mitte-West vor. Herr Gründlich und Herr Schnell sind einverstanden.

Für die Protokollführung:

Unterschrift	Unterschrift
(P. Daniels)	(E. Hurtig)

Köln, 6. August ...

Ergebnisprotokoll

Schenkelberg GmbH & Co. KG
Büromaschinen

Hansestraße 3
25789 Hamburg
Telefon 040/...

pr-vm-mi/as

Protokoll

Verkaufsmeeting Mitte, Monat 07/...

Teilnehmer:	Herr Hurtig, Gebietsvertreter, Mitte-West Herr Schnell, Gebietsvertreter, Mitte-Ost Herr Gründlich, Gebietsvertreter Mitte-Nord
Protokoll:	Frau Daniels
Tag:	3. August ...
Ort:	Vertriebsniederlassung Mitte-West, Steinstraße 5, 56432 Köln
Dauer der Besprechung:	14:00 bis 16:00 Uhr
Ständige Tagesordnung:	1. Verkaufsberichte 2. Vorstellung neuer Produkte 3. Anregungen zu neuen Produkten 4. Festsetzung der Verkaufsziele 5. Organisatorisches 6. Planung der PR-Aktionen 7. Verschiedenes

<u>TOP 1: Verkaufsberichte</u>

Umsätze Region Mitte 07/...

110 Stenofix D	15 180,00 DM
57 Kleinkopiergeräte Roma 1000	131 100,00 DM
233 Kopiergeräte Roma 7800	1 048 500,00 DM
147 PC-Konfigurationen Globus 3000	429 900,00 DM
	1 624 680,00 DM

Verkaufsziel Region Mitte 07/...	2 000 000,00 DM
Zielunterschreitung circa 20 %	375 320,00 DM

TOP 2: Neue Produkte

Herr Hurtig informiert über den Lizenzvertrag ab September für PCs mit neuen Betriebssystemen von einer japanischen Firma.

TOP 3: Anregungen – Keine.

TOP 4: Verkaufsziele – 2 000 000,00 DM für 08/19..

TOP 5: Organisatorisches – Keine Änderungen.

TOP 6: PR-Aktionen – Keine Änderungen.

TOP 7: Verschiedenes

Nächstes Verkaufsmeeting: Freitag, 5. September ..., 14:00 Uhr, Steinstraße 5 in den Geschäftsräumen der Gebietsvertretung Mitte-West.

Für die Richtigkeit:

P. Daniels
Protokollführerin

E. Hurtig
Gebietsvertretung Mitte-West

Verteiler:
Herr Schrappig,Gebietsleiter
Herr Kühl, Vorstand Vertrieb
Frau Schreiber, Controlling

Zur Unterrichtung:
Herr Sieb, Leiter Finanzen

Beschlüsse, Termine, Aufträge

Das Protokoll kann wesentlich dazu beitragen, Beschlüsse und deren Ausführung und Termine zu überwachen. Zum Beispiel:

Beschluss
Die neue Niederlassung in der Occamstraße wird am 1. April ... eröffnet. Die Einrichtung der Niederlassung soll der Firma Regalo & Co. übertragen werden. Herr Schwarz wird beauftragt mit der Firma Kontakt aufzunehmen und die Einzelheiten zu besprechen.
- Einrichtungsbeginn soll der 1. März ... sein.
- Der Abschluss der Arbeiten ist für den 21. März geplant.
- Die Belieferung der Niederlassung beginnt am 24. Februar ...

Herr Jäger, Leiter der Niederlassung Occamstraße, wird die Belieferung überwachen.

Die Aufgaben werden direkt und persönlich übertragen. Natürlich muss nicht der Protokollschreiber die Termine überwachen, sondern die Verantwortlichen. Der Protokollant muss lediglich für die Richtigkeit geradestehen.

Verteiler

Im Verteiler stehen die Namen der Personen, die eine Ausfertigung des Protokolls erhalten. In der Regel erhalten das vollständige Protokoll
a) alle Teilnehmer,
b) Personen, die an der Teilnahme verhindert waren,
c) Personen, die nicht teilnahmen, deren Unterrichtung aber notwendig erscheint oder firmenintern festgelegt ist.

Die ersten beiden Gruppen werden im Verteiler genannt, die unter c) genannte Gruppe von Personen erscheint unter dem ergänzenden Hinweis „zur Unterrichtung".

Darüber hinaus ist es möglich, dass eine besondere Gruppe von Personen einen Auszug aus dem Protokoll erhält (ein Beschluss betrifft sie zum Beispiel als Ausführende). Es ist sinnvoll im Verteiler zu vermerken, wer welchen Auszug erhalten hat.

Register